**Herausgeber:**
Andreas Wrobel-Leipold,
Ramona Kusche,
Helmut Hammer

**Mensch : Medien : Macher**

Festschrift für Ludwig Hilmer

ISBN: 978-3-948345-03-7
1. Auflage 2020


Layout und Satz: Maximilian Benda
Umschlagbild: Jens Ossada

Druck und Vervielfältigung: tredition GmbH,
Halenreie 40-44, 22359 Hamburg;
www.tredition.de

Verlag: Hochschulverlag Mittweida
D 09648 Mittweida
Technikumplatz 17
**https://verlag.hs-mittweida.de/**

HVM
Hochschulverlag
Mittweida

# Mensch : Medien : Macher

## Festschrift für Ludwig Hilmer

**herausgegeben von**

Andreas Wrobel-Leipold
Ramona Kusche
Helmut Hammer

# Inhalt

## Mensch : Medien : Macher

### Vorworte



### Macher Mensch

## Medien Macher

## Medien Mensch

## Doppelpunkt statt Schlusspunkt

Mensch : Medien[1] : Macher

Buchtitel müssen griffig sein. Ein Griff ist ein kleines Ding, das etwas Großes handhaben lässt. So gesehen ist der Titel dieser Festschrift für Ludwig Hilmer geeignet, halbwegs zu fassen, was darin ist.

Er vereint Beiträge von Autorinnen und Autoren, die wir gebeten hatten, anlässlich des 60. Geburtstags von Ludwig Hilmer im Januar des Jahres 2020 etwas aus ihrem Fachgebiet zu schreiben. Dass Schreiberinnen und Schreiber auf unterschiedliche Art und Weise mit Ludwig Hilmer verbunden sind, ist selbstverständlich. Breite und Vielfalt des Aufgeschriebenen überraschen dann doch, sind aber Ausweis der Breite und Vielfalt der Beziehungen und Wirkungen des Jubilars. So dient die Lektüre auch dazu, Ludwig Hilmer besser kennen zu lernen.

Mit 60 Jahren setzt man noch keinen Ziel- oder Schlusspunkt. Diese Festschrift ist keine Rückschau auf ein Leben, keine Bilanz über ein Lebenswerk, kein Fazit. Uns gefällt der Doppelpunkt besser.

**Mensch Macher:** Ein erstes großes Fenster dieses Bandes öffnen Menschen und ihre Beiträge, die Ludwig Hilmer in den vergangenen 25 Jahren an der Hochschule Mittweida begegnet und so Zeit- und Ortszeugen des Wandels der Hochschule, der Hochschulbildung und der Technologien sind. „Mensch Macher" als „Griff" für das Größere steht für den Gestaltungswillen, die Weitsicht, die Managementqualitäten des Mediendekans und Hochschulrektors Ludwig Hilmer. Es steht da ausdrücklich nicht nur „Macher" sondern auch „Mensch",

[1] Konsequent müsste es „Medium" heißen, aber die Herausgeber wollen keine falschen Geister beschwören.

denn Integrationstalent und Empathie sind entscheidende Begabungen Ludwig Hilmers, die ausdrücklich beschrieben oder indirekt bestätigt werden, wenn es um seine Rolle bei der Entwicklung der Hochschule geht.

**Medien Macher**: Durch das zweite Fenster der Festschrift fällt das Licht auf das Metier von Ludwig Hilmer, die Medien – auch hier persönlich verknüpft. Örtlich und zeitlich weiter gespannt ist der Bogen von den Anfängen des studentischen Medienmachers über eine neue Generation von Mediennutzern, die mit einem Mausklick zu Machern werden, bis hin zu neuen Möglichkeiten und Notwendigkeiten für Kommunikation in einer digitalisierten Gesellschaft.

**Medien Mensch:** Medien als ihr Metier teilen sich einige der Autorinnen und Autoren mit Ludwig Hilmer. Kommunikation ist dagegen das Milieu, in dem wir uns alle bewegen. Ohne Kommunikation ist jedenfalls alles nichts, sie macht den Menschen zum sozialen und sich seiner Geschichte vergegenwärtigenden Wesen. Kommunikation ist Objekt der Erkenntnis und gleichzeitig ihr einziger Ausdruck – selbst in der Lüge. Das dritte Fenster dieser Festschrift öffnet sich vor einem weiten Horizont für Kommunikation: von der Hölle des Singulären bis zum Banalen der schönsten Nebensache.

Doppelpunkte sind uns lieber als Schlusspunkte; Vorworte lieber als Nachrufe. Deshalb folgen dieser Einführung aus dem Herausgeberkreis der Festschrift drei persönliche Vor-Worte von zwei Weg- und einem Flugbegleiter, die ungefiltert und von Herzen kommend Ludwig Hilmer beschreiben, wie wir ihn zwar kennen, aber es selbst nicht zu sagen gewagt hätten:

Marlies Mosiek-Müller, viele Jahre Vorsitzende des Hochschulrats der Hochschule Mittweida, dann der Freund und Kollege Gerd Strohmeier und schließlich Herbert E. Graus, Freund und Förderer des Hauses –

allen dreien ein herzliches Dankeschön für die Zeugnisse tiefer Verbundenheit mit Ludwig Hilmer.

Einen großen Dank verdienen alle Autorinnen und Autoren, die mit ihren Fachbeiträgen zu dieser Festschrift inhaltlich beigetragen haben. Alexander Maack sei gedankt für die tatkräftige Unterstützung der Herausgeber von der ersten Idee bis zum Lektorat. Seine äußere Gestalt verdankt der vorliegende Band diesen Menschen: Der Künstler Jens Ossada hat die Vielfalt der Themen zu einer Material-Collage mit dem Titel „Wandel der Medien“ versammelt, die im Ausschnitt als Einband-Grafik zu sehen ist, Monique Furchner hat den Titel gestaltet und Maximilian Benda aus vielen Einzelbausteinen eine Druckvorlage erstellt. Christian Greim schließlich hat dazu beigetragen, dass das Buch über den Hochschulverlag Mittweida in papierner und elektronischer Variante zu seiner geschätzten Leserschaft findet, der wir erkenntnisreiche – und mit Doppelpunkt betont: anregende Lektüre wünschen.

Andreas Wrobel-Leipold
Ramona Kusche
Helmut Hammer

Mittweida im Dezember 2019

# Ein Niederbayer in Sachsen. Kann das gut gehen?

Marlies Mosiek-Müller

Es ist nicht nur gut gegangen, sondern es hat sich sogar eine gegenseitige Zuneigung, eine platonische Liebe der besonderen Art entwickelt, von der sowohl Ludwig Hilmer als auch der Freistaat Sachsen erheblich profitiert haben und es immer noch tun.

Fast scheint es so, als hätten sich Ludwig Hilmer und die Hochschule Mittweida gesucht und gefunden: der Medienwissenschaftler, der die Kunst der Kommunikation theoretisch wie praktisch meisterhaft beherrscht, und die Hochschule im mittelsächsischen Bergland mit der langen und erfolgreichen Ingenieurstradition.

Für einen Historiker wie Ludwig Hilmer gehört das „panta rhei" zur inneren Richtschnur, und dieser philosophische Gedanke des beständigen Wandels wurde für ihn zur Gebrauchsanleitung für den Umbau der Hochschule Mittweida in eine zukunftsorientierte, internationale, interdisziplinäre und letztlich digitale moderne und wettbewerbsfähige „Hochschule für Angewandte Wissenschaften". Diese strategisch neue Ausrichtung der Hochschule bedeutete, dass neue stark frequentierte Fachbereiche und bereits etablierte, forschungsstarke, technisch dominierte Fachbereiche in eine Symbiose überführt werden mussten.

Das klingt ziemlich unproblematisch und unspektakulär, aber auch hier kommt es auf die Kleinigkeiten an und natürlich auf die handelnden Personen, die man – wie es so verniedlichend heißt – auf dem Prozessweg „mitnehmen" muss. Das war die Stunde von Ludwig Hilmer, dem großen Motivator und Kommunikator mit dem unaufgeregten, aber klaren, konsensualen Führungsstil, der durch das gemütlich-bairische Idiom im Tarnanzug daherkommt. Denn er kennt den wesentlichen Zusammenhang zwischen Inhalt und Ziel eines Prozesses und der Methode, wie man diese erreichen kann. Nicht durch Befehl und

Dekret, sondern nur durch Diskussion und Diskurs werden das notwendige Gemeinschaftsinteresse und das wichtige Gemeinschaftsgefühl erzeugt, die zu Garanten einer tragfähigen Lösung werden. So war es nur folgerichtig, dass Ludwig Hilmer in den Vorstand der Landesrektorenkonferenz und zum Sprecher der Hochschulen für Angewandte Wissenschaften gewählt wurde. Und es ist auch sein Verdienst, dass bis zu den mehrtägigen Feierlichkeiten zum 150-jährigen Jubiläum der Hochschule im Jahr 2017 mit zehntausend Besuchern die Mobilisierungskraft so groß war, dass fast alle Hochschulangehörigen aktiv an den Neuerungen beteiligt waren.

Jetzt wird Ludwig Hilmer 60 Jahre alt, und Kolleginnen und Kollegen sowie Weggefährten haben sich vorgenommen, in dieser Publikation das „Gesamtkunstwerk Ludwig Hilmer" in seinen verschiedenen Facetten auszuleuchten.

Der Niederbayer Ludwig Hilmer in Sachsen: ein Erfolgsmodell!

Marlies Mosiek-Müller

# Kollege, Freund und Flugbegleiter

Gerd Strohmeier

Unaufhaltsam machte sich die Angst in mir breit. Es war wie immer: Mein Magen strömte Unbehagen aus, meine Füße und Arme konnten nicht stillhalten und meine Augen suchten nach dem nächsten Ausgang. Da begann schon das altbekannte Pfeifen. Ich versuchte, mich zu beruhigen – mit dem Üblichen: Statistiken, Erfahrungsberichte etc. Doch die rationalen Argumente konnten das emotionale Unbehagen nicht ersticken – nicht einmal eindämmen. Wir setzten uns in Bewegung. Ich versuchte, mich irgendwie abzulenken, aber es gelang nicht – wie immer. Ein Gespräch mit gehaltvollem Inhalt, dachte ich mir, könnte vielleicht helfen. So wandte ich mich ruckartig nach rechts und begann, energisch auf meinen Sitznachbarn einzureden. Ungebremst erzählte ich von dem geplanten gemeinsamen Promotionskolleg – alles, was mir dabei wichtig war und ich eigentlich in Ruhe mit ihm besprechen wollte: dass wir eine Vielzahl an Disziplinen integrieren sollten, dass wir mindestens vier Tagungen im Jahr organisieren müssten, dass wir die Betreuerinnen und Betreuer der Arbeiten ergänzen, nicht ersetzen dürften... Plötzlich spürten wir einen Ruck: Das Flugzeug (wohl nicht mit der Flugnummer LH 60, auf jeden Fall aber mit einer Flugnummer, die mit Ludwig Hilmers Initialen begann) hob ab – und ich fuhr umso intensiver fort, mich voll und ganz auf das zu konzentrieren, was mich davon ablenkte, dass sich die meisten Flugzeugkatastrophen bei der Landung oder eben nach dem Start ereignen. Unentwegt redete ich auf meinen Sitznachbarn ein und versuchte dabei alles anzusprechen, was mir im Kontext des Promotionskollegs wichtig war – gefühlt mindestens 10 Stunden, real maximal 10 Minuten, etwa bis wir die Reisehöhe erreicht hatten und er mich barsch (in seinem unverkennbaren niederbairischen Idiom mit mittlerweile leichtem oberbairischem Akzent, jedoch ohne jedweden sächsischen Einschlag) unterbrach: „Kannst Du mir das alles bitte erzählen, wenn wir wieder unten sind? Offen gestanden, habe ich brutale Flugangst und kann mich jetzt überhaupt nicht auf das konzentrieren, was Du mir sagst." Da wurde mir klar, dass Ludwig Hilmer und ich nicht nur unsere Herkunft, ein Promotionskolleg und die Einstellung zu vielen Themen teilten, sondern auch eine – euphemistisch ausgedrückt – unglaublich große Abneigung gegenüber dem Fliegen. Letztlich wurde deutlich, dass er ganz offensichtlich an derselben Flugangst litt wie ich, nur eben eine gänzlich andere Strategie nutzte, um sie zu überwinden.

Das Promotionskolleg, das auf festem Boden geplant und natürlich auch durchgeführt wurde, war ein großer Erfolg – wie alles, was Ludwig Hilmer mit Entschlossenheit und der ihm zu eigenen Lockerheit angeht. Angst habe ich bei ihm in der Tat nur im Umfeld eines Flughafens oder an Bord eines Flugzeugs erlebt. Auch Nervosität, Anspannung oder Aufgeregtheit sind keine Attribute, die ich mit ihm in Verbindung bringen würde – jedenfalls nicht im beruflichen Bereich: am Spielfeldrand eines Fußballspiels des Rot-Weiß Klettham Erding e.V. mag dies anders sein (sollte dieser Verein tatsächlich nicht bekannt sein: Es handelt sich dabei um den Verein, in dem die beiden Söhne Ludwig Hilmer jr. und Max Hilmer spiel(t)en). Dies gilt natürlich auch für Spiele eines großen (ebenfalls rot-weißen) Profi-Fußballvereins in München, der neben dem TSV 1860 München („Münchens große Liebe") existiert, mindestens so bekannt sein dürfte wie der Rot-Weiß Klettham Erding e.V., allerdings an dieser Stelle (und auch an anderer Stelle) keine Erwähnung verdient, wenngleich er aus unerklärlichen Gründen Ludwig Hilmer in seinen Bann gezogen hat. Im beruflichen Kontext erlebte ich Ludwig Hilmer nur ein einziges Mal aufgeregt, ja geradezu aufgewühlt: kurz vor seiner Wiederwahl zum Rektor der Hochschule Mittweida. Als wir im kleinen Kreis zusammen in seinem Büro auf das Ergebnis der Abstimmung des Erweiterten Senats warteten, wussten alle, wie dieses aussehen wird – mit Ausnahme von ihm, der ganz offensichtlich ernsthaft glaubte, dass es mit seiner Wiederwahl nicht klappen könnte. Selbstverständlich klappte es – sogar mit einer Mehrheit, über die man sich in sogenannten „gelenkten Demokratien" freuen würde. Dies führte dazu, dass er seine äußerst erfolgreiche Arbeit fortsetzen konnte: an der Hochschule Mittweida, aber auch darüber hinaus – in der ihm ganz eigenen, unnachahmlichen Art: einer gewissen Mischung aus Columbo, Yoda und Baby Schimmerlos (der gut informierte Leser möge sich an dieser Stelle selbst die einschlägigen Persönlichkeitskomponenten dieser drei Film- bzw. Serienhelden zusammenstellen).

Ludwig Hilmers außergewöhnlich unnachahmliche Art führt in aller Regel zu ungewöhnlich großem Erfolg, ruft aber bisweilen durchaus gewisse Irritationen hervor. Nicht selten werde ich, etwa von Amtskollegen, gefragt, wie er etwas gemeint hat, wenn er etwas gesagt hat. Jeder, der Ludwig Hilmer etwas besser kennt, weiß, dass derartige Verständigungsprobleme keineswegs nur auf innerdeutsche Sprachbarrieren zurückzuführend sind. Schließlich will er mit dem, was er sagt, manchmal das zum Ausdruck bringen, was er sagt, manchmal das genaue Gegenteil davon und manchmal auch etwas völlig anderes. Dies ist für einen Bayern nicht ganz ungewöhnlich, zumal im Bairischen ein und dasselbe Wort sowohl eine äußerst positive als auch eine äußerst negative Bedeutung haben kann. Als „Hund" bezeichnet zu werden, kann eine außerordentlich hohe Anerkennung bedeuten – aber eben auch das genaue Gegenteil davon. Allerdings kann selbst ich, der Ludwig Hilmer seit über 20 Jahren kennt, verhandlungssicher niederbairisch spricht und Ludwig Hilmer als Wissenschaftler, Rektor, Kooperationspartner und Freund zu schätzen weiß, nicht immer mit an Sicherheit grenzender Wahrscheinlichkeit deuten, was er meint, wenn er etwas sagt (was in der Vergangenheit zu manchen Missverständnissen und ungewollten – aber keineswegs unerfreulichen – Entwicklungen geführt haben mag). Seit einiger Zeit habe ich es mir zur nicht unerfolgreichen Angewohnheit gemacht, bei der Frage, wie er etwas gemeint habe, auf die strukturale Textinterpretation zu verweisen – also streng wissenschaftlich vorzugehen. Nach der strukturalen Textinterpretation kommt es gar nicht darauf an, was der Autor mit einem Text gemeint haben könnte, sondern darauf, was der Rezipient darunter versteht. Es kommt demnach also gar nicht darauf an, was Ludwig Hilmer mit seinen Aussagen bezwecken will, sondern darauf, was andere darunter verstehen und daraus machen – was möglicherweise genau dem entspricht, was Ludwig Hilmer damit bezweckt.

Ludwig Hilmers bisweilen beinahe prosaisch anmutenden Aussagen zu interpretieren, fällt natürlich besonders schwer, wenn man Flugangst hat und man sich mit ihm zusammen auf einer Flugreise befindet – obwohl er dabei für seine Verhältnisse ausgesprochen wortkarg ist. Tatsächlich könnte man ihn vor und während einer Flugreise für einen schüchternen, zurückhaltenden und introvertierten Wissenschaftler halten – und nicht für das außergewöhnliche Redetalent, das er besitzt und ist. So haben wir während der gesamten Flugreise wenig gesprochen. Nachdem wir das erlösende Aufsetzen des Flugzeugs auf der Landebahn hörten und spürten, änderte sich dies natürlich schlagartig. Ich erzählte Ludwig Hilmer noch einmal dasselbe, was ich ihm schon im Flugzeug erzählt hatte, und fand diesmal auch Gehör – wie immer, wenn ich ihn brauche (und wir uns nicht gerade im Flugzeug befinden). So hat er mir seit wir uns kennen mehr als einen wertvollen Ratschlag gegeben – einer davon war für meinen weiteren Lebensweg entscheidend, wofür ich ihm herzlich danke. Zu seinem 50. Geburtstag, den er nun bereits zum elften Mal feiert, wünsche ich ihm, dass alles in Erfüllung gehen möge, was er sich wünscht (mit Ausnahme der von ihm sicherlich gewünschten Erfolge des oben erwähnten Münchner Profi-Fußballvereins) – nicht zuletzt eine größere Gelassenheit beim Fliegen. Mir selbst wünsche ich, dass er noch möglichst lange das bleiben wird, was er bereits seit geraumer Zeit ist: ein hervorragender Kollege, Freund und Wegbegleiter.

Gerd Strohmeier

# Phantasie haben heißt, aus den Dingen etwas machen

Herbert E. Graus

Ich empfinde es als große Ehre, für einen großartigen Freund wie Ludwig Hilmer einige Worte zum „runden" Geburtstag finden zu dürfen. Rektor, Medienwissenschaftler, Medienpolitiker, Macher, Mittweida und die Welt, Fußballexperte von internationalem Rang – das sind Stichworte, die mir in Verbindung mit dem Jubilar in den Sinn kommen. Aber all das greift viel zu kurz: Ludwig Hilmer ist einmalig und einzigartig. Im Barock wäre er wohl als „Gesamtkunstwerk" bezeichnet worden.

Heute heißt das eher „Visionär". Wobei dieser Begriff bekanntlich polarisiert. Während ein deutscher Kanzler und Mitglied einer heute kaum noch als Volkspartei erkennbaren politischen Vereinigung einmal sagte: „Wer Visionen hat, sollte zum Arzt gehen", formulierte der 28. Präsident der Vereinigten Staaten von Amerika, Woodrow Wilson, treffend: „Wer keine Vision hat, vermag weder große Hoffnung zu erfüllen, noch große Vorhaben zu verwirklichen."

Und da sind wir wieder bei Ludwig Hilmer: Wäre er zum Arzt gegangen, wären grandiose Innovationen nie verwirklicht worden. Zum einen das dezentrale Hochschulstudium der Hochschule Mittweida. Gemeinsam mit Otto Altendorfer (1958–2016) hat Ludwig Hilmer dieses Projekt von Mittweida in die Welt gebracht. Aber vielmehr noch: Die Hochschule Mittweida nimmt unter seiner Regie Kurs auf eine ambitionierte Zukunft als Digitale Hochschule. Doch es reicht nicht, Konzepten den ersten Schubs zu geben, sie müssen begleitet, weiterentwickelt und forciert werden. Ludwig Hilmer gelingt es mit seiner faszinierenden Persönlichkeit, mit seiner Expertise und seinem Netzwerk, die besten Akteure aus Deutschland und der Welt für die Hochschule Mittweida zu gewinnen und – in unserer schnelllebigen Zeit nicht selbstverständlich – auch zu binden.

Zukunftsorientiert, visionär, überzeugungsstark, reformfreudig und doch darauf bedacht, Traditionen zu bewahren: so würde ich das Wirken von Ludwig Hilmer an der Hochschule Mittweida beschreiben.

Mit einem Gedanken von Thomas Mann möchte ich schließen. Vermutlich hätte er Ludwig Hilmer auch als phantasievolle Persönlichkeit bezeichnet, denn „Phantasie haben", so Mann, „heißt nicht, sich etwas ausdenken – es heißt, aus den Dingen etwas machen"[2].

Ich wünsche Ludwig Hilmer zum „runden" Geburtstag weiterhin viel Erfolg, gute Gesundheit, reiche Schaffenskraft und Gottes Segen.

Herbert E. Graus

---

[2] Mann, Thomas: Meerfahrt mit Don Quichotte, Wiesbaden 1953.

# Macher Mensch

# Hochschulen leiten, führen, managen?

Stefan Busse
Hochschule Mittweida, Fakultät Soziale Arbeit und Institut für Kompetenz, Kommunikation und Sprachen

## 1 Kurzfassung

Das Centrum für Hochschulentwicklung (CHE) sucht seit 2008 die Hochschulmanager_in des Jahres. 2018 ist Ludwig Hilmer in den Kreis der sechs Finalist_innen gekommen. Das allein ist eine hohe Würdigung seiner Tätigkeit als Rektor. Die allgemeine Frage ist, worin die Anforderung an das Leiten, Führen und Managen einer Hochschule als Organisation besteht und was Hochschulleitungen dazu befähigt, dies qualifiziert zu tun. In der Hochschulforschung ist deswegen Führung seit einiger Zeit ein Thema geworden. Die besondere Herausforderung besteht darin, Hochschulen als hybride Organisationen zu führen, was Hochschulleitungen abverlangt, mit Multirationalität umzugehen.

## 2 Auf der Suche nach guter Führung – ein neuer Blick auf die Institution Hochschule

Das Centrum für Hochschulentwicklung (CHE) sucht seit 2008 (seit 2013 zusammen mit der Wochenzeitung DIE ZEIT) den/die Hochschulmanager(in) des Jahres. Mit dieser Auszeichnung sollen Leiterinnen und Leiter deutscher Hochschulen ausgezeichnet werden, „die alle mit außergewöhnlicher Führungsleistung die Entwicklung ihrer Hochschule geprägt und innovative Veränderungsprozesse initiiert haben" (CHE 2019). Der Auszeichnung liegt ein mehrstufiges Auswahlverfahren zugrunde. Zunächst wird, gestützt auf eine Reihe von Indikatoren, nach Hochschulen gesucht, die im Vergleich zu anderen durch eine „besonders starke positive Entwicklungsdynamik" (ebd.) auffallen. Daran anschließend werden die Peers der Hochschulleitungen nach ihrem Führungsverständnis und den Führungsaktivitäten der jeweiligen Kandidat_in befragt. Schließlich wird aus dem Kreis von sechs Finalist_innen der/die Hochschulmanager_in des Jahres gewählt resp. gekürt.

Dieses Verfahren spiegelt einen veränderten Blick auf die Institution Hochschule wider. Die Exzellenzinitiative des Bundes zur Förderung exzellenter Hochschulforschung, die unterschiedlichen Projektinitiativen auf Bundes- und Länderebene zur Verbesserung der Lehre haben mit der Prämierung von Forschung und Lehre vor allem die klassischen Qualitätsdomänen der akademischen Bildungsinstitution ins Visier genommen. Mit dem Fokus auf gute Führung oder exzellentes Management wird die Hochschule nicht mehr nur als Institution, sondern zunehmend als *normale Organisation* wahrgenommen bzw. es wird unterstellt, dass sie sich zu einer modernen Organisation gemausert hat. Hochschulen ziehen ihren Erfolg bzw. ihren gesellschaftlichen Auftrag der Wissensproduktion und -vermittlung (von Forschung und Lehre) nicht mehr allein aus der professionellen Eigenlogik von Fachdisziplinen und der kollegialen Disziplinierung durch eine Scientific Community. Auch die flankierende Verwaltungsbürokratie (Hochschulverwaltung) garantiert nicht per se, dass Hochschulen erfolgreich sind. Sie konkurrieren heute als teilautonome Akteure auf einem Quasimarkt um Kunden, Reputation und Aufmerksamkeit. An Hochschulen werden vermehrt von innen und außen multiple Erwartungen gerichtet. Vor allem aber wird erwartet, dass sie sich selbst zum Gegenstand von Wissen, Reflexion, Steuerung und Lernen machen. Hochschulen sollen sich selbst erneuern und transformieren, auch ohne Impulse oder Steuerung von außen, den permanenten Change sozusagen in ihre DNA implementieren. Organisationssoziologisch gesprochen sollen sie sich selber managen bzw. führen, obgleich man weiß, dass Hochschulen nur begrenzt organisierbar und steuerbar sind, weil sie einer hybriden Organisationslogik folgen (s.u.). In der Sprache der politischen Philosophie bedeutet das, sich selbst zu regieren. Governance wird so zum Führungsprinzip, welches aus einer Vielheit von Perspektiven und Einzelinteressen Einheit ermöglichen soll (Zechlin 2017).

So richtet sich der Blick vor allem auf jene, denen qua Rolle eine besondere Kompetenz zugemutet und zugeschrieben wird – der Hochschulleitung in der Rolle multifunktionaler Manager_innen. Und an herausgehobener Position – dem Rektor oder der Rektorin. Der nunmehr jährlich ausgelobte wie verliehene Preis oder Titel „Hochschulmanager_in des Jahres" ist der symbolische Ausdruck dieser Erwartung und Unterstellung, dass es einen belastbaren Zusammenhang zwischen Hochschulerfolg und Hochschulmanagement gibt. Es wird davon ausgegangen, dass sichtbare Veränderungs- resp. Changeprozesse in den Hochschulen dem Agieren und Wirken von Hochschulleitungen zurechenbar sind. Die Arbeit der Jury ist dabei in Grenzen auch datenbasiert, weil sie versucht, ihre Entscheidung auf quantifizierbare Daten zu gründen und an qualifizierten Urteilen von Zeugen und Peers (durch Befragung) zu validieren. „Symbolisch" ist diese Würdigung freilich, da im Unterschied zur Exzellenzförderung der Forschung und Verbesserung der Lehre keine Ressourcen transferiert werden, sondern nur symbolisches Kapital erworben werden kann. Und das ist nicht wenig. Das Ziel besteht in der Prämierung personaler Führungs- und Managementkompetenz aber auch darin, „der Diskussion über ein wissenschaftsadäquates Verständnis von Hochschulführung neue Impulse (zu verleihen)" (CHE Hochschulmanager(in) des Jahres).

2018 fiel der Blick auch auf die Hochschule Mittweida bzw. ihren Rektor Ludwig Hilmer. Er hatte es (und damit die Hochschule und Hochschulleitung) nicht nur geschafft, die Aufmerksamkeit der bundesweit suchenden CHE-Jury zu erringen, sondern aus 30 potentiellen Kandidat_innen in die dritte Runde des Verfahrens und damit unter die sechs Finalist_innen zu gelangen. Was gab den Ausschlag dafür? Es waren die „strategischen Ressourcen- und Profilentscheidungen“, die den Umbau der Hochschule Mittweida „mit Blick auf zukunftsweisende Angebote und eine moderne Infrastruktur...“ ermöglicht hatten (vgl. Hilmer in CHE Kurzporträt). Gemeint war vor allem die weder schmerz- noch friktionsfreie Reform der Fakultätenstruktur. Von ursprünglich sechs Fakultäten verblieben nur zwei unberührt, drei wurden mit verändertem Zuschnitt in die neue Hochschulstruktur implementiert – im Konsens, wie das CHE hervorhebt. Das war das Ergebnis eines schon oft geprobten Spagats zwischen historischer Selbstvergewisserung einer traditionell technisch und ingenieural geprägten Geschichte und der notwendigen Identitätserweiterung in Richtung moderner, interdisziplinärer Einheiten und zukunftweisender Studiengänge. Am Ende war das ein mutiger (wie überfälliger) Schritt, wenn man die vielen diesbezüglichen Versuche bedenkt, die letztlich immer in taktischem Zaudern und abwägendem Räsonieren versunken waren. Ludwig Hilmer selbst erinnert sich an diese Reformzeit, die ihren Höhepunkt mit dem 150. Jahrestag der Hochschule Mittweida hatte, als an eine „Selbstbewusstseinskampagne“ der Hochschule. Die Jury würdigte entsprechend, dass es Ludwig Hilmer gelungen sei, einen „herausfordernden Reformprozess“ und „beispielgebenden Changeprozess“ aus „... einem sehr starken Gemeinschaftsverständnis heraus, ... mit seinem hoch motivierenden und einenden Führungsstil unterstützt“ zu haben (ebd.). Seine Peers hätten ihn als einen "Meister im Knüpfen und Pflegen von Kontakten, Ideengeber und Motor" bezeichnet und bezeugt, dass er „... in außergewöhnlicher Art und Weise Zukunftstrends in Wirtschaft, Technik und Gesellschaft analysieren und antizipieren" kann (ebd.): „Diese Zukunftsorientierung und seine Überzeugungsstärke spornen die Fakultäten und Lehrenden immer wieder an." (ebd.) In der Sprache moderner Führungstheorien ist ihm damit eine fast ideale Synthese aus strategischem und visionärem Weitblick, mikropolitischem Geschick und einer partizipativen Haltung attestiert worden, die man theoretisch weniger als Management, sondern eher unter dem Begriff Leadership (s.u.) labelt.

Wenn Ludwig Hilmer am Ende auch nicht den finalen Zuschlag bekommen hat, so ist das keineswegs ein Scheitern, es ist allenfalls schade, weil man im Kreis dieser Finalist_innen eigentlich nicht mehr scheitern kann. Und: Es mindert seine Preiswürdigkeit in keiner Weise.

Solche Preise freilich tauchen die ohnehin Herausragenden und Sichtbaren für kurze Zeit in ein besonderes Licht, welches in der Verdichtung würdigender Sprache auch Wesentliches überblendet. Dazu gehört, dass sich der Alltag auch eines Rektors nicht immer spektakulär, heroisch und schon gar nicht nach Zukunft anfühlt. Dazu gehört auch, dass diejenigen, die ihm in entspannter Distanz all das gerne bezeugen, wovon oben die Rede war, das vermutlich nicht für jeden erlebten Moment und jede Situation tun können und mögen. Auch ein Rektor agiert immer als ganze Person. Das ist gut so, denn das macht und lässt einen potentiellen Laureaten erst lebendig sein.

Die Frage freilich, was es eigentlich bedeutet, eine Hochschule zu führen und es auch noch zu können (!), führt uns notwendigerweise von der Würdigung einer konkreten Person weg. Es gilt hier Prinzipielles auszuloten. Das ist notwendig, weil man eigentlich erst dann abschätzen kann und zu würdigen weiß, was es heißt, in der Rolle eines „Hochschulmanagers“ erfolgreich zu agieren. Deswegen lohnt es sich, einen kurzen Blick in die vor allem soziologische Organisationstheorie und Hochschulforschung zu werfen, die seit einigen Jahren die „Führung von Hochschulen“ als einen theoretisch wie empirisch interessanten Forschungsgegenstand entdeckt und bearbeitet hat.

## 3 Die Hochschule als hybride Organisation und die Notwendigkeit „multirationalen Managements"

Werfen wir noch einmal einen genaueren Blick auf die Hochschule in ihrer eigenen bzw. eigenartigen Systemlogik, die in der Organisationssoziologie als „hybride Organisation" bezeichnet wird (Evers & Ewert 2010). Hybride Organisationen sind solche, die sich durch sog. Multirationalität auszeichnen, das heißt, dass in ihnen Akteure zugange sind, die ihr Handeln an sehr unterschiedlichen sektoralen Denk- und Handlungslogiken ausrichten und dabei unterschiedliche Identitäten entwickeln. Das generiert Widersprüche zwischen und innerhalb der Akteuren, Akteursgruppen und Sektoren, weil sie eigenes Handeln und Denken nicht nur eigenlogisch ausrichten können, sondern immer auch Anschlüsse an andere Logiken herstellen oder diese (mit Aufwand) abweisen müssen. Im Unterschied zu Organisationen in der Wirtschaft oder der öffentlichen Verwaltung werden solche Organisationen im Sinne des Organisationstheoretikers Karl Weick (1976) auch als „lose gekoppelte Systeme" bezeichnet, auf die eine zentrale Steuerungsinstanz nur sehr beschränkt durchgreifen kann (vgl. Kloke & Krücker 2012: S. 14). Das dürfte für Organisationen im Gesundheits-, Sozial,- Kultur- und Bildungsbereich „Normalfall" sein, weil deren Außenbeziehungen zu gesellschaftlichen Teilsystemen immer komplexer und vielfältiger werden und sich im Inneren spiegeln. Organisationen, die zudem in ihrem produktiven Kern auf Kreativität und Innovation (neues Wissen) angewiesen sind, sind bis zu einem gewissen Grad auch immer Orte der „organisierten Anarchie", damit sie überhaupt funktionieren (Huber 2012: S. 243). Hier versagen dann auch gängige Führungs- und Managementansätze – sie müssen multirational und dezentral gemanagt werden (Schedler 2012). Wenn zwischen einzelnen Systemen resp. Akteuren (z.B. Fakultäten, Instituten, Arbeitsgruppen etc.) Zielkonflikte auftreten, müssen sie an den Systemgrenzen bi- oder multilateral gelöst werden. Zunehmend wird dies aber „von einem Selbstverständnis überlagert, demzufolge die Hochschule ein einheitlicher, handlungs-, entscheidungs- und strategiefähiger organisationaler Akteur ist“ (Kloke & Krücken ebd.). Das ist ein strukturelles Paradoxon, weil es die Gleichzeitigkeit von dezentralen und zentralen Steuerungsmechanismen integrieren und balancieren muss. Im Sinne des Governance-Konzeptes heißt das, regieren ohne zu regieren (vgl. Zechlin 2017: S. 34).

Hochschulen scheinen dabei zu einem besonders exemplarischen Fall für die Organisationsforschung geworden zu sein (Hanft 2008, Hanft & Maschwitz 2017), weil sich diese offenbar besonders gut als hybride Organisationen beobachten und beschreiben lassen (Schumacher 2017). Schauen wir uns dies kurz unter unterschiedlichen Perspektiven an.

### 3.1 Hochschule als Expertenorganisation

Zuallererst ist die Hochschule eine typische Expertenorganisation, in der ein Gutteil ihrer Akteure (Professoren_innen, Hochschulleher_innen und Wissenschafter_innen) ihre Legitimation und Identität außerhalb der Organisation Hochschule beziehen. Das Commitment resp. die Bindung an die eigene Disziplin, an die dazugehörigen wissenschaftlichen oder professionellen Fachgemeinschaften oder auch externen Partner in der Berufspraxis ist in der Regel stark. Die Expertenidentität ist zwar auf das Engste mit der Institution Hochschule verknüpft, liegt aber zugleich außerhalb der Hochschule als Organisation. Das ist die paradoxe Situation: Die Organisation ist nur der Ort, an dem die professionelle Identität gelebt und die eigene Expertise eingelöst wird, nicht der Gegenstand. Gleichzeitig ist die Organisation Hochschule aber auch auf diese extraterritoriale Bindung und Verankerung ihrer Mitglieder angewiesen, weil sie daraus selbst ihre Legitimität und ihr Renommee bezieht, was ihr Ressourcen zuführt und zugleich entzieht. Die Erwartung von Hochschulleitungen an ihre Mitglieder, einen

Gutteil ihrer Energie auch für übergreifende Organisationsziele zur Verfügung zu stellen, mithin organisationales Commitment und eine Organisationsidentität zu entwickeln, gelingt nur auf der Basis eines auszuhandelnden Agreements. Dieses muss die Balance zwischen Innen- und Außenorientierung gut regulieren. Es beruht auf der notwendigen Freiheit von Forschung und Lehre und begrenzt diese aber auch durch gute Einbindung an übergreifende Organisationsziele (eine Hochschulleitung möchte aus strategischen Gründen den Studiengang X in ihrem Portfolio implementieren, dies findet (zunächst) wenig oder keine Resonanz bei den hauseigenen Expert_innen). Zudem sind Forschung und Lehre zwei Handlungsdomänen, die sich nur in hoher professioneller Selbstregulation realisieren lassen und extern und hierarchisch nur sehr begrenzt steuerbar sind.

Wirft man einen phänographischen Blick auf die Hochschule als Organisation, dann sind hier idealtypisch zwei problematische Einstellungen oder Habitusformen anzutreffen: Die eine besteht darin, dass die Hochschule als eine Art Bahnhof gesehen wird, in den man sich schnell hineinbegibt, um ihn so schnell wie möglich wieder zu verlassen, und in dem das Verweilen immer ein bisschen als vertane Zeit erlebt wird. Das andere Extrem ist, die Hochschule als eine Art verlängertes Zuhause zu definieren, in dem der eigene Horizont dann auch recht schnell im Geviert der eigenen Wände verbleibt. Im einen Fall würde es sich um Undercommitment im anderen Fall um Overcommitement handeln.

Beides liegt nicht in einem übergreifenden Organisationsinteresse. So besteht die Kunst von Führung (der Hochschulleitung) sozusagen darin, die Mittellage anzusteuern, d.h. eine gute Balance zwischen Autonomie und Gebundenheit herzustellen, um das organisationale Commitment zu erhöhen. Das geht nur, indem intrinsische Motivation angesprochen und zugleich an die eigene Organisation gebunden wird. Auch die externe politische Steuerung zur Förderung von Forschung (z.B. über Forschungsprogramme, Exzellenzförderung) und Lehre (Projektförderung zur Verbesserung der Lehre) an den Hochschulen dürfte dieser Logik folgen. Durch die Allokation von Ressourcen bietet sie Autonomie und bindet diese zugleich an die eigene Organisation. Betrachtet man dies als Führungsaufgabe einer Hochschulleitung, dann entspricht diese in Begriffen der Führungstheorie am ehesten einem „tranformationalen Führungsstil", der auf Inhalte, Vision, Identifikation und auch gelebte Vorbilder setzt (Stipler et al. 2017, v. Ameln 2018).

### 3.2 Hochschule als bürokratische und bürokratisch transformierte Organisation

Im klassisch humboldtschen Verständnis haben sich Forschung und Lehre vor allem aus sich selbst heraus begründet und qualifiziert. Sie sind nicht durch äußere Rationalitäten steuer- oder erzeugbar. Sie sind „unklare Technologien ..., die sich aufgrund ihrer Zukunftsorientierung weder vollständig beschreiben noch vorschreiben oder reproduzieren lassen" (vgl. Huber 2012: S. 142). Man weiß eigentlich nie genau, was man wirklich weiß, noch was man wissen wird (Forschung), und man weiß auch nicht genau, ob und wie sich Bildungsprozesse einstellen (Lehre), weil man Menschen nicht wirklich bilden, nur ihre Selbstbildung assistieren kann. In diesem Dilemma dürfte ein Gutteil des Freiheitsimperativs von Forschung und Lehre begründet sein. Eine Organisation jedoch wäre sozusagen halt- und konturlos, wenn sie sich allein auf diese Rationalität einließe. So ist die Staatsabhängigkeit im humboldtschen Sinne bereits ein konstitutives Merkmal der modernen Universität gewesen (vgl. Huber 2012: S. 242). Der Staat garantiert und schützt die Freiheit von Forschung und Lehre nach außen, und er unterstützte sie nach innen durch die Implementierung einer Verwaltung. Der Staat wird so zum „eingeschlossenen ausgeschlossenen Dritten aller universitären Entscheidungen und zum (oft verschleierten) Dreh- und Angelpunkt der Universitätsentwicklung und -reform" (Huber ebd.). Die Verwaltung sichert zum einen das reibungslose Funktionieren der hochschulischen Kernprozesse und schleust zum anderen aber auch eine bürokratische Denk- und Handlungslogik ein, die mit der Logik von Forschung und Lehre eigentlich inkompatibel ist. Dort, wo diese zu nah an das akademische Handeln und Selbstverständnis kommt, wird sie durch akademische Selbstverwaltung komplettiert und abgepuffert. Das muss vom akademischen Personal in der Regel auf dem Qualitätsniveau von Laien und Dilettanten selbst bewerkstelligt werden, was die Betreffenden nicht selten als lästig empfinden (was nicht ausschließt, dass hier manch einer auch eine Quelle besonderer Erfüllung entdeckt).

In den vergangenen Jahren hat sich hier ein fundamentaler Paradigmenwechsel vollzogen, in dem Verwaltungsprozesse auf das sog. New Public Management (NPM) umgestellt worden sind. Von klassischen Verwaltungsorganisationen (z.B. einer Stadtverwaltung) ist dies auf die Institution Hochschule übertragen worden, um auch hier, so die Hoffnung, Abläufe transparenter, effektiver und mehr am Bedarf von potentiellen Kunden (hier Studierenden) zu orientieren. Eine an Wirtschaftsorganisationen angelehnte Logik der Output- statt Inputorientierung soll Ressourcentransfers nicht mehr an einem „diffusen" Bedarf, sondern an nachvollziehbaren und am besten messbaren Erfolgskriterien und Effekten festmachen.

Das hat auch die Beziehung zwischen Hochschule und Staat (Ministerium) verändert. Die Hochschule soll ein autonomer strategischer Akteur werden. Dem Einräumen von mehr Hochschulautonomie (fixiert in den diversen „Hochschulfreiheitsgesetzen") folgte aber zugleich eine Kaskade neuer Steuerungs- und damit Kontrollinstrumente: Budgetierung, Controlling, Zielvereinbarungen, die von der Ebene zwischen Hochschule und Ministerium, über die Fakultäten bis hin zu Leistungsvergütungen in der W-Besoldung von Hochschullehr_innen durchgereicht werden, diverse Evaluationsinstrumente und auch ein an ETCS orientiertes System des Qualifikationserwerbs der Studierenden etablierten ein System von Kontrolle und Beobachtung. Aufgrund dieser Systemlogik, welche auf einer permanenten Produktion und Verwertung von Organisationsdaten (fürderhin in digitalisierter Form) basiert, soll die Hochschule als Organisation aus sich heraus veränderungsaffin werden, so dass es keiner Reformimpulse mehr von außen bedarf, weil die Organisation aus sich heraus lernt (Hanft & Maschwitz 2017: S. 60). Das führt auch zu einer Machtverschiebung in die Hochschule hinein (so beruft nicht mehr ein Landesminister_in ihre Professor_innen sondern eine Rektor_in). Damit ist die Idee und Erwartung verbunden, dass die Qualität einer Hochschule nicht mehr allein aus der Qualität von Forschung, Lehre und Verwaltung emergiert, sondern vor allem durch den *Faktor Führung und Management* wesentlich beeinflussbar ist, moderiert oder ermöglicht wird. Die hierzu passende Führungslogik entspricht am ehesten dem sog. „transaktionalen Führungsstil", der mit Kennzahlen und Kontraktmanagement operiert. Die Crux besteht freilich darin, dass hier eine Art Bürokratie 2.0 eingeführt worden ist, in der sich bürokratische und unternehmerische Handlungslogik verschleifen. Die Orientierung an Employabilitiy als Output will die Kernprozesse von Forschung und Lehre stärker einer Verwertungslogik zuführen. Inwieweit diese davon wirklich tangiert werden, bleibt offen, weil sie mancher Kausalitäts- und Linearitätsillusion zum Trotz weiterhin „ungerührt" ihrer Eigenlogik gehorchen (müssen).

### 3.3 Hochschule als unternehmerische Organisation

Mit der neoliberalen Imprimierung der Verwaltung ist eigentlich schon einiges zur Hochschule als unternehmerische Organisation gesagt: Sie ist zwar keine Wirtschaftsorganisation, agiert aber oft so. Sie bleibt an hoheitliche Staatsaufgaben gekoppelt und bewegt sich zugleich auf Quasimärkten. Hier tritt sie zunehmend in Konkurrenz mit Ihresgleichen um knappe Ressourcen, Kunden und Aufmerksamkeit. Das hat vor allem zur Folge, dass es offenbar nicht mehr reicht, Qualität zu produzieren und davon auszugehen, dass sich diese herumspricht, dass man gegebenenfalls entdeckt wird. Hochschulen müssen, und das gehört in Grenzen bereits zur Kompetenz einer Expertenorganisation, die eigene Expertise behaupten und gegen andere durchsetzen und zur Geltung bringen. Das bedeutet ein Umschwenken von der bloßen Kompetenzproduktion zur Kompetenzdarstellungskompetenz (Pfadenhauer 2010). Dazu müssen sich Hochschulen, wie unternehmerische Organisationen, eine Reihe von Instrumenten der Selbstcharismatisierung bedienen, deren einfachste Form Werbung und Produktplatzierung sind. Was früher bereits die Aufgabe von Öffentlichkeitsarbeit war (was im Namen schon Unlust und Trägheit einschließt), ist heute die Aufgabe von Hochschulkommunikation und -marketing. Ihnen kommt nicht nur die Aufgabe zu, die Sichtbarkeit der Hochschule nach außen zu erhöhen, sondern auch eine nicht zu unterschätzende Quelle von organisationalem Commitment zu sein, weil sie den Bedarf an Identifikation mit der eigenen Organisation erzeugen und stillen kann. Gleichzeitig liegt auch hier ein strukturelles Problem. Die Eigenlogik von Forschung und Lehre beruht zum Gutteil auf dem Erzeugen und Bewältigen von Risiken und Krisen. Forschungsunternehmungen und Bildungsanstrengungen können scheitern oder nur durch nicht unerheblichen zusätzlichen Ressourcentransfer auf Umwegen abgesichert werden. Das widerspricht einer Logik des Zeigens und Glänzens. Es führt tendenziell in eine Übertreibungs- und Überbietungslogik und entwertet immer auch das Normale (vgl. Fröse & Bauer 2018: S. 141). Insofern besteht die Paradoxie darin, dass die oben skizzierte Logik, die Transparenz und Nachvollziehbarkeit verlangt, hier mit einem Gebot limitierter Transparenz kollidiert. Das entspricht ein wenig dem, was Pierre Bourdieu mit Verweis auf das Fernsehen als „Verstecken durch Zeigen" bezeichnet hat (Bourdieu 1998). Eine Führungsaufgabe von Hochschulleitungen besteht nun sicherlich darin, dafür zu sorgen, dass die Hochschule mit ihren relevanten Umwelten spricht, aber auch nur, wenn es etwas zu sagen gibt. Ein problematischer Kipppunkt ist gewiss dann erreicht, wenn man nicht mehr über das berichtet, was eine Hochschule macht, sondern vor allem etwas macht, um darüber zu berichten. Bringt man dies in Bezug zum Führungshandeln der Hochschulleitung, dann wird deutlich, welch hohe Verantwortung in der kommunikativen Konstruktion des Bildes der Hochschule liegt, und die Hochschulleitung hier der erste Kommunikator der Organisation ist: „Wer sind wir, als wer wollen wir gelten und wahrgenommen werden, wer wollen wir gewesen sein?"

### 3.4 Hochschule ist noch vieles mehr...

Mit dem Gesagten sollte bereits deutlich geworden sein, was es bedeutet, als eine hybride Organisation zu agieren, die multiple Rationalitäten vereinen muss. Weiteres wäre hier hinzuzufügen: Die Hochschule ist auch eine *politische Organisation*. Nach innen werden in Gremien Entscheidungen nach demokratischen Prinzipien getroffen, in informellen Netzwerken werden sie mikropolitisch vorbereitet, forciert oder konterkariert. Die Einnahme von Leitungs- und Führungsverantwortung erfolgt nach denselben Prinzipien. Hier wird über Macht entschieden, die auch wieder entzogen werden kann, so dass Organisationsdynamiken entstehen, die mit den oben skizzierten Logiken verschmelzen oder diese unterlaufen können. Aus der Perspektive der Führungstheorie scheint hier ein semi-partizipativer und partizipativer oder lateraler Führungsstil anschlussfähig zu sein (Thomann & Zellweger 2016), der sich an Diskurs, Interessenausgleich und im Übrigen auch an der Würdigung unterlegener Positionen im Kampf um Ressourcen und Geltung orientiert (Püttmann 2013, Inderbitzin 2019).

Aber auch eine Reihe von inneren wie äußeren Aufgabenerweiterungen gehört zum neuen Selbstverständnis einer Hochschule. Die Hochschule ist zwar primär eine *Arbeitsorganisation,* deren Grenzen aber immer mehr zur Lebenswelt ihrer Organisationsmitglieder hin diffundieren. Nach innen soll sie z.B. familienfreundlich, inklusiv, gesundheitsförderlich, gendersensibel, konfliktmoderierend etc. sein. Das hat mit einer erhöhten gesellschaftspolitischen Sensibilität und veränderten rechtlichen Zuständigkeiten der Hochschule als Arbeitgeber zu tun. So werden Mitarbeitende wie Studierende als „ganze Personen" in ihren besonderen Lebenslagen wahrgenommen, und deren Vereinbarkeit von Arbeits- und Lebenswelt wird auch zu einer organisationalen Aufgabe. Das führt zu einer besonderen Awareness und Achtsamkeit in der Organisation, die auch in Konkurrenz zum Leistungsimperativ in Forschung und Lehre stehen können.

Auch nach außen gibt es solche Zuständigkeitserweiterungen. Die sog. „Dritte Mission" steht dafür, dass die Hochschule ihre gesellschaftliche Sichtbarkeit und Relevanz als ihren eigenen Auftrag wahrnimmt. Neue Anspruchsgruppen und Stakeholder formulieren Bedarfe und Erwartungen (Kinder, Bürger, Senioren, diverse zivilgesellschaftliche Akteure), und die Hochschule tritt selbst als zivilgesellschaftlicher Akteur auf, ihre Mitglieder und erst recht ein Rektor treten auch als Bürger, i.S. eines Citoyen, auf. Die „Weltoffene Hochschule" ist eine Marketingstrategie, aber vor allem ein politisches Statement.

Das geht weit über das klassische Selbstverständnis einer „Gelehrtenrepublik" hinaus und manch einer mag sich fragen, wo das hinführen soll. All das bindet auch Ressourcen und schafft neue Ressourcenkonkurrenz. Es sind aber auch wieder Quellen von organisationalem Commitment und etwas, womit man in der Öffentlichkeit z.B. als „familienfreundliche Hochschule" reüssieren kann.

## 3.5 Führungskompetenz in der Hochschule

Wenn wir jetzt die Hochschule als multirationalen Handlungsraum skizziert haben, dann folgt daraus, dass eigentlich jedes Organisationsmitglied irgendwie damit konfrontiert ist und im Stande sein muss, damit umzugehen. Im besonderen Maße gilt das freilich für das Leitungspersonal, weil es die Verantwortung dafür trägt, dass die hybride Logik der Organisation sozusagen lebbar wird. Was qualifiziert es dazu, über welche Kompetenzen muss es verfügen? Einiges ist mit der Zuordnung zu Führungskonzepten bereits angedeutet worden, wobei der empirische Forschungstand zu einem hochschulkompatiblen Führungsverständnis, Führungskompetenzen und -instrumenten insgesamt noch recht schmal ist. Das sei hier nur angedeutet (vgl. die Expertenbefragung von Präsident_innen und Rektori_innen von Hochschulen durch das CHE, vgl. Püttmann 2013). Die Studie kommt zu dem nicht erstaunlichen Schluss, dass eine Verschränkung von strategischer und kommunikativer Kompetenz, die vor allem auf Interaktion und Partizipation setzt, besonders hochschuladäquat ist. Autoritäre Haltungen und machtbezogene Interventionen sind eher randständig und kontraproduktiv. Theoretisch bedeutet das aber, (anders als Püttmann das tut) von dem Konstrukt des Hochschulmanagements abzurücken. Management ist ein unverzichtbarer Teil von Führung, er ist aber nur auf Strukturen und Prozesse gerichtet, die eine hohe Standardisierung und Formalisierung aufweisen und fallen so auch eher der Hochschulverwaltung (unter Leitung eines/r Kanzler_in) zu. Vielmehr bedürfe es einer Orientierung am Konzept des *Leadership*, so gleichlautende aktuelle Wortmeldungen (vgl. Inderbitzin 2019, Sack 2019), das am ehesten einer transformationalen Führung (Davidovitz et al. 2007) oder konstruktiven Führung (vgl. Frey bereits 1994) entspricht. Leadership erschöpft sich dabei nicht in einer Liste unterschiedlicher plausibler Teilkompetenzen mit unterschiedlicher Gewichtung – *Kommunikationsfähigkeit, strategische Orientierung, Verhandlungsgeschick, Kooperationsfähigkeit, Moderations- und Mediationsfähigkeit, Risikobereitschaft* etc., um nur die wichtigsten zu nennen (vgl. Püttmann 2013: S. 173). Das sind notwendige und wichtige, aber keine hinreichenden Kompetenzen. Ohne sie geht gar nichts, sie reichen aber nicht hin, um mit der oben skizzierten Multirationalität kompetent umzugehen. Es bedarf einer Reihe von Metakompetenzen, um die diversen Dilemmata, Paradoxien und Ambivalenzen zu bewältigen (Thomann 2016).

*Ambiguitätstoleranz* ist die Fähigkeit, kognitiv mit uneindeutigen und mehrdeutigen Situationen umgehen zu können. Mehrdeutige Situationen brauchen mehrdeutige Antworten (Ehmer 2019).

*Ambivalenzfähigkeit* ist vor allem die Fähigkeit, emotional Situationen des Sowohl-als-auch zu ertragen und sie nicht vorschnell in ein Entweder-Oder aufzulösen, eher zu versuchen, eine dritte Position zu finden. Man kann dies auch als trianguläre Kompetenz beschreiben (Busse & Tietel 2018, 2019).

*Ambidextrie* ist schließlich die Fähigkeit zur Beidhändigkeit, das eine zu tun, ohne das andere zu lassen, z.B. Stabilität und Effizienz auf der einen Seite zu sichern und auf der anderen Seite Innovation und Verunsicherung zu ermöglichen (Schneeberger & Habegger 2019).

Wenn diese Metakompetenzen noch mit einschlägigen Feldkompetenzen verbunden werden, wenn Hochschulleitungen und Insonderheit ein Rektor über Forschungs-, Lehr-, Medien-, unternehmerische, politische Kompetenz und zivilgesellschaftliche Courage verfügen, kommt man dem Ideal sehr nah, was eine Hochschulleitung heute können muss – weil es Hochschulen können und verkörpern müssen.

## 4 Ein kurzer Epilog

Nun haben wir nicht nur besser verstanden, was die Anforderungen an Hochschulleitungen sind, was es bedeutet, eine Hochschule als *Organisation* zu leiten, zu führen und zu managen.

Lieber Ludwig Hilmer, ich weiß nicht, ob Ihnen das wirklich hilft, zu wissen, dass wohl das meiste von dem, was Sie sehr richtig machen, theoretisch fundiert und begründet ist. Akademisch geprägte Menschen beruhigt es mitunter oder es freut sie auch, wenn sie eine theoretische Absolution dafür haben, was sie ohnehin tun. Vielleicht kann man es ja einmal gebrauchen. Möglicherweise hat es aber auch etwas Beunruhigendes, nunmehr zu wissen, dass ein Gutteil der eigenen Kompetenz auf Hybridität beruht.

## Literatur


Bourdieu, Pierre (1998): Über das Fernsehen. edition suhrkamp.

Busse, Stefan (2018): Bindung(en) in der Arbeitswelt. In: Gruppe. Interaktion. Organisation. Zeitschrift für Angewandte Organisationspsychologie (GIO), 49(4), 305-317

Busse. Stefan; Tietel, Erhard (2018): Mit dem Dritten sieht man besser: Triaden und Triangulierung in der Beratung. Göttingen: Vandenhoeck & Ruprecht.

Busse, Stefan; Tietel, Erhard (2019): Ambivalenz und Triangulierung. In: Supervision. Mensch, Arbeit, Organisation, Zeitschrift für Beraterinnen und Berater. 4/2019, S. 18-24, Psychosozial Verlag

Ehmer, Susanne (2019): Ambiguität – Mut zum Sowohl-als-auch. Mehrdeutige Situationen brauchen mehrdeutige Antworten. In: Supervision. Mensch, Arbeit, Organisation, Zeitschrift für Beraterinnen und Berater. 4/2019, S. 24 -29, Psychosozial Verlag

Evers, Adelbert; Ewert, Benjamin (2010): Hybride Organisationen im Bereich sozialer Dienste. Ein Konzept, sein Hintergrund und seine Implikationen. In: Th. Klatetzki (Hg.) Soziale personenbezogene Dienstleistungsorganisationen, S. 103-128. VS Verlags für Sozialwissenschaften

CHE. Hochschulmanager(in) des Jahres. http://www.che.de/cms/?getObject=260&strAction=show&PK_Projekt=904&getLang=en

CHE. Kurzporträt Prof. Dr. Ludwig Hilmer, Rektor der Hochschule Mittweida. http://www.che.de/cms/?getObject=1207&getLang=de&printObject

CHE. News vom 14.10.2019 Hochschulmanager(in) des Jahres 2019 gesucht – Sechs hervorragende Hochschulleitungen für die Auszeichnung nominiert, http://www.che.de/cms/?getObject=5&getNewsID=2244&getCB=398&get-Lang=de

Fröse, Marlies W.; Bauer, Annemarie (2018): Ein kassandrischer Zwischenruf – ausgewählte Phänomene in Expertenorganisationen am Beispiel von Hochschulen In: P. Kels & S. Kaudela-Baum (Hrsg.), S. 127-151.

Davidovitz, R.; Mikulincer, M.; Izsak, R.; Shaver, Ph.; R., Popper, M. (2007): Leaders as Attachment Figures: Leaders` attachment orientation predict leadership-related mental represantations and followers` performance and mental health. Journal of Personality and Social Psychology, Vol. 39, No 4, 632-650.

Hanft, Anke (2008): Bildungs- und Wissenschaftsmanagement. München. Verlag Vahlen.

Hanft, Anke, Maschwitz, Annika (2017). Hochschulen in Reformprozessen – Managen oder führen?. In: L. Führen in Hochschulen, S. 51-64, Springer VS

Huber, Michael (2012): Die Organisation Universität. In: Maja Apelt; Veronika Tacke (Hrsg.)

Handbuch Organisationstypen, 239-252, Wiesbaden: Springer V

Inderbitzin, Werner (2019): Führung an den Hochschulen aktiv gestalten. Eine praxisorientierte Einführung für Leitungspersonen. Wiesbaden: Springer Fachmedien.

Kels, Peter; Kaudela-Baum, Stephanie (2018) (Hrsg.): Experten führen: Modelle, Ideen und Praktiken für die Organisations- und Führungsentwicklung. Wiesbaden: Springer Gabler.

Kloke, Katharina; Krücken, Georg (2012): Sind Universitäten noch lose gekoppelte Organisationen? In: F.G. Becker, G. Krücken, E. Wild (Hg.): Gute Lehre in der Hochschule. Wirkungen von Anreizen, Kontextbedingungen und Reformen. S. 13-29, Bielefeld: wbv.

Pfadenhauer, Michaela (2010): Kompetenz als Qualität sozialen Handelns. In: Th. Kurtz (Hg.): Soziologie der Kompetenz, S. 149 173, Wiesbaden: VS Verlag für Sozialwissenschaften

Püttmann, Vitus (2013): Führung in Hochschulen aus der Perspektive von Hochschulleitungen. Eine explorative Untersuchung einer Befragung von Präsident(inn)en und Rektor(inn)en deutscher Hochschulen. Gütersloh: CHE, Arbeitspapier Nr. 173.

Sack, Norbert (2019): Vom Wissenschaftsmanagement zu Wissenschaftsleadership. Ein neuer Ansatz über Führung an akademischen Einrichtungen nachzudenken. In: N. Sack. Die Zukunft der Führung von Hochschulen und außeruniversitären Forschungseinrichtungen, S. 1- 11, Wiesbaden: Springer Fachmedien.

Schedler, Kuno (2012): Multirationales Management in: dms – der moderne Staat – Zeitschrift für Public Policy. Recht und Management, 5, Jg. Heft 2, S. 361-376.

Schedler, Kuno; Rüegg-Stürm, Johannes (Hg.) (2013): Multirationales Management. Der erfolgreiche Umgang mit widersprüchlichen Anforderungen an die Organisation. Bern: Haupt.

Stippler, Maria; Moore, Sadie; Rosenthal, Seth; Dörffer, Tina (2017, 5. Aufl.): Führung: Überblick über Ansätze, Entwicklungen, Trends. Verlag Bertelsmann Stiftung.

Schneeberger, Simon Jonathan; Habegger, Anja (2019): Ambidextrie – der organisationale Drahtseilakt. Synergie zwischen Exploration und Exploitation als Voraussetzung für die digitale Transformation. In: J. Schellinger, K.O. Tokarski & I. Kissling-Näf.

(Hrsg.) Digitale Transformation und Unternehmensführung. Trends und Perspektiven für die Praxis. S. 105-145, Wiesbaden: Springer Gabler.

Thomann, Geri (2016): Dilemmata, Paradoxien und Ambivalenzen – Führen als Sicherheitsproduktion in unvorhersehbaren Situationen. In. G. Thomann & F. Zellweger (Hrsg.) S. 37-53.

Thomann, Geri; Zellweger, Franziska (Hrsg.) (2016): Lateral führen. Aus der Mitte der Hochschulen Komplexität bewältigen. Forum Hochschuldidaktik und Erwachsenenbildung Band 6. Bern: hep Verlag.

Truniger, Luzia (Hrsg.) (2017): Führen in Hochschulen. Anregungen und Reflexionen aus Wissenschaft und Praxis. Wiesbaden: Springer Gabler.

Schumacher, Thomas (2017): Strategien und Organisationsdesign in Hochschulen. In: Luzia Truniger (Hrsg.) Führen in Hochschulen, S. 69-87.

von Ameln, Falko (2018): Führung und Beratung. Beraten in der Arbeitswelt hrsg. v. St. Busse, R. Haubl, H. Möller Göttingen: Vandenhoeck & Ruprecht.

Weick, Karl (1976): Educational Systems as loosely coupled systems. In: Administrative Science Quartely 21, S. 1-19.

Zechlin, Lothar (2017): Governance als Führungshandeln. L. Truniger (Hrsg.) Führen in Hochschulen, S. 33-49.

# Chancengleichheit und Bildung im digitalen Zeitalter

Volker Tolkmitt
Hochschule Mittweida, Fakultät Wirtschaftsingenieurwesen

## 1 Kurzfassung

Chancengleichheit ist eine Forderung, die in allen Bereichen von Wissenschaft und Gesellschaft gleichermaßen erhoben wird, wenn es um die Gestaltung der Zivilisation geht. Die Definition von Chancengleichheit ist allerdings in den Wissenschaftsdisziplinen verschieden. In der Realität ist die Chancengleichheit nach kaum einer Definition zu erreichen. Das Verständnis über den anzustrebenden Zielerreichungsgrad weicht ebenfalls voneinander ab. Dies wiederum erzeugt unterschiedliche definitorische Abgrenzungen. Mit jeder technologischen Weiterentwicklung wird so die Erwartung verknüpft, dass sie auch einen Beitrag leistet, um Chancengleichheit besser zu erreichen. In die digitale Transformation werden solche Erwartungen ebenfalls projiziert.

Bildung ist ein Feld, in dem die Chancengleichheit als besonders wichtig herausgestellt wird und für das durch die digitale Transformation eine besondere Veränderung prognostiziert wird. Können diese Erwartungen erfüllt werden? Digitalisierte Lehrinhalte, Lehrformen und Lernformen werden neue Zugänge zu Bildung und einen größeren Lernerfolg ermöglichen. Sie können ein wegweisendes Instrument sein, um für alle Bevölkerungsschichten ein höheres Bildungsniveau zu erreichen. Jedoch führt nicht die Digitalisierung per se zu einer solchen Entwicklung[1]. Nur eine intelligente Verknüpfung digitalisierter

[1] Für das Medium Film wird dessen Rolle in der Bildung seit Beginn der Kinemathographie diskutiert. Dies beginnt mit markigen Sprüchen wie bspw.: „Das Kino ist die wahre

Lehr- und Lernformen und deren Verbindung mit erfolgreichen analogen Lehr- und Lernmethoden kann eine solche Entwicklung auslösen. Verfehlter Einsatz von E-Learning oder digitaler Konsum statt digitaler Bildung können u. U. das Gegenteil bewirken.[2] Darüber hinaus ersetzt die Digitalisierung in der Bildung nicht die hohen Investitionen in schulische (und hochschulische) Infrastruktur und in Lehrendenqualifikation. Das notwendige Investitionsvolumen in die Bildung steigt sogar deutlich, wenn man die Chancen der Digitalisierung in der Bildung nutzen will. Der institutionelle Rahmen eines Bildungssystems, der Aufstieg durch Bildung ermöglicht, Anreize zur (Bildungs-)Leistung schafft, Wettbewerb um höhere Leistungen zulässt und ein hohes Maß an Chancengleichheit gewährleistet, ist für ein hohes Qualifikationsniveau noch immer die ausschlaggebende Voraussetzung.

Schlussendlich befreit die Digitalisierung die politischen Entscheidungsträger nicht davon, die Grundvoraussetzungen für das Erreichen eines möglichst hohen Bildungsniveaus zu schaffen. Eine solche Fehlinterpretation der Digitalisierung als Heilsbringer, der bisherige Bildung ersetzt, könnte uns in die futuristische Welt des Films „Idiocracy" versetzen. In dieser Welt erwacht ein durchschnittlich begabter Amerikaner des 20. Jahrhunderts (IQ 100) nach vielen Jahren der Tiefkühlung im Jahr 2505 und stellt plötzlich mit Abstand das intelligenteste humanoide Lebewesen in einer mit allen Konsequenzen von Dummheit geprägten Umgebung dar.[3]

---

Schule des Lebens" (François Truffaut) und nimmt Gestalt an in seriöser Auseinandersetzung über didaktischen Einsatz und Erkenntniseffekt (vgl. Wörther, 2005, S. 2-14.).

[2] Für die Digitalisierung gilt in Analogie die Feststellung von Marcel Reich-Ranicki: „Fernsehen macht die Dummen dümmer und die Klugen klüger".

[3] Der Film „Idiocracy" entstand im Jahr 2006 unter der Regie von Mike Judge.

## 2 Chancengleichheit und Gerechtigkeit

Dem Verständnis von Chancengleichheit können sehr unterschiedliche Vorstellungen von Gerechtigkeit zugrunde liegen. Im Kern steht die Frage einer Ex-ante-Chancengleichheit oder einer Ex-post-Gleichheit (vgl. Krämer, 2014: S. 374). Bei der Ex-ante-Chancengleichheit geht es um die Möglichkeit für alle, ihre Potentiale gleichermaßen ausschöpfen zu können. Diese Definition von Chancengleichheit betrifft im engeren Sinne die Beziehung der Menschen zueinander bzw. gegenüber dem Staat. Es geht um Gerechtigkeit im juristischen Sinne, um die Abwesenheit von Diskriminierung (vgl. Krämer, 2014: S. 374; Suchanek, 2014; Berger, 2019: S. 65-91).[4] Die Ex-ante-Chancengleichheit kann mit dem Verständnis von Gerechtigkeit bis ins 19. Jahrhundert gleichgesetzt werden und schließt eine proportionale Gerechtigkeit ein. Letztere erklärt die Gerechtigkeit einer Ergebnis-Ungleichheit. In Bezug auf Verteilung von (materiellem) Wohlstand als Ergebnis von Leistung muss es eine proportionale Ungleichheit im Ergebnis geben. In diesem Sinne ist auch Bildung eine Leistungserbringung. Die Ex-post-Chancengleichheit beschreibt eine Ergebnisgleichheit und tritt im 19. Jahrhundert erstmals als Begriff der sozialen Gerechtigkeit auf. Im ökonomischen Sinne geht es dabei um eine Art der Verteilungsgerechtigkeit. Aus moralischen Überlegungen ist der Versuch nachvollziehbar, nach einer Ex-post-Chancengleichheit bzw. -Gerechtigkeit zu streben, da eine gleiche Anfangsausstattung in der Realität nicht herstellbar ist.[5] Faktisch erhöht ein Streben nach Ergebnisgerechtigkeit als Re-

[4] Eine andere Abgrenzung der Chancengleichheit liefert bspw. Lewalter (Lewalter, 2006). Sie unterscheidet in die formale Chancengleichheit im Sinne einer Ex-ante-Gleichheit und in die substantielle Gleichheit. Letztere entspricht der Ex-ante-Chancengleichheit im Sinne einer Nicht-Diskriminierung und Gleichberechtigung sowie der Ex-post-Chancengleichheit, indem sie fordert, dass diese im Ergebnis in quotal gleichen Erfolgsraten unabhängig von Alter, Geschlecht oder ethnischem Hintergrund sichtbar werden muss.

[5] Dazu bemerkt von Hayek: „Womit wir es im Falle der 'sozialen Gerechtigkeit' zu tun haben, ist einfach ein quasi-religiöser Aberglaube (...), den wir aber bekämpfen müssen,

flex auf eine unvollständige Ex-ante-Chancengleichheit nur die Ungerechtigkeit (vgl. Nick & Suchanek, 2014: S. 810; Berger, 2019: S. 66f; Kummert, 2017: S. 2).

Diese Art der Gerechtigkeit kann mit einem Vergleich zum Sport sehr schön illustriert werden: Wer, Wettkämpfer oder Zuschauer, hätte noch Interesse an einem 100-Meter-Sprint, wenn die Sportler entsprechend ihrer persönlichen Bestleistung jeweils bei 95 Metern, 87 Metern, oder 23 Metern starteten, um möglichst zeitgleich ins Ziel zu kommen? Die Proklamierung einer Ergebnisgerechtigkeit ist in Wahrheit die Verabschiedung der Chancengleichheit (vgl. auch Klein, 2016: S. 3; Kummert, 2017: S. 2; Nick & Suchanek, 2014: S. 810).

Der fehlende Anreiz, sich im Wettbewerb durchzusetzen und dafür besser zu sein als die Konkurrenz, führt zu Stagnation. Die Bildungsstagnation hätte die wirtschaftliche und technische Stagnation zur Konsequenz. Damit stagnieren auch Einkommen und Vermögen. Der reichste Bürger in einer Gesellschaft mit Ergebnisgerechtigkeit ohne Leistungsanreize ist schließlich irgendwann ärmer als der ärmste Bürger einer sozialen Marktwirtschaft. Wahrscheinlicher ist, dass das Gesellschaftssystem, trotz dieser „sozialen Gleichheit" im Innern, bereits zuvor an der sozialen Ungleichheit gegenüber anderen Gesellschaften zerbricht (vgl. Pätzold & Tolkmitt, 2017: S. 111).

## 3 Chancengleichheit und Digitalisierung

Jede gesellschaftliche Weiterentwicklung, jede Innovation wird immer auch in Bezug auf die Wahrung oder Verbesserung von Chancengleichheit bewertet. Disruptive Veränderungen, die entscheidende Auswirkungen auf alle Bereiche der Gesellschaft haben, beeinflussen die

---

wenn er zum Vorwand wird, gegen andere Menschen Zwang anzuwenden." Friedrich August von Hayek, österreichischer Ökonom und Sozialphilosoph in (von Hayek, 1981: S. 98).

Chancengleichheit. Die Digitalisierung zählt zu solchen fundamentalen Umwälzungen der Gesellschaft.[6]

Die Digitalisierung wird Chancengleichheit Ex-ante verbessern, wenn sie einen Beitrag leistet, Handicaps zu reduzieren oder gar zu kompensieren. Dies wäre gegeben, wenn die Digitalisierung für Menschen mit niedrigem sozioökonomischem Status, mit hohen Barrieren im Zugriff auf Infrastruktur, mit Migrationshintergrund oder Menschen in besonderen Lebenslagen überproportional große Chancen auf Teilhabe bietet (vgl. Goertz, 2019: S. 1). Ein solches Potential liegt zweifellos in digitalen Technologien, ebenso wie es in der Industrialisierung oder der Mobilisierung lag. Wie bei den Pionierinnovationen zuvor wird das Ausmaß der tatsächlich bewirkten Verbesserung von Chancengleichheit aber davon abhängig sein, ob die Gesellschaft die Bedingungen schafft, diese Potentiale zu nutzen. Die Digitalisierung wird Wohlstand fördern und zwar im Sinne des Human Development Index (HDI).[7] Sie wird das Bildungsniveau und das materielle Wohlstandsniveau steigern, aber ob dabei auch die gesellschaftlichen Problemgruppen und Menschen in besonderen Lebenslagen eine relative Verbesserung ihrer Situation erfahren, hängt nicht per se an der Nutzung der Digitalisierung, sondern an den gesellschaftlichen Rahmenbedingungen.

## 4 Bildung und Wohlstand

Lange Zeit wurde nach einer Erklärung für die Unterschiede zwischen der in einem Gut oder einer Leistung steckenden Arbeitsleistung und

---

[6] Das disruptive Potential der digitalen Transformation fasst Hilmer in einem Interview prägnant zusammen (vgl. Hilmer, Gemeinsam oder einsam – Mensch und Maschine in der Digitalisierung, 2018).

[7] Der HDI ist ein Wohlstandsmaß, das von den Vereinten Nationen verwendet wird. Er gilt als ein Fortschrittsindikator, weil er die Dimensionen Einkommen, Gesundheit, Bildung verknüpft. Seit 1990 wird er jährlich für viele Länder publiziert (vgl. IHK Mittelfranken, Hrsg, 2002 bis 2019).

dem Marktwert des Gutes gesucht.[8] Das Entgelt für ein Gut ist nicht abhängig von der Arbeitszeit oder der Arbeitsqualität. Das Entgelt wird durch dessen Wertschätzung am Markt und seine relative Knappheit bestimmt (vgl. u. a. Endres & Matthiesen, 2007: S. 66 ff., 127 ff., 320 ff.). Eine Arbeitsleistung, deren Ergebnis am Markt als besonders wertvoll eingeschätzt wird und die nicht beliebig reproduzierbar ist, wird mit einem überproportional hohen Einkommen belohnt, z.B. Erfinder, Rennfahrer und Spitzensportler, solange die Konsumenten diese Leistung nachfragen und dafür hohe Preise bezahlen. Der Wert spiegelt sich im Preis für Arbeit wider. Bildung beeinflusst die Knappheit der Arbeitsleistung. Die Knappheit steigt mit dem Bildungsniveau und damit das erzielbare Einkommen. Im Regelfall erreichen qualifizierte Arbeitskräfte eine höhere Produktivität und erhalten daher für ihre Tätigkeit einen höheren Preis (vgl. Pätzold & Tolkmitt, 2017: S. 47).

Um im Wettbewerbsprozess der Sozialen Marktwirtschaft erfolgreich mitwirken zu können, ist Bildung die Grundvoraussetzung – individuell wie gesellschaftlich (vgl. Raddatz, 2012: S. 5). Dies schließt ein bestimmtes, qualifikationsabhängiges Sozialverhalten ein. Entscheidend für die soziale Politik und insbesondere die Bildungspolitik in Bezug auf Chancengleichheit ist ein besseres Verständnis der Ursachen von Ungleichheit (vgl. Falk, 2016: S. 2). Die Verhaltensökonomie im Bereich der Auswirkungen von Sozialverhalten ist noch vergleichsweise neu. Dennoch ist der Zusammenhang zwischen sozioökonomischem Umfeld, familiärem Umfeld und Wertverständnis zum (späteren) Lebenserfolg seit langem bekannt.

[8] Die Philosophen und Nationalökonomen David Ricardo und Karl Marx, die beide nach einer wissenschaftlichen Erklärung suchten, scheiterten an diesem Arbeitswertparadoxon.

## 5 Chancengleichheit und Bildung

Der Staat kann und muss einen allgemeinen und gleichberechtigten Zugang zum Bildungssystem schaffen. Er kann eine hohe Durchlässigkeit zwischen verschiedenen Bildungs- und Berufskarrieren ermöglichen und fördern. Diese ordnungspolitischen Rahmenvorgaben sind wichtig, aber nicht hinreichend (vgl. Pätzold & Tolkmitt, 2017: S. 51). In der gegenwärtigen Debatte um eine vermeintliche „Bildungsgerechtigkeit" oder „Bildungsungerechtigkeit" wird das Bildungsniveau gern auf diese beiden Dimensionen reduziert. Noch schlimmer, das erreichte Niveau von Bildungsgerechtigkeit wird an einer Ergebnisgerechtigkeit gemessen, deren Indikation zu allem Überfluss auch noch höchst zweifelhaft ist. So dominieren denn auch in allen Publikationen zum Bildungsniveau in Deutschland Interpretationen der Pisa-Studien bzw. der OECD-Bildungsreports.[9] Dabei scheint auf den ersten Blick die Streubreite der abgeleiteten Schlussfolgerungen aus diesen Berichten verblüffend (vgl. u. a. O. V. 2018; Botica, 2010: S. 2; Fokken, 2018; Hopf, 2011; Kummert, 2017; Bölling, 2018). Wenn man aber das zwangsläufige Versagen einer an Ergebnisgerechtigkeit gemessenen Bewertung von Bildungsgerechtigkeit und die fehlerhafte Verwendung von vermeintlichen Erfolgsindikatoren berücksichtigt, ist deren willkürliche und ideologische Interpretation nur eine folgerichtige Konsequenz (vgl. Meier & Diefenbach, 2018). Im Fall der OECD-Bildungsreports ist die Chancengleichheit immer wieder im Fokus (vgl. OECD, lfd.). Sie wird daran gemessen, wie die schulischen Ergebnisse von Kindern aus bildungsfernen Elternhäusern ausfallen (Resilienz, vgl. OECD H., 2018). Zudem wird herangezogen, welcher Bevölkerungsanteil den sozialen Aufstieg durch Bildung erreicht. Dabei werden alle Länder, alle Bevölkerungsgruppen pauschal verglichen, also Äpfel mit Birnen. Es bleibt unberücksichtigt, (1) welche Wertschätzung Bildung in den jeweiligen Bevölkerungsgruppen und Ländern genießt, (2) welchen Umfang der

[9] Auf der aktuellen Pisa-Erhebung von 2015 basieren verschiedene OECD-Publikationen. Aktuelles Beispiel ist die Studie „Equity in Education" (OECD H., 2018).

soziale Aufstieg bereits über die letzten Generationen hatte, (3) in welchem Umfang die Integration von Migranten in das Bildungssystem erfolgt, (4) welches Wohlstandsniveau bereits erreicht ist, (5) welche statistischen Defizite bei der Erhebung existieren (vgl. Meier & Diefenbach, 2018, Bölling, 2018) und vor allem (6) welche Niveausenkung mit der vermeintlichen Ergebnisverbesserung einher ging (vgl. Bölling, 2018; Berger, 2019; Falk, 2016; Klein, 2016; Kummert, 2017; Kommentierung zu O. V., 2018). Digitalisierung kann und wird daher die populistischen OECD-Indikatoren weder positiv noch negativ beeinflussen.[10] Zweifellos wird Digitalisierung dennoch einen Einfluss auf die Chancengleichheit in der Bildung haben.

Der Staat kann und muss ein Bildungs- und Wissenschaftssystem infrastrukturell und personell so ausstatten, dass eine möglichst hohe Basisqualifikation, idealerweise kein Analphabetismus oder fehlender Abschluss in der Gesellschaft zu verzeichnen sind. Die Sanierung, der Aus- und Neubau von Schulen sowie die Ausbildung und Beschäftigung von Lehrern und Erziehern sind in vielen Bundesländern verbesserungsfähig. Dazu kommen nun die Investitionen in die digitale Infrastruktur. Höhere Investitionen können und müssen sicher einen Teil der Defizite abbauen. Dennoch sind die meisten dieser Bedingungen für Chancengleichheit in der Bildung in Deutschland umgesetzt (vgl. u. a. Pätzold & Tolkmitt, 2017: S. 49 f.). Trotzdem steigt die soziale Ungleichheit und es fundamentiert sich ein Sozialgefüge, aus dem einzelne Menschen nur schwer ausbrechen können. Es verbleibt ein zu hoher Anteil nichtqualifizierter Mitglieder der Gesellschaft. Zur Herstellung der Chancengleichheit müssten sozioökonomische Verhältnisse benachteiligter Kinder verbessert werden. Dies erfordert Inter-

[10] Digitalisierung wird Chancengleichheit in der Bildung nach den OECD-Indikatoren genauso wenig verbessern, wie eine Einkommenssteigerung von 1.000 Prozent die Armut nach Messmethode der OECD bekämpfen würde. Es wären dann statistisch immer noch unverändert viele Menschen arm, der Anteil der Armut würde sich dadurch ebenfalls nicht ändern und natürlich auch nicht die Gruppen der Betroffenen.

ventionen in das persönliche Umfeld. Unterschiedliche Persönlichkeitsentwicklung von Kindern mit gleichem Potential führt bereits im Grundschulalter zu einer Schlechterstellung von Kindern in sozioökonomisch problematischen Verhältnissen und Familien, die wenig zur Ausprägung von positiven Persönlichkeitsmerkmalen beitragen.[11] Es gibt bereits Studien, die bestätigen, dass nur geringe Veränderungen im sozialen Umfeld Verhaltens- oder Entwicklungsdefizite aufgrund von ungleichen Startbedingungen ausgleichen.[12] Die Förderung der Persönlichkeitsentwicklung ist eine langfristige Aufgabe und nicht temporär. Sie greift in familiäre bzw. persönliche Verantwortung ein und muss behutsam realisiert werden. Allerdings werden nur Investitionen in Lehrer, Erzieher und Wissenschaftler und die beste Bildungsinfrastruktur diese Kernursache ungleicher sozialer sowie in der Folge ungleicher Einkommens- und Vermögensverhältnisse nicht beseitigen können. Eine positive Wirkung auf sozioökonomische Problemlagen kann sich nur entfalten, wenn auch die Eltern einbezogen werden. Es bedarf dabei sowohl der Unterstützung, aber auch der Sanktionierung von Fehlverhalten. Die Gesellschaft insgesamt und damit jeder Einzelne stehen in der Verantwortung, Bildung, Ausbildung und die Wahrnehmung der Schulpflicht als ein hohes Gut und nicht als lästiges Relikt zu betrachten (vgl. dazu auch Pätzold & Tolkmitt, 2017: S. 51).[13]

---

[11] Kosse, Deckers, Schildberg-Hörisch, Hannah, & Falk, 2016: S. 1-37 untersuchen das Sozialverhalten von Grundschulkindern mit unterschiedlichen sozio-ökonomischen Verhältnissen und kommen zu dem Ergebnis, dass soziales Verhalten mit Bildung, Familienstand und Einkommen der Eltern stark verknüpft ist. Der Lebenserfolg steigt mit prosozialem Verhalten. Kinder in intakten Familien mit hohem Bildungsniveau und hohem Einkommen zeigen ein solches Verhalten tendenziell deutlich stärker.

[12] Vgl. Falk, 2016, S. 5. Mentoring-Programme, mit denen benachteiligte Kinder an Sport, Kultur- und Freizeitaktivitäten und damit an der Gesellschaft partizipieren können, beeinflussen positiv Kompetenzen, die in der Arbeitswelt erfolgsfördernd sind. Dazu gehören eine offene Kommunikation und die Fähigkeit, mit anderen zu kooperieren, ihre Sichtweisen zu verstehen.

[13] „Nein. Hier ist Toulon" beharrte Napoleon der Überlieferung nach bei der Belagerung von Toulon 1793. Damit wies er auf die Schlüsselposition, abseits der Stadt, deren Einnahme die Beherrschung der gesamten Stadt und ihrer Umgebung bedeutete (Dumas & bearbeitet in deutsch von Spindler, 1832).

Soziale Ungleichheit (in der Bildung) wird außerdem befördert durch eine erzwungene Nichttätigkeit (der Eltern), die Stress sowie einen Mangel an Selbstwert und Selbstvertrauen produziert. Die Einführung einer verpflichtenden Übernahme gesellschaftlicher Verantwortung in Form eines „Sozialjahres" oder eines Dienstes für die Gesellschaft kann diese Effekte reduzieren (vgl. Pätzold & Tolkmitt, 2017: S. 52, 115). Es kann gleichzeitig die Entwicklung von Persönlichkeitsmerkmalen befördern, die für eine gesellschaftliche Teilhabe wesentlich sind. Für nichttätige Mitglieder der Gesellschaft wäre eine optionale Verlängerung einer solchen Zeit eine zusätzliche Chance, die Isolationsspirale zu durchbrechen (vgl. Pätzold & Tolkmitt, 2017: S. 51, 115 f.).

Vernachlässigt wird bei einer ergebnisorientierten Chancengleichheit, Bildung bzw. Qualifikation als Wert zu verstehen. Vorhandene Chancengleichheit in der Bildung auch zu nutzen, setzt voraus, dass es Anreize gibt, Bildung zu erwerben bzw. zu erstreben. Dies wird in Deutschland seit Jahren missachtet. Dabei ist der erreichte Wohlstand als Hürde bei der Wertschätzung von Bildung nicht zu unterschätzen. Wenn sozioökonomische Problemgruppen ihre Grundbedürfnisse und mehr befriedigen können, gibt es wenig Anreiz, durch Bildungsaufstieg aus der sozialen Umgebung auszubrechen. Genauso wie es falsch wäre, daraus die Schlussfolgerung zu ziehen, man müsse die Sozialhilfe streichen und das Arbeitslosengeld kürzen, damit die Chancengleichheit in der Bildung nach der statistischen Messung steigt, ist es falsch, aus unserer zweifelhaften Messmethodik von Chancengleichheit in der Bildung abzuleiten, dass „der Staat" mehr für diese sogenannte Chancengleichheit tun müsste. Vor allem aber sind die Vorschläge, die unterbreitet werden, um eine vermeintliche Verbesserung der Chancengleichheit zu erzeugen teilweise abenteuerlich. Sie sind nicht nur wissenschaftlich zweifelhaft, sondern widersprechen in der Regel der Empirie und dem gesunden Menschenverstand.[14]

Ein weiterer Parameter für die Chancengleichheit in der Bildung ist die Wertschätzung des Lehrer- bzw. Hochschullehrerberufs sowie die Ausbildung dieser Berufsgruppe. Eine Beeinflussung dieses Faktors wirkt sich nur mit Verzögerung aus, positiv wie negativ. Zwar ist der Lehrerberuf in Deutschland im internationalen Vergleich gut bezahlt, aber andere Akademiker haben in Deutschland durchaus noch größere Einkommensperspektiven. Vor allem aber fehlen Lehrer, um ein differenziertes Lehren zu ermöglichen. Chancengleichheit in der Bildung bedeutet aber auch Förderung und Forderung sowohl der Benachteiligten als auch der Begabten. Dies ist mit einem differenzierten Schulsystem oder mit einer diffenzierten Lehrgestaltung erreichbar. Ein Streben nach einem einheitlichen Schulsystem ohne differenzierte Lehre bewirkt nur eine scheinbare Durchlässigkeit des Bildungssystems. Eine Vernachlässigung des individuellen Strebens bildungsnaher Haushalte, diese Differenzierung zu erhalten und Leistungsfähigkeit zu fördern, erzeugt eine adverse Selektion. Bessergestellte Haushalte ziehen in Wohngegenden, in denen dies durch das staatliche Schulsystem gewährleistet wird und/oder sie weichen auf private Bildungsträger aus, die dies ermöglichen.

Das „Pisa-getriebene" Streben nach einer höheren Akademikerquote zeigt bereits jetzt seine Wirkungen in der Gesellschaft: Es mangelt nicht nur an Fachleuten mit Berufsausbildung, sondern Akademiker füllen auch zunehmend Jobs mit Facharbeitsprofilen aus. Immer neue, niveauarme Ausbildungsberufe stellen nur auf dem Papier eine Verbesserung der Chancengleichheit dar. In der Praxis entwertet es die jeweiligen Abschlüsse, weshalb Leistungsfähige und -willige nach

[14] Zu Vorschlägen anreizorientierter Bildungspolitik vgl. Pätzold & Tolkmitt, 2017: S. 115-117.

Zusatzqualifikationen streben, um sich abzugrenzen. Dies verlängert Bildunsgwege und führt nur zufällig und nach langer Zeit zu einer Anhebung des Niveaus.

## 6 Chancengleichheit und digitale Transformation in der Bildung

Die Digitalisierung wird unter sonst gleichen Bedingungen die gesellschaftlichen Unterschiede eher verstärken. Die Digitalisierung der Gesellschaft beeinflusst das erreichbare Wohlstandsniveau positiv. In einer Marktwirtschaft werden solche Effekte zu einer Steigerung der Einkommens- und Vermögensunterschiede beitragen, weil Leistungsfähige und Leistungswillige gegebene Chancen besser nutzen. Alle für die Chancengleichheit in der Bildung herausgearbeiteten Parameter lassen sich auf die digitale Transformation übertragen.

Man kann und man muss die individuelle digitale Infrastruktur für alle bezahlbar bzw. zugänglich machen, schafft damit aber nur eine Grundvoraussetzung. Der Zugang zu digitalen Leistungen und deren Nutzbarkeit wird in Ballungsgebieten selbst bei staatlichen Gegenmaßnahmen deutlich besser sein (vgl. Pätzold & Tolkmitt, 2017: S. 115). Die Verwendung digitaler Lernformen wird in bildungsnahen Familien intensiver und zielgerichteter erfolgen. Die Fähigkeit und die Bereitschaft, digitale Medien zum Lernen zu nutzen und deren Einsatz in Schulen und Hochschulen bildungswirksam zu verwenden, werden zunehmend durch die digitale Kompetenz geprägt. Solange diese Digitalkompetenz nicht Bestandteil der schulischen und hochschulischen Bildung ist, wird die Digitalisierung nur in bildungsnahen Haushalten einen Bildungsmehrwert stiften.

Der Einsatz digitaler Elemente in der Lehre ist vor allem an Hochschulen inzwischen durchaus verbreitet (vgl. Goertz, 2019a; Goertz, 2019b; Schmid, Goertz, Radomski, Thom, & Behrens, 2017). Nicht immer sind dabei die elektronischen Lehrmedien in Lehrkonzepte eingebettet. Blended-Learning-Konzepte, die eine gezielte, am Lernerfolg orientierte Kombination analoger und digitaler Lehrformen beinhalten, bilden die Ausnahme (vgl. Goertz, Lernkonzepte: Welche digitalen Lernkonzepte haben sich bewährt?, 2019: S. 5). Im Mittelpunkt stehen zumeist Einzelinstrumente zur Steigerung der Motivation (vgl. Goertz, 2019a; Schmid, Goertz, Radomski, Thom, & Behrens, 2017). Lehrkonzepte zur Ausprägung der digitalen Kompetenz bei Lernenden bilden noch die Ausnahme.

Die digitale Transformation der Lehre erfordert bei den Lehrenden das technische, didaktische, methodische und inhaltliche Verständnis moderner, innovativer Lehr- und Lernformen. Es erfordert bei den Lernenden eine digitale Kompetenz. Es erfordert vom Staat die notwendigen Investitionen in digitale Infrastruktur, aber noch viel mehr die Sicherstellung der beschriebenen Qualifikationserfordernisse bei Lernenden und Lehrenden. Es entstehen neue Herausforderungen im Zusammenspiel von Medien, Bildungsinhalten und Didaktik (vgl. Schmid, Goertz, Radomski, Thom, & Behrens, 2017).[15]

## 7 Fazit

Die Chancengleichheit ist nicht allein dadurch erreichbar, dass sie verfassungsrechtlich und gesetzlich verankert ist. Das Bemühen um Sicherung der Chancengleichheit muss von einer Balance zwischen rechtlichen Grundlagen sowie wirtschafts- und sozialpolitischen Instrumenten, die deren Einhaltung befördern, getragen werden. Die Chancengleichheit in der Bildung kann nur gewährleistet sein, wenn für sozioökonomisch benachteiligte Kinder eine individuelle Betreuung bis hin zum Mentoring, eingerichtet wird. In zu großen Gruppen

[15] Hilmer skizziert diese Herausforderungen für die Medien in Management und Technik bereits 2009 (vgl. Hilmer, Medienmanagement - ein dynamisches Berufsfeld, 2009: S. 24, 26, 31 f.).

sind vor allem Kinder und Jugendliche benachteiligt, deren Elternhäuser die schulischen Defizite nicht kompensieren können. Ein Wettbewerb zwischen staatlichen und privaten Schulen kann die Qualität der Bildung und Ausbildung zwar verbessern, aber ebenso wichtig ist die individuelle Betreuung und Förderung von benachteiligten, aber auch begabten Kindern. Eine solche Investition scheint zunächst teuer, wird sich jedoch als Frühprävention auszahlen, wenn dadurch auf der einen Seite Kindern und Jugendlichen aus problematischen sozioökonomischen Haushalten eine bessere Integration in die Gesellschaft und damit eine spätere Teilhabe am Wohlstand ermöglicht wird. Auf der anderen Seite schafft erst die Begabtenförderung notwendige Leistungsanreize. Die digitale Transformation verändert nicht die Wirkungsmechanismen und fordert auch keine anderen Maßnahmen, aber die falschen Maßnahmen werden eine Verstärkung der Ungleichheit der Bildung verursachen. Nur eine methodisch durchdachte, didaktisch aufbereitete, differenziert adressierende sowie motivierende Verwendung der multimedialen Möglichkeiten in der Lehre wird Chancengleichheit in der Bildung befördern und das Bildungsniveau heben.

## Dank

Ich bedanke mich bei Ludwig Hilmer für viele gemeinsame Jahre, die mich akademisch und persönlich geprägt haben und in denen wir uns unsere Hochschule und unsere Stadt Mittweida gemeinsam erschlossen haben, gelegentlich auch unter Hinzuziehung geistiger Getränke.

# Literatur


Berger, J. (2019). Wirtschaftliche Ungleichheit. Wiesbaden, München: Springer-Gabler.

Bölling, R. (30. Mai 2018). Die Mär von der sozialen Ungerechtigkeit. Von www.faz.net: https://www.faz.net/aktuell/feuilleton/hoch-schule/bildung-und-statistik-die-maer-von-der-sozialen-ungerechtigkeit-15613597.html abgerufen

Botica, M. (07. Dezember 2010). Deutschland trippelt nach vorne; Migranten und Arme bleiben zurück. Von www.focus.de: https://www.focus.de/familie/pisa/deutschland-trippelt-nach-vorne-pisa abgerufen

Dumas, A., & bearbeitet in deutsch von Spindler, H. (1832). Napoleon oder dreißig Jahre Frankreichs; historisch dramatisches Gemälde in sechs Abtheilungen. Leipzig: Johann Friedrich Glück.

Endres, A., & Matthiesen. (2007). Mikroökonomik. Stuttgart: Kohlhammer.

Falk, A. (03. März 2016). Ich will nur, dass Kinder, die gleich gut sind, gleiche Chancen haben; Interview. (D. Z. Uwe Jean Heuser, Interviewer)

Fokken, S. (23. Oktober 2018). Deutschlands Schulen werden langsam besser. Von www.spiegel.de: https://www.spiegel.de/lebnundlernen/schule/oecd-studie-zu-chancengleichheit abgerufen

Goertz, L. (12. Februar 2019a). Lernkonzepte: Welche digitalen Lernkonzepte haben sich bewährt? Von https://www.digitalisierung-bildung.de: https://www.digitalisierung-bildung.de/2019/02/12/qualitaet-welche-digitalen-lernkonzepte-haben-sich-bewaehrt/ abgerufen

Goertz, L. (08. August 2019b). Teilhabe: Viele Potentiale bleiben noch ungenutzt. Von https://www.digitalisierung-bildung.de: https://www.digitalisierung-bildung.de/blogger/dr-lutz-goertz/ abgerufen

Hilmer, L. (2009). Medienmanagement - ein dynamisches Berufsfeld. In L. Hilmer, & O. Altendorfer, Medienmanagement, Band 1 (S. 23-32). Wiesbaden: Verlag für Sozialwissenschaften.

Hilmer, L. (24. Oktober 2018). Gemeinsam oder einsam – Mensch und Maschine in der Digitalisierung. (L. Mittelsachsen, Interviewer) http://mittelsachsen.lokal.studio/2018/10/27/gemeinsam-oder-einsam-mensch-und-maschine-in-der-digitalisierung/.

Hopf, W. (2011). Schulen versagen bei Chancengleichheit. Düsseldorf: Boeckerstiftung, WSI-Mitteilung 4/2011.

IHK Mittelfranken (Hrsg, ). (13. September 2002 (2019)). Lexikon der Nachhaltigkeit. Von https://www.nachhaltigkeit.info: https://www.nachhaltigkeit.info/artikel/human_development_index_1867.htm abgerufen

Klein, H. P. (01. März 2016). Bildung "Deutschland auf dem Weg in die Inkompetenz". (A. Göhring, Interviewer)

Kosse, F., Deckers, T., Schildberg-Hörisch, Hannah, & Falk, A. (2016). The Formation of Prosociality: Causal Evidence on the Role of Social Environment. Chicago: University of Chicago, Economics Research Center, Working Paper 2016-011.

Krämer, H. (2014). Chancengleichheit. In K. Alisch, Gabler-Wirtschaftslexikon (S. 374). Wiesbaden: Gabler.

Kummert, I. (02.. Mai 2017). Ungleichheit ist keine Frage der Moral. https://www.manager-magazin.de/politik/deutschland/warum-die-debatte-um-soziale-gerechtigkeit-schaedlich-ist-a-1144516-2.html.

Lewalter, S. (2006). Chancengleichheit. Von www.genderkompetenz.info: www.genderkompetenz.info › files › gkompzpdf › chancengleichheit abgerufen

Meier, M. D., & Diefenbach, H. (24. Mai 2018). The OECD between political and scientific agendas – a critique of the 2015 PISA gender report. Von https://doi.org: https://doi.org/10.1080/09540253.2018.1471198 abgerufen

Nick, L.-H., & Suchanek, A. (2014). Gerechtigkeit. In K. Alisch, Gabler-Wirtschaftslexikon. Wiesbaden: Gabler.

O.V. (23. Oktober 2018). Chancengleichheit: Soziale Herkunft entscheidet über Bildungserfolg. Von https://www.zeit.de: https://www.zeit.de/gesellschaft/schule/2018-10/chancengleichheit-bildung-studium-herkunft-oecd abgerufen

OECD. (lfd.). education. Von http://www.oecd.org/education/: http://www.oecd.org/education/ abgerufen

OECD, H. (2018). Equity in Education - Breaking down barriers to social mobility. Paris: OECD.

Pätzold, M., & Tolkmitt, V. (2017). Reichtum ohne Grenzen? Wiesbaden, München: Springer-Gabler.

Raddatz, G. (2012). Chancengerechtigkeit, Bildung und Soziale Marktwirtschaft. [Hrsg.] Stiftung Marktwirtschaft. Berlin: Stiftung Marktwirtschaft, Argumente zu Marktwirtschaft und Politik, Nr. 118.

Schmid, U., Goertz, L., Radomski, S., Thom, S., & Behrens, J. (2017). Monitor digitale Bildung; Die Hochschulen im digitalen Zeitalter. Gütersloh: Bertelsmann-Stiftung.

Suchanek, A. (2014). Gerechtigkeit. Von https://wirtschaftslexikon.gabler.de/definition/gerechtigkeit-34985/version-258476 abgerufen

von Hayek, F. A. (1981). Recht, Gesetzgebung und Freiheit, Bd. 2: Die Illusion der sozialen Gerechtigkeit. . Landsberg am Lech.

Wörther, M. (2005). Spielfilme im Unterricht. Didaktik, Anregungen, Hinweise. München: muk - Medien und Kommunikation.

# Studier'n dahoam? Oder doch global?
## Auswirkungen der digitalen Transformation auf interkulturelle Lehr-Lern-Szenarien

Ramona Kusche
Hochschule Mittweida, Institut für Wissenstransfer und Digitale Transformation

## 1 Kurzfassung

Unsere Lebenswelten verändern sich durch die digitale Transformation weitreichend. Wir können global kommunizieren, studieren und arbeiten und müssen dazu nicht zwangsläufig ‚dahoam' sein. Dazu braucht es digitale Kompetenzen, die wir kontinuierlich und über den gesamten Bildungsverlauf entwickeln müssen. Diese Kompetenzen gehen einher mit digitaler Souveränität, d.h. der Fähigkeit digitale Medien selbstbestimmt und unter eigener Kontrolle zu nutzen und sich an die ständig wechselnden Anforderungen in einer digitalisierten Welt anzupassen. Gleichzeitig verschwimmen nationalkulturelle Grenzen: Multikulturalität ist längst der Normalfall und wir definieren uns mittlerweile über multiple Identitäten. Das erfordert interkulturelle Kompetenz, um mit Differenz umgehen und daraus Normalität stiften zu können. Die daraus resultierenden Anforderungen für das Lehren und Lernen an Hochschulen lassen sich nicht in generischen Kursangeboten jenseits spezifischer Kontexte oder durch zusätzliche Module abbilden. Vielmehr gilt es, integrierte Lehr-Lern-Szenarien zu erarbeiten, die sowohl digitale als auch interkulturelle Kompetenzen stimulieren. Im Beitrag wird das exemplarisch für den an der Hochschule Mittweida im Jahre 2019 eingeführten Studiengang „Global Communication in Business and Culture" aufgezeigt.

## 2 Ausgangslage: Globale Lebenswelten

Die digitale Transformation verändert unsere Lebenswelten rasant und weitreichend. Sowohl im Privat- als auch Berufsleben können wir uns den Einflüssen der Digitalisierung und Globalisierung nicht entziehen. Dazu zählen die Omnipräsenz und die daraus resultierenden Auswirkungen der digitalen Medien auf alle Ebenen der interpersonalen Kommunikation und der globalen Wirtschaftskommunikation. Diese komplexen und sich disruptiv ändernden Lebenswelten werden vielfach mit dem Akronym VUCA[1] ausgedrückt (vgl. Graf et al. 2017: S. 15ff; Bolten et al. 2018: S. 105). VUCA beschreibt vier Faktoren, die globale Lebenswelten zunehmend beeinflussen:

| | | |
|---|---|---|
| V | Volatility (Volatilität) | Veränderungen sind disruptiv, d.h. finden schnell statt, sind dynamisch und die Schwankungsbreite steigt. |
| U | Uncertainty (Unsicherheit) | Die Vorhersagbarkeit von Themen sinkt. Neues kann aus dem Nichts entstehen und kausale Zusammenhänge bleiben unklar. |
| C | Complexity (Komplexität) | Die Anzahl von Handlungsmöglichkeiten steigt, ebenso die Möglichkeit für Widersprüche und Missverständnisse. |
| A | Ambiguity (Mehrdeutigkeit) | Die Lebenswelt wird unscharf (fuzzy), d.h. Rahmenbedingungen sind schwerer greifbar und Informationen sind mehrdeutig. |

Abb. 1: Merkmale der VUCA-Welt (eigene Darstellung in Anlehnung an Graf et al. 2017: S. 16)

Diese Ausgangslage hat unweigerlich Auswirkungen auf den Einzelnen. Digitale und interkulturelle Kompetenzen werden in diesem Zusammenhang immer wichtigere Anforderungen an Arbeitskräfte im globalen Arbeitsmarkt. Hochschulen sind daher gefordert, integrierte

[1] VUCA ist ein Akronym und war die Antwort des US Army War College auf den Zusammenbruch der UdSSR Anfang der 1990er: Der Wegfall des Feindes erfordert neue Sicht- und Reaktionsweisen, die über die Faktoren Volatility, Uncertainty, Complexity, Ambiguity beschrieben wurden.

Konzepte zu entwickeln, die ausgehend vom doppelten Spezifikum von globaler Kommunikation und Wirtschaft als Treiber und Anwendungsfeld der Digitalisierung bei den Studierenden die Entwicklung digitaler und interkultureller Kompetenzen gleichermaßen fördern.

## 3 Digitale Souveränität

Digitale Transformationsprozesse bedingen Akteure, die eigenverantwortlich und sicher mit diesen Technologien umgehen. Im deutschsprachigen gesellschaftlichen Diskurs wird das vielfach mit der Notwendigkeit nach digital souveränem Handeln umschrieben (vgl. z.B. Gräf et al. 2018; Goldacker 2017; Meinel et al. 2017; Misterek 2017; vbw 2018). Das Konzept der Digitalen Souveränität ist vielschichtig und erhält von unterschiedlichen Akteuren (bspw. Politik, Wirtschaft, Wissenschaft) per definitionem unterschiedliche Bedeutungszuweisungen. Gemein ist allen ein gewisses Maß an Selbstbestimmtheit der Akteure, die in Bezug zu gesellschaftlichen und technologischen Bedingungen bzw. Voraussetzungen steht.

Mit Blick auf das lernende Individuum wird unter Digitaler Souveränität die Möglichkeit verstanden, digitale Medien selbstbestimmt und reflexiv zu nutzen, um sich an die ständig wechselnden Anforderungen in einer digitalisierten Welt anpassen zu können. Digital souveränes Handeln wird damit einerseits durch die Verfügbarkeit digitaler Technologien und Produkte bedingt, erfordert andererseits aber insbesondere ein gewisses Maß an individueller digitaler Kompetenz. Der Aktionsrat Bildung hat in seinem 2018 erschienenen Gutachten zu digitaler Souveränität und Bildung Empfehlungen formuliert, wie über den Bildungsverlauf hinweg digital souveränes Handeln entwickelt werden kann. Es wird postuliert, dass dazu digitale bzw. Medienkompetenz nötig sei, die wie eine elementare Kulturtechnik zu erlernen ist: „Da digitale Kompetenzen als vierte Kulturtechnik anzusehen sind, sollte ihre Förderung analog zum Rechnen, Schreiben und Lesen Eingang in die

Gesamtkonzepte der Bildungseinrichtungen finden. Neben informationstechnischem Grundlagenwissen sind auch alle übrigen Komponenten von ‚Information Literacy' (Informationskompetent) zu berücksichtigen, d.h. sowohl speziellere technische Bedien- und Anwendungskompetenzen als auch übergeordnete Medienkompetenzen (...), die für einen ziel- und problemorientierten Umgang mit digitalen Medien notwendig sind." (vbw 2018: S. 20) Dieses Verständnis von digitaler bzw. Medienkompetenz als zusätzlicher vierter Kulturtechnik lässt sich in verschiedenen Publikationen zu digitaler Bildung wiederfinden (vgl. Bertelsmann Stiftung 2001; Frölich et al. 2011; Kerres 2017; Weiß 2012). Wenn wir davon ausgehen, dass digitale Medien

- pervasiv alle Lebensbereiche durchdringen,
- subtil, d.h. ohne direkte Wahrnehmung wirken,
- ubiquitär, d.h. allgegenwärtig verfügbar sind und somit
- Lernorte im Sinne des „seamless learning" (Kerres 2018: S. 70) durchlässig und Lernübergänge nahtlos werden,

dann erscheint die These der digitalen Kompetenz als vierte elementare Kulturtechnik jedoch als diskussionswürdig. Rechnen, Lesen und Schreiben sind Fertigkeiten, die zu kultureller und gesellschaftlicher Teilhabe befähigen. Sie werden daher als grundlegende Elemente von Bildung und als Basis für lebenslanges Lernen verstanden (vgl. BMBF 2012). Genaugenommen handelt es sich dabei weniger um Techniken, sondern um Fertigkeiten zur Erschließung von Wissen.

Aus der Kognitionswissenschaft wissen wir, dass Informationen stets in bestimmter Weise codiert sind; d.h. wir erschließen uns das Wissen über Codes, in denen die Information erscheint. Es benötigt grundlegende Fähigkeiten (Lesen, Schreiben, Rechnen), um das Symbolsystem verstehen und produktiv-reflexiv nutzen zu können. Dabei ist es zunächst irrelevant, welches Medium in welcher Form die Informationen liefert. Ob bspw. ein Artikel in Print- oder digitaler Version zur Verfügung steht, ist für den Verstehensprozess weitgehend irrelevant. Gleichwohl lassen sich die Verstehensprozesse bei digitalen Varianten durch Verlinkungen, Clips o.ä. anreichern. Die Digitalisierung transformiert also vielmehr die Prozesse der Wissenserschließung und -kommunikation und ist keine eigene Technik.

Die Kompetenzanforderungen an die elementaren Kulturtechniken Lesen, Schreiben und Rechnen lassen sich klar benennen und sind veränderungsresistent. Anders verhält es sich bei digitaler Kompetenz. Hier muss von einem interdependenten, disruptiven Zusammenhang ausgegangen werden, nämlich von der Wirkung bestimmter Kompetenzanforderungen auf die digitale Lebenswelt einerseits und der Rückkopplung der digitalen Prozesse auf die Kompetenzanforderungen andererseits (vgl. Abb. 2).

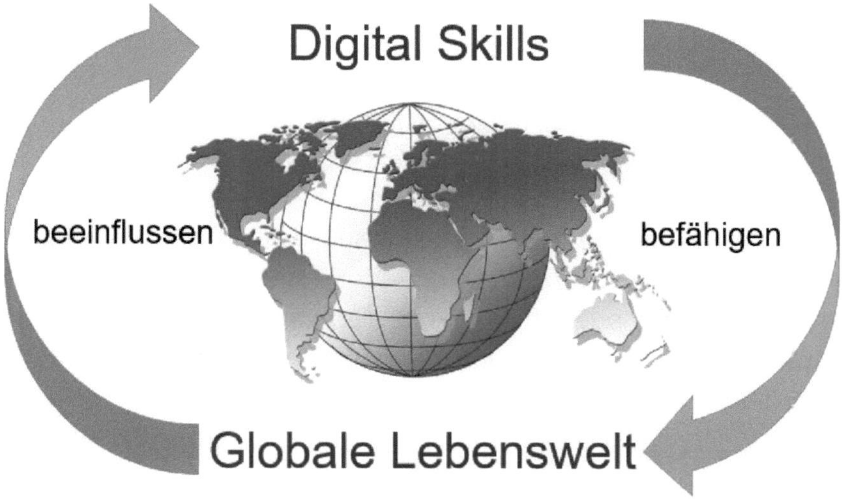


Abb. 2: Interdependenz digitaler Kompetenz u. Lebenswelt (Eigene Darstellung in Anlehnung an Kerres 2018: S. 69)

Konkret bedeutet das, dass digitale Prozesse zunehmend versteckt wirken, in dem sie unsichtbar in die Alltagswelt eingebettet sind, wie das bspw. bei (Fahr-)Assistenz- und Trainingssystemen oder künstlich intelligenten Beratungssystemen der Fall ist. Dadurch entstehen neue, zusätzliche Kompetenzanforderungen, die sich u.a. auch in den Curricula an Hochschulen als Digital Skills niederschlagen. Gleichzeitig werden erworbene digitale Kompetenzen entkräftet oder gar überflüssig, wenn die digitale Technik effizienter agiert. Der digitale Kompetenzbegriff ist also ständig im Wandel, und das Ausmaß bzw. die Geschwindigkeit dieser Entwicklung ist noch nicht absehbar.

Digitale Kompetenz durchdringt also die Modi der Wissenserschließung und muss als Querschnittskompetenz gedacht werden. Das erfordert integrierte Konzepte, die digital souverän handelnde Akteure hervorbringen. Die dafür notwendigen Digital Skills lassen sich nicht separat, sondern vielmehr nur über die Erschließung von Lerngegenständen in komplexeren Lehr-Lern-Szenarien entwickeln.

## 4 Digital und Intercultural Skills als Querschnittskompetenzen

Querschnittskompetenzen lassen sich an Hochschulen nicht singulär in einzelnen Veranstaltungen vermitteln. Sie müssen vielmehr im Kontext eines Faches oder Themas konzipiert werden und folglich einen hohen Anwendungsbezug aufweisen. Dabei erscheint es sinnvoll, mehr als nur eine Querschnittskompetenz zu stimulieren und entstehende Synergien rekursiv für die Fachthematik zu nutzen. Mit Blick auf die eingangs beschriebenen VUCA-Faktoren erscheint es naheliegend, digitale und interkulturelle Kompetenzen in Lehr-Lern-Konzepten miteinander zu verknüpfen.

Die neuen Kommunikationstechnologien bedingen, dass Individuen und Gruppen unabhängig der kulturellen Zugehörigkeit jederzeit und von jedem Ort miteinander kommunizieren. Der Face-to-face-Kontakt ist längst nicht mehr der vorherrschende Kommunikationsmodus in der interkulturellen Kommunikation. Die Interkulturalitätsforschung spricht von hybriden Kulturen, deren Akteure multiple (disruptive) Identitäten aufweisen und ohne Zeit- und Raumgrenzen (ubiquitär und seamless) interagieren (vgl. Reuter 2012: S. 12; Shuter 2017: S. 2).

Das gilt insbesondere für die globalisierte Wirtschaft, indem bspw. die Grenzen von Märkten verschwimmen und Wirtschaftsbeziehungen in virtuellen Räumen ausgehandelt oder zukünftig vermutlich über Blockchain-Technologie abgebildet werden. Dazu bedarf es neben digitaler u.a. auch interkultureller Kompetenz (vgl. Shen 2012: S. 2). Interkulturelle Kompetenz wird in diesem Zusammenhang als Voraussetzung dafür angesehen, „dass die Interaktionspartner im interkulturellen Kontext ihre wie auch immer ausgeprägten weiteren Kompetenzen fachlicher, strategischer oder anderer Art überhaupt zur Anwendung kommen lassen können" (Rathje 2006: S. 7).

Interkulturell kompetentes Handeln sowohl im analogen als auch digitalen Raum zeichnet sich darüber hinaus dadurch aus, dass zunächst fehlende Normalität innerhalb einer Lebenswelt gestiftet und aus unbekannten Differenzen bekannte werden, um in interkulturellen Situationen effektiv und angemessen zu agieren. Das wird u.a. durch Empathie, Ambiguitätstoleranz, (inter-)kulturelles Wissen und allgemeiner Reflexionskompetenz befördert und ermöglicht die Entwicklung der eigenen (kulturellen) Identität sowie die Teilhabe am gesellschaftlichen Diskurs (vgl. Bertelsmann Stiftung 2008: S. 4; Bolten 2010: S. 103).

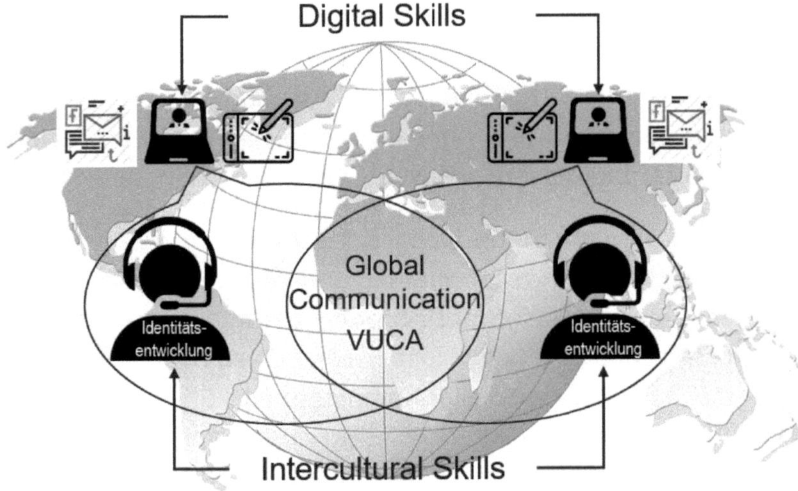


Abb. 3: Digital und Intercultural Skills in der VUCA-Umgebung[2]

## 5 Implikationen für Lehr-Lern-Szenarien

Ausgehend von diesen Vorüberlegungen erfordert die Entwicklung von digitaler und interkultureller Kompetenz als Querschnittskompetenzen im hochschulischen Kontext multimedial und kulturübergreifend angelegte, an interdisziplinären Lerngegenständen orientierte Lehr-Lern-Konzepte (vgl. Straub et al. 2010; Kerres 2018; vbw 2018).

Kerres (2018) hat vorliegende Forschungsergebnisse aus Einzeluntersuchungen und Metaanalysen zu Effekten des Lernens mit digitalen Medien auf den Lernerfolg zusammengefasst. Die Ergebnisse zeigen, dass digitale Medien ein anderes, aber nicht zwangsläufig erfolgreicheres Lernen ermöglichen. Der besondere Vorteil des mediengestützten

[2] Icons: Freepik von www.flaticon.com

Lernens zeigt sich in einer tendenziell verkürzten Lerndauer und einem reduzierten Lernaufwand, speziell für Personen mit hoher Lernmotivation und selbstständigem Lernverhalten, die die medialen Lernangebote zu einer intensiven kognitiven Auseinandersetzung nutzen. Das lässt sich insbesondere für digitale Lernangebote in Kombination mit Präsenzelementen zeigen und weniger für reine E-Learning-Angebote (hohe Dropout-Quoten). Es ist vor allem die didaktische Methode, die den Lernerfolg beeinflusst, weniger das Mediensystem (vgl. Kerres 2018: S. 88ff).

Mit Blick auf diese Ergebnisse und den eingangs aufgespannten Bedeutungszusammenhang wird dem hier skizzierten didaktischen Ansatz ein konstruktivistisches lerntheoretisches Verständnis zugrunde gelegt, wonach Lernen ein aktiver Konstruktionsprozess ist, der immer kulturell und situativ gebunden ist. Jegliches Handeln ist eingebettet in einen sozialen Kontext, d.h. Bedeutungen werden ständig neu ausgehandelt und konstruiert auf der Suche nach Ordnungsstrukturen und Plausibilität (vgl. Siebert 2017: S. 28). Daraus lassen sich Implikationen für digitale, interkulturelle Lehr-Lern-Szenarien ableiten:

Kompetenzentwicklung sollte stattfinden

a) mit authentischen Lerngegenständen, d.h. für die Lernenden einen Anwendungsbezug aufweisen,

b) in unterschiedlichen Kontexten, d.h. in verschiedenen Anwendungssituationen,

c) unter multiplen Perspektiven, d.h. mittels Perspektivwechsel und in verschiedenen Rollen, und

d) in einem sozialen Kontext, d.h. in Interaktion mit Anderen (z.B. Angehörigen verschiedener Kulturen) (vgl. Reinmann et al. 2016: S. 637).

Für den Lernprozess mit digitalen Medien in interkulturellen Settings erscheinen auf dieser Grundlage problembasierte didaktische Konzepte (z.B. Fallstudien, Planspiele, Projekte) in Kombination mit sozialkommunikativen, kollaborativen Methoden (soziale und interkulturelle Interaktion, peer-to-peer) als geeignet. Das kann über interaktive, multimediale Angebote (z.B. Erklär-Videos, Simulationen, Gamification) erreicht werden und erfordert eine kontinuierliche Lernprozesssteuerung (Selbststeuerung, Rückmeldung und Adaptivität, Learning Analytics) (vgl. Kerres 2018: S. 106ff; Süß et al. 2018: S. 166ff). Es wird in diesem Zusammenhang auch von hybriden Lernarrangements (Blended Learning, Inverted Classroom) gesprochen, die sich vor allem durch zeitlich und räumlich flexible Lernorganisation und eine den Rahmenbedingungen des didaktischen Feldes kluge Kombination o.g. unterschiedlicher medialer und methodischer Elemente auszeichnen. Im jüngeren fachwissenschaftlichen Diskurs werden solche Lehr-Lern-Arrangements als Seamless-Learning-Umgebungen diskutiert, in denen Medienbrüche verschwimmen bzw. formale und informelle Lernsettings durch den ubiquitären (allgegenwärtigen) Zugang zu Lern- und Wissensressourcen verschmelzen (vgl. Wong et al. 2015; Rehatschek et al. 2016).

## 6 Global Communication in Business and Culture

Die Entwicklung digitaler und interkultureller Kompetenz sind zweifellos immer mehr an Bedeutung gewinnende Qualifikationen in Bezug auf die Employability der Absolventinnen und Absolventen von Hochschulen. An der Hochschule Mittweida werden gegenwärtig verschiedene hybride Lernarrangements mit dieser Zielrichtung entwickelt und implementiert. Dazu zählt vor allem der Bachelorstudiengang „Global Communication in Business and Culture“, der als Pilotstudiengang im Rahmen der Digitalisierungsstrategie der Hochschule dem doppelten Spezifikum von globaler Kommunikation und Wirtschaft als Treiber und Anwendungsfeld der Digitalisierung Rechnung trägt.

Der Studiengang vermittelt in sechs Semestern fundiertes Wissen der Wirtschafts-, Medien-, Politik- und Kulturwissenschaften. Die deutsche Perspektive wird immer durch die europäische und/oder internationale Perspektive erweitert. Das Wissen wird über den Erwerb von Fremdsprachen anwendbar und durch die Entwicklung interkultureller und digitaler Kompetenz interdisziplinär angereichert. Ein Auslandsaufenthalt und ein internationales Praktikum sind verpflichtend im Curriculum verankert. Durch die Spezialisierung auf einen Kulturraum und den hohen Anwendungs- und Praxisbezug finden sich die Berufsfelder der Absolventinnen und Absolventen bspw. in der Personalentwicklung, in Unternehmensberatungen oder als Kommunikationsexperte, Content-Creator und Consultant in politischen und gesellschaftlichen Institutionen.

Der Studiengang zeichnet sich darüber hinaus dadurch aus, dass er über den gesamten Studienverlauf Blended-Learning-Elemente enthält, die den Studierenden eine zeitlich und räumlich flexiblere Lernorganisation ermöglichen. Sie werden im ersten Semester mit den verschiedenen digitalen Möglichkeiten vertraut gemacht und arbeiten im Studienverlauf an ihrer digitalen Souveränität. Indem alle Wissensressourcen über die Lernplattform OPAL zur Verfügung gestellt und vermittelt werden, haben die Studierenden einen ubiquitären Zugriff auf ihre Lernressourcen. Gleichzeitig wird den Lehrenden die Möglichkeit geboten, Wissen über verschiedene Tools zu testen und direkt Rückmeldungen zu erhalten. Der Einsatz von Learning-Analytics-Instrumenten (z.B. Tracking der Lernaktivität) wird gegenwärtig noch erprobt und bedarf einer kontinuierlichen Weiterentwicklung.

Die bereits diskutierten Implikationen für digitale, interkulturelle Lehr-Lern-Szenarien finden insbesondere in den Sprachmodulen und den Modulen mit Bezug zur interkulturellen Wirtschaftskommunikation

Anwendung, wie bspw. im Modul Intercultural Business Simulation. Kern des Moduls ist das interaktive Online-Planspiel „Megacities" des Glocal Campus.[3] In dem Planspiel interagieren drei Teams an weltweiten (Hochschul-)Standorten. Ausgangspunkt ist ein wohlhabender älterer Bürger, der eine etwa 100 Quadratkilometer große Brachfläche den drei an diese Fläche angrenzenden Städten als Schenkung vermacht. Seine Bedingung: Die drei Städte sollen die Fläche gemeinsam für Projekte nutzen, die ihnen allen gleichermaßen zugutekommen sollen. Jedes der teilnehmenden Teams arbeitet als Consultant für eine der drei Städte und hat die Aufgabe, in Zusammenarbeit mit politischen Vertretern der Stadt einen Plan für eine entsprechende Erschließung und Entwicklung der Fläche zu erarbeiten. Diese Fläche wird damit zu einem kulturellen Akteursfeld der drei angrenzenden Städte. Ziel ist es, städteübergreifend ein insgesamt passfähiges Konzept zu erarbeiten, das einerseits den Interessen der Städte gerecht wird, das andererseits aber auch den Stifter der Brachfläche durch seine ganzheitliche Orientierung überzeugt. Um dieses Ziel zu erreichen, müssen die Teams in mehreren Geschäfts- und Verhandlungsperioden untereinander kooperieren, Visionen entwickeln und Preise kalkulieren, Nutzungsstrategien entwerfen, Personalentscheidungen treffen, Marketingmaßnahmen realisieren und über Zeitzonen und multiple Kommunikationskanäle hinweg mehrsprachig verhandeln (Bolten et al. 2018: S. 107).

Das Planspiel beginnt mit Kick-off-Veranstaltungen für die lokalen Lehrenden und Studierenden, in denen sich die Beteiligten kennen lernen und in die Arbeit mit der Plattform eingewiesen werden. Es schließen sich mehrere virtuelle Geschäftsperioden an. Fester Bestandteil dieses interkulturellen, kollaborativen Szenarios ist ein Virtual Classroom (via Adobe Connect), der die synchrone Zusammenarbeit über Webcam, Whiteboard, Chat etc. ermöglicht. Innerhalb der Geschäftsperioden

---

[3] vgl. www.glocal-campus.org (Eine vom Hochschulverband für Interkulturelle Studien initiierte Online-Plattform für interkulturelles Lernen)

findet ein Wechsel zwischen wöchentlichen Online-Meetings aller Gruppen und individueller (Gruppen-)Arbeit im Virtual Classroom statt. Für die inhaltliche Vorbereitung der gemeinsamen Treffen im Virtual Classroom stehen auf der Lernplattform Wissensressourcen zur Verfügung (Bibliothek, Wissensbausteine, Educasts, Weblinks). Darüber hinaus sind auf der Plattform alle im Verlauf des Planspiels erstellten Dokumente, Videos etc. einstell- bzw. abrufbar. Das Planspiel wird von dem Lehrenden moderativ und tutoriell begleitet, wobei das sowohl in Präsenz als auch digital erfolgen kann. Von wesentlicher Bedeutung sind die lokalen Präsenzphasen, die vor allem der Reflexion des Planspiels dienen und einen Transfer der erworbenen Kompetenzen ermöglichen sollen.

Durch das zugrunde gelegte problembasierte, hybride didaktische Konzept in Kombination mit sozial-kommunikativen, kollaborativen Methoden sowie durch den Einsatz von Web-2.0-Anwendungen werden nicht nur interkulturelle, sondern auch digitale Kompetenzen anwendungsbezogen entwickelt bzw. gefördert. Auf diese Weise trägt das Modul zum Studienziel bei, die Studierenden zu interpersonaler und globaler Wirtschaftskommunikation zu befähigen.

## 7 Herausforderungen und Ausblick

Es steht außer Frage, dass hybride (interkulturelle) Lernarrangements im Unterschied zu klassischen Präsenzformaten besondere Anforderungen sowohl an Lehrende als auch Lernende stellen. Studierende sollten u.a. in der Lage sein, möglichst selbstbestimmt, eigeninitiativ und ausdauernd an den Lehrveranstaltungen teilzunehmen. Dieser Lerntypus kann nicht per se bei jedem Studierenden vorausgesetzt werden. Lehrende brauchen neben einer digitalen Affinität vor allem auch Erfahrungen mit diesen Formaten.

In Anbetracht der aufgezeigten Anforderungen an Absolventinnen und Absolventen auf dem globalen Arbeitsmarkt müssen solche Szenarien zwangsläufig Eingang in die Curricula von Studiengängen finden. Die Aufgabe und zugleich die Herausforderung ist es, die infrastrukturellen Rahmenbedingungen optimal zu gestalten und die oben genannten didaktischen Implikationen zu berücksichtigen. Gleichwohl ist hier Fingerspitzengefühl gefragt: „Studier'n dahoam", d.h. Präsenzformate im Face-to-face-Format sind für den Lernerfolg essentiell und können keinesfalls wegfallen. Es wird zukünftig eine kluge Kombination beider Formate brauchen. Der Studiengang „Global Communication in Business and Culture" bietet die Möglichkeit, dies zu entwickeln und entsprechend zu evaluieren.

Darüber hinaus sind die Verwendung von digitalen Medien in interkulturellen Lehr-Lern-Settings einerseits und die Auswirkungen der Digitalisierung auf die interkulturelle Kommunikation andererseits Forschungsdesiderate, die Raum für vertiefte wissenschaftliche Auseinandersetzung bieten.

## Dank

Das Leben ist Veränderung. Es braucht Visionen und den Willen, ständig voranzugehen, um seine Ziele umzusetzen. Ich danke Ludwig Hilmer für seine Begleitung und Unterstützung auf meinem persönlichen Weg.

## Literatur

Bertelsmann Stiftung/Cariplo, Fondazione (2008): Intercultural Competence – The key competence in the 21st century?, URL: https://www.ngobg.info/bg/documents/49/726bertelsmannintercultural-competences.pdf, Stand: 10. September 2019.

Bertelsmann-Stiftung (2001): Zukunft gewinnen - Bildung erneuern. Memorandum, 4. Aufl., Gütersloh.

Bolten, Jürgen/Berhault, Mathilde (2018): VUCA-World, virtuelle Teamarbeit und interkulturelle Zusammenarbeit, in: Helmolt, Katharina von/Ittstein, Daniel Jan (Hrsg.): Digitalisierung und (Inter-)Kulturalität. Formen, Wirkung und Wandel von Kultur in der digitalisierten Welt, Stuttgart, S. 105–132.

Bolten, Jürgen (2010): Interkulturelle Kompetenzvermittlung via Internet, in: Wordelmann, Peter (Hrsg.): Internationale Kompetenzen in der Berufsbildung. Stand der Wissenschaft und praktische Anforderungen, 1. Aufl., s.l., S. 101–114.

Bundesministerium für Bildung und Forschung (BMBF) (2012): Vereinbarung über eine gemeinsame nationale Strategie für Alphabetisierung und Grundbildung Erwachsener in Deutschland 2012 - 2016, URL: http://www.bmbf.de/pubRD/NEU_strategiepapier_nationale_alphabetisierung%281%29.pdf, Stand: 10. September 2019.

Chen, Gio-Ming (2012): The Impact of New Media on Intercultural Communication in Global Context, in: China Media Research, 8 (2), S. 1–10.

Frölich, Jan/Lehmkuhl, Gerd (2012): Computer und Internet erobern die Kindheit. Vom normalen Spielverhalten bis zur Sucht und deren Behandlung, Stuttgart.

Goldacker, Gabriele (2017): Digitale Souveränität, Berlin.

Graf, Nele/Gramß, Denise/Edelkraut, Frank (2017): Agiles Lernen. Neue Rollen, Kompetenzen und Methoden im Unternehmenskontext, München.

Gräf, Eike/Lahmann, Henning/Otto, Philipp (2018): Die Stärkung der digitalen Souveränität. Wege der Annäherung an ein Ideal im Wandel, URL: www.iRights-Lab.de, Stand: 10. September 2019.

Kerres, Michael (2017): Digitalisierung als Herausforderung für die Medienpädagogik: „Bildung in einer digital geprägten Welt“., in: Fischer, Christian (Hrsg.): Pädagogischer Mehrwert? Digitale Medien in Schule und Unterricht, Münster/New York, S. 85–104.

Kerres, Michael (2018): Mediendidaktik. Konzeption und Entwicklung digitaler Lernangebote, 5. Aufl.

Meinel, Christoph (et al.) (2017): Digitale Souveränität leben! Herausforderungen an das deutsche Bildungssystem, Ludwigshafen, URL: https://www.bmbf.de/pub/Digitale_Innovationen.pdf, Stand: 10. September 2019.

Misterek, Fokko (2017): Digitale Souveränität: Technikutopien und Gestaltungsansprüche demokratischer Politik, URL: http://hdl.handle.net/10419/162561, Stand: 10. September 2019.

Rathje, Stefanie (2006): Interkulturelle Kompetenz – Zustand und Zukunft eines umstrittenen Konzepts, in: Zeitschrift für Interkulturellen Fremdsprachenunterricht, 11: 3, S. 1–26.

Rathje, Stefanie (2010): Training/ Lehrtraining, in: Straub, Jürgen/Weidemann, Arne/Nothnagel, Steffi (Hrsg.): Wie lehrt man interkulturelle Kompetenz? Theorien, Methoden und Praxis in der Hochschulausbildung. Ein Handbuch, s.l., S. 215–240.

Rehatschek, Herwig/Leopold, Ursula/Ebner, Martin/Kopp, Michael/Schweighofer, Patrick/Rechberger, Manfred/Teufel, Martin/Sfiri, Anastasia (2016): Editorial: Seamless Learning - Lernen überall und jederzeit, in: Zeitschrift für Hochschulentwicklung, 11. Jg., Nr. 4.

Reinmann, Gabi, Mandl, Heinz (2006): Unterrichten und Lernumgebungen gestalten, in: Krapp, Andreas/Weidenmann, Bernd (Hrsg.): Pädagogische Psychologie. Ein Lehrbuch, 5. Aufl., Weinheim, S. 613–658.

Reutner, Ursula (2012): Von der digitalen zur interkulturellen Revolution?, in: Reutner, Ursula (Hrsg.): Von der digitalen zur interkulturellen Revolution, 1. Aufl., Baden-Baden, S. 9–32.

Schröter, Jens/Ruschmeyer, Simon/Walke, Elisabeth (Hrsg.) (2014): Handbuch Medienwissenschaft, Stuttgart/Weimar.

Shuter, Robert (2017): New Media and Intercultural Communication, in: Kim, Young Y. (Hrsg.): The International Encyclopedia of Intercultural Communication, Hoboken, NJ, USA, S. 1–9.

Siebert, Horst (2007): Vernetztes Lernen. Systemisch-konstruktivistische Methoden der Bildungsarbeit, 2. Aufl., Augsburg.

Straub, Jürgen/Weidemann, Arne/Nothnagel, Steffi (Hrsg.) (2010): Wie lehrt man interkulturelle Kompetenz? Theorien, Methoden und Praxis in der Hochschulausbildung. Ein Handbuch, Bielefeld: transcript.

Süss, Daniel/Lampert, Claudia/Wijnen, Christine W. (2013): Medienpädagogik. Ein Studienbuch zur Einführung, 2. Aufl., Wiesbaden.

vbw – Vereinigung der Bayerischen Wirtschaft e.V. (Hrsg.) (2018): Digitale Souveränität und Bildung. Gutachten, 1. Aufl., Münster.

Weiß, Reinhold (2012): Medienkompetenz als neue Kulturtechnik, in: Berufsbildung in Wissenschaft und Praxis - BWP, 13. Jg., Nr. 1, S. 1.

Wong, Lung-Hsiang/Milrad, Marcelo/Specht, Marcus (eds.) (2015): Seamless Learning in the Age of Mobile Connectivity, Singapore/s.l.

# Vom Verbundprojekt „Bildungsportal Sachsen" zum E-Campus Mittweida

Gerhard Thiem, Jens Schulz
Hochschule Mittweida, Institut für Wissenstransfer und Digitale Transformation

## 1 Kurzfassung

Die Digitalisierung der Hochschulbildung ist ein komplexer Prozess, der die ganze Hochschule betrifft, d.h. nicht nur ihre akademischen Bereiche, sondern auch das Hochschulmanagement. Inzwischen ist die deutsche Hochschullandschaft in einer Phase angekommen, in der die massenhafte Verbreitung digitalisierter Lehrangebote im Mittelpunkt steht.

In Sachsen wurden 2018 mit der „Strategie der Digitalisierung in der Hochschulbildung"(SMWK Sachsen 2018) folgende Ziele in den Mittelpunkt gestellt:

1. Erschließung der Potentiale zur Verbesserung der Qualität der Lehre,
2. Verbesserung des Studienerfolges,
3. Stärkung der Wettbewerbsfähigkeit der sächsischen Hochschulen,
4. Erhöhung der internationalen Sichtbarkeit.

Die digitalen Lehr- und Lernangebote sind dabei stets als Ergänzung und Weiterentwicklung der heutigen Hochschullehre zu sehen.

Der vorliegende Beitrag soll den Entwicklungsweg zur digital vernetzten Hochschule von den Anfängen des E-Learning bis zur Gegenwart am Beispiel der Hochschule Mittweida reflektieren. Blickt man zurück, so kann das Resümee nur lauten:

*Digitale Hochschulbildung braucht Kontinuität und einen langen Atem.*

## 2 Entwicklungsetappen in Sachsen und an der Hochschule Mittweida

International war die zweite Hälfte der 1990er Jahre die Stunde der Enthusiasten und Pioniere des E-Learning. Die technischen Möglichkeiten waren so weit entwickelt, um elektronisch unterstützte Lehr-/Lernszenarien in Pilotprojekten erproben zu können. Begleitet wurde diese Startphase wie bei vielen Schwerpunkt-Innovationen von überzogenen Erwartungen und Euphorien über eine zukünftige virtuelle Bildungswelt.

An der Hochschule Mittweida wurde der Startpunkt im Jahr 1998 mit dem EU-Projekt „Qualifikation 2000" gesetzt, in dessen Mittelpunkt multimedial angereicherte Weiterbildungsangebote für die regionale mittelständische Wirtschaft standen. Der eigentliche Startschuss im sächsischen Hochschulbereich war mit der Gründung der Landesinitiative „Bildungsportal Sachsen" (BPS) im Jahr 2001 verbunden. Die drei Universitäten Dresden, Leipzig und Chemnitz sowie die Hochschule Mittweida initiierten ein gleichnamiges Verbundprojekt, das ein strategisches Konzept und eine landesweit einheitliche Infrastrukturentwicklung erarbeiten sollte.

In der Auftaktveranstaltung im Mai 2001 präsentierte der Projektrat[1] der sächsischen Hochschulöffentlichkeit erstmals seine Vision von der Entwicklung einer einheitlichen E-Learning-Infrastruktur in Form eines virtuellen Gebäudes von hochschulübergreifender Infrastruktur,

[1] Wissenschaftliches Leitungsgremium der Verbundinitiativen BPS

neuen Lehr-/Lernformaten, innovativen modularisierten Bildungsangeboten sowie einem wissenschaftlichen Lenkungsgremium und einem administrativen Überbau für die landesweite Koordination (vgl. Abbildung 1).

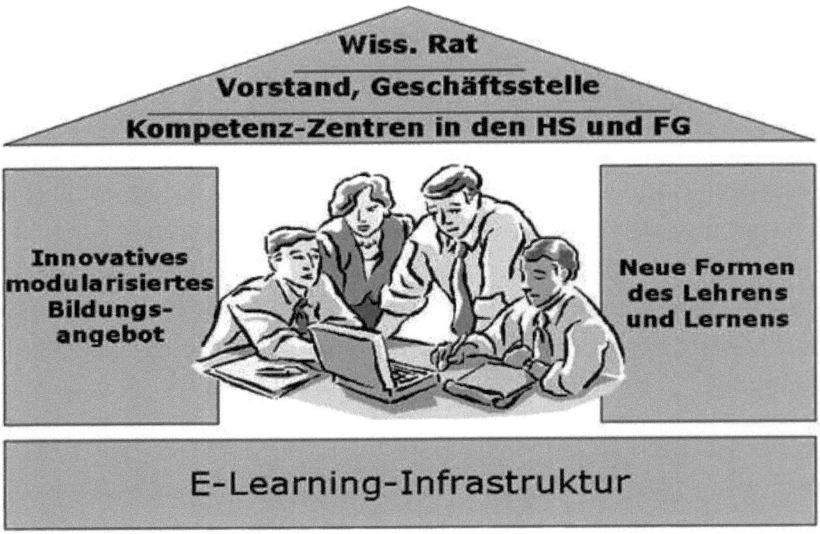


Abb. 1: Visionen zur Entwicklung eines landeseinheitlichen E-Learning-Systems in Sachsen[2]

Die Anfänge bis 2003 waren von dem Gedanken getragen „Lasst alle Blumen blühen", um ein möglichst breites Netzwerk von Akteuren an allen sächsischen Hochschulen ins Leben zu rufen. In der Aufbauphase bis 2006 stand die Schaffung der erforderlichen landesweiten Strukturen mit dem Arbeitskreis „E-Learning", der LRK Sachsen und der Gründung der gemeinsamen Dienstleistungsgesellschaft „BPS Bildungsportal Sachsen GmbH" im Fokus.

[2] Projektrat Bildungsportal Sachsen; Auftaktveranstaltung im Mai 2001 im SMWK Dresden

Der Freistaat Sachsen ging damit einen deutschlandweit einmaligen Weg zur breiten Etablierung von netzgestützten Lehr-/Lernszenarien, der durch folgende Kernelemente gekennzeichnet ist:

- Einheitliche Basis mit möglichst flächendeckender Wirkung über alle Hochschulformen,
- Wettbewerb der Inhalte und Anwendungen, nicht der Basistechnologien,
- Konzentration der Hochschulen auf Akzeptanzgewinnung, Inhalte und curriculare Verankerung,
- Vereinfachung übergreifender Kooperationen und Nachnutzungen,
- Professionalisierung, Effizienz und Qualitätssteigerung.

Es gelang mit dieser Herangehensweise, die E-Learning-Plattform „OPAL“ als zentrale Lern- und Arbeitsplattform für die beteiligten sächsischen Hochschulen zu etablieren.

In den Hochschulen entstanden in dieser Zeit erste E-Learning-Kompetenzzentren als Partner der Landesinitiative BPS. An der Hochschule Mittweida wurden diese Aufgaben der 2005 gegründeten zentralen wissenschaftlichen Einrichtung – dem Institut für Technologie- und Wissenstransfer (ITWM) übertragen. Das ITWM hat über mehr als ein Jahrzehnt ausschließlich projektfinanziert wissenschaftliche Grundlagen für die Implementierung neuer Lehr-/Lernszenarien erforscht und in zahlreichen Verbundprojekten modellhafte Entwicklungen für die Nutzung von Blended Learning in Aus- und Weiterbildung an der Hochschule Mittweida geschaffen (vgl. Abbildung 2).

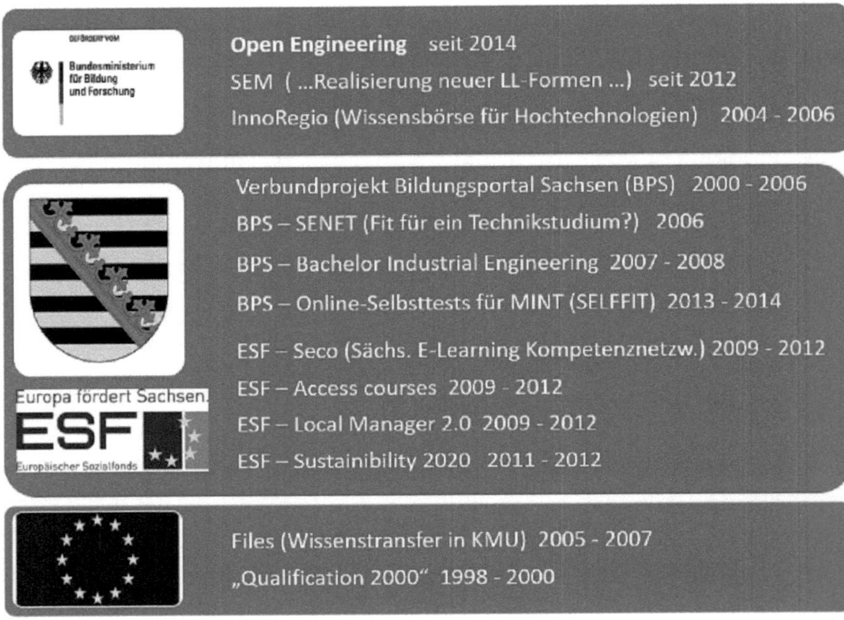


Abb. 2: Projektübersicht des ITWM 2005–2017

Der fortschreitende Digitalisierungsprozess hat in Verbindung mit der Hochschulentwicklungsplanung 2025 zu einer wesentlichen Erweiterung des Aufgabenspektrums des Instituts als zentrale Transferschnittstelle der Hochschule geführt. So gründete die Hochschule im September 2018 als Nachfolger des ITWM das „Institut für Wissenstransfer und Digitale Transformation“ (IWD) mit folgendem Aufgabenprofil:

„Das IWD begleitet und unterstützt fakultätsübergreifend einen rekursiven Transfer von wissenschaftlicher Forschung- und Entwicklung in Wirtschaft und Gesellschaft (‚Dritte Mission‘). Es dient als Kompetenz- und Servicezentrum für eine integrierte digitale Transformation aller Bereiche der Hochschule.“[3]

[3] Institutsordnung des IWD §2

## 3 Ausgewählte Projektergebnisse zur E-Learning unterstützten Wissensvermittlung

Der Übergang von der klassischen Präsenzlehre zu den heutigen Blended-Learning-Szenarien ist ein mehrstufiger Prozess, der zunächst mit theoretischen Untersuchungen zur Lehrprozessgestaltung beginnen muss. Entsprechende Themen wurden vom ITWM in Verbundprojekten mit der Professur für Bildungstechnologien an der TU Dresden und der Hochschule für Telekommunikation Leipzig (HfTL) bis 2012 bearbeitet. Im Ergebnis entstanden an die Einsatzspezifik angepasste Lehr- und Lernszenarien. Abbildung 3 zeigt ein exemplarisches Beispiel für ein Mastermodul im berufsbegleitenden Studium und die daraus abzuleitenden Forschungsfragen für die Lehrinnovation von digital unterstützten Lehr- Lern-Szenarien.

Abb 3: Lehr-/Lernszenario berufsbegleitender Master nach Saupe (HfTL 2010)

Im Rahmen dieser Untersuchungen wurden exemplarische Workloadbilanzen für typische themenspezifische Modulgruppen entwickelt. Tabelle 1 zeigt beispielhaft die Workloadverteilung eines Mustermoduls im Masterbereich mit 5 Credits (150 Stunden Workload).

| Lehrformat | Workload | WL-Anteil |
|---|---|---|
| Präsenzlehrveranstaltung | 30 Std. | 20 % |
| Fachpraktika mit tutorieller Begleitung | 15 Std. | 10 % |
| E-Learning unterstützte Fernlehre | 30 Std. | 20 % |
| Selbststudium und Projektarbeit | 60 Std. | 40 % |
| Prüfungsvorbereitung und Prüfung | 15 Std. | 10 % |

Dieser Orientierungsrahmen wurde in weiteren Untersuchungen noch fachlich ausdifferenziert: in naturwissenschaftlich-technische, betriebs- und sozialwissenschaftliche Fächer sowie fachspezifische Grundlagen und Fachvertiefungsmodule.

Auf Basis dieser theoretischen Voruntersuchungen entstand von 2010 bis heute ein Paket von Modellstudienangeboten, die sich ausgehend vom Leitgedanken des Lebenslangen Lernens der Schwerpunktaufgabe Durchgängigkeit von beruflicher und akademischer Bildung widmeten. In Abbildung 4 sind die wichtigsten Teilstufen dieses Entwicklungsprozesses anhand der jeweiligen Forschungsprojekte dargestellt.

Mit dem durch den Europäischen Sozialfonds geförderten Startprojekt „Access-Courses“4 wurde ein Basiskurs zur Anpassungsqualifizierung für Berufstätige ohne bzw. mit Abitur entwickelt. Dieser dient zur Erlangung der Studierfähigkeit von Studieninteressierten für Studiengänge mit natur-/technikwissenschaftlichem, wirtschafts- oder sozialwissenschaftlichem Fachprofil.

[4] https://www.institute.hs-mittweida.de/webs/iwd/studienangebote/vorbereitungskurs-fuer-berufstaetige-hzp-optional.html

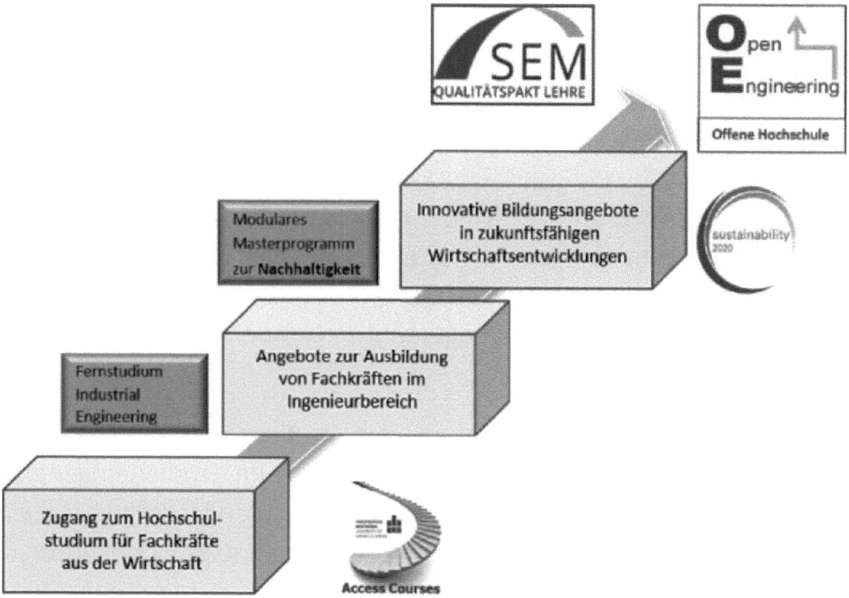


Abb. 4: Modellprojekte zum Lebenslangen Lernen (Quelle: eigene Darstellung)

Hauptzielgruppe sind Facharbeiter, Meister, Techniker und andere beruflich Qualifizierte. Der Kurs wird seit zehn Jahren kontinuierlich an der Hochschule angeboten.

Als Modellvorhaben zur Abbildung eines kompletten Studiengangs in einem Blended-Learning-Szenario wurde der Fernstudiengang Industrial Engineering[5] im Rahmen der Landesinitiative „Bildungsportal Sachsen" erarbeitet. Hochschulpolitisch ist das Vorhaben als spezielles Transferangebot an die mittelständische Wirtschaft in der Region gerichtet, die zunehmend unter Fachkräftemangel im Ingenieurbereich leidet. Mit dem Angebot wurde eine Brücke geschaffen, um für die Unternehmen ihr eigenes Personal gezielt berufsbegleitend weiterzubil-

[5] https://www.institute.hs-mittweida.de/webs/iwd/studienangebote/industrial-engineering-berufsbegleitender-bachelorstudiengang.html

den. Darüber hinaus können Studierende berufsbegleitend einen ersten akademischen Abschluss erwerben und so ihre individuellen beruflichen Entwicklungsmöglichkeiten deutlich ausweiten. Das Fachprofil des Studiengangs entspricht mit Profilierungsoptionen in Automation/Mechatronik und/oder Energie den heutigen Schwerpunktthemen der Digitalisierung der Wirtschaft. Der Studiengang ist strukturell der Fakultät Ingenieurwissenschaften zugeordnet. Zur Umsetzung des Blended-Learning-Szenarios und des individuellen Betreuungskonzeptes wird das Studiengangmanagement in Kooperation mit dem IWD durchgeführt.

Abbildung 5 zeigt die Verflechtung des Studiengangs mit der hochschulischen Bildungs-/Weiterbildungsstruktur. Im Studieneingang ist eine unmittelbare Verkopplung mit dem vorgelagerten Projekt „Access Courses" realisiert, so dass Studieninteressierte entsprechend ihrer individuellen Voraussetzungen eine gezielte Studienvorbereitungsphase durchlaufen können. Unter Nutzung individueller Einstufungsbedingungen soll der Übergang zur akademischen Bildung erleichtert werden, um Berufstätigen aus der mittelständischen Wirtschaft die Vereinbarkeit von Studium und Beruf zu ermöglichen. Eine Anerkennung beruflicher Kompetenzen (formal oder individualisiert) erfolgt sowohl in Verbindung mit der Einstufung in höhere Fachsemester als auch durch praxisbegleitende Projekte ab dem fünften Semester des Bachelorstudiums.

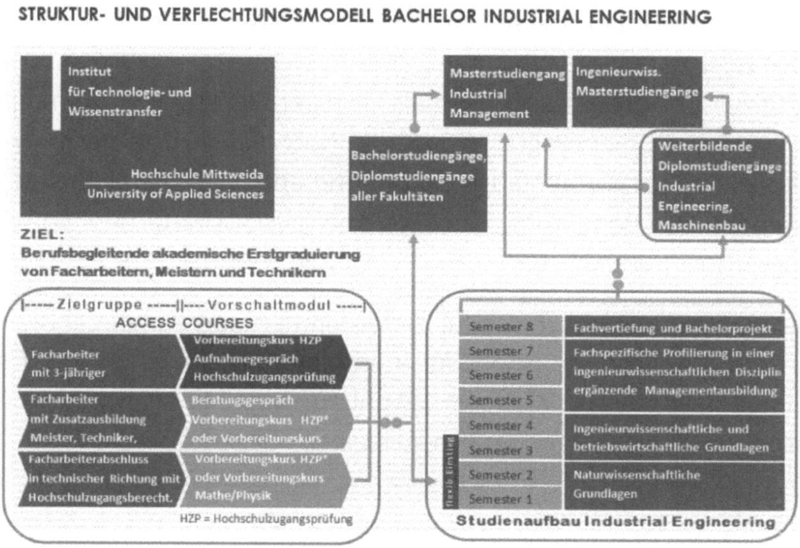


Abb. 5: Struktur- und Verflechtungsmodell des Fernstudienganges Industrial Engineering

Abbildung 5 zeigt auch die bestehenden Optionen zur weiteren Aufstiegsqualifizierung nach dem Bachelorabschluss auf. Es sind sowohl weiterbildende Diplom-Aufbaustudiengänge im Ingenieurbereich als auch das interdisziplinäre Masterprogramm „Industrial Management" als weitere Qualifizierungsstufen für das mittlere Management möglich. Erfreulicherweise gibt es erste Absolventen, die diese gesamte Bildungskaskade von der Erlangung der Hochschulzugangsprüfung im „Access Courses" bis zum Masterabschluss erfolgreich durchlaufen haben.

Bei dem in Abbildung 6 ausgewiesenen Masterprogramm „Sustainibility 2020" stand neben der Weiterentwicklung der Blended-Learning-Szenarien für die berufsbegleitende Weiterbildung vor allem die Modularität des Angebots im Mittelpunkt. Der dynamische Wissenszuwachs im Prozess der Digitalisierung macht es erforderlich, flexible Weiterbildungsangebote zu aktuellen Innovationen zügig und flexibel bereitzustellen. Ein höherer akademischer Abschlussgrad sollte darüber zwar auch erreichbar sein, aber das Gesamtmodell beruht auf zertifizierten Modulabschlüssen als kleinsten Bausteinen. Thematisch wurde das Studienprogramm auf die Nachhaltigkeit in gesamtwirtschaftlichen Kreisläufen ausgerichtet und entspricht damit einem zunehmend an Bedeutung gewinnenden gesellschaftlichen Entwicklungsschwerpunkt.

Nachhaltigkeit ist essenziell für Unternehmen und zunehmend auch für den öffentlichen Sektor, um in einem dynamischen Umfeld mit ständig neuen Anforderungen sowohl aus Märkten als auch aus Gesellschaft und Politik erfolgreich zu bleiben.

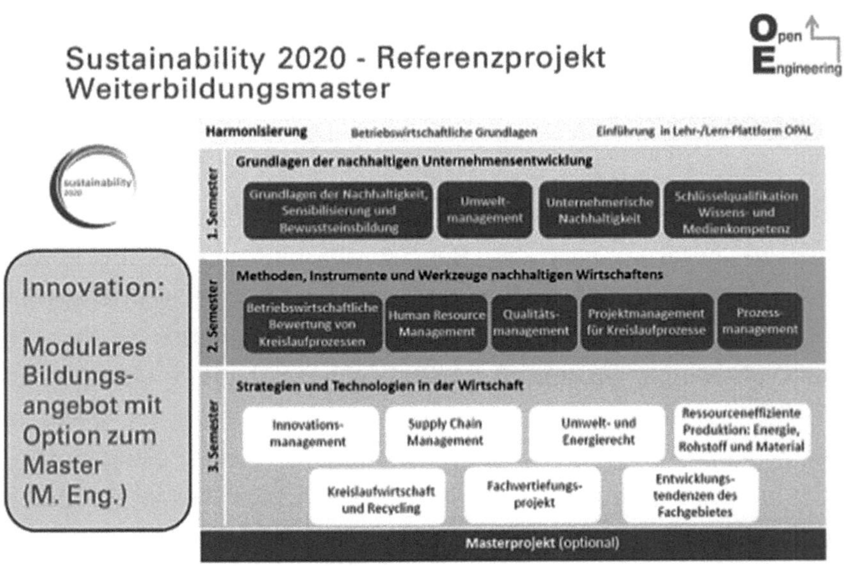


Abb. 6: Modulares Masterprogramm Sustainibility 2020

Das berufsbegleitende Weiterbildungsangebot „Nachhaltigkeit in gesamtwirtschaftlichen Kreisläufen" stellt sich diesen Herausforderungen an die Wirtschaft und richtet sich speziell an Führungs- und Fachkräfte in Unternehmen und öffentlichen Einrichtungen, für die praktische Herausforderungen nachhaltiger Unternehmenspolitik zum Arbeitsalltag gehören. Mit dem Studienangebot werden Experten ausgebildet, die über anwendungsbereites Wissen im Bereich nachhaltigen Wirtschaftens verfügen und interdisziplinäre Arbeitsweisen und Arbeitstechniken zur Umsetzung globaler Erfordernisse in lokalen betrieblichen Strategien und Lösungen beherrschen. Es zeigt Handlungsfelder und Gestaltungsmöglichkeiten für Unternehmen auf, die nachhaltiges Wirtschaften im Kerngeschäft verankern (wollen). Das modulare praxisorientierte Angebot umfasst drei thematische Komplexe: Aufbauend auf der 1) Vermittlung von Grundlagen einer nachhaltigen Unternehmensentwicklung werden 2) praxisorientierte Methoden, Instrumente und Werkzeuge nachhaltigen Wirtschaftens vermittelt. Eine Anpassung der Weiterbildung auf individuelle und berufliche Bedarfe im Bereich Nachhaltigkeit und entsprechende betriebliche Einsatzfelder der Teilnehmenden ist 3) durch Wahlpflichtmodule im dritten Semester gegeben. Optional besteht die Möglichkeit zum Erwerb des akademischen Grades „Master of Engineering“.

Das Masterprogramm Sustainability 2020 wurde durch die Deutsche UNESCO-Kommission als offizielles Projekt der UN-Weltdekade „Bildung für nachhaltige Entwicklung“ ausgezeichnet. Die Jury würdigte das innovative und nachhaltige Bildungskonzept des modularen Weiterbildungsangebots „Nachhaltigkeit in gesamtwirtschaftlichen Kreisläufen“. Die Auszeichnung erhalten Initiativen, die das Anliegen dieser weltweiten Bildungsoffensive der Vereinten Nationen vorbildlich umsetzen. Sustainability 2020 wurde als Projekt zu den Themenbereichen „Nachhaltiges Wirtschaften/Nachhaltige Unternehmensführung" sowie „Klimawandel und Energie" ausgezeichnet.

Der Kerngedanke der Durchlässigkeit von Bildungswegen wurde seit 2014 deutschlandweit durch das BMBF-Förderprogramm „Offene Hochschulen“ auf eine neue Qualitätsstufe gehoben. Die Hochschule

Mittweida konnte aufgrund ihres ausgewiesenen Know-how zu innovativen Lehr-/Lerntechnologien gemeinsam mit der TU Chemnitz das Verbundvorhaben „Open Engineering" (OE[6]) einwerben.

Im Mittelpunkt des Projekts steht die Etablierung eines neuen offenen und durchgängigen Studiengangsystems für das Ingenieurstudium. Es soll die Möglichkeit bieten, eine akademische Karriere für Qualifizierte durch offenen Hochschulzugang vom Facharbeiter bis zur Promotion zu gestalten. Es ist auf MINT-Zielgruppen ausgerichtet und leistet einen Beitrag zur Beseitigung des Studierenden- und Fachkräftemangels in den Ingenieurfächern. Das Projekt ist als Verbundprojekt aufgesetzt und besteht aus fünf Programmlinien, die berufsbegleitende Aus- und Weiterbildungsangebote und praxisverzahnte Präsenzlehrangebote umfassen (vgl. Abbildung 7).

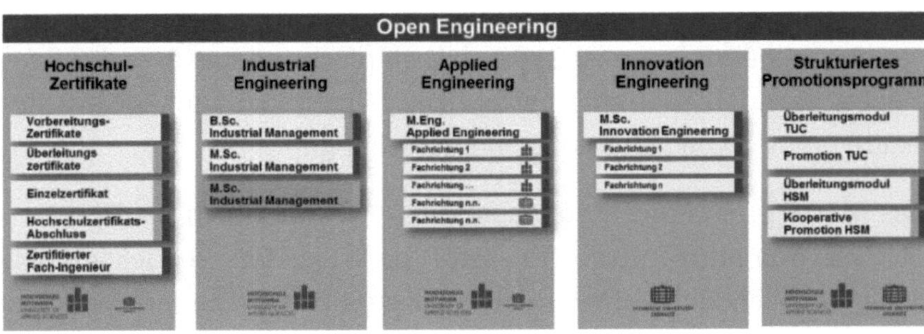


Abb. 7: Übersichtsdarstellung der 5 akademischen Aus- und Weiterbildungsprogrammlinien des Projektes Open Engineering

Gegenwärtig wird das Vorhaben in einer zweiten Wettbewerbsphase durch die Fakultät Wirtschaftsingenieurwesen bis 2020 weitergeführt.[7]

[6] https://www.institute.hs-mittweida.de/webs/iwd/forschung-und-entwicklung/projekte-2009-2016.html

[7] http://www.wi.hs-mittweida.de/forschung/forschungsprojekt-oe-2.html

Die beiden zentralen Projekte „Open Engineering“ und „SEM“ (Stärkung und Erweiterung des akademischen Mittelbaus)[8] aus dem Qualitätspakt Lehre des BMBF stellen einerseits wichtige Meilensteine auf den Weg zur weiteren Digitalisierung in der Hochschulbildung in Mittweida dar. Andererseits sind sie auch der Endpunkt einer ausschließlich projektorientierten wissenschaftlichen Vorlaufforschung auf diesem für die Hochschulentwicklung wichtigen Themenfeld. Mit dem Hochschulentwicklungsplan (HEP) 2025 hat die Hochschulleitung die digitale Transformation der vier Kernbereiche Forschung, Lehre, Transfer und Hochschulmanagement zur strategischen Gesamtaufgabe erhoben. Der Teilbereich Lehre wird zukünftig unter dem Label „E-Campus Mittweida“ ganzheitlich weiterentwickelt.

## 4 Das Konzept des E-Campus Mittweida

Der E-Campus stellt als zentraler Arbeitsschwerpunkt am Institut für Wissenstransfer und Digitale Transformation den operativen Kern der Umsetzung der Digitalisierungsstrategie der Hochschule Mittweida dar. Mit seinem weitreichenden Aufgabenspektrum erfüllt er die Anforderungen an eine Full-Service-Einrichtung innerhalb der Institutsstruktur. Darunter zählen der technische Support, die mediendidaktische Beratung und Betreuung von Lehrenden, die Entwicklung virtualisierter Studienangebote, die Bewerbung um sowie die Bearbeitung von F&E-Projekten, die Betreuung der wissenschaftlichen Community über die Hochschule hinaus und die Unterstützung der Hochschulleitung bei der Strategieentwicklung und Entscheidungsfindung.

Das Hauptaugenmerk wird auf die zielgruppengerechte, d. h. der fachlichen Vielfalt der Angehörigen der Hochschule gerecht werdenden

---

8 BMBF-Projekt Qualitätspakt Lehre; Leitung Prof. Dr. Häußler-Sczepan; https://www.hs-mittweida.de/webs/sem/?ga=2.61473707.682187412. 1572943704-793470533.1567602520

Angebotsentwicklung gelegt. Diese differenzierten technischen und didaktischen Herausforderungen bedingen ein hohes wissenschaftliches Niveau und eine exakte Prozessdefinition. Kooperationen mit anverwandten Strukturbereichen wie der Hochschulbibliothek und dem Rechenzentrum stellen die breite Verfügbarkeit und Konnektivität der Services des E-Campus sicher (vgl. Abbildung 8).

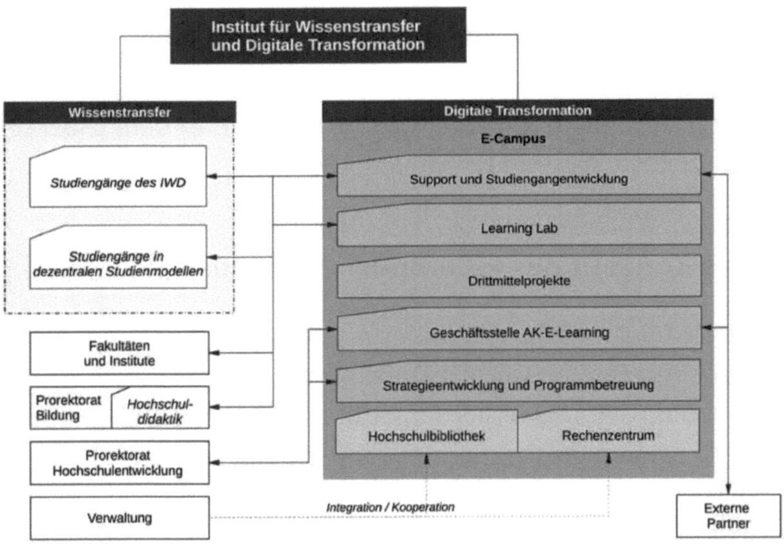


Abb. 8: Aufgaben, Service- und Kooperationsstrukturen E-Campus

Das Team des E-Campus setzt sich interdisziplinär zusammen. Unter anderem sind die Fakultäten und das Hochschulmanagement vertreten. Unterschiedliche Arbeits- bzw. Fachkulturen vergrößern zum einen die Bandbreite der möglichen Sichtweisen und erleichtern schließlich in der Praxis die differenzierte Zielgruppenansprache. Mit steigender Relevanz der digitalen Transformation für die Sicherung von Wettbewerbsvorteilen in einem globalisierten Bildungsmarkt in den kommenden Jahren steigen mit den Ansprüchen an die Services allerdings auch die Herausforderungen für die involvierten Kollegen. Der Einsatz von Maßnahmen zur Aneignung neuer, notwendiger Kompetenzen, Fähigkeiten und Fertigkeiten wird daher im Bereich der Personalentwicklung einen dauerhaft hohen Stellenwert einnehmen.

## Dank

Den Autoren ist es ein besonderes Anliegen, sich an dieser Stelle für das Wohlwollen und langjährige Engagement von Ludwig Hilmer zu bedanken, der die Entwicklungen von innovativen Bildungskonzepten an unserer Hochschule maßgeblich mitgeprägt hat. Es ist sein besonderer Verdienst, mit Beginn seiner zweiten Amtsperiode als Rektor die digitale Transformation als strategische Gesamtaufgabe aller Hochschulbereiche zu erkennen und sie systematisch umzusetzen. Damit entwickelt er die Tradition des „besonderen, vorausblickenden Mittweidaer Hochschulmodells" in einer neuen Dimension erfolgreich fort. Seine Vision von der digital vernetzten, weltoffenen akademischen Bildungseinrichtung wird somit zur Zukunftsperspektive und zur langfristigen Standortgarantie.

## Literatur


Israel, Dagmar; Jahn, Verena; Klaus, Annegret: Der Einsatz von Blended Learning im berufsbegleitenden Weiterbildungsangebot „Nachhaltigkeit in gesamtwirtschaftlichen Kreisläufen – SUSTAINABILITY 2020“, in: HDS.Journal 1/2015 Perspektiven guter Lehre, ISSN 2195-0334

Saupe, Volker; Hertzsch, Birgit u. a.: Aspekte bei der Gestaltung netzbasierter, dualer Studiengänge. Hochschule für Telekommunikation Leipzig, in: Schriftenreihe Arbeitskreis E-Learning der HRK Sachsen (Hrsg.): Synopse der Abschlussberichte 2007/2008 der Projekte zur strategischen Entwicklung und zur weiteren Erschließung von Nutzerkreisen für das netzgestützte Lehren und Lernen an den sächsischen Hochschulen, 2010

Schulz, Jens: Hochschulentwicklung und E-Learning. Digitalisierung als organisationale Herausforderung, Glückstadt: Verlag Werner Hülsbusch, 2017

Thiem, Elfi; Thiem, Gerhard: Blended Learning-Formate für berufsbegleitende Studiengänge und Vorkurse, in: HDS.Journal 1/2015 Perspektiven guter Lehre, ISSN 2195-0334

Thiem, Gerhard; Thiem, Elfi u. a.: Modellhafte Entwicklung eines hochschulübergreifenden, E-Learning unterstützten Fernstudiengang Industrial Management, in: Schriftenreihe Arbeitskreis E-Learning der HRK Sachsen (Hrsg.): Synopse der Abschlussberichte 2007/2008 der Projekte zur strategischen Entwicklung und zur weiteren Erschließung von Nutzerkreisen für das netzgestützte Lehren und Lernen an den sächsischen Hochschulen, S. 69–96, 2012

Thiem, Gerhard; Thiem, Elfi; Brennecke, Katrin: Modellhafte Entwicklung und prototypische Erprobung eines E-Learning gestützten Bachelorstudienganges Industrial Engineering, in: Schriftenreihe Arbeitskreis E-Learning der HRK Sachsen (Hrsg.): Synopse der Abschlussberichte 2007/2008 der Projekte zur strategischen Entwicklung und zur weiteren Erschließung von Nutzerkreisen für das netzgestützte Lehren und Lernen an den sächsischen Hochschulen, S. 13–34, 2009

# Mut zur Freiheit –
## Hochschulen in der digitalen Transformation

Heinrich Wiedemann
Hochschule Mittweida, Fakultät Medien
Campus M21

## 1 Einleitung

*„Wenn wir unsere Zukunft verstehen wollen, wird es nicht ausreichen, Genome zu entschlüsseln und über Zahlen zu brüten. Wir müssen die Fiktionen entschlüsseln, die der Welt einen Sinn verleihen.“*

Yuval Noah Harari (Harari 2017: S. 209)

Die hohe Dynamik gesellschaftlicher und marktwirtschaftlicher Entwicklungen fordert derzeit alle Bildungsakteure heraus, ihr Selbstverständnis zu hinterfragen. In diesem Kontext befinden sich auch Hochschulen in Deutschland am Beginn eines grundlegenden Wandlungsprozesses. Getrieben vom Megatrend Digitalisierung verändern sich die Anforderungen an den akademischen Nachwuchs, das Verständnis von Bildung insgesamt sowie die Möglichkeiten für die Gestaltung von Lehr- und Lernprozessen.

Der vorliegende Beitrag stellt einen Zwischenruf zur aktuellen Diskussion über Veränderungsbedarfe und Potentiale von Hochschulen in der digitalen Transformation dar. Er diskutiert ein neues Bildungsparadigma, das über eine rein fachspezifische Kompetenzorientierung hinausgeht, und beleuchtet schlaglichtartig einzelne Handlungsfelder für Hochschulen. Im Fokus stehen dabei strategische Optionen, insbesondere innerhalb der Disziplin der Angewandten Wirtschaftswissenschaften. Der Beitrag schließt mit einem Blick auf die Positionierung und aktuelle Entwicklung der Hochschule Mittweida.

## 2 Plädoyer für ein neues (altes) Bildungsparadigma

Wir sind gerade Zeitzeugen der vierten industriellen Revolution, der Digitalisierung aller Lebensbereiche bis hin zu politischen und gesellschaftlichen Prozessen. Gleichzeitig wandelt sich die unipolare Ordnung, die im Kern auf dem westlichen, freiheitlichen System beruht hat, in eine multipolare Ordnung, die verschiedene Ideen von Gesellschaft beinhaltet. Zudem geraten existentielle Fragen der Menschheit wie Endlichkeit der Ressourcen der Erde, Klimawandel oder demographische Entwicklung ins Zentrum der globalen Debatte.

Die digitale Transformation in allen Lebensbereichen verlangt nach einem neuen Bildungsparadigma, denn Digitalisierung ist weit mehr als ein rein technologischer Wandel. Der Begriff steht für einen Transformationsprozess von ganzen Branchen und gesellschaftlichen Bereichen, der tiefgreifende strategische, organisatorische sowie soziokulturelle Veränderungen mit sich bringt (vgl. Petry 2016: S. 22).

Das heutige Studium gleiche einer funktionalen, an den Markterfordernissen ausgerichteten Ausbildung, in der insbesondere das anwendungsbezogene Können im Sinne einer Kompetenzorientierung Priorität hat, so Kritiker. Bildung diene nicht vorrangig, „dem Menschen in seinem Streben nach Entfaltung Perspektiven anzubieten oder existenzielle Fragen anzustoßen, die für die individuelle Konstruktion von reichhaltigen Weltanschauungen in all ihren Widersprüchen und Pluralismen unabdingbar sind" (Jahn/Kenner 2019: S. 5).

Der Bologna-Prozess habe mit den Hauptzielen der Förderung eines europäischen Hochschulraums, von Mobilität und Beschäftigungsfähigkeit und den daraus resultierenden Zwängen durch die Einführung des Bachelor- und Mastersystems mit seinen Modulhandbüchern die Autonomie der Studierenden stark eingeschränkt. Auch der Psychologe und Schreibforscher Otto Kruse vertritt die Meinung, „dass durch die Bologna-Reform Ziele wie Effizienz, Mobilität, Output- und Kompetenzorientierung oder berufliche Relevanz an die Stelle der Förderung des kritischen Fragens, der Autonomie oder der Urteilsfähigkeit in der Lehre getreten seien" (Kruse 2010: S. 84).

Ist damit das klassische Bildungsideal von Kant oder Humboldt unter die Räder gekommen? Ein Bildungsideal, das die ganzheitliche Bildung und Ausbildung in den Wissenschaften in Verbindung mit der jeweiligen Studienfachrichtung versteht? Das humboldtsche Bildungsideal entwickelte sich um die beiden Begriffe des autonomen Individuums und des Weltbürgers. Ein autonomes Individuum sollte ein Individuum sein, das Autonomie im Sinne der Mündigkeit durch Gebrauch der Vernunft erreicht. Der Weltbürger sollte die Fähigkeit erlangen, sich mit den großen Fragen der Menschheit auseinanderzusetzen. Legt also die heutige Gesellschaft weniger Wert auf die Entfaltung der individuellen Talente als auf standardisierte, überprüfbare Leistungen? Auf jeden Fall kommt es in der digitalisierten und globalisierten Gesellschaft mehr denn je darauf an, eigene Urteile zu fällen und auf Menschen aus anderen Kulturkreisen zugehen zu können – autonom und im Sinne des Weltbürgers bzw. der Weltbürgerin. Steht das humboldtsche Bildungsideal vor einer Renaissance? Offenbar ist es aktuell wie nie, aber es geht um mehr.

In der 2017 überarbeiteten Fassung des Qualifikationsrahmens für deutsche Hochschulabschlüsse (QRDH) finden sich bestimmte klassische Bildungsziele neben den anwendungsbezogenen, berufsorientierten Kompetenzbeschreibungen. Als klassische Bildungsintentionen sind etwa die erkenntnistheoretische und ethische Reflexionsfähigkeit, auch im Hinblick auf gesellschaftliche Erwartungen und Folgen, oder auch die Förderung von Selbststeuerung und Autonomie zu erwähnen.

Beim Bachelor steht im QRHD zum Beispiel bei „Wissen und Verstehen“: „Absolventinnen und Absolventen reflektieren situationsbezogen die erkenntnistheoretisch begründete Richtigkeit fachlicher und praxisrelevanter Aussagen. Diese werden in Bezug zum komplexen Kontext gesehen und kritisch gegeneinander abgewogen“ (KMK 2017: S. 6). Analog steht beim wissenschaftlichen Selbstverständnis beim Master bei der Zielebene „Wissenschaftliches Selbstverständnis/Professionalität“: „Absolventen und Absolventinnen begründen das eigene berufliche Handeln mit theoretischem und methodischem Wissen und reflektieren es hinsichtlich alternativer Entwürfe; schätzen die eigenen Fähigkeiten ein, nutzen sachbezogene Gestaltungs- und Entscheidungsfreiheiten autonom und entwickeln diese unter Anleitung weiter; erkennen situationsadäquat und situationsübergreifend Rahmenbedingungen beruflichen Handelns und reflektieren Entscheidungen verantwortungsethisch; reflektieren kritisch ihr berufliches Handeln in Bezug auf gesellschaftliche Erwartungen und Folgen und entwickeln ihr berufliches Handeln weiter“ (ebd.: S. 9).

Da die Begriffe nicht ausgeführt werden, bleibt beim Qualifikationsrahmen für deutsche Hochschulabschlüsse unklar, ob die proklamierten Ziele eher der Ausprägung einer kritischen und autonomen Persönlichkeit dienen oder prioritär „die nötige Menge an kompetenten, spezialisierten, hochmotivierten Fachkräften und Unternehmern hervorbringen, die den Gang der Dinge weiter fortsetzen werden“ (Jahn/Kenner 2019: S. 9).

Der QRDH legt großen Wert auf ein „akademisches Selbstverständnis“, bei dem „es sich um die Qualifikation einer Person handelt, die weitgehend frei und selbstbestimmt entscheidet und handelt. Sie vollzieht dies in Verantwortung für Sachen und Personen und für die Allgemeinheit, wobei die Reflexion durch wissenschaftliche/ erkenntnistheoretische Prinzipien strukturiert ist.“ (KMK 2017: S. 4) Genau diese Fähigkeiten und Kompetenzen sind offenbar im Arbeitsmarkt der Zukunft gefragt. Gerald Best spricht von einem Paradigmenwechsel, der zusätzlich zu den bekannten Kulturtechniken die Fähigkeit zum Denken in Alternativen, das kritische Hinterfragen von Strukturen und das Management von Mehrdeutigkeit und Unsicherheit einschließt. (vgl. Bast 2017: S. 56)

Offenbar braucht es einen Bildungsbegriff für Hochschulen, der eine Symbiose bietet aus Qualifikationsrahmen samt Kompetenzmodellen und zugleich die kritischen Reflexionspotenziale von Bildung sachgerecht integriert. Wir brauchen einen Bildungsbegriff, der die klassischen Bildungsideale einer autonom handelnden Persönlichkeit mit den Kompetenzen vereint, die Absolventen eines Hochschulstudiums für den Erfolg am Arbeitsmarkt benötigen. Hochschulbildung sollte demnach Raum bieten für die höchste Form der Bildung, eine Phase der kritischen, zweckfreien und ergebnisoffenen Befassung mit Phänomenen aus Philologie, Philosophie, Geschichte und Kultur.

## 3 Kompetenzen für das Lernen und Arbeiten im 21. Jahrhundert

Die heutigen Studierenden der angewandten Wirtschaftswissenschaften sind Führungskräfte und Gestalter unserer Welt von morgen. Und diese Welt wird sich mindestens genauso rasant verändern, wie sie es bereits heute tut.

Ein Modell für die veränderten Rahmenbedingungen der Lebens- und Arbeitswelt ist die so genannte „VUCA-Welt". Das Akronym VUCA steht dabei für vier übergreifende Bedingungen wirtschaftlichen Handelns im 21. Jahrhundert (vgl. Mack/Khare 2016: S. 5f.):

- Volatility – häufige Veränderung und zum Teil sprunghafte Entwicklungen,

- Uncertainty – unklare Entwicklungen, die zum Beispiel das Denken in Szenarien erfordern,
- Complexity – ein komplexes Zusammenwirken vielfältiger Elemente,
- Ambiguity – unscharfe und ggf. widersprüchliche Entwicklungen.

Die „VUCA-Welt" ist die Grundlage für die Definition zahlreicher Kompetenzmodelle für das Leben und Arbeiten im 21. Jahrhundert sowie für neue Konzepte der Unternehmensführung und Organisationsentwicklung.

Führungskonzepte für das digitale Zeitalter werden aktuell häufig unter dem Begriff „Digital Leadership" diskutiert. (vgl. Petry 2016: S. 21ff). Ein bekanntes Modell in diesem Zusammenhang ist VOPA+[1]. Es beschreibt notwendige Grundprinzipien einer adäquaten Führungs- und Unternehmenskultur im digitalen Zeitalter (vgl. Petry 2016: S. 43f). Grundlage bildet eine Vertrauenskultur, auf deren Basis Netzwerke und Kooperationen ermöglicht werden, ein hohes Maß an Agilität zugelassen und Innovationstätigkeit gefördert wird (vgl. Petry 2016: S. 39ff).

Ein umfassenderes Rahmenkonzept für die Entwicklung von Kernkompetenzen des 21. Jahrhunderts bilden die so genannten 21st Century Skills (vgl. Chu et al. 2017). Darunter sind überfachliche Kompetenzen zu verstehen, die den Anforderungen an ein Lernen und Arbeiten unter den Rahmenbedingungen des 21. Jahrhunderts gerecht werden (vgl. Schnabel 2017). Im deutschsprachigen Raum wird das 4K-Modell (Kommunikation, Kollaboration, Kreativität und kritisches Denken) diskutiert, welches sich aus dem US-amerikanischen Modell der Non-Profit-Organisation P21 ableitet (vgl. P21, 2017).

[1] Das Akronym VOPA+ steht für Vernetzung, Offenheit, Partizipation plus Vertrauen.

Abb. 1: 4K-Modell in Kontext der 21st Century Skills

Eine moderne Hochschulbildung sollte diese Kompetenzbereiche in einem ganzheitlichen Verständnis adressieren. Die praktische Umsetzung einer wirklich konsequenten Vermittlung von 21st Century Skills ist für Hochschulen gleichwohl nicht trivial. So finden sich zwar zahlreiche Best-Practice-Beispiele (vgl. Heidrich/Bauer/Krupka 2018: S. 38ff), es entsteht aber auch der Eindruck, dass disruptive Veränderungen an Hochschulen bisher kaum stattgefunden haben. Innovative und persönlichkeitsorientierte Lehr- und Lernformate befinden sich häufig noch in einem Experimentierstadium und die Entwicklung von Angeboten erfolgt oftmals nicht aus einer nutzerorientierten Perspektive, also aus Sicht der Studierenden (vgl. Pellert 2019).

## 4 Implikationen für die akademische Bildung

Für Hochschulen gilt es, im Management-Bereich junge Persönlichkeiten auszubilden, die innovativen Ideen zum Erfolg verhelfen und die Veränderungsprozesse fachlich versiert managen können, also den Digital Turn verantwortungsvoll gestalten. Inhaltliches Know-how muss dabei mit strategisch-wissenschaftlichem Vorgehen, empathischem Führungsverhalten und einem umfassenden Methodenrepertoire einhergehen. Dafür braucht es ein Studium, das Fachwissen und Persönlichkeitsentwicklung strategisch miteinander verknüpft.

Gleichzeitig stehen Hochschulen vor der Herausforderung, die eigene Organisation so zu verändern, dass sie den Rahmenbedingungen der

VUCA-Welt gerecht wird. Denn nicht nur Anforderungen an den akademischen Nachwuchs verändern sich (vgl. Kapitel 2), sondern auch die Bildung selbst ist im Wandel begriffen. So wurde von Jörg Dräger und Ralph Müller-Eiselt bereits 2015 „Die digitale Bildungsrevolution" ausgerufen (vgl. Dräger/Müller-Eiselt 2015).

Zur Annäherung an die konkreten strategischen Optionen für Hochschulen soll ein Diskussionspapier des Stifterverbandes der deutschen Wissenschaft und McKinsey dienen. Darin werden fünf strategische Handlungsfelder als Potenziale identifiziert.

Abb. 2: Strategische Handlungsbereiche für Hochschulen (vgl. Stifterverband 2019: S. 5)

Das Handlungsfeld Konzipierung neuer Studiengänge zielt dabei in erster Linie auf die Schaffung von Studiengängen in den Bereichen Informatik bzw. Neue Technologien – zum Beispiel in den Bereichen komplexer Datenanalyse, Robotik oder Blockchain (vgl. Stifterverband 2019: S. 6). Im Bereich Weiterentwicklung der Curricula liegen die Potenziale insbesondere darin, dass (digitale) Querschnittskompetenzen über alle Studienrichtungen fest verankert und vermittelt werden. Dabei kommt dem kompetenten Umgang mit Daten, also der Data Literacy, eine besondere Bedeutung zu, die sowohl disziplinär als auch interdisziplinär vermittelt werden kann.

Besonders spannend sind die strategischen Potenziale von Hochschulen in Bezug auf ihr Selbstverständnis als neue Lernorte. Future Skills wie kollaboratives Arbeiten, unternehmerisches Handeln, kritisches Denken oder agile Arbeitsmethoden können in der Regel nicht in klassischen Vorlesungen und Seminaren vermittelt werden (vgl. Stifterverband 2019: S. 9). Vielmehr bedarf es neuer (realer und virtueller) Lernorte, an denen Studierende kollaborativ an konkreten Herausforderungen arbeiten und lernen können (vgl. Kapitel 3.2).

Ausgewählte Aspekte der strategischen Handlungsbereiche sollen nachfolgend vertiefend diskutiert werden.

### 4.1 Ein Studium ist mehr als Ausbildung

Studierende der angewandten Wirtschaftswissenschaften bzw. des Business Managements brauchen die Symbiose aus klassischer Bildung und fachlicher Kompetenzentwicklung. Manager und Leader benötigen für ihre Entscheidungen philosophischen Hintergrund. Wirtschaft und Unternehmen müssen sich am Menschen orientieren und sind allen Stakeholdern verantwortlich. Wissenschaftlicher Fortschritt ist immer interdisziplinär am Schnittpunkt unterschiedlicher Fächer. Digitale Kompetenz verlangt nach allgemeiner Bildung.

Die Befähigung zur Reflexion der Wirtschaftswissenschaft selbst und der ihr zugrunde liegenden Ideen und Prinzipien bedarf einschlägiger Grundlagen aus Philologie, Philosophie, Geschichte, Kultur und Ethik. So wird die Grundlage für aktives Gestalten von Wirtschaft und Gesellschaft gelegt. Im Kern geht es um die eigene Identität in der sozialen Realität. Die Befähigung zur Selbstkompetenz, Sozialkompetenz und

Partizipationskompetenz ist elementar für menschliche Entwicklung in geistiger und kultureller Hinsicht.

Es geht um mehr als die Auseinandersetzung mit singulären Phänomenen. Ein wissenschaftliches Studium muss mehr bieten als Ausbildung. Bildung im ganzheitlichen, dem klassischen Bildungsideal verpflichteten Sinne, ruft nach einem kritischen Diskurs von Phänomenen im geschichtlichen und gesellschaftlichen Kontext. „Das Zusammenwirken von Digitalisierung und Nachhaltigkeit wird die eigentliche Transformation der nächsten Jahre und Jahrzehnte sein." (Reichel 2018: S. 18) Diese These von André Reichel sollte angehende Ökonomen, Leader und Manager zur Auseinandersetzung mit großen Fragen herausfordern.

Exemplarische Fragestellungen:

- Wie kann eine multi- und transdisziplinäre Wissenschaft aussehen, die die Analyse von Systemen und Infrastrukturen, Gestaltung von Politik- und Governance-Strategien und die Diskussion mit nachhaltigen Produktions- und Konsumstrategien umfasst?
- Braucht die digitale Welt eine neue Konkretion von Grundwerten wie Freiheit, Gerechtigkeit und Solidarität? Braucht sie neue Utopien?
- Welche Rolle spielen gewachsene Organisationen wie die Gewerkschaften? Organisieren sie „den Aufstand gegen die Repression durch digitale Software" (Prantl 2019)?
- Beruht der Wohlstand von morgen und übermorgen auf neuen Werten? Müssen Werte in im Zeitalter gesättigter Märkte und befriedigter Bedürfnisse neu gedacht werden? Wird Materialismus zur Nebensache, steuern immaterielle Werte wie Sinnsuche und gemeinschaftliches Engagement auf die Überholspur?

- Ist das Konzept der ökologischen Gewinn- und Verlustrechnung unter Einschluss ökonomischer, ökologischer und sozialer Erfolgskennzahlen eine sachgerechte Antwort auf die Herausforderungen zu Beginn des 21. Jahrhunderts (vgl. Reichel)?

## 4.2 Datenkompetenz wird zur Schlüsselqualifikation

Aufgrund der branchen- und berufsübergreifenden Bedeutung ist es weitgehend Konsens, dass grundlegende Kompetenzen im Umgang mit digitalen Daten künftig in allen akademischen Ausbildungsbereichen vermittelt werden müssen (vgl. Stifterverband 2019: S. 2), wenn auch in unterschiedlicher Tiefe. Auch in Studiengängen ohne Bezug zu aktuellen technologischen Entwicklungen ist die Vermittlung grundlegender datenbezogener Kompetenzen daher zu verankern. Sie sind die Voraussetzung für die ökonomische Verwertung großer Datenmengen, aber auch für die kritische Auseinandersetzung mit digitalen Geschäftsmodellen.

In der aktuellen Diskussion wird dieser Kompetenzbereich üblicherweise über die Begriffe „Digital Literacy" oder „Data Literacy" definiert. Die Vermittlung kann dabei sowohl disziplinär (zum Beispiel zum Umgang mit großen Datenmengen im jeweiligen Fachgebiet) als auch über die Grenzen der Disziplinen hinweg erfolgen.

Ein gutes Beispiel im Hochschulkontext dafür ist das Konzept DATAx der Leuphana Universität Lüneburg. Dabei erwerben Studierende, die nicht im technischen oder naturwissenschaftlichen Bereich studieren, Grundkompetenzen zum selbstbestimmten und reflektierten Umgang mit Daten. Schwerpunkte sind Programmierung, Datenanalyse sowie kreative Gestaltung und Visualisierung von Daten (vgl. Leuphana 2019).

## 4.3 Hochschulen als offene Innovationsräume für problembasiertes Lernen

Um die definierten Future Skills für den Management-Nachwuchs konsequent zu fördern, werden sich Hochschulen in Zukunft viel stärker von bestehenden Lehr- und Lernformaten lösen und sich für Praxispartner sowie innovative Lernszenarien öffnen müssen (vgl. Pellert 2019). Bereits heute gibt es natürlich zahlreiche Angebote jenseits von Vorlesungen und Seminaren. Dazu zählen Innovationslabore, Werkstätten sowie Praxisprojekte. Diese sind häufig aber eher als Ergänzung zu traditionellen Vermittlungsformen angelegt.

Eine akademische Bildung, welche die Entwicklung von Future Skills ernst nimmt und sie strategisch verankern will, muss reale Problemstellungen aber vielmehr zum Ausgangspunkt von Lernprozessen machen. Diese können von Praxispartnern aus Gesellschaft und Wirtschaft in die Hochschule eingespeist werden und die Grundlage zur Auseinandersetzung mit aktuellem Managementwissen und den damit verbundenen Konzepten sein.

Ein großes Potential dieser Öffnung für neue Lernformen und externe Partner liegt darin, dass damit ein konsequent problem- und projektzentriertes Lernen ermöglicht werden kann. Lerninhalte können so anhand von Problemstellungen strukturiert und von den Studierenden in Begleitung von Praxispartnern sowie Hochschullehrenden erarbeitet werden.

Dabei werden die Lernenden in den Fokus allen Handelns gestellt. Zentrales Ziel ist die Befähigung, eigenverantwortlich sowie selbstgesteuert zu lernen und damit Mündigkeit zu befördern (vgl. Zumbach/Olsowski/Weber 2008). Dieser Ansatz des problembasierten Lernens eignet sich besonders, um 21st Century Skills zu vermitteln. Kreatives Problemlösen, analytisches Denken, kollaboratives Verhalten und Anpassungsbereitschaft werden so aktiv gefördert. Die Studierenden lernen von- und miteinander in Teams und üben so im Managementbereich zum Beispiel agile Entwicklungs- und Managementkonzepte bereits im Studium ein. Methoden wie Open Innovation oder Co-Creation werden damit nicht nur zum Inhalt des Studiums, sondern auch als Methode eingesetzt, um komplexes, vernetztes und diskursives Arbeiten zu erproben. Ein modernes Studium schafft somit eine Offenheit in der Struktur von Studienformaten (vgl. Bils/Brand/Pellert 2019: S. 43) und Experimentierräume für das Lernen.

## 5 Die Hochschule Mittweida als Lernort in der digitalen Transformation

Der Freistaat Sachsen hat es sich im Zuge der 2019 vollständig aktualisierten Digitalisierungsstrategie „SACHSEN DIGITAL" zum Ziel gesetzt, durch den digitalen Wandel zu einer der technologisch, wirtschaftlich und kulturell führenden Regionen in Europa und der Welt zu werden. Zu den zentralen strategischen Zielen gehören u.a. die Stärkung der digitalen Innovationskraft sowie die Gestaltung von Kompetenz und „Guter Arbeit" im digitalen Zeitalter (vgl. SMWA 2019: S. 16).

Als größte der fünf sächsischen Hochschulen für Angewandte Wissenschaften mit aktuell rund 7.000 Studierenden kommt der Hochschule Mittweida dabei eine zentrale Rolle zu.

Mit innovativen und interdisziplinären Studienangeboten, einer starken Verankerung in der Branchenpraxis sowie einem klaren Forschungsprofil verfügt die Hochschule über eine ausgezeichnete Ausgangsposition zur aktiven Gestaltung des digitalen Wandels. Gleichzeitig befindet sie sich selbst in einem umfassenden Transformationsprozess. Im Folgenden werden Charakteristika und aktuelle Entwicklungen der Hochschule Mittweida auf dem Weg zur Hochschule der Zukunft schlaglichtartig beleuchtet.

## 5.1 Zukunftsweisende Inhalte und innovative Studienmodelle

Der Hochschule Mittweida gelingt es seit vielen Jahren, innovative sowie anwendungsorientierte Studienangebote zu schaffen, die sich an künftigen Entwicklungen der Gesellschaft sowie Bedarfen der Wirtschaft orientieren. Beispielhaft seien dafür die umfangreichen Angebote in den Bereichen Technik und Informatik genannt sowie die Medienstudiengänge, die seit Ende der 1990er Jahre Fachkräfte für eine Branche hervorbringen, die sich im stetigen Wandel befindet.

Zu den zukunftsweisenden Studienangeboten im Kontext der Digitalisierung zählen aktuell interdisziplinäre Bachelor-Studienangebote wie „Allgemeine und digitale Forensik", „eSport und Games Marketing" und „Global Communication in Business and Culture". Letzterer ist zudem ein Studiengang, der nicht nur inhaltlich globales Handeln als Praxisfeld der Digitalisierung zum Gegenstand hat, sondern pilothaft über digitale Lehr-Lern-Szenarien ein zeitlich und räumlich flexibles Studieren ermöglicht.

Zudem verfügt die Hochschule Mittweida mit einem Masterangebot im Bereich Blockchain-Technologie („Blockchain & Distributed Ledger Technologies") über ein einmaliges Angebot in der Hochschullandschaft des europäischen Festlands.

Ebenso hat sich das innovative dezentrale Studiensystem, in dem die Hochschule Mittweida mit ausgewählten akademischen Bildungspartnern agiert („DHS-Modell"), in den vergangenen Jahren zu einem profilgebenden Charakteristikum der Hochschule entwickelt (vgl. HSMW 2018: S. 16). Das Modell hat es ermöglicht, völlig neue Studierendengruppen zu erschließen, ein persönlichkeitsorientiertes Studienmodell umzusetzen und innovative Studienformate sowie Branchenexpertise mit einem staatlichen Abschluss zu kombinieren. Daraus ist ein hochkarätiges Netzwerk aus Wirtschaftspartnern und Absolventen erwachsen, das der Hochschule Mittweida eine hervorragende Durchdringung vielfältiger Branchen in Deutschland und darüber hinaus sichert.

Gleichzeitig ist das DHS-Modell ein wichtiger Baustein bei der Entwicklung einer Hochschulmarke für Mittweida und beim Aufbau von Reputation für den Freistaat Sachsen insgesamt. Junge Menschen aus dem gesamten deutschsprachigen Raum haben Mittweida als Ort akademischer Bildung erlebt und ihren Abschluss hier erworben.

Damit ist es gelungen, eine Hochschulmarke zu entwickeln, die heute weit über die Grenzen Sachsens hinaus etabliert ist. Der weitere Ausbau zu einer konsistenten und herausragenden Hochschulmarke ist ein wesentliches Ziel der Hochschule in den kommenden Jahren (vgl. HSMW 2018: S. 16f.).

## 5.2 Ganzheitliche akademische Bildung an der Hochschule Mittweida

Aktuelle digitale Entwicklungen sind an der Hochschule Mittweida nicht nur qualifikationsorientierter Bildungsinhalt und Treiber für organisationale Veränderungen, sondern sowohl curricular als auch außercurricular Gegenstand kritischer Reflexion und Forschung. So ist die ethische bzw. normative Betrachtung aktueller (digitaler) Entwicklungen in vielen Studiengängen verankert und ein Studium Generale ermöglicht es Studierenden aller Fachrichtungen, den eigenen intellektuellen Horizont zu erweitern. Damit bietet die Hochschule ihren Studierenden mehr als ein reines Fachstudium und schafft Möglichkeiten für die Entwicklung autonomer Persönlichkeiten, für freies Denken und kritischen Diskurs. Die Bildung mündiger Menschen ist schließlich fest in der Ursprungsidee akademischer Bildung verankert und bis heute ein wesentliches Ziel im Selbstverständnis von Universitäten und Hochschulen (vgl. David 2019: S. 81).

Außercurricular wurde eine Wertediskussion im Zusammenhang mit digitaler Transformation im Sommersemester 2019 zum Beispiel im Rahmen der öffentlichen Gesprächsreihe „Dialog Kontrovers" geführt. Unter dem Gesamtmotto: „Digitalisiert euch! Oder: Ihr werdet digitalisiert." wurden Auswirkungen der Digitalisierung auf Demokratie, Kapitalismus, Arbeit, Bildung und Gesellschaft diskutiert (vgl. HSMW Juli 2019). Der Fokus lag dabei auf ethischen Fragestellungen sowie der normativen Betrachtung gesellschaftlicher Entwicklungen.

Im Bereich der Forschung findet sich eine kritische Reflexion digitaler Transformationsprozesse im Forschungsschwerpunkt Digitalisierung in Wirtschaft und Gesellschaft wieder.

## 5.3 Digitale Hochschule Mittweida

Die Digitalisierung stellt neben der Internationalisierung die zentrale Querschnittsaufgabe für die Hochschule Mittweida dar. In der Hochschulentwicklungsplanung ist die Transformation zur digitalen Hochschule als wesentliches Handlungsfeld und strategisches Ziel definiert (vgl. HSMW 2018: S. 18). In diesem Zusammenhang strebt Mittweida die Funktion als Pilothochschule für die Digitale Transformation in der Hochschulbildung im Freistaat Sachsen an (vgl. HSMW 2018: S. 19). Im Hochschulentwicklungsplan 2025 sind für die Handlungsfelder Hochschulmanagement, Lehre, Forschung und Transfer entsprechende strategische Ziele und Maßnahmen definiert (vgl. HSMW 2018: S. 18).

Als Gegenstand von Lehre und Forschung ist die Digitalisierung bereits seit vielen Jahren in der Hochschule verankert – sowohl in Form neuer Studienangebote als auch durch die Weiterentwicklung von Curricula. Explizit sichtbar wird dies an Studienangeboten der Ingenieurwissenschaften, Naturwissenschaften und Informatik wie „Automation - Industrie 4.0", „Applied Mathematics for Network and Data Sciences" und „Medieninformatik und Interaktives Entertainment".

In der Forschung bilden die Felder „Digitalisierung in Wirtschaft und Gesellschaft“ sowie „Angewandte Informatik“ zwei von vier Schwerpunkten. Die Transformation zur digitalen Hochschule beinhaltet aber auch eine Bündelung der bereits vielfältig vorhandenen innovativen Ansätze bei der didaktischen Gestaltung von Lehr- und Lernprozessen. Der Anteil von Studiengängen mit Blended- oder Distance-Charakter soll dabei insgesamt erhöht und weitere Pilotvorhaben sollen umgesetzt werden (vgl. HSMW 2018: S. 19).

## 5.4 Die Hochschule Mittweida als Lernort einer Region

Die Hochschule Mittweida verfügt über ein seit vielen Jahren gewachsenes Branchennetzwerk und adressiert den Bereich der akademischen Weiterbildung bereits heute mit einem breiten Angebotsspektrum. Dazu gehören Fachmodule, Zertifikatsprogramme, Summer Schools oder Weiterbildungsstudiengänge (vgl. HSMW 2018: S. 58). Ziel ist es, diese Angebote langfristig zielgruppenspezifisch zu verstetigen und strategisch weiterzuentwickeln.

Ein wichtiger Baustein für den Wissenstransfer in Wirtschaft, Wissenschaft und Gesellschaft ist zudem das Institut für Mittelstandskooperation Mittweida (MIKOMI). Das Kompetenzzentrum hat das Ziel, die sächsische Wirtschaft enger mit der Hochschule zu verknüpfen und entwickelt passgenaue Angebote für den regionalen Mittelstand.

Dass die Hochschule mit ihren Forschungsschwerpunkten nicht nur Weiterbildungsangebote schaffen, sondern Impulse für eine ganze Region zur Gestaltung des digitalen Wandels geben kann, zeigt sich an einem aktuellen Beispiel: Die „Blockchain-Schaufensterregion Mittweida“ wurde 2019 als eines von 20 Siegerprojekten im Wettbewerb „WIR! – Wandel durch Innovation in der Region“ des Bundesministeriums für Bildung und Forschung (BMBF) zur Förderung ausgewählt (vgl. HSMW März 2019). Im Fokus stehen Anwendungsmöglichkeiten der

Blockchain-Technologie für die regionale Wirtschaft, die kommunale Verwaltung und für die Bürger der Region.

## 6 Fazit

Es ist die Zeit des großen Umbruchs. Die digitale Transformation braucht eine digitale Ethik. Die Herausforderungen können bewältigt werden – auch und gerade mit akademisch gebildeten und autonom handelnden Persönlichkeiten, die auf der Basis klassischer Bildung Werte und Normen, Theorien, Ideologien und „alternative Fakten" analysieren und kritisch reflektieren können als Grundlage und Begründung von verantwortungsbewussten Entscheidungen. Hochschulen sind viel mehr als Lernorte für den fachlichen und methodischen Kompetenzbogen zur ökonomischen Verwertbarkeit. Hochschulen sind auch und gerade Freiheitsräume für die höchste Form der Bildung, für eine Phase der kritischen, zweckfreien und ergebnisoffenen Befassung mit Phänomenen aus Philologie, Philosophie, Geschichte und Kultur. So werden die Hochschulabsolventen ganz im Sinne von Harari die Zukunft verstehen und der Welt einen Sinn verleihen können. Mut zur Freiheit!

Rektor Prof. Dr. Ludwig Hilmer et Hochschule Mittweida vivant, crescant, floriant - ad multos annos!

## Literatur

### Fachbücher/Fachartikel

Bast, Gerald: Die Universität der Zukunft braucht einen Paradigmenwechsel, in: Rat für Forschung und Technologieentwicklung (Hrsg.): Zukunft und Aufgaben der Hochschulen, S. 47 - 56, Wien, 2017; zit. nach David, Lisa: Mündige Bürger*innen als Ziel einer kritischen Hochschullehre, in: Jahn, Dirk et al (Hrsg.): Kritische Hochschullehre. Impulse für eine innovative Lehr- und Lernkultur, S. 81- 96, Wiesbaden: 2019

David, Lisa: Mündige Bürger*innen als Ziel einer kritischen Hochschullehre, in: Jahn, Dirk et al (Hrsg.): Kritische Hochschullehre. Impulse für eine innovative Lehr- und Lernkultur, S. 81- 96, Wiesbaden: 2019

Dräger, Jörg; Müller-Eiselt, Ralph: Die digitale Bildungsrevolution. Der radikale Wandel des Lernens und wie wir ihn gestalten können, München: 2015

Harari, Yuval Noah: HOMO DEUS. Eine Geschichte von Morgen, München: 2017

Jahn, Dirk et al (Hrsg.): Kritische Hochschullehre. Impulse für eine innovative Lehr- und Lernkultur, Wiesbaden: 2019

Kruse, Otto: Kritisches Denken als Leitziel der Lehre. Auswege aus der Verschulungsmisere, in: Die Hochschule, S. 77 - 86, Zürich: 2010

Mack, Oliver; Khare, Anshumann: Perspectives on a VUCA World, in: Mack, Oliver et al: Managing in a VUCA World, S. 3 - 20, Cham: 2016

Petry, Thorsten: Digital Leadership - Unternehmens- und Personalführung in der Digital Economy, in: Petry, Thorsten (Hrsg.): Digital Leadership. Erfolgreich Führen in der digitalen Welt, S. 21 - 82, Berlin: 2016

Reichel, André (Hrsg.): Next Growth. Wachstum neu denken, Frankfurt am Main: 2018

## Zeitungen/Zeitschriften/Informationsschriften

Bils, Annabell; Brand, Heike; Pellert, Ada: Hochschule(n) im digitalen Wandel. Bedarfe und Strategien, in: Aus Politik und Zeitgeschichte 27-28/2019, S. 42 - 46, Bonn: 2019

Prantl, Heribert: Auf der Suche nach der digitalen Solidarität; in: Süddeutsche Zeitung vom 21./22.09.2019, S. 5, München: 2019

SMWA, Sächsisches Staatsministerium für Wirtschaft, Arbeit und Verkehr: Sachsen Digital. Digitalisierungsstrategie des Freistaates Sachsen, 3. Auflage, Dresden: 2019

## Online-Quellen

Heidrich, Jens; Bauer, Pascal; Krupka, Daniel: Future Skills: Ansätze zur Vermittlung von Data Literacy in der Hochschulbildung; September 2018, https://hochschulforumdigitalisierung.de/sites/default/files/dateien/HFD_AP_Nr37_DALI_Studie.pdf [abgerufen am 19. August 2019]

HSMW, Hochschule Mittweida: Hochschule Mittweida. Aktualisierung und Fortschreibung Hochschulentwicklungsplanung bis 2025, 2018, https://www.rektorat.hs-mittweida.de/prorektorat-hochschulentwicklung.html [abgerufen am 19. August 2019]

HSMW, Hochschule Mittweida: Anfangen, nicht abwarten!, 29. März 2019, https://www.hs-mittweida.de/nc/newsampservice/hsmw-news/detailansicht-hswm-news/browse/4/article/75/anfangen-ni.html [abgerufen am 23. September 2019]

HSMW, Hochschule Mittweida: 5G an jeder Milchkanne?, 10. Juli 2019, https://www.hs-mittweida.de/nc/newsampservice/hsmw-news/detailansicht-hswm-news/browse/1/article/75/5g-an-jeder.html [abgerufen am 23. September 2019]

KMK, Kultusministerkonferenz: Qualifikationsrahmen für deutsche Hochschulabschlüsse, 2017, https://www.kmk.org/fileadmin/Dateien/veroeffentlichungen_beschluesse/2017/2017_02_16-Qualifikationsrahmen.pdf [abgerufen am 27.09.2019]

Leuphana University: DATAx, 27. Juni 2019, https://www.leuphana.de/lehre/entwicklung/projekte/datax.html [abgerufen am 19. August 2019]

Pellert, Ada: Silodenken überwinden!, März 2019, https://hochschulforumdigitalisierung.de/de/blog/efi-report-2019-eine-einordnung-von-vier-hfd-experten [abgerufen am 30. August 2019]

Schnabel, Deborah: Kompetenzen für die Arbeitswelt von heute und morgen: 21st Century Skills and beyond. 6. September 2017, Hochschulforum Digitalisierung, https://hochschulforumdigitalisierung.de/de/blog/kompetenzen-21st-century-skills [abgerufen am 30. August 2019]

Stifterverband für die Deutsche Wissenschaft e.V.; McKinsey Company: Future Skills - Strategische Potenziale für Hochschulen, 2019 https://www.stifterverband.org/medien/future-skills-strategische-potenziale-fuer-hochschulen [abgerufen am 30. August 2019]

Zumbach, Jörg; Olsowski, Gunter; Weber, Agnes: Problembasiertes Lernen: Konzepte, Werkzeuge und Fallbeispiele aus dem deutschsprachigen Raum, 2007, https://www.sbg.ac.at/mediaresearch/zumbach/download/2007_2008/chapters/zumbach_pbl_ed.pdf [abgerufen am 30. August 2019]

# Interdisziplinarität im Spannungsfeld moderner Medieninformatik

Marc Ritter
Hochschule Mittweida, Fakultät Angewandte Computer- und Biowissenschaften

*Medieninformatiker operieren keine Herzen; sie können aber jedem Laien nachvollziehbar erklären, wie Operationen am Herzen funktionieren. Medieninformatiker löschen keine Brände; sie können aber die Rettungswege simulieren und mit der besten Lösung Leben retten. Medieninformatiker sind keine Historiker; sie können die Geschichte in Spielen aber realistisch erlernbar machen.*

## 1 Das Konzept „Digital Skills and Products" als durchgängiges und innovatives Lehrformat

Das sechsphasige Lehrformat „Digital Skills and Products" (kurz DSP, siehe Abbildung 1) samt seiner Rahmenbedingungen ist die Grundlage der konsekutiven Bachelor- und Masterstudiengänge *Medieninformatik und Interaktives Entertainment* an der Hochschule Mittweida. Das Konzept wird im nachfolgenden Beitrag detailliert beschrieben (vgl. weiterführend Ritter et al. 2019a).[1] Es ist Basis für die Lehrprojekte, die abschließend einen Einblick in die besondere Anwendungsnähe des Medieninformatik-Studiums in Mittweida erlauben.

[1] Das Konzept wurde 2019 auf der CARF Luzern mit einem Best-Paper-Award im Bereich Lehre gewürdigt.

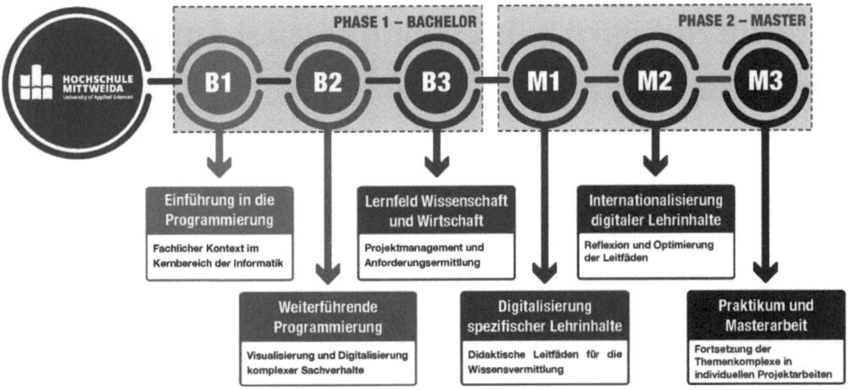


Abb 1: Das durchgängige Lehrkonzept „Digital Skills and Products".
[angelehnt an: Ritter et al. (2019a: S. 330)]

## 1.1 Rahmenbedingungen und Zielstellungen

Das DSP-Konzept vermittelt zentrale integrative Komponenten im Bereich des informatischen und gestalterischen Grundlagenwissens, die von wissenschaftlichen und wirtschaftlichen Methoden und Methodiken ergänzt werden. Im Rahmen des DSP-Konzepts vollziehen die Studierenden einen Perspektivenwechsel und wechseln in den späteren Phasen zunehmend aus der Rolle der Lernenden in die Rolle der Lehrenden hinein. Die Lehrprojekte dienen deshalb einerseits dazu, Wissen anzuwenden und zu festigen sowie gleichzeitig relevante individuelle und teambasierte Fähig- und Fertigkeiten herauszuarbeiten.

**Multilaterale Verortung:** Das Studienangebot *Medieninformatik und Interaktives Entertainment* umfasst einen sechssemestrigen Bachelorstudiengang und einen konsekutiven viersemestrigen Masterstudiengang. Die Studiengänge sind institutionell und personell in der Fakultät Angewandte Computer- und Biowissenschaften sowie der Fakultät Medien beheimatet. Der Masterstudiengang wird zusätzlich vom Institut für Kompetenz, Kommunikation & Sprachen (IKKS) unterstützt.

**Interdisziplinarität:** Die Lehrenden der Kerninhalte und die Vertreter in den Studienkommissionen gehören den beiden Fakultäten Angewandte Computer- und Biowissenschaften und Medien an. Die Interdisziplinarität der Studiengänge ist somit nicht nur durch die Inhalte gegeben, sondern systematisch auf allen organisatorischen und prozessualen Ebenen fundamentiert. Die Lehrenden gestalten Inhalte und Durchführung in hohem Maße fakultätsübergreifend und interdisziplinär.

**Digitalisierung und Interaktivität:** Das DSP-Konzept basiert auf der kontinuierlichen Vermittlung von Fertig- und Fähigkeiten aus den Domänen der Digitalisierung und der Entwicklung interaktiver Produkte. Studierende lösen komplexe Aufgaben teamorientiert und müssen hierzu das erlangte Wissen praxisnah anwenden und systematisch verstetigen. Hierzu werden einzelne Teams zu jeweils sechs bis acht Mitgliedern aus Kohorten von 60 bis 120 Studierenden im Bachelor- und aus 20 bis 30 Studierenden im Masterstudiengang gebildet.

## 1.2 Die Bachelorphasen (B1-B3)

Die ersten beiden Phasen des Mittweidaer Studienangebots vermitteln technische, algorithmische und künstlerische Fertigkeiten, die zur Digitalisierung von fachlichen Kernkomponenten benötigt werden. Dies umfasst traditionelles Grundlagenwissen der Informatik (B1) sowie die Vertiefung der gewonnenen Grundlagen, indem im dritten Semester komplexe digitale Sachverhalte bearbeitet werden: Konkret werden Algorithmen und Datenstrukturen entwickelt, visualisiert und für eine Interaktion aufbereitet (B2). Die Studierenden lernen dabei multiple Frameworks aus der Spieleentwicklung kennen. Bewertet werden das entstandene Produkt, die Präsentation der Ergebnisse und ein Abschlussbericht.

Die dritte Teilphase (B3) dauert vom zweiten bis fünften Fachsemester und wird projektorientiert in der Modulreihe „Lernfeld Wissenschaft und Wirtschaft" ausgestaltet. Es wird systematisch die Frage beantwortet, ob sich Projektmanagement und Anforderungen in wissenschaftlichen und wirtschaftlichen Tätigkeitsfeldern im Zuge der Digitalisierung in Teams über größere Zeiträume umsetzen und in Einklang bringen lassen. Die integrale Qualifizierung von Studierenden in semesterübergreifenden Team-Projekten ist hierbei ein zentraler Bestandteil, wobei die zugehörigen Höhen und Tiefen im Projektlebenszyklus bewältigt werden müssen. Die ersten beiden Semester fokussieren auf

(1) die Vermittlung der Grundlagen des agilen Projektmanagements,

(2) den Erwerb von Soft Skills im Sinne von Präsentationstechniken und Rhetorik,

(3) das Verfassen von Publikationen und

(4) das Beherrschen von Technologien zur Versionsverwaltung von Dokumenten und Quellcodes.

Im dritten und vierten Semester steht die Entwicklung von Software zur Bearbeitung von wissenschaftlichen oder wirtschaftlichen Aufgabenstellungen in Gemeinschaftsarbeit im Vordergrund. Je sechs bis zehn Studierende arbeiten in einer Gruppe, wobei regelmäßig auch Externe begleitend teilnehmen oder als Auftraggeber in Erscheinung treten. So wird die gesicherte akademische Schutzzone unter zunehmend realistischeren Bedingungen geöffnet.

Darüber hinaus finden in jedem Semester im Abstand von zwei Wochen zwischen Dozenten, Gruppenbetreuern und Teammitgliedern individuelle Gruppenkonsultationstermine statt, die jeweils in einer gemeinsamen Projektpräsentationsveranstaltung und zugehörigen Abschlussberichten kulminieren. Die verschiedenen Gruppen verfolgen heterogene Aufgabenstellungen, gleichzeitig werden sie jedoch bei

Schnittmengenthemen und den gemeinsam genutzten State-of-the-Art-Technologien verzahnt (z.B. Webtechnologien wie Laravel (Bean 2015), OctoberCMS (Roschke 2016), NextCloud (Kariyattin et al. 2018)). Die Arbeit der Studierenden wird durch die Dozenten begleitet und im Bedarfsfall aktiv unterstützt. So wird die Erarbeitung gemeinschaftlich anwendbarer Lösungen praxisnah vorangetrieben sowie mangelndes Fachwissen durch direkten Wissenstransfer (vom akademischen Mitarbeiter zum Studierenden) abgemildert.

### 1.3 Die Masterphasen (M1-M3)

In den ersten beiden Phasen des Masterstudiums (M1 und M2) werden die in B1-B3 erlernten Grundlagen und Methodiken zusammengeführt und auf interdisziplinäre und fachfremde Felder angewandt. In der Pflichtmodul-Qualifizierungslinie „Digitalisierung und Internationalisierung" sowie den konsekutiv aufeinander aufbauenden Modulen „Digitalisierung spezifischer Lehrinhalte" und „Internationalisierung digitaler Lehrinhalte" setzen die Studierenden interdisziplinäre Lehr- und Lernszenarien mit fachfremden Stakeholdern um. Ziel ist eine kontinuierliche und verstetigende Schärfung bereits erworbener Soft Skills sowie die Erhöhung der individuellen Reflexionsfähigkeit, indem nunmehr auch Entwicklungsprozesse digital erfasst, verwaltet und optimiert werden. Neben den tatsächlichen Lehr- und Lernprodukten entstehen didaktische Leitfäden für die Wissensvermittlung. In jedem Semester finden zwischen Dozenten, Stakeholdern und Teammitgliedern individuelle Gruppenkonsultationstermine im zeitlichen Abstand von zwei Wochen statt. Das Semester wird mit einer Gruppenpräsentation vor gemischtem Publikum und der (Hochschul-) Öffentlichkeit abgeschlossen.

In der abschließenden Teilphase (M3) können die Studierenden bereits bearbeitete Themenkomplexe individuell wiederaufnehmen und nahtlos in Forschungsmodulen im Umfang von 20 Wochen sowie nachfolgenden Masterarbeiten im Umfang von sechs Monaten fortführen. Dabei steht die Erlangung von erweitertem Wissen auf einem bestimmten Themengebiet (vergleichbar mit einer Vorstufe zum Expertenwissen) im Vordergrund. Die kontinuierliche Vertiefung wird durch Anleitung mittels projektübergreifenden Mentoring mit stetem fachlichem und sozialem Diskurs unterstützt.

### 1.4 Fachliche und didaktische Innovation

Das Lehrkonzept ergänzt Komponenten des Lehr- und Lernprozesses durch die Kombination klassischer Präsenzphasen mit Online- und Selbstlernphasen. Die Studierenden werden durch zielgerichtete Blended-Learning-Elemente, ein stringentes und technologieunterstütztes Projektmanagement sowie eine technische Infrastruktur zur Realisierung der praktischen Projekte unterstützt. Diese Infrastruktur umfasst beispielsweise Speicherplatz zur Realisierung multimedialer Projekte und Softwaretools zur Arbeitszeiterfassung, Arbeitsaufgaben- und Lastverteilung sowie Kommunikationswerkzeuge. Zudem unterstützt ein Dozententeam bestehend aus Mediatoren, Softwarearchitekten, Ingenieuren und Designern anteilig den Entwicklungsprozess der praktischen Projekte.

Der studentische Perspektivenwechsel vom Lernenden zum Lehrenden birgt mehrere didaktische Herausforderungen:

(1) Die Wissenserschließung bei fachlichen und fachfremden Themen ist nicht trivial und durch die Bereitstellung von adäquaten Lehrmaterialien zu unterstützen.

(2) Die Studierenden müssen in die Lage versetzt werden, Kerninhalte zu abstrahieren und das erworbene Wissen in eine digitalisierte Form zu überführen.

(3) Die Studierenden können zwar auf einen großen Fundus an Basiswissen zurückgreifen, jedoch setzt die Entwicklung einer interaktiven Applikation in einer Gruppe Fähigkeiten voraus, die nur durch praktische Ausübung ausgebildet werden können. Der dabei zu durchlaufende Entwicklungsprozess muss zwingend begleitet und auftretende Konflikte mitigiert werden.

(4) Im Prozess sind nicht nur neue Inhalte zu erschließen, sondern auch Lehr- und Lernprozesse selbstständig zu gestalten. Diesbezüglich unterstützen erfahrene Dozenten den Prozess didaktisch. Dabei werden Fähigkeiten zur aufgabenorientierten sowie mediendidaktischen Gestaltung von Lernzielen, Lerninhalten, Lernprozessen und Lernergebnissen vermittelt und eine Kombination von Phasen des Lernens im virtuellen Lernraum und in Präsenzveranstaltungen genutzt.

(5) Weiterhin fokussieren die Module die Vermittlung von Wissen zur Entwicklung und Darstellung von Lerneinheiten nach geplanten Zielen, Inhalten, Prozessen und Ergebnissen. Mittels iterativ aufeinander aufbauender Präsentationen und Gruppendiskussionen können das erlernte Wissen verstetigt und die Lernprodukte optimiert werden. In Evaluationsphasen testen die Studierenden die entstandenen Produkte mit interdisziplinären Probandengruppen und planen den medialen Ablauf über mehrere Konsultationsphasen hinweg.

(6) Partizipierende Stakeholder und betreuende Dozenten begleiten alle durchlaufenen Prozesse persönlich und unterstützen mit Nachfragen, Hinweisen und motivatorischen Elementen. Dabei werden alle entstandenen Produkte im Sinne der Funktionalität, der User Experience und der Didaktik gemeinsam reflektiert und in Diskussionsrunden besprochen. Die entstehenden kreativ-künstlerischen Produkte sollen der Hochschule zur späteren Wissensvermittlung zur Verfügung gestellt werden.

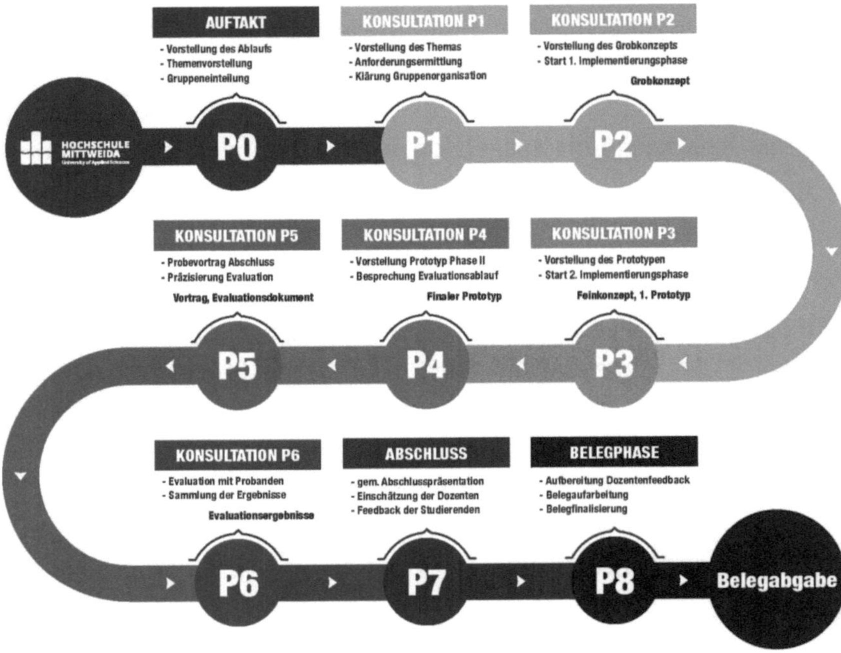


Abb. 2: Generischer mehrphasiger Ablauf für einsemestrige Teamprojekte mit Meilensteinen [angelehnt an: Ritter et al. (2019a: S. 333)]

Besonders die Umsetzung der projektorientierten Lehrmodule (B3+M1+M2 in Abbildung 1) ist in mehrfacher Hinsicht innovativ: Sie ist fachlich zukunftsgerichtet ausgestaltet und vermittelt neueste theoretische Inhalte der Programmierung und des digitalen Designs in Verbindung mit deren Anwendung. Darüber hinaus nutzt sie interaktive didaktische Methoden und bereitet die Studierenden durch die projektorientierte Teamarbeit, das eingeforderte Zeitmanagement und die unabdingbare Kommunikation auf die Herausforderungen der Arbeitswelt hinsichtlich zwingend notwendiger Schlüsselkompetenzen vor. Zudem wird von den Studierenden kundenorientiertes Denken gefordert, da diese den Projektauftrag nicht von den Lehrenden des Moduls, sondern von potenziellen Nutzern erhalten. Letztlich besitzen die Projektergebnisse (Produkte und Leitfäden) das Potential, zu elementaren Bausteinen einer innovativen Lehre in anderen Studiengängen zu werden.

## 2 Umsetzung des Lehr- und Lernkonzepts anhand ausgewählter Beispiele

Nachfolgend werden beispielhaft vier zumeist mehrsemestrige Teamprojekte vorgestellt, die die Wirksamkeit des vorgestellten Lehrkonzepts *Digital Skills and Products* exemplarisch und illustrativ belegen. Um eine realistischere Einschätzung zu vermitteln, werden auch kumulative Arbeitsaufwände der Studierendengruppen benannt. Darüber hinaus werden kurz spezielle Rahmenbedingungen, Entwicklungen oder Errungenschaften skizziert.

### 2.1 Das begehbare Auge (Phase B3)

Die Aufgabenstellung im dritten und vierten Semester der Modulreihe „Lernfeld Wissenschaft & Wirtschaft" bestand darin, ein schematisches, illustratives 3D-Modell des menschlichen Auges in der Virtuellen Realität entstehen zu lassen, welches es künftigen Anwendern ermöglicht, wichtige anatomische Strukturen aber auch deren Veränderungen durch Krankheiten unmittelbar zu erfahren, indem sie das Modell in der Virtuellen Realität betreten und mit ihm interagieren.

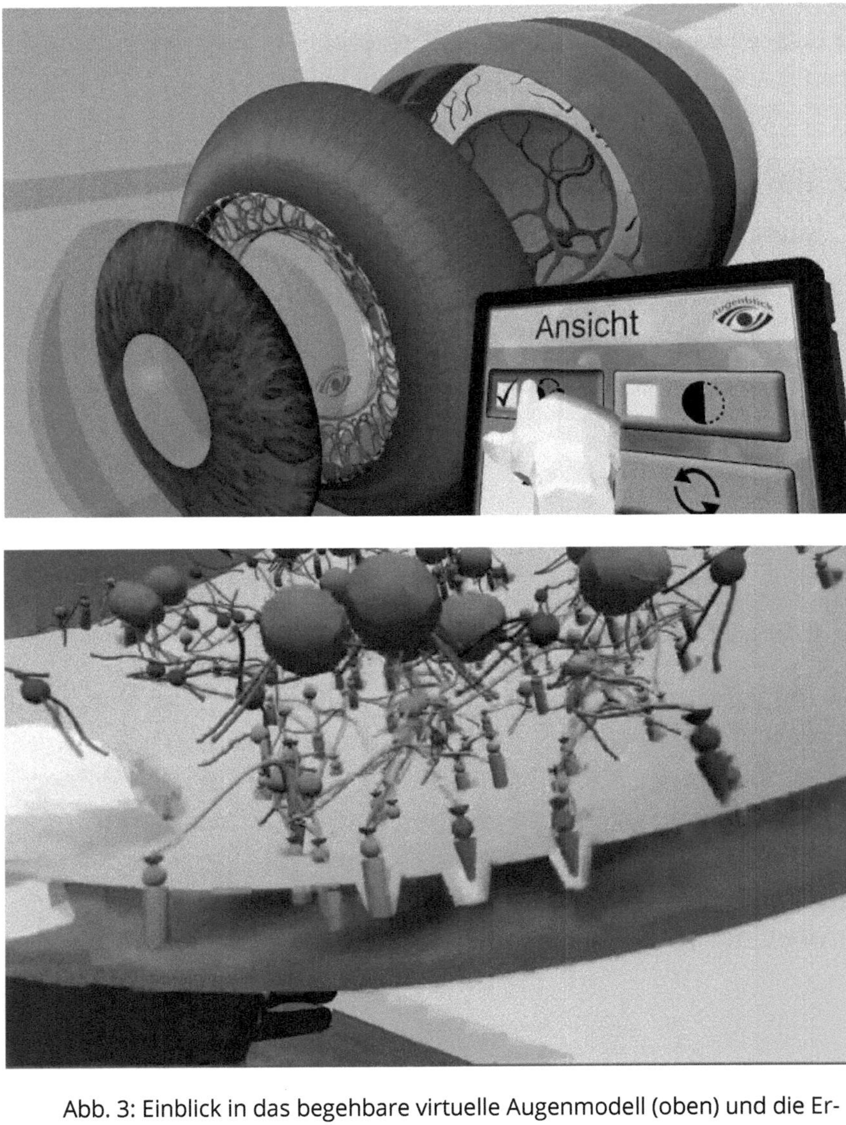


Abb. 3: Einblick in das begehbare virtuelle Augenmodell (oben) und die Erweiterung zur Simulation von Netzhautschichten (unten).
[aus: Ritter (2018); Stolz (2019)]

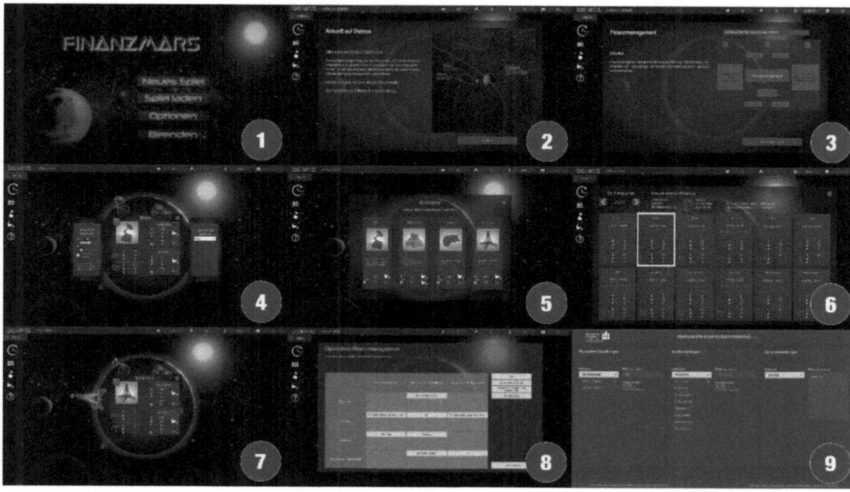


Abb. 4: 1) Startbildschirm, 2) Willkommensbildschirm, 3) Einführung ins Finanzmanagement im Tutorial, 4) Transaktions-menü in der Basis, 5) Baumenü mit Gebäudetypen, 6) Finanzplan, 7) Bohrturm mit Verschleiß und Ertrag, 8) Drag-and-Drop-Wissenstest, 9) Editor zur Konfiguration der Spielparameter. [aus: Ritter et al. (2019a: S. 338)]

Die Entwicklung erfolgte mit der Game-Engine *Unity* und der Virtual-Reality-Brille *HTC Vive*. Die Gruppe von neun Studierenden erbrachte in einem Jahr knapp 1.700 Arbeitsstunden und überführte den systematischen Aufbau eines menschlichen Auges und der beteiligten anatomischen Strukturen aus der Realität auf kreative Art in ein sehr anschauliches Modell mit hohem Erklärungswert. Unter gezielter Anleitung entwickelte die Gruppe geeignete Konzepte für die interaktive Navigation in der Simulation, wobei auch Sehtests und Krankheitsbilder exemplarisch integriert und tiefere Augenschichten mithilfe prozeduraler Programmierung im anschließenden Praxismodul und der zugehörigen Bachelorarbeit (Stolz 2019) nachgebildet wurden (siehe Abbildung 3).

## 2.2 Die digitale Lernsimulation Finanzmars (Phase M1 & M2)

In knapp 1.200 Arbeitsstunden kreierte ein Team von drei Studierenden und zwei Stakeholdern ein digitales Lernspiel, das spielerisch Lehrinhalte der Finanz- und Investitionswirtschaft vermittelt (siehe Abbildung 4). Das Ziel bestand darin, das Themengebiet spannend und interessant aufzubereiten, um eine motivationssteigernde, effektivere Vermittlung der vorhandenen Lehrinhalte zu gewährleisten. Auch kann sich durch diese Herangehensweise jeder Nutzer in seiner individuellen Lerngeschwindigkeit Inhalte aneignen, während er gleichzeitig durch eingebaute Belohnungen zum Weiterspielen animiert wird. Dies bringt nicht nur eine erleichterte Vermittlung des Themenkomplexes mit sich, sondern auch eine Auslagerung der lehrenden Tätigkeiten, wodurch Lehrpersonal entlastet werden kann. Die interaktive Simulation umfasst mehr als 5.000 Codezeilen und diverse Softwaretools, die sich von Modelling Tools, Bildbearbeitungs- und Zeichenprogrammen über die Game Engine bis hin zu Softwareentwicklungs- und Kollaborations-Tools und Versionsverwaltung mit externem Speichermanagement erstrecken. Vertiefende Informationen – auch zur Evaluation der erreichten Zwischenstände – finden sich in Ritter et al. (2019a, Kapitel 3 und 4).

## 2.3 Historisches Mittweida (Phase M1, M2 & M3)

Das Gruppenprojekt befasst sich mit der Erstellung einer virtuellen 3D-Welt der Umgebung der Hochschule Mittweida in ihrer Gründerzeit in den 1860er Jahren, wobei insbesondere technologische Strukturelemente für ein zugehöriges Storytelling historischer Abläufe und Begebenheiten entwickelt werden sollen. In Kombination mit Elementen einer Wirtschaftssimulation (vergleichbar mit Archetypen der Spielereihen SimCity und Anno) soll sich der interessierte Spielende/Studierende mit der Geschichte der Hochschule, der Stadt und der Region auseinandersetzen und diese über die Jahrhunderte bis in die Neuzeit entwickeln. Insgesamt handelt es sich um eine Machbarkeitsstudie, in welcher Workflow und Umsetzung konzeptionell erarbeitet sowie modular und generisch gestaltet werden, um die spielerische Identifikation mit der Hochschule und deren Geschichte zu steigern.

Abb. 5: Nachbildung des Carl-Georg-Weitzel-Baus (Haus 1) der Hochschule Mittweida inkl. Steuerungselemente der Spieloberfläche (oben) sowie Nachahmung der Stadt Mittweida (unten).

Angelehnt an die altehrwürdige Optik im historischen Look erschuf die erste Iteration in den Phasen M1 und M2 mit kumulativ 1.300 Arbeitsstunden und fünf Studierenden das Hauptsetting des Spiels und ein rundenbasiertes Tutorial mit teils begehbaren Häusern und Interior, welches die Doppelgründung der Hochschule Mittweida in den Jahren 1865 und 1867 nachstellt (siehe Abbildung 5). Hierzu organisierten sich die Studierenden zuerst selbstständig in ihrer Gruppe und recherchierten historische Begebenheiten, um daraus Spielkonzept und Storyline ableiten. Anschließend wurden ca. 150 anschauliche 2D- und 3D-Assets sowie eine graphische Benutzeroberfläche erstellt, die das gewählte, technisch verspielte Design durch Cartoon-Effekte widerspiegeln. Letztlich wurde das Wirtschaftssystem im Hintergrund entwickelt und in der Game-Engine Unity in mehr als 2.500 Zeilen Code zusammengeführt.

Mehrere beteiligte Studierende entschieden sich für die Fortsetzung der begonnenen Arbeiten in Forschungsmodulen und Masterarbeiten (Phase M3), in denen die Umsetzung des zugehörigen Wirtschaftssystems und mehrerer Epochen in einem Storykonzept bis hin zur Neuzeit im Vordergrund steht. Zusätzlich soll die Lernsimulation durch künstliche Non-Player-Charakter, welche mit künstlicher Intelligenz ausgestattet sind, belebt und immersiver gestaltet werden.

### 2.4 Explorative Studien und Analysen zu virtuellen Fahrsimulatoren (Phase M2)

E-Sports entwickelt sich zu einer tragenden Säule in der Medienlandschaft. Am Beispiel des hochschuleigenen Fahrsimulators wurden Immersionslevel, Stressfaktor und Fahrverhalten bei studentischen Probanden untersucht. Das Ziel dieses innovativen Lehrformats (vgl. Ritter et al. 2019b), das im zweiten Fachsemester des Masterstudiengangs im Lehrmodul „Interaction Science mit Künstlicher Intelligenz“ angesiedelt ist, bestand darin, die ganzheitliche Betrachtung des

Datenverarbeitungsprozesses, beginnend bei der Rohdatenakquise über Vorverarbeitung bis hin zur Visualisierung beispielhaft im Team durchzuführen. Einen weiteren Schwerpunkt stellte die Überführung der gemessenen Daten in Konzepte des maschinellen Lernens zur computergestützten Analyse dar.

In einem dreitägigen Workshop befassten sich elf Studierende und sieben Dozenten (fünf Doktoranden, zwei Professoren) mit der Exploration und Datenanalyse der Fahrsimulatoren. Hierzu wurden Daten aufgenommen, analysiert und die gewonnenen Erkenntnisse in einer Gruppenpräsentation zusammengefasst, die dann einem ausgewählten Kreis an Hochschulmitgliedern in der Prüfungsveranstaltung vorgestellt wurde. Ein Kernziel des Formats war die Vermittlung von Fachwissen an die Studierenden. Die Studierenden hegten verschiedene Erwartungen: Einige wollten den Umgang mit Big Data erfahren und explorieren; andere wollten wissen, wie Forschung praktisch und organisatorisch funktioniert. Weitere Studierende waren an didaktischen Aspekten und an Verfahrensdetails interessiert.

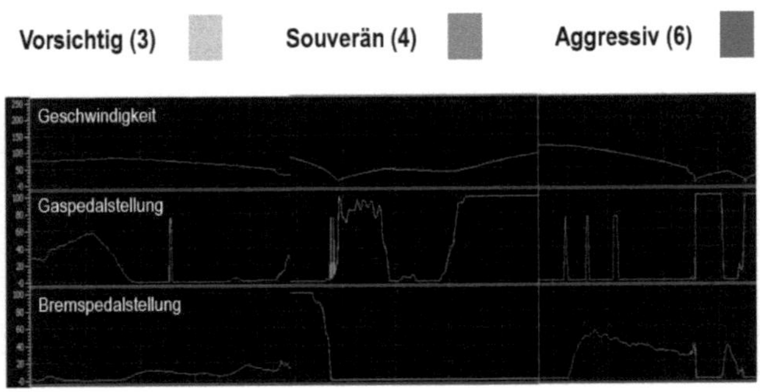

|  | Anzahl Personen | Anzahl Unfälle |
|---|---|---|
| **Vorsichtig** | 3 | 4 |
| **Souverän** | 4 | 3 |
| **Aggressiv** | 6 | 21 |

Abb. 6: Fahrsimulator mit Fahrsimulation (links unten). Verursachte Unfälle (rechts) und Fahrertypisierung (Persona) mit Pedalstellungen und Geschwindigkeit (oben) und Probandenzahlen.

Im Simulator wurden die Software *iRacing* und die Grand-Prix-Strecke von Suzuka (Japan) genutzt, da letztere neben einigen fordernden Abschnitten regelmäßige Kurvenverläufe besitzt, die nach kurzer Eingewöhnungsphase in der Regel auch durch Simulator-Novizen relativ kollisionsfrei befahrbar sind. Insgesamt absolvierten dreizehn Probanden drei Stunden lang nacheinander den Rundkurs. Drei gefahrene Runden pro Probanden waren anvisiert, doch nicht jeder konnte diese aufgrund von verursachten Unfällen oder Beschädigungen am virtuellen Gefährt vollenden. Kumulativ entstanden so etwa 200 Millionen Datenwerte (ca. 650.000 Datenmessungen mit jeweils 300 Attributen pro Datenpunkt und einer Messfrequenz von 60 Hz) und knapp 800 MB an Daten (CSV-Format), die am Folgetag in Gruppenarbeiten gemeinsam von Studierenden und Dozenten exploriert wurden.

Auf diesen Datenmengen lassen sich zunächst einfache statische Analysen durchführen. Die Analyse von Rundenzeiten erscheint intuitiv greifbar und aussagekräftig. Der Mittelwert der Probanden von 2 Minuten 54 Sekunden liegt etwa 70 Sekunden unter der regulären Leistung eines Profi-Rennfahrers. Darüber hinaus lassen sich auch weitere Trivia an Fahreigenschaften nachweisen: Beispielsweise fahren Personen mit Führerschein schneller als solche ohne, wobei die Unfallraten ohne Führerschein fast doppelt so hoch waren wie mit Führerschein. Angemerkt sei, dass die Eigenschaften der Testgruppen nicht gleichmäßig verteilt waren. Ferner wurde untersucht, ob sich Unfälle und Fahrverhalten typisieren oder aufeinander abbilden lassen (siehe Abbildung 6). Dazu wurden drei verschiedene Persona identifiziert: Vorsichtige, souveräne und aggressive Fahrer, deren Fahrverhalten exemplarisch in der Haarnadelkurve verglichen wurde, in der offensichtlich auch vorsichtige Fahrer (gelb) Probleme haben und bei welcher auch bei souveränen Fahrern (blau) gelegentlich Übersteuern aufzutreten scheint. Auffällig ist, dass aggressiveres Verhalten (rot) die meisten Kollisionen auf zahlreichen kurvigen Streckenabschnitten aufzeigt, wobei diese Fahrer auch häufiger und wesentlich staccato-artiger Gas und Bremse zu betätigen scheinen. Damit sind realistische virtuelle Fahrsicherheitstrainings auch im akademischen Bereich abbild- und optimierbar.

## 3 Fazit und Lessons learned

Der Innovationsgehalt des durchgängigen sechsphasigen Lehrkonzepts „Digital Skills and Products", das sich über den Bachelor- und Masterstudiengang *Medieninformatik und Interaktives Entertainment* an der Hochschule Mittweida erstreckt, wurde insbesondere für die Phasen B3, M1 & M2 dargestellt.

Kritisch betrachtet konnten bei den Studierendengruppen über alle Phasen hinweg sehr starke Unterschiede an vorhandenen Fertigkeiten und Fähigkeiten und soziokulturellen Hintergründen beobachtet werden. Diese hatten einen maßgeblichen Einfluss auf Innovation, Kreativität und Kommunikationsverhalten in der Gruppe sowie gegenüber Dozenten und Stakeholdern, konnten aber im Verlauf der Semester ausgeglichen werden. Gruppen- und themenübergreifend ist festzustellen, dass ein allgemeingültiges Schema generell Anwendung finden kann, jedoch eine arbeitstechnologische Infrastruktur notwendig ist, um den kontinuierlichen Projektfortschritt zu sichern.

Naturgemäß bedarf die kontinuierliche Durchführung auch stets individueller Korrekturen und zusätzlichem persönlichen Einsatz, insbesondere wenn unbekannte technologische Anforderungen zu bewältigen sind. Hier ist es sinnvoll, wenn die Dozenten aus verschiedenen interdisziplinären Bereichen wie beispielsweise Informatik, Medien, Didaktik und Projektmanagement schnell, verständnisbringend und zielorientiert Hilfestellung leisten können. Die fachliche Bewertung der geleisteten studentischen Arbeiten erfolgt durch alle Beteiligten anhand eines vorgegebenen Kriterienkatalogs. Darüber hinaus wird die Objektivität der Bewertung durch einheitliche, von den Studierenden ausgefüllte Arbeitszeitbögen unterstützt.

## Dank

Die Studiengänge wurden bewusst von der Hochschulleitung unter Fürsprache und Anleitung von Ludwig Hilmer an der Nahtstelle dreier Institutionen (siehe 1.1) angesiedelt, wodurch die gelebte fakultätsübergreifende Zusammenarbeit von studentischen Projekten bis zu akademischen und industriellen Forschungsprojekten an der Hochschule Mittweida strukturell verankert und in der Folge inhaltlich gefördert wurde.

Der Autor bedankt sich bei all jenen Dozenten, Beteiligten und Studierenden, die dieses Studienmodell über den Verlauf des letzten Jahrzehnts formten und nachfolgend ungenannt verbleiben. Ein besonderer Dank gebührt hier insbesondere dem langjährigen Studiendekan des Bachelorstudiengangs Medieninformatik & Interaktives Entertainment Wilfried Schubert und der Studiengangverantwortlichen aus der Fakultät Medien Sieglinde Klimant.

## Literatur

Bean, M.: Laravel 5 Essentials. Burmingham: Packt Publishing Ltd., 2015

Kariyattin, S.; Marru, S.; Pierce, M.: Evaluating NextCloud as a File Storage for Apache Airavata. ACM Proceedings of the Practice and Experience on Advanced Research Computing, 2018

Ritter, M.: Digitale Produkt- und Prozessinnovationen 2020 – Zwischenbericht 2018. 22 S., Hochschule Mittweida, 2018

Ritter, M., Roschke, C., & Tolkmitt, V. (2019a): Die digitale Lernsimulation Finanzmars im Kosmos von Blended Learning. In: Nadig, L. (Hrsg.): Konferenzband Controlling.Accounting.Risiko.Finanzen., CARF Luzern, S. 327-344, 2019

Ritter, M.; Vodel, M.; Roschke, C.; Vogel, R.; Heinzig, M. (2019b): Explorative Studie zur computergestützten Analyse im Bereich Fahrsimulationen. In: Tagungsband 6. Fachkonferenz zu VR/AR-Technologien in Anwendung und Forschung an der Professur Werkzeugmaschinen und Umformtechnik (VAR²), Chemnitz, 2019, 12 S.

Roschke, C.: Entwurf und Implementierung eines webbasierten Managementsystems zur Entwicklung und Optimierung von Audio- und Videoanalysealgorithmen. 240 S., TU Chemnitz, 2016

Stolz, N.: Visualisierung eines Verfahrens zur prozeduralen Generierung von Assets in der Virtuellen Realität. 79 S., Hochschule Mittweida, 2019

# Digitalisierung in den Ingenieurwissenschaften

Leif Goldhahn, Marco Gerlach, Jörg Matthes, René Ufer[1]
Hochschule Mittweida, Fakultät Ingenieurwissenschaften

## 1 Kurzfassung

Die Digitalisierung erweist sich in den Ingenieursdisziplinen als essentielle Vorgehensweise zur Entwicklung neuer Produkte und Dienstleistungen. Erstaunlicherweise begann die Digitalisierung in der industriellen Fertigung: Die numerische Steuerung der Werkzeugmaschinen stand noch vor der digitalen Abbildung von Bauteilen, Funktionsplänen, Arbeitsplänen, Qualitätsregelkarten und technischen Dokumentationen für den Service.

Mit der zunehmenden Verfügbarkeit und Anwendung rechnergestützter Modelle und Prozessabläufe wurde der Begriff der vierten Industriellen Revolution, kurz: Industrie 4.0, geprägt.

Eine digitale Produktion ermöglicht heute den Einsatz alphanumerischer und geometrischer Modelle in allen Phasen der Produktion, beginnend bei der Produktgestaltung über die Prozessgestaltung, die Produktionsplanung und -steuerung bis zur Fertigung. Die übergreifende Betrachtung des Produktlebenszyklus umfasst dann auch die Nutzungs- und Verwertungsphase der Produkte.

Der vorliegende Beitrag erlaubt einen Einblick in aktuelle Techniken und Vorgehensweisen der Fabriken von heute und morgen.

[1] Autor Kap. 1, 2, 4, 5, 6: Leif Goldhahn; Kap. 8: Marco Gerlach; Kap 7: Jörg Matthes; Kap. 3: René Ufer.

## 2 Produktlebenszyklus und Hauptprozesse der Produktion

Deutsche Produkte sind Exportschlager. So ist beispielsweise der Maschinen- und Anlagenbau mit 15,7 Prozent-Anteil an der Welt-Maschinenausfuhr größter Maschinen-Exporteur. Der Exportüberschuss beträgt 99 Mrd. Euro. (vgl. VDMA 2018) Entgegen der Erwartungen um die Millenniumswende steigerte sich die Anzahl der Beschäftigten in der Industrie auf 5,2 Mio. (IW 2019). Unternehmen lagerten indirekt wertschöpfende Bereiche aus. Dies trug zu einem starken Beschäftigungsanstieg im Bereich Unternehmensdienstleister auf heute 6,1 Mio. Beschäftigte (IW 2019) bei.

Die Erzeugung neuer Produkte wird geprägt durch die Produktgestaltung (Konstruktion), die Prozessgestaltung (Arbeitsplanung), die Produktionsplanung und -steuerung (Arbeitssteuerung) sowie die Fertigung. Diese Aufgaben werden mit neuen Softwareprodukten revolutioniert. Auch die Verknüpfung der Systeme gelingt zunehmend bis in die Fertigungsbereiche. So kann man in vielen Unternehmen schon von einer digitalen Produktion sprechen, die allerdings Ausbaupotenzial besitzt. Die Betrachtung des gesamten Produktlebenszyklusses und damit der dienstleistenden Bereiche rückt zunehmend ins Blickfeld (Abb. 1).

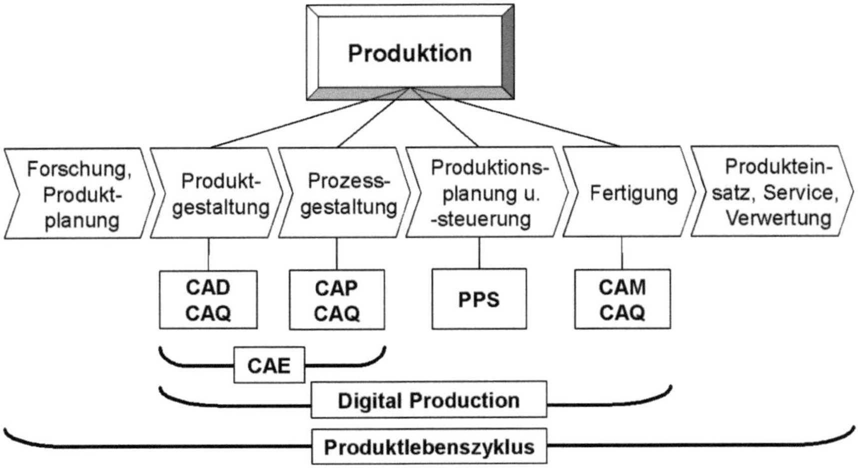


Abb. 1: Hauptprozesse der Produktion im Produktlebenszyklus und ihre digitalen Elemente (Quelle: eigene Darstellung)

## 3 Digitale Produktentwicklung und Product Lifecycle Management (PLM)

Im Laufe der in den vergangenen Jahrzehnten fortschreitenden Digitalisierung ist der Einsatz von CAE-Werkzeugen (Computer-aided Engineering) oder – den gesamten Produktlebenszyklus betreffend als Oberbegriff „CAx" (mit „x" als Stellvertreter für unterschiedliche Anwendungen) bezeichnet – zum Standard geworden. Zu Beginn einer Produktentwicklung stehen in der Regel Anforderungen, die mit Requirement-Management-Systemen verwaltet werden können.

Im weiteren Verlauf des Produktlebenszyklusses erfolgt im mechanischen Bereich das Design im klassischen CAD-System über ein CAD-Modell (Abbildung 2). Moderne CAD-Systeme verfügen dabei häufig über integrierte, klassische CAE-Werkzeuge wie Finite-Elemente (FE)-Simulation, Verfahrenssimulationen oder auch Projektierungswerkzeuge, die diesen Prozess unterstützen. Häufig sind jedoch auch hochspezialisierte CAE-Werkzeuge notwendig. Sie dienen im Allgemeinen – je nach Granularität der verwendeten Modelle – sowohl der Auslegung als auch der Verifizierung der entwickelten, virtuellen Produkte nach verschiedenen Kriterien wie z.B. mechanische und thermische Belastung oder Herstellbarkeit.

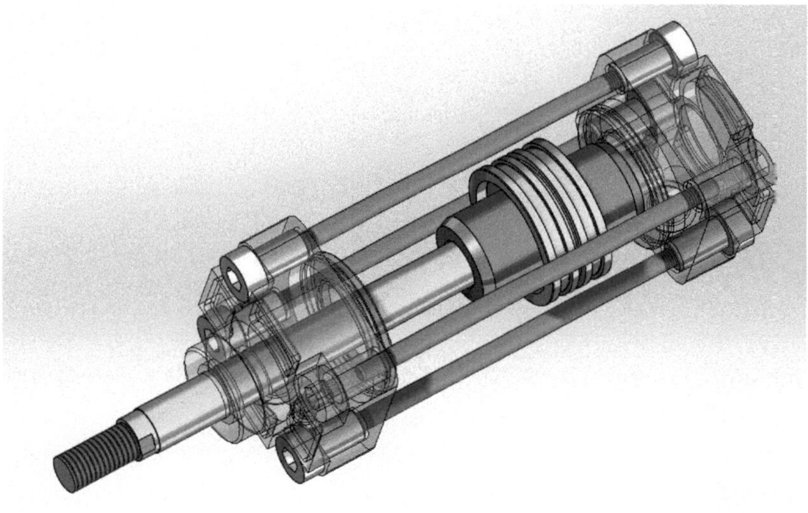

Abb. 2: CAD-Modell eines Pneumatikzylinders (Quelle: eigene Darstellung)

Im Laufe des Produktlebenszyklusses fallen so in den einzelnen Phasen eine Vielzahl von Daten an, die häufig unvollständig und unverwaltet abgelegt werden und deren Kontext, Aktualität und Status beim Anwender anderer CAx-Systeme nicht mehr nachvollziehbar ist (Abbildung 3). Oftmals sind in CAx-Systemen auch sogenannte Team-Data-Management (TDM)-Systeme eingebunden, die sich durch eine besondere Nähe zu den jeweiligen Autorensystemen auszeichnen. Sie verwalten die jeweiligen CAx-spezifischen Daten und Strukturen (Abbildung 4). Das betrifft sowohl Quell- als auch Ergebnisdaten.

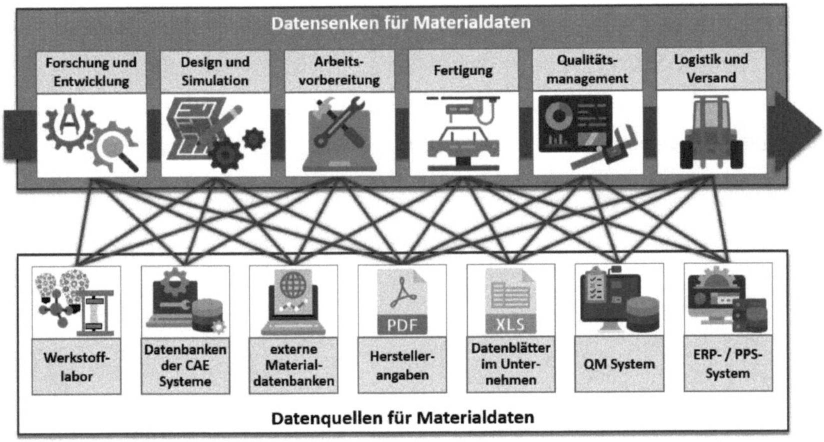


Abb. 3: Datenquellen und -senken im Produktlebenszyklus am Beispiel von Materialdaten (Diekmann, Awiszus, Ufer, Boll, Dann 2018)

Aufgrund der fortscheitenden Digitalisierung und damit verbunden auch neuen Geschäftsmodellen erfahren Produkte zudem einen immer höheren Integrationsgrad von Mechanik, Elektronik und Software. Es werden smarte, vernetzte Produkte, Systeme und Dienstleistungen entwickelt.

Dies erfordert eine zunehmende Integration der einzelnen Domänen und damit eine zunehmend intensivere Kooperation, denen die vorgenannten Methoden nicht genügen. Aufgrund der durch unterschiedliche Betrachtungs- und Herangehensweisen entstandenen Datenheterogenität in den einzelnen Domänen gestaltet sich eine effiziente Produktentwicklung bei zunehmender Komplexität und Variantenvielfalt schwierig.

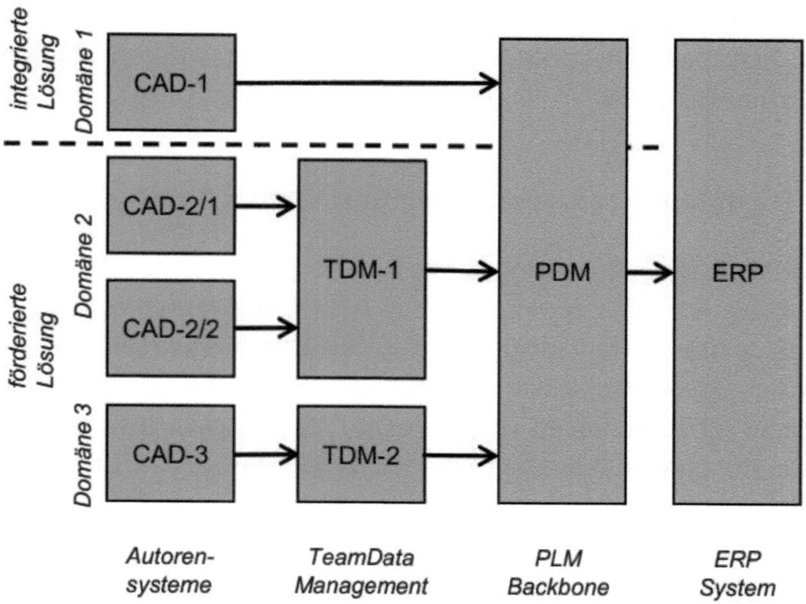


Abb. 4: Integrationen im vierstufigen PLM-Konzept am Beispiel CAD (Eigner & Stelzer, 2009)

PLM-Lösungen (Product-Lifecycle-Management) stellen vor allem in großen Unternehmen das Rückgrat für ein durchgängiges Engineering und eine horizontale und vertikale Integration (VDI 2016) dar, wobei die intelligente Verknüpfung der domänenspezifischen Daten für die Industrie von zunehmender Bedeutung ist. Grundlage für solch eine ganzheitliche Integration ist eine einheitliche Sichtweise (Ufer 2018). Die dadurch geschaffenen durchgängigen Informationsflüsse über den gesamten Produktlebenszyklus ermöglichen die notwendige Transparenz, Datenkonsistenz und Datensicherheit.

Eine breite Einführung von PLM-Systemen, der intelligente Datenaustausch mit etablierten ERP-Systemen (Enterprise-Ressource-Planning) sowie die ganzheitliche Verknüpfung der einzelnen domänenspezifischen Daten im Kontext von Industrie 4.0 und smarten Produkten von der Anforderung bis zum Service sind die Herausforderungen für die kommenden Jahre.

## 4 Digitale Prozessgestaltung und Virtual Reality

Die Prozessgestaltung umfasst die kurzfristigen Aufgaben der Arbeitsplanung. Auf Basis der Konstruktion des Produktes werden die Fertigungsprozesse technologisch entworfen und ausgearbeitet. Ziel ist eine im umfassenden Sinn wirtschaftliche Teilefertigung und Montage bis zur Inbetriebnahme vorzubereiten. Als typische Aufgaben fallen hier an: Datenaufbereitung, Stücklistenverarbeitung, Arbeitsplanerstellung (mit Ausgangsteilbestimmung, Prozessfolgeermittlung auf Basis fundierter fertigungstechnischer Kenntnisse, Fertigungsmittelauswahl, Vorgabezeitermittlung), Operationsplanung, Prüfplanung, CNC- und Roboterprogrammierung, Kostenplanung.

Die technisch-organisatorischen Daten werden dafür in CAPP-Systemen (Computer-Aided Process-Planning) generiert und gespeichert. Diese sind in der heutigen IT meist eingebunden in betriebliche Gesamtsysteme des Enterprise-Resource-Planning (ERP) und mehr und mehr verknüpft mit den alphanumerischen Daten aus der Produktentwicklung. Alternativ steht spezialisierte Software aus dem Bereich der Zeitwirtschaft zur Arbeitsplanerstellung zur Verfügung. Oder man entwirft ein wissensbasiertes Planungssystem. Dies ist für konfigurierbare Produkte ideal, da wiederkehrende Planungsaufgaben teilautomatisiert ablaufen. Zukünftig wäre hier die Konfiguration der Daten situations- und qualifikationsgerecht denkbar.

Über eine CAD-NC-Prozesskette lassen sich geometrische Daten aus der Konstruktion für die Programmierung der Maschinen und Anlagen nutzen. Immer häufiger geschieht dies offline, um Maschinenkapazität für die eigentliche Fertigung zu erhalten. Moderne NC-Programmiersysteme und integrierte CAD/CAM-Systeme verarbeiten die Geometrie-Features zu Bearbeitungs-Features und unterstützen so den Programmierer.

Auf Basis der 3D-Daten werden auch komplizierte Bauteile, schwierige Montagevorgänge und automatisierte Abläufe verständlich dargestellt. Dazu hilft die Virtual-Reality-Technologie (VR). Auch komplexe Interaktionen zwischen Mensch und Maschine lassen sich virtuell planen, simulieren und trainieren (Abb. 4) (Goldhahn, Bock, Müller-Eppendorfer 2018). VR eignet sich außerdem hervorragend zur Visualisierung und kooperativen Gestaltung von Arbeitssystemen, Fertigungsbereichen und ganzen Fabriken (Goldhahn, Thümer, Bock 2015, Goldhahn, Müller-Eppendorfer 2018).

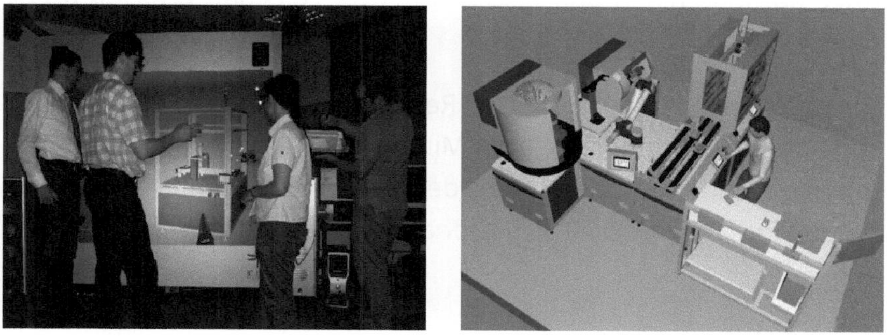

Abb. 5: Interaktion mit Tablet an der VR-Power-Wall (li.), Simulation für die Trainingsfabrik 4.0 in Virtual Reality (re.) (Quelle: eigene Darstellung)

# 5 Produktionsplanung und -steuerung, digital und ressourcenorientiert

Die Produktionsplanung und -steuerung setzt die technologischen Planungsvorgaben in die Fertigung um. Sie verantwortet die Auftragsabwicklung durch adäquate dispositive Planung von Materialien, Betriebsmitteln und einzusetzenden Mitarbeitern.

Häufig eingebunden in umfassende ERP-Systeme, ist die Richtigkeit und Aktualität der Daten entscheidend. Beispielsweise ist der Barcode-Einsatz bei Lagervorgängen und deren Buchung heute üblich. Zukünftig können per RFID (Radio-Frequency-Identification) Lagerbewegungen automatisch logisch erfasst und räumlich zugeordnet werden. Basierend auf zuverlässigen Daten kann dann die Einplanung der Aufträge auf Maschinen und Personal mittels Leitstand erfolgen (Abbildung 6).

Die gleichmäßige Auslastung von Ressourcen und deren effektive Nutzung trägt zur Zufriedenheit der Mitarbeiter, der Energieeffizienz, Termintreue und Wirtschaftlichkeit des Betriebes wesentlich bei (Goldhahn, Bock, Eckardt 2014, Goldhahn, Roch, Pietschmann, Eckardt 2019).

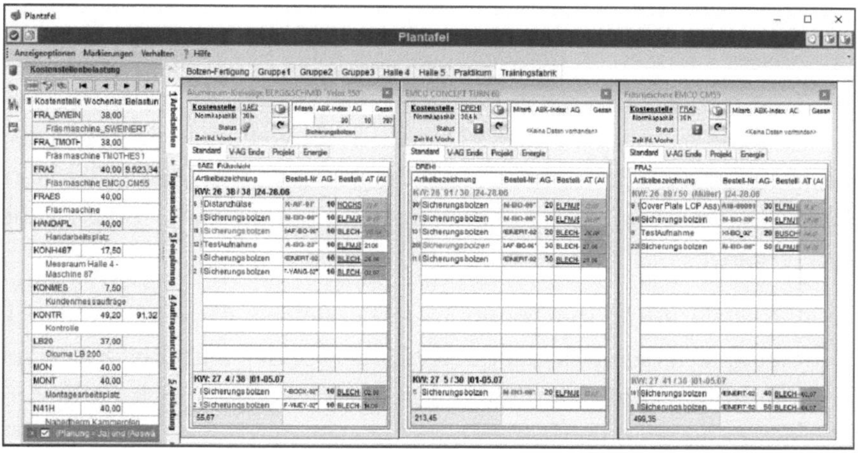

Abb. 6: Digitale Plantafel in der Software Prodat-SQL der Firma CIMPCS GmbH (Quelle: eigene Darstellung)

# 6 Multimediale Prozessbeschreibungen für hybride Fertigungsprozesse

Für kleine Stückzahlen, häufige Produktänderungen und kundenindividuelle Produkte entwickelt man zunehmend hybride Fertigungsprozesse. Die Kreativitäts-, Flexibilitäts- und Kommunikationspotentiale der Menschen verbinden sich hier idealerweise mit dem Potential an Kraft, Geschwindigkeit und Genauigkeit der maschinellen Anlagen.

Reicht der Maschine ein korrekter Programmiercode zur Ausführung, benötigt der Mensch wesentlich mehr und vielfältigere Informationen. Diese stammen klassisch aus verschiedenen Quellen wie Technischen Zeichnungen, Stücklisten, Arbeits- und Prüfplänen, Aufträgen, Begleitkarten, Aufzeichnungen, Absprachen, eigenem Erfahrungswissen und Protokollen. Diese Daten sind nun teilweise digital verfügbar, z.B. in CAD-, CAP- und Produktionsplanungs- und Steuerungs-Systemen (PPS). Deren Verfügbarkeit ist in der Fertigung aber eingeschränkt. Vielfalt und Vielzahl der Daten führen häufig zu Fehlern. Auch wird nutzerspezifisches Wissen immer wichtiger und sollte hinterlegbar sein. Deshalb gilt es, spezielle Hard- und Software für den Fertigungsbereich einzusetzen oder neu zu entwickeln. Auch die Vielfalt der Medienarten nimmt zu. Klassische alphanumerische Daten werden durch Grafiken, Fotos, 3D-Modelle, Animationen, Berechnungsmodule, Diagramme u. a. ergänzt.

Multimediale Prozessbeschreibungen vereinigen deshalb die Vielfalt der Medienarten und die benötigten Daten für den Mitarbeiter in einer gemeinsamen Applikation. Eine durch Verlinkungen zugleich hierarchisch und sequentiell aufbereitete Tätigkeitsbeschreibung kann beispielsweise eine komplizierte Montage oder Maschineneinrichtung in ihrer logischen Struktur und ihrer Handlungsfolge darstellen. Abbildung 7 zeigt aktuelle Entwicklungen, auch für mobile Geräte wie Tablets oder Smartphones.

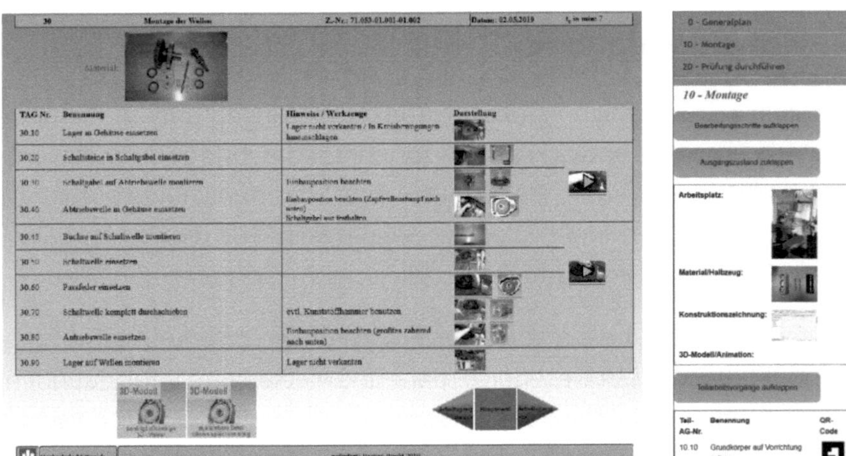


Abb. 7: Multimediale Prozessbeschreibung für die Montage (li., Projekt Digitalisierung Lehre), Entwicklungsstand eines multimedialen Arbeitsplanes für mobile Anwendungen (re., Projekt FreDA) (Quelle: eigene Darstellung)

## 7 Vom 3D-Modell zum additiv erzeugten Fertigteil

Das landläufig als „3D-Drucken“ bekannte Verfahren wird im technischen Bereich als generative Fertigung (Additive Manufacturing/AM) bezeichnet. Gegenüber den subtraktiven Verfahren stellt der 3D-Druck ein noch sehr junges Verfahren dar, das mittlerweile sehr viele unterschiedliche Herstellungstechnologien aufweist. Hierzu zählen neben dem Ursprungsverfahren Stereolithografie (SL) insbesondere das Fused-Deposition-Modelling (FDM), Laserschmelzen (SLM), Photopolymere-Jetting (PJ) und Elektronenstrahlschmelzen (EBM). Die neueste Technologie, das Bioprinting, erregt dabei besonderes Interesse, da es israelischen Forschern bereits gelungen ist, mit einem 3D-Drucker ein Miniherz aus menschlichem Gewebe zu erzeugen.

Das Grundprinzip aller dieser Verfahren beruht auf dem schichtweisen Aufbau der Bauteile. Die Palette der verwendbaren Materialien wächst dabei stetig. Anfangs auf Kunststoffe beschränkt, können heute neben Metallen auch Keramiken und sogar organische Substanzen verarbeitet werden.

Ganz gleich, welches Verfahren zum Einsatz kommt: die Grundlage für den 3D-Druck liefert ein digitaler Datensatz, weshalb die Technologie oft auch als Digital Fabrication bezeichnet wird. Stellte in den 1960er Jahren das Zerlegen des Modells in einzelne Schichten und die Steuerung des Fertigungsprozesses noch hohe Anforderungen an die Rechenleistung, liegen die heutigen Herausforderungen in der Verarbeitung von 3D-gescannten Bauteilen bzw. Körpern und dem Erreichen einer hohen detailgetreuen Auflösung. Die dabei anfallenden Datenmengen sind enorm und bringen auch aktuelle Rechentechnik an ihre Grenzen.

Bedingt durch die Maschinen- und Softwarehersteller variieren die verwendeten Datenprozessketten. Der grundlegende Aufbau ist jedoch vergleichbar und besteht aus dem 3D-Modell, dem AM-Dateiformat, den Baujobdaten und den Schichtdaten. Der Ablauf dieser Datenverarbeitung erfolgt überwiegend automatisch, so dass der Anwender kaum noch in den Prozess eingreifen muss. In vielen Bereichen, so auch in der Medizin, besteht zudem die Möglichkeit der Generierung der 3D-Daten aus sogenannten 3D-Scannern, die von einem real vorhandenen Bauteil dessen Oberfläche erfassen.

Neben den Designfreiheiten, die die Bauteilgestaltung unter Verwendung additiver Fertigung mit sich bringt, stehen besonders funktionsbedingte Eigenschaften im Fokus. Ein Aspekt dabei ist die Reduzierung von Gewicht bei gleichzeitiger Erhaltung der Festigkeit des Bauteils (Leichtbau). Die häufigsten Methoden sind bionische Ansätze neben den Optimierungsverfahren, die die Bauteilform am Kraftfluss orientieren, sodass das Material möglichst gleichmäßig belastet wird (Topologie-Optimierung).

Abbildung 8 zeigt die prinzipiellen Stationen der Topologie-Optimierung eines Bauteils. Das Ausgangsmodell stellt immer ein Volumenmodell mit einer geprüften Struktur dar. In der Optimierungsrechnung, die im Rahmen einer Finite-Elemente-Analyse abläuft, wird davon eine Struktur berechnet, die die vorgegebenen Randbedingungen erfüllt. Dieses 3D-Modell durchläuft die Datenprozesskette bis hin zum fertigen Bauteil.

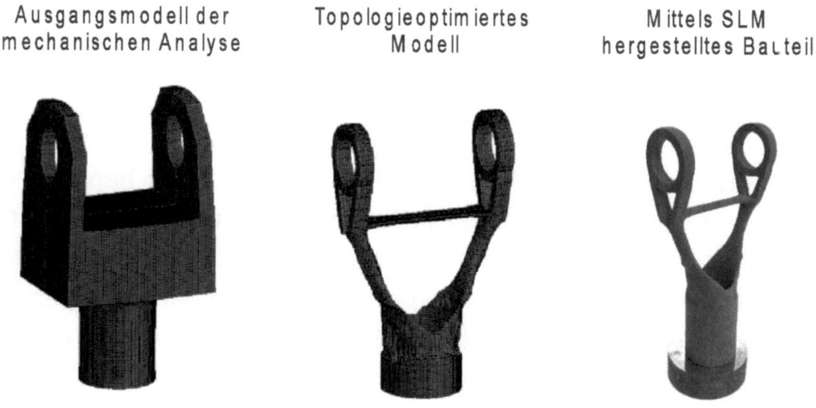


Abb. 8: Stationen der Topologie-Optimierung (Matthes & Mahn 2018)

## 8 Digitalisierung in der Qualitätssicherung

Die Entwicklung der digitalen Verarbeitung von Messdaten, deren Aufbereitung, Weiterleitung und Auswertung, ist ein Teil der allgemeinen Entwicklung des Fachgebiets der Qualitätssicherung und Fertigungsmesstechnik. Einfach zusammengefasst kann man von „Informationen" sprechen, die erfasst, aufbereitet, übertragen und ausgewertet werden.

Schon in der ersten Phase der Industrialisierung erkannte man, dass Informationen über ein gefertigtes Teil ermittelt und zur Prozessverbesserung genutzt werden müssen, um hohe Stückzahlen kostengünstiger produzieren zu können. Diese Entwicklung führte zur austauschgerechten Gestaltung von Bauteilen und damit zum Austauschbau.

Eine Definition für den Austauschbau ist: „Produktionsweise, bei der Einzelteile so gestaltet und gefertigt werden, dass sie nach einer örtlichen und zeitlich getrennten Endbearbeitung ohne oder nach definierten zusätzlichen Leistungen montiert werden können und im Erzeugnis bei niedrigsten Gesamtnutzungskosten die vereinbarten oder zugesicherten Funktionseigenschaften über die vorgesehene Lebensdauer zuverlässig erfüllen." (Trumpold 1997)

Eine austauschgerechte Fertigung, die aus wirtschaftlichen Gründen damals und heute (auf einem deutlich anspruchsvolleren Niveau) notwendig ist, erfordert neben den notwendigen Maschinen auch geeignete Prüfmittel. Die notwendige und festgelegte Bearbeitungsgenauigkeit muss mit geringer Prüfunsicherheit geprüft werden (Gerlach 2008). Ein erstes Messgerät zur Messung von Außenmaßen war das Schraubenmikrometer. Erfunden wurde es 1848 vom Franzosen Palmer. Aber erst 1873 kam es durch die Weiterentwicklung von Brown und Sharp zur Anwendung in der Technik (Berndt 1930).

Heute sind Messsysteme (Abbildung 9) im Einsatz, die unabhängig vom Bediener zu jeder Zeit und an (fast) jedem Ort eine große Anzahl an (Mess-)Daten aufnehmen und verarbeiten können. Diese Informationen stehen für die Prozessanalyse, -steuerung und -regelung zur Verfügung und müssen über CAQ-Softwarelösungen an der richtigen Stelle und zum richtigen Zeitpunkt bereitgestellt werden.

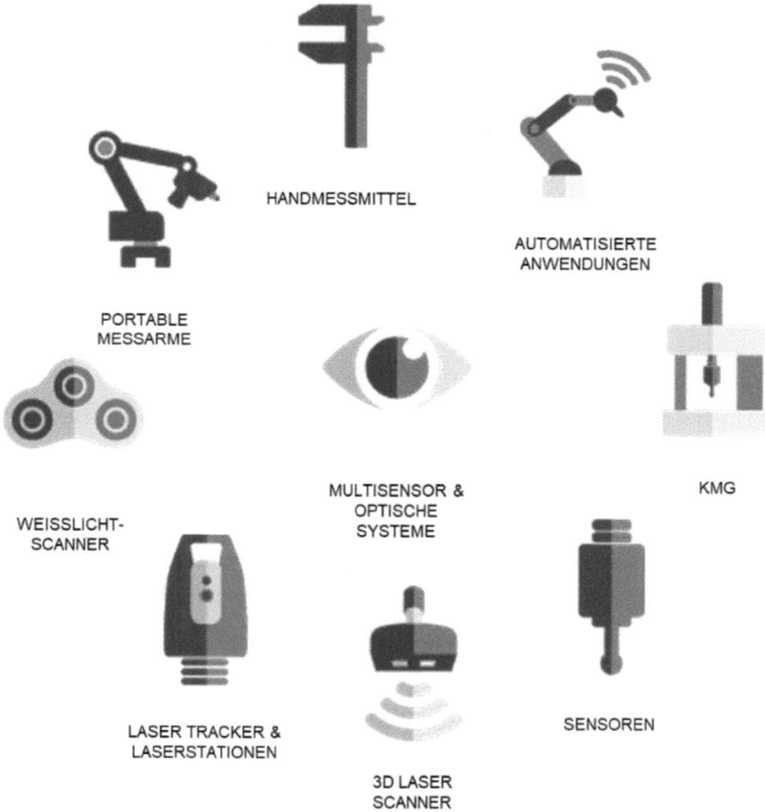


Abb. 9: Auswahl Messsysteme zur Messdatenerfassung (Hexagon 2019)

Die Entwicklung zur Informationsgesellschaft aufgrund der Fortschritte in der Telekommunikation, Computer- und Softwaretechnik erlaubt, CAx-Systeme effizient ein- und umzusetzen. Heute kann auf beliebige Informationen sekundenschnell zugegriffen werden. Die daraus resultierende Informationsflut, immer komplexere Produkte, steigende Vielfalt der Produktvarianten bei kleineren Stückzahlen und schnellere Innovationen führen ohne ein durchgängiges Informationssystem zum Verwalten von Qualitätsinformationen zu einem Durcheinander an Informationen und Daten. Die effektive Verwaltung von Informationen ist zum entscheidenden Wettbewerbsfaktor geworden (Gerber 2008).

In QM-Systemen unterstützend eingesetzte Informationssysteme (meist als CAQ-Systeme bezeichnet) decken meist nur Teilbereiche der QM-Systeme ab. Oft sind die Lösungen in sich geschlossen und Inselsysteme ohne umfassende Austauschbarkeit mit weiteren Softwarelösungen innerhalb des Produktlebenszyklus (Gerber 2008).

Eine Erweiterung der Systeme durch Verknüpfung mit anderen Komponenten führt zu Anpassungsproblemen, die oftmals nur über die Lösung schwieriger Schnittstellenprobleme zu beseitigen sind (Paul, Kreutzmann, Krötzsch 2001).

Abbildung 10 zeigt, dass die Verknüpfung einzelner Teilbereiche des Produktlebenszyklusses eine große Herausforderung darstellt. Neben den Schnittstellen dieser Softwareprodukte spielt auch ein gemeinsamer Merkmalsträger eine wichtige Rolle. Hierfür werden sogenannte PMIs (Product-and-Manufacturing-Information) generiert. Sie sind ein wichtiger Schritt für die digitale Austauschbarkeit von Konstruktionsdaten in die Fertigung und in die Verifikation (Messtechnik) hinein.

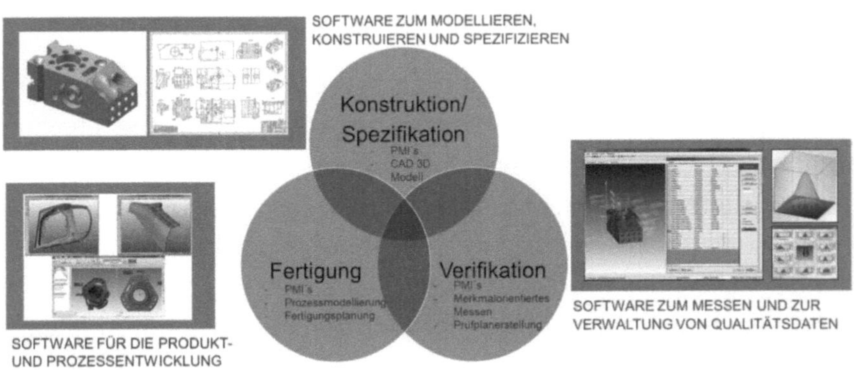


Abb 10: PMIs in der Prozesskette (Hexagon 2019)

Eingangsinformationen und Ausgangsinformationen dieser Softwareprodukte werden in weiteren Teilbereichen des Produktlebenszyklus benötigt, dies bedingt die Notwendigkeit des ebenenübergreifenden Austauschs der Daten. In diesem Zusammenhang spricht man von Qualitätsinformationen und zugehörig von Qualitätsinformationssystemen. Das Ziel im Rahmen der digitalen Entwicklung von Industrie 4.0 und künstlicher Intelligenz (KI) ist die SMART Factory oder auch Manufacturing Intelligence. Dies bedeutet Informationen erfassen, aufbereiten, übertragen und auswerten (Abbildung 11).

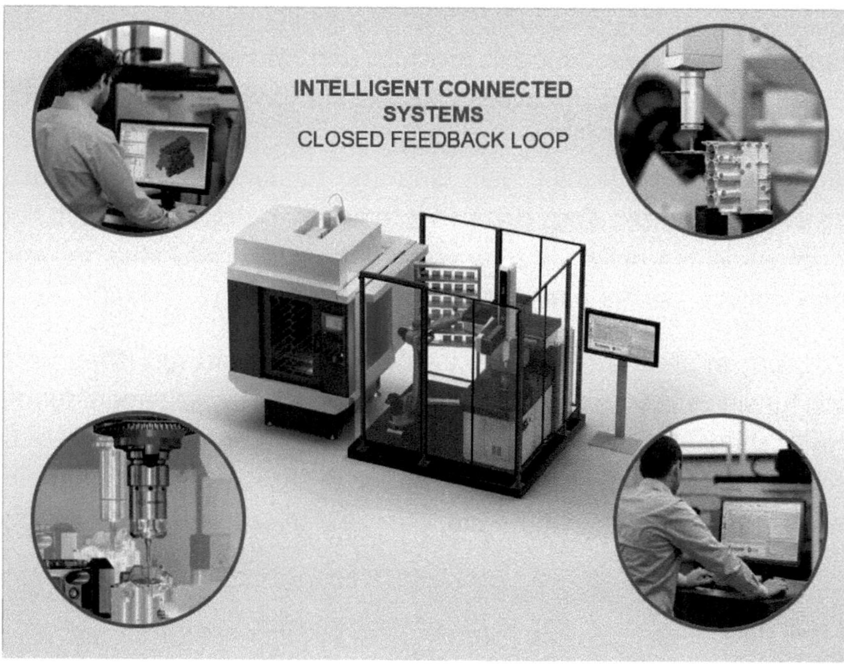


Abb. 11: Qualitätsinformationen im SMART-Factory-Umfeld (Hexagon 2019)

## Dank

Ingenieurinnen und Ingenieure wertschätzen konstruktive Zusammenarbeit. Wo es eine Aufgabe, ein Problem gibt, findet sich auch mindestens eine Lösung: Diese Perspektive vermittelt Kollege Ludwig Hilmer in hervorragender Weise. So entstanden aus seinem Optimismus, gemeinsamen strategischen Überlegungen, seiner Förderung sowie fleißiger wissenschaftlicher Arbeit und Erprobung fundierte Lehre für die Studierenden, sehr gute Lehr- und Lernbedingungen sowie anwendbare Lösungen für die kooperierenden Unternehmen. Zwei spezialisierte Institutsgebäude der Fakultät Ingenieurwissenschaften wurden während seiner Amtszeit errichtet und zahlreiche Großgeräte in Betrieb genommen. Innovative Professoren wurden an die Hochschule berufen und alle Studiengänge der Fakultät modernisiert oder komplett neu aufgestellt. Sein Eintreten für eine weltoffene Hochschule und für den Ausgleich von Interessen in der Gesellschaft sind hoch zu achten. Auch viele Veranstaltungen der „Third Mission" wurden von ihm geleitet oder unterstützt.

Wir danken unserem hoch geschätzten Kollegen Ludwig Hilmer herzlich für sein außergewöhnliches und erfolgreiches Engagement für die Hochschule Mittweida sowie für die Lehre und Forschung an Hochschulen für Angewandte Wissenschaften in Sachsen und darüber hinaus. Und wir wünschen ihm weiterhin viel Elan, Freude und Kreativität.

## Literatur

Berndt, G.: Die Messwerkzeuge für den Austauschbau. Vortrag 1930

Diekmann, U.; Awiszus, B.; Ufer, R.; Boll, J.; Dann, L.: Integrierte Werkstoffmodelle für CAE-Anwendungen. In: Digitalisierung in Industrie und Gesellschaft - Arbeiten und Leben im Umfeld der 4. Industriellen Revolution, S. 142-144, Mittweida: Hochschule Mittweida, 2018

Eigner, M., & Stelzer, R.: Product Lifecycle Management. Berlin Heidelberg: Springer-Verlag Berlin Heidelberg, 2009

Gerber, A.: Methode zur Konzeption eines unternehmensspezifischen Qualitätsinformationssystems für kleinere Unternehmen, Dissertation, Technische Universität Chemnitz, Chemnitz, 2008

Gerlach, Marco: Erfassungsstrategie zur Ermittlung des Paarungsmaßes an zylindrischen Oberflächen für die mechanische Antastung. Dissertation, Technische Universität Chemnitz, Chemnitz, 2008

Goldhahn, Leif; Bock, Dorit; Eckardt, Robert: ERP-Systembasierte energetische Planungsalgorithmen zur Disposition energieintensiver Fertigungsprozesse. In: Neugebauer, Robert; Drossel, Welf-Guntram (Ed.): Innovations of Sustainable Production for Green Mobility. Energy-Efficient Technologies in Production ICMC 2014. Part 1, Reports from the IWU Volume 80, 2014, p. 647 – 666

Goldhahn, Leif; Bock, Dorit; Müller-Eppendorfer, Katharina: Anforderungen und Lösungsansätze zur Entwicklung von virtuellen Bedienkonzepten am Beispiel Trainingsfabrik 4.0. In: Digitalisierung in Industrie und Gesellschaft - Arbeiten und Leben im Umfeld der 4. Industriellen Revolution. Scientific Reports. 25. Interdisziplinäre Wissenschaftliche Konferenz Mittweida, 2018, Nr. 3, S. 6 – 9

Goldhahn, Leif; Müller-Eppendorfer, Katharina: Holistic Planning of Material Provision for Assembly. In: Bagnara, S. et al. (Eds.): Proceedings of the 20th Congress International Ergonomics Association (IEA 2018), Advances in Intelligent Systems and Computing 825, doi: 10.1007/978-3-319-96068-5_29, pp. 258 – 266, 2019

Goldhahn, Leif; Roch, Sebastian; Pietschmann, Christina; Eckardt, Robert: Mitarbeiterorientiertes Qualifizierungskonzept für die ressourcenorientierte spanende Fertigung. In: Gesellschaft für Arbeitswissenschaft e. V. (Hrsg.): Arbeit interdisziplinär analysieren – bewerten – gestalten. Bericht zum 65. Arbeitswissenschaftlichen Kongress vom 27. Februar – 1. März 2019, C.7.4 pp. 1-6

Goldhahn, Leif; Thümer, Christian; Bock, Dorit: Systematisierung und virtuelle Abbildung von interaktiven Bedienvorgängen an automatisierten Sonderanlagen. In: Bullinger-Hoffmann, Angelika C. (Hrsg.): Mensch 2020 - transdisziplinäre Perspektiven. Chemnitz: aw&l Wissenschaft und Praxis, 2015, S. 221 – 232

Hexagon MI: Firmenpräsentation. www.hexagonMI.com, verfügbar: 30.09.2019

IW – Institut der deutschen Wirtschaft: Beschäftigte in der Industrie. Erwerbstätige nach Wirtschaftsbereichen. https://www.deutschlandinzahlen.de, verfügbar: 29.08.2019

Matthes, Jörg; Mahn, Uwe: Topologieoptimierung mit nachgeschalteter CAD-Modellaufbereitung für die Additive Fertigung. 36. CADFEM ANSYS Simulation Conference 2018, 2018

Paul, G.; Kreutzmann, F.; Krötzsch, S.: Grundlagen rechnerunterstützter Ingenieursysteme. Vorlesungsskript, Otto-von-Guericke-Universität Magdeburg, 2001

Trumpold, H.; Beck, Ch.; Richter, G.: Toleranzsysteme und Toleranzdesign – Qualität im Austauschbau. Carl Hanser Verlag München Wien, 1997

Ufer, René: Erfolgreiche Etablierung des PLM-Gedankens in Unternehmen. Digitalisierung in Industrie und Gesellschaft - Arbeiten und Leben im Umfeld der 4. Industriellen Revolution (S. 139-141). Mittweida: Hochschule Mittweida, 2018

VDI: Statusreport - Durchgängiges Engineering in Industrie 4.0 –Wertschöpfungsketten. 2016

VDMA – Verband Deutscher Maschinen- und Anlagenbau e. V.: Maschinenbau in Zahl und Bild 2018. http://vdma.de, verfügbar: 29.08.2019

# Ist Sicherheit die Abwesenheit von Kriminalität?

P(Sicherheit) = 1 – P(Kriminalität)

Dirk Labudde
Hochschule Mittweida, Fakultät Angewandte Computer- und Biowissenschaften, Forensic Science Investigation Lab (FoSIL); Fraunhofer-Institut für Sichere Informationstechnologie SIT Darmstadt

## 1 Prima nota

Dieses Kapitel hätte ohne Ludwig Hilmer nicht entstehen können. Gerade die Forensik an der Hochschule Mittweida verdankt ihm ihre Existenz, Entwicklung und gegenwärtige Würdigung. Gerade seine Expertise in medialen sowie gesellschaftlichen Diskursen bereitete den Weg der Allgemeinen und Digitalen Forensik an der Hochschule und weit darüber hinaus. Dafür gilt ihm mein persönlicher Dank und meine Anerkennung.

## 2 Einleitung

Die Wünsche nach größtmöglicher Sicherheit einerseits und möglichst weitgehender individueller Freiheit andererseits stehen in einem starken Spannungsverhältnis. In diesem Beitrag soll ein Zusammenhang zwischen dem Konzept Sicherheit (im Sinne der „Security") und Kriminalität hergestellt werden. Die Beantwortung der Frage „Ist Sicherheit die Abwesenheit von Kriminalität?" erfolgt auf der Grundlage von Modellansätzen aus den Bereichen des „Predictive Policing" und der Aufstellung eines Wechselwirkungsmodells zwischen Akteuren und einer wohldefinierten urbanen Struktur. Somit können Maßnahmen, die mit der Maximierung bzw. Optimierung von Sicherheit in diesem Kontext einhergehen, auf der Grundlage der Analyse von Kriminalität in urbanen Systemen direkt abgeleitet und umgesetzt werden.

## 3 Sicherheit und Beschreibungsebenen

Der Begriff bzw. das Verständnis über Sicherheit in einer Gesellschaft ist sehr vielschichtig. Im Gegensatz zum angloamerikanischen Sprachraum wird im deutschen Sprachraum normalerweise nicht zwischen den beiden Begriffen bzw. Themenfeldern „Security" und „Safety" unterschieden. Dieser Sachverhalt wird eher unter dem Begriff Sicherheit zusammengefasst. Während „Safety" den Schutz der Umgebung vor einem Objekt, also eine Art Isolation beschreibt, handelt es sich bei „Security" um den Schutz des Objektes vor der Umgebung. Im Zusammenhang mit dem Begriff Kriminalität werden hier die Inhalte des Begriffes „Security" näher beleuchtet.

Verallgemeinert kann Sicherheit als ein relativer Zustand angesehen werden. Die Dauer dieses Zustands wird stark beeinflusst auf der einen Seite durch technische Entwicklungen und auf der anderen Seite durch gesellschaftliche Vorschriften, Auffassungen und Verhaltensregeln. Sicherheit gilt in einer wohldefinierten Umgebung oder unter bestimmten Bedingungen. In Grenzfällen, im Sinne von unvorhersehbaren Ereignissen, können wohldefinierte und erprobte Sicherheitsvorkehrungen versagen. Sicherheit in diesem Kontext bedeutet den Schutz des Menschen vor Dingen bzw. vor anderen Menschen. An dieser Stelle kann der direkte Bezug zum Verhalten der Individuen (Mitglieder) einer Gesellschaft gezogen werden. Die Konzepte und Begriffe der Sicherheit und der Kriminalität sind durch das Regelwerk Justiz und Moralauffassung (Recht und Unrecht) verbunden. Unter einem Verbrechen wird gemeinhin ein schwerwiegender Verstoß gegen die Rechtsordnung einer Gesellschaft oder die Grundregeln menschlichen Zusammenlebens verstanden. Allgemein gesprochen handelt es sich um eine von der Gemeinschaft als Unrecht angesehene und von ihrem Gesetzgeber als kriminell qualifizierte und mit Strafe bedrohte Verletzung eines Rechtsgutes durch den von einem oder mehreren Tätern schuldhaft gesetzten, verbrecherischen Akt.

Welche Handlungen unter Strafandrohung verboten werden, bestimmt der jeweilige Gesetzgeber mit verbindlicher Wirkung für seinen Zuständigkeitsbereich – und insofern bestimmt er auch, was Kriminalität ist und was nicht. Denn aus seiner Sicht ist Kriminalität nichts anderes als die Summe der Straftaten. Als Kriminalität wird in der gesellschaftlichen Wirklichkeit folglich zunächst das bezeichnet, was im Gesetz als strafbare Handlung definiert ist: Kriminalität als Summe der strafbedrohten Handlungen. Das ist sozusagen die strafrechtlich definierte bzw. theoretische Kriminalität (Hess 2014). Eine weitere Definition von Kriminalität nach Härter ist die Bezeichnung der Kriminalität als Summe der von einer Gesellschaft bzw. einem Rechtssystem als besonders schädlich und strafbar erachteten devianten Verhaltensweisen bzw. rechtlich definierten Normverstößen: die Verbrechen, lat. crimina, heute im engeren Sinn die Straftaten (Härter 2013). Schäfer und Zapf (2001) definieren Kriminalität wie folgt: Kriminalität ist die Gesamtzahl aller Handlungen, die gegen kodifizierte Strafrechtsnormen verstoßen (Verbrechen im weiteren Sinne), sich innerhalb eines bestimmten Zeitraums und innerhalb eines geographisch abgegrenzten Raumes ereignen und erfasst werden.

Der Begriff Sicherheit, im Sinne der „Security“, ist mit Interessen verknüpft und unter verschiedenen Aspekten zu betrachten. Die Interessen können in verschiedene Ebenen eingeteilt werden:

- Internationale Interessen (Terror oder Bürgerkrieg),
- Nationale Interessen (Amoklauf oder Organisierte Kriminalität),
- Regionale Interessen (Einbruchsserien),

- Persönliche Interessen (Einbruch oder Diebstahl).

Aspekte der Sicherheit können wie folgt aufgeteilt werden:

- Gesetzliche Sicherheit,
- Technische Sicherheit,
- Gefühlte Sicherheit.

In Gesellschaften und den zugrundeliegenden urbanen Systemen lassen sich Akteure definieren, die mit den Konzepten Sicherheit und Kriminalität verbunden sind. Akteure in diesem Sinne sind Mitglieder einer Gesellschaft mit einer wohldefinierten Rollenverteilung. Alle Akteure handeln in einem vorgegebenen urbanen System. In solchen komplexen Systemen wie einer Gesellschaft (im Sinne einer Staatsform) ist es unmöglich, Risiken vollständig auszuschließen.

Die Frage „Ist Sicherheit die Abwesenheit von Kriminalität?" soll durch einen Wahrscheinlichkeitsansatz näher beleuchtet werden. Dazu werden wir uns dem aus der Systemtechnik üblichen Top-Down Ansatz bedienen und den Begriff „Sicherheitszustand" in den Mittelpunkt rücken und Kriminalität modellieren. Top-Down geht von einem allgemeinen, hohen Abstraktionsgrad, schrittweise nach unten hin zum Konkreten, Speziellen. Das Konzept Bottom-Up bezeichnet die entgegengesetzte Richtung. Hierbei handelt es sich um zwei grundsätzlich verschiedene Denkrichtungen, um komplexe Sachverhalte darstellen, beschreiben und modellieren zu können. Ziel ist die Identifikation und Charakterisierung neuer Mechanismen, um ein besseres Verständnis über die komplexen Zusammenhänge einer „besiedelten urbanen Struktur" zu erlangen. Die verwendeten Daten zur Modellierung und Simulation stammen aus statistischen Erhebungen, z. B. der Kriminalstatistik. Aus der Messung des Sicherheitszustands bzw. der Kriminalitätsrate in einem wohldefinierten Gebiet, soll ein prädiktives Modell erstellt sowie die Ausbreitung von Kriminalität unter Beachtung von Sicherheit genauer analysiert werden.

Abbildung 1 zeigt schematisch den Top-Down Ansatz. Mithilfe von Netzwerkanalysen kann das kollektive Verhalten der Akteure im urbanen System analysiert und visualisiert werden.

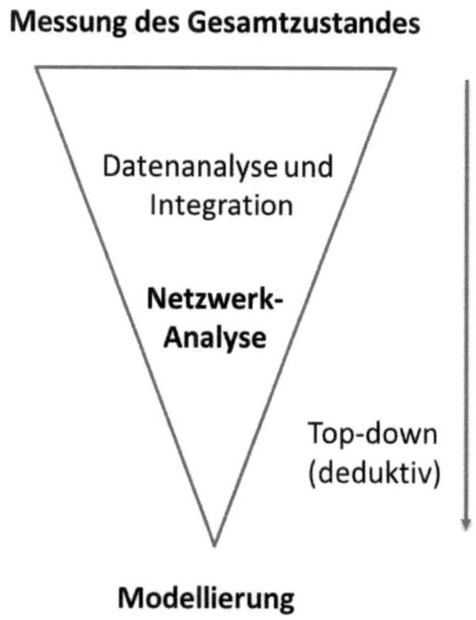


Abb. 1: Systemtheoretischer Ansatz – Top-Down. Aus der Beschreibung des Gesamtzustandes können konkrete Modelle erstellt und simuliert werden (Quelle: eigene Darstellung).

Die Simulation ist eine Vorgehensweise zur Analyse von Systemen, die für die theoretische oder formelmäßige Behandlung zu komplex sind. Dies ist überwiegend bei dynamischem Systemverhalten gegeben. Bei der Simulation werden Experimente an einem Modell durchgeführt, um Erkenntnisse über das reale System zu gewinnen. Methoden der Informationsgewinnung dienen der Aufklärung von Netzwerkstrukturen auf verschiedenen Ebenen. Während der Simulation erfolgt die Erfassung zeitlicher und räumlicher Dynamiken von „zellulären"/„System-" Komponenten unter verschiedenen Bedingungen. Durch die Visualisierung von Netzwerken und den darin befindlichen Prozessen sollen Erkenntnisse der Prozesse als Ganzes erfolgen.

Die theoretischen Ansätze sollen nun am Beispiel von Hauseinbrüchen durch zelluläre Automaten bzw. Graph-Automaten umgesetzt werden.

## 4 Das Konzept „Predictive Policing"

Ist es möglich, Sicherheit zu modellieren durch die Simulation von Kriminalität? Diese Fragestellung ist eng mit dem Begriff „Predictive Policing" verknüpft. Erste Ansätze gehen in das 18. Jahrhundert zurück (Abbildung 2).

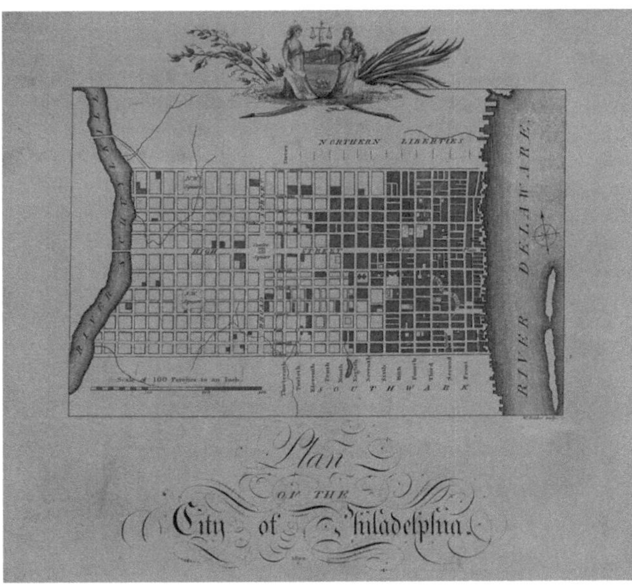


Abb. 2: Erste Ansätze der Kriminalstatistik. Städte wurden in Quadranten eingeteilt und die Anzahl der Verbrechen visualisiert (Foster 2004).

In Gitternetzen, welche sich über eine Region erstrecken, wurde die Anzahl der Verbrechen eingezeichnet. In der heutigen Zeit werden computergestützte Ansätze verwendet. Ziel dieser Werkzeuge ist die Definition von sogenannten Hotspots, Gebieten mit einer erhöhten Kriminalitätsrate. Erst in der letzten Dekade entwickelten sich Wahrscheinlichkeitsmodelle bzw. Ausbreitungsmodelle, analog zu Ansätzen aus der Epidemiologie. Die Epidemiologie (von griech. epi „auf, über", demos „Volk", lógos „Lehre") ist eine wissenschaftliche Disziplin, die sich mit der Verbreitung sowie den Ursachen und Folgen von gesundheitsbezogenen Zuständen und Ereignissen in Bevölkerungen oder Populationen beschäftigt. Die meisten Infektionskrankheiten können mathematisch modelliert werden, um ihr epidemiologisches Verhalten zu untersuchen oder zu prognostizieren. Solche mathematischen Ansätze und Modelle wurden auf das Gebiet des „Predictive Policing" in urbanen Räumen überführt.

„Predictive Policing" bedeutet „vorausschauende Polizeiarbeit" und bezeichnet die Verwendung mathematischer Modelle, um Tatwahrscheinlichkeiten vorherzusagen und mithilfe operativer Maßnahmen, beispielsweise mit erhöhter polizeilicher Präsenz, auf diese reagieren zu können.

In der Verbrechenssoziologie wird seit den 1970er Jahren von der „Repeat Victimisation" (Grove und Farrell 2011) gesprochen, die sich Vorhersagesoftware zunutze macht. Gemeint ist die Annahme, dass Orte oder Personen mehrfach aufgesucht („viktimisiert") würden. „Re-Viktimisierungen" finden demnach sehr bald nach den vorherigen Ereignissen statt (meist bis 48 Stunden danach). Dies lässt sich leicht in einen Algorithmus umwandeln. Vielleicht erklärt dies die momentane Beschränkung der in Deutschland getesteten Software auf Wohnungseinbruch, denn dort wurde die „Repeat Victimisation" häufig getestet. Allerdings wurde die Hypothese laut der Studie in den USA auch im

Zusammenhang mit Feuergefechten, KFZ-Diebstahl oder Raub ausgeweitet und später um die „Broken-Windows-Theorie" ergänzt.

Eine weitere theoretische Grundlage ist die „Routine-Activity-Theorie" (Pesch und Neubacher 2011), die regelmäßige Tätigkeiten untersucht und einbezieht. Zu diesen Routineaktivitäten gehört das Ausgehen am Wochenende, der Besuch von Großveranstaltungen oder das Pendeln zur Arbeit. Computergestützte Ansätze machen sich dies zunutze, indem Daten von Großveranstaltungen oder Verkehrsdaten eingebunden werden. In einer ähnlichen Herangehensweise wird ein „Lifestyle Approach" angenommen, der bestimmten Tätigkeiten nach Alter, Geschlecht, Einkommen, Familienstand oder Bildung zuschreibt. So kann etwa berücksichtigt werden, in welchen Gegenden Menschen mit hohem Einkommen oder wenig Bildung leben, was dann Rückschlüsse auf bevorstehende Straftaten erlauben kann.

Insbesondere im urbanen Raum kann durch „Predictive Policing" eine ökonomische Effizienzsteigerung der Polizeiarbeit erfolgen. Durch die dank moderner Technologien stetig wachsende Datengrundlage wird diese Technik in den letzten Jahren immer bedeutsamer. Dabei werden die Methoden zur Vorhersage bereits in anderen Branchen eingesetzt, so zum Beispiel bei der Vorhersage des Konsumverhaltens in Supermärkten. So können Verbindungen zwischen dem Kauf gewisser Artikel und bevorstehenden Wetterereignissen gezogen werden. Die amerikanische Supermarktkette Walmart stellte dabei fest, dass Kunden vor derartigen Ereignissen gehäuft Wasserflaschen, Klebeband und Erdbeerkuchen kaufen. Die Verbindung der ersten beiden Artikel zu schlechten Wetterereignissen ist offensichtlich, die der Erdbeerkuchen jedoch nicht. Dennoch kann mit Hilfe von statistischen Analysen eine derartige Verbindung aufgedeckt werden. In gleicher Art und Weise können Verbindungen zwischen kriminalistisch relevanten Ereignissen durch die Techniken des „Predictive Policing" abgeleitet werden. Durch die Untersuchung und Auswertung vergangener Ereignisse in lokaler

Umgebung können zukünftige Verbrechen mit einer gewissen Konfidenz vorhergesagt werden.

Vor allem durch das Aufkommen der Massendaten und neuartiger Auswertemethoden hat „Predictive Policing“ in den letzten Jahren stark an Popularität gewonnen.

Eine im Jahr 2008 veröffentlichte Studie bedient sich der Analyse wiederkehrender lokaler Muster, um das Auftreten von Schießereien in Philadelphia, USA (Ratcliff und Rengert 2008) vorherzusagen. Durch die Anwendung räumlich-zeitlicher Clusteringmethoden konnte gezeigt werden, dass das Auftreten einer erneuten Schießerei innerhalb von zwei Wochen und maximal einen Bezirk entfernt um 33 Prozent erhöht ist (siehe Abbildung 3).

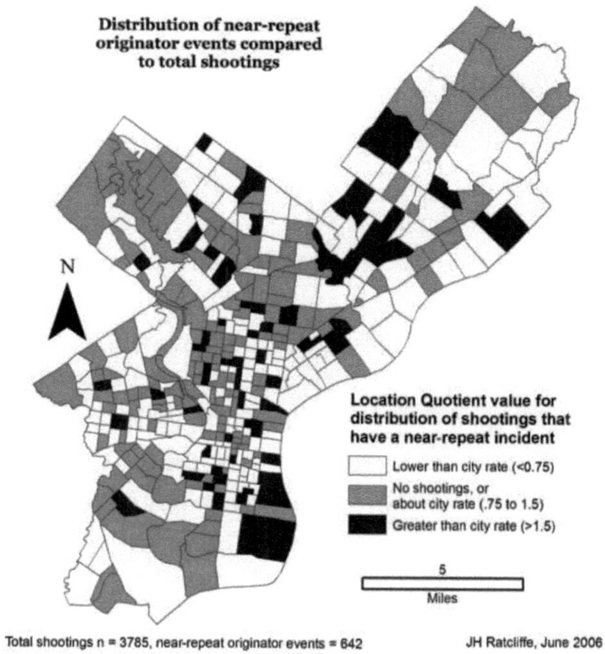


Abb. 3: Die Vorhersage des Auftretens von Schießereien im räumlich-zeitlichen Umfeld von Philadelphia, USA (Ratcliff und Rengert 2008).

Vor allem in Bezug auf die Wiederholung von Straftaten kann „Predictive Policing" einen wertvollen Beitrag leisten. Eine Untersuchung aus dem Jahr 2012 analysierte das Auftreten von Einbruchserien. Hierbei wurde gezeigt, dass zwischen Beginn und Ende der Serie selten mehr als sieben Tage liegen (Haberman und Ratcliffe 2012). Auch der organisatorische Umfang der präventiven Bekämpfung derartiger Verbrechen kann durch den Einsatz von „Predictive Policing" besser abgeschätzt werden. Dies erweist sich jedoch als besonders anspruchsvoll, wenn, wie im Beispiel von kurz andauernden Einbruchserien, schnelles Eingreifen und Flexibilität in der Organisationsstruktur notwendig sind.

Generell sind die Aussichten des Vorhersagens sogenannter Kriminalitäts-Hot-Spots vielversprechend. Insbesondere das Verwenden von aufgezeichneten Daten zur Bildung einer Hot-Spot-Karte führt zu erfolgreichen Vorhersagen von Kriminalitätsschwerpunkten (Bowers, Johnson und Pease 2004).

Insbesondere die Anwendung auf urbane Systeme ist Gegenstand aktueller Forschung (Groff 2007). Dies beruht häufig auf der Annahme, dass Straftaten sich räumlich als auch zeitlich zuordnen lassen (Johnson 2008). Dennoch existieren zwei Grundannahmen: Zum einen besagt die sog. Boost-Theorie, dass durch einen Einbruch betroffene Häuser zukünftig noch weitere Straftäter anziehen, die die guten Gelegenheiten weiter ausnutzen wollen (z.B. nach dem ersten Einbruch ersetzte oder zurückgelassene Gegenstände). Konträr dazu besagt die Flagged-Theorie, dass mehrere Einbrüche das Risiko für die Straftäter erhöhen: Die attraktiven Ziele sind bereits polizeibekannt oder markiert (flagged).

Auch die Vorhersage des am wahrscheinlichsten nächsten räumlichen Ballungszentrums (Clusters) einer Verbrechensserie ist ein wichtiger Indikator, der für die Analyse herangezogen werden sollte. Obwohl die konkrete Lokalisierung zukünftiger Cluster schwierig erscheint, zeigen sich gewisse Muster, die ein „Gleiten" in nahe Stadtgebiete widerspiegeln (Johnson und Bowers 2004).

Die Integration taggenauer Informationen in die Vorhersage von Kriminalitäts-Hot-Spots erhöht die Chancen, engere Zeitfenster angeben zu können, in denen ein Verbrechen wahrscheinlich stattfinden wird. Damit können vorhandene Ressourcen und Polizeikräfte effizienter und intelligenter verteilt werden (Tompson und Townsley 2010).

Bereits frühere Studien haben gezeigt, dass die Vorhersage von Verbrechensschauplätzen an Genauigkeit gewinnt, sobald größere Datengrundlagen betrachtet werden. Am Beispiel von Seattle, USA wurden Daten von 14 Jahren einbezogen, um den generellen Trend und die Verschiebung von Kriminalitäts-Hot-Spots zu untersuchen (Weisburd et al. 2004).

## 5 Simulation von Kriminalitätsausbreitung in Urbanen Systemen

Für die Simulation der Dynamik räumlicher Prozesse können Zelluläre Automaten (ZA) und Multi-Agenten-Systeme (MAS) verwendet werdet werden. Zelluläre Automaten wurden erstmals in den 1940er Jahren von Stanislaw Ulam und John von Neumann entwickelt, um das Verhalten von Teilchen beim atomaren Zerfall zu beobachten. Dabei bestimmt ein einfaches Set von Regeln das Verhalten des ZA im Laufe der Zeit. Der zugrundeliegende, zu simulierende Raum wird in Kompartimente (die namensgebenden Zellen) eingeteilt, die in Nachbarschaftsbeziehungen miteinander stehen. ZA stellen eine Möglichkeit dar, komplexe Interaktionen wie Schwarmverhalten und Selbstorganisation zu verstehen. Formal handelt es sich bei zellulären Automaten um eine Sonderform der deterministischen endlichen Automaten. Der grundlegende ZA lässt sich wie folgt definieren:

Sei Z eine Sequenz von Zellen und in jeder Zelle $z \in Z$ wird ein Automat A= (Q,q_0,δ,q_+ ) platziert. Dabei ist Q die Menge an Zuständen, q_0 der neutrale Zustand, q_+ der akzeptierte Zustand und δ die Übergangsfunktion. Die Übergangsfunktion bildet von Q^3 auf Q ab. Die Definitionsmenge Q^3 besteht aus den Zuständen der Nachbarschaft des Automaten (linker und rechter Nachbar in einem eindimensionalen System) sowie dem Zustand des Automaten selbst. Die Zielmenge ist wiederum ein Zustand, der durch einen Regelsatz vorgeschrieben ist (Wolfram 1994).

Bei dieser Definition für ZA sind die Zellen streng geometrisch definiert und können durch regelmäßige sogenannte Parkettierungen abgebildet werden. In den 1970er Jahren wurde diese strenge Definition von ZA mit einer flexibleren erweitert (Wu und Rosenfeld 1979).

Dabei sind die Nachbarschaftsbeziehungen nicht mehr durch angrenzende Geometrien bestimmt, sondern ergeben sich aus einem Graphen (siehe Abbildung 4).

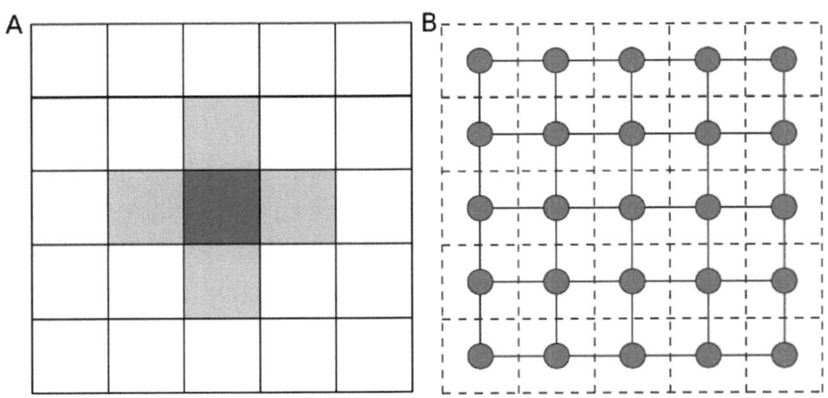


Abb. 4: A zeigt die Parkettierung eines klassischen zweidimensionalen Zellulären Automaten. B zeigt den gleichen Automaten mit einer dynamischen auf Graphen basierenden Nachbarschaftsbeziehung (Quelle: eigene Darstellung).

Multi-Agenten-Systeme sind eine weitere Möglichkeit, das Verhalten komplexer Systeme zu modellieren und zu simulieren. Hierbei handelt es sich um ein Simulationssystem, angelehnt an das Forschungsfeld der verteilten künstlichen Intelligenz. Jeder sogenannte Agent ist eine Entität, die in Abhängigkeit ihrer Umgebung Handlungen vollführt. Dabei interagiert jeder Agent mit anderen Agenten in der unmittelbaren Umgebung und tauscht Informationen mit diesen aus.

Durch Kombination und Interaktion der beiden Konzepte MSA und ZA können sowohl unabhängig agierende Gruppen von Agenten als auch die eher statischen Rahmenbedingungen abgebildet werden. Dieses System aus MSA und ZA konnte bereits in der Planung von urbanen Systemen Anwendung finden (König 2010).

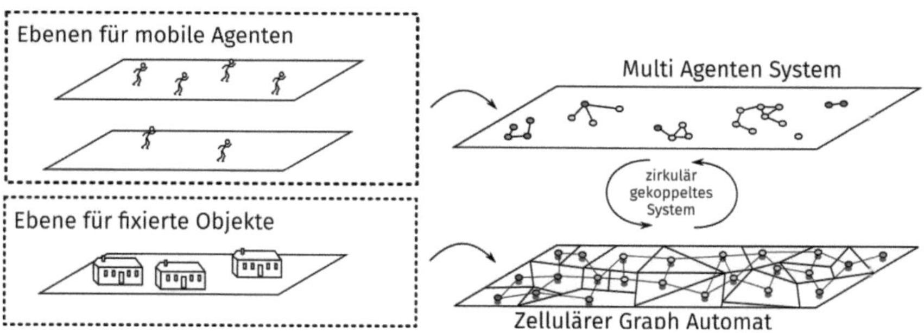


Abb. 5: Für die Simulation der Dynamik räumlicher Prozesse können Zelluläre Automaten (ZA) und Multi-Agenten Systeme (MAS) verwendet werden (Quelle: eigene Darstellung).

ZA bilden räumliche Elemente wie Straßen, Parzellen und Gebäude ab. Diese werden als örtlich fixierte Objekte behandelt, deren Zustände sich zu bestimmten Zeitpunkten verändern können. In einem ersten Abstraktionsschritt werden diese Elemente in die Zellen eines regelmäßigen Rasters übertragen und als Status einer solchen Zelle gespeichert (Abbildung 5: Ebene für fixierte Objekte). Eine zweite Ebene beinhaltet die individuellen und kollektiven urbanen Akteure, die im Folgenden als Agenten bezeichnet werden. Im Gegensatz zu den Zellen sind Agenten mobil und können sich frei über das Zellenraster, den zellulären Raum, bewegen. Es lassen sich verschiedene Arten der Kommunikation der Agenten untereinander sowie der Agenten mit den Zellen definieren (Abbildung 5: Ebene für mobile Agenten).

Der Übergang von Zellulären Automaten zu Graphen-Automaten stellt eine deutliche Verbesserung des Modells dar. Die Definition der Nachbarn durch einen Graphen führt zur flexiblen Modifizierung der Nachbarschaftsgeometrie, und die Nachbarschaftsbeziehungen können sich so jederzeit ändern. Im Umkehrschluss können nun auch Topologien (Nachbarschaftsgeometrien) geschaffen werden, die eine Ausbreitung von Kriminalität hemmen bzw. unterbinden. Die Ausbreitung eines Ereignisses (z. B. Einbruch) wird im Wesentlichen von der Topologie beeinflusst, in der Zeitreihen-Darstellung (Abbildung 6) wird dies noch im Detail deutlich. In der Arbeit von Porta et al. (2006) werden verschiedene Szenarien der Topologieveränderung und deren Einfluss auf die Ausbreitung von Ereignissen detailliert dargestellt und diskutiert.

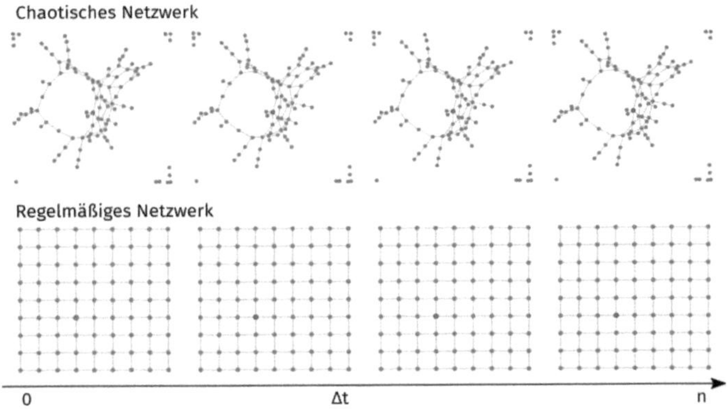


Abb. 6: Darstellung des Einflusses der Topologie auf die zeitliche Ausbreitung von Ereignissen. Im oberen Panel ist die zugrundeliegende Topologie durch eine reale Nachbarschaftsbeziehung dargestellt (chaotisches Netzwerk) und im unteren Panel aus zellulärem Automat (regelmäßiges Netzwerk) (Quelle: eigene Darstellung).

## 6 Anwendungsfälle von „Predictive Policing“

Im Sinne der oben dargestellten Definition von „Predictive Policing“, lassen sich in erster Näherung zwei Fragestellungen ableiten:

- Wenn ein kriminelles Ereignis stattfindet, wie verhält sich das Risiko in der Umgebung?
- Gibt es bestimmte Tage im Jahr, Wochentage oder Tageszeiten, an denen kriminelle Ereignisse tendenziell öfter zu erwarten sind?

Beide Fragen können mit der „Near-repeat pattern“-Analyse und einer zugrundeliegenden Kriminalstatistik beantwortet werden. Wiederholte Überfälle auf gleiche oder naheliegende Orte können als bedingte Wahrscheinlichkeit abgebildet werden:

$P(A\,|\,x,t) \rightarrow P(B\,|\,x+\Delta x, t+\Delta t)$ und geben Aufschluss über den Einfluss eines Überfalls A an einem Ort x zur Zeit t zu einem späteren Zeitpunkt $t+\Delta t$ und nahe gelegenen Ort $x+\Delta x$. Die Relationen für Zeit und Ort können aus Statistiken abgeleitet werden. Die Beantwortung der Frage nach dem Auftreten von kriminellen Ereignissen zu bestimmten Zeiten kann durch das Konzept des Cyclic-load forecasting abgebildet werden. Die Gleichung

$$P(Ereignis|Zeitpunkt) = P(Ereignis|Monat) + P(Ereignis|Tag) + P(Ereignis|Wochentag) + P(Ereignis|Tageszeit) + \ldots$$

kann zur Berechnung der Wahrscheinlichkeiten genutzt werden.

Diese Modelle können nun in den verschiedensten Szenarien verwendet und die Ausbreitung möglicher krimineller Ereignisse analysiert werden.

| Szenario | Exemplarische Darstellung möglicher Ergebnisse |
|---|---|

Die Werte aus der Near-repeat pattern Analyse, der Korrelation zwischen Ort und Zeit, kann als sphärische Ausbreitung über einer urbanen Struktur abgebildet werden.

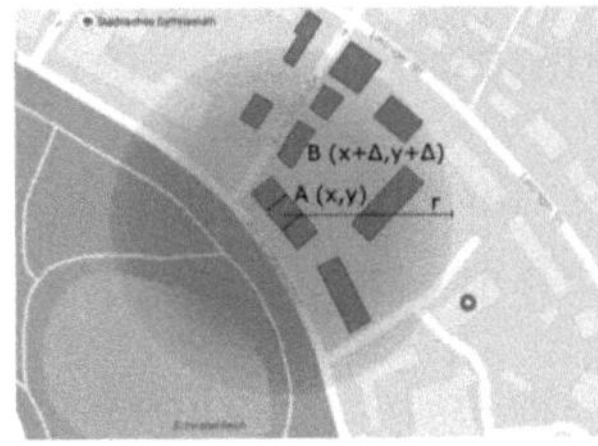


Mithilfe von Graphen, Automaten und einer Definition der benötigten Übergangswahrscheinlichkeiten kann die Ausbreitung von Ereignissen auf einer realen Topologie analysiert werden.

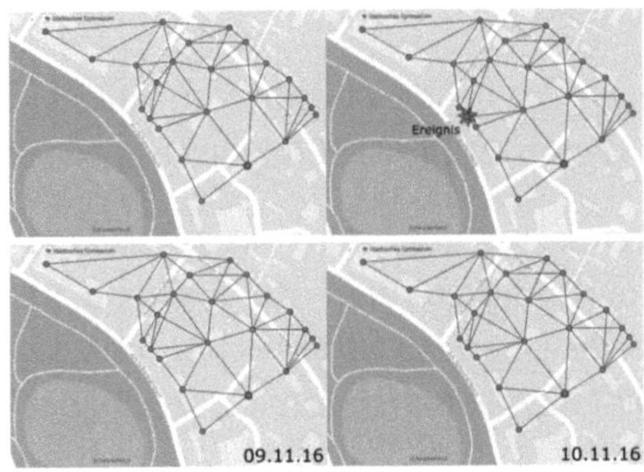


Abb. 7: Darstellung verschiedener Szenarien und der Ausbreitung eines möglichen kriminellen Ereignisses (Quelle: eigene Darstellung).

## 7 Verhältnis Sicherheit und Kriminalität

Im obigen Abschnitt wurden die Ausbreitungsprozesse von kriminellen Ereignissen beleuchtet. Um die eingangs gestellte Frage „Ist Sicherheit die Abwesenheit von Kriminalität?" zu beantworten, sollte ein Makro-Mikro-Modell herangezogen werden. Als Makroebene können der Staat und dessen Systemverhalten eingeführt werden, als Mikroebene sind die Haushalte und deren Einzelentscheidungen definierbar. Beide Ebenen sind über einen Rahmen (Regeln, Vorgaben, Interessen und Verhaltensweisen) miteinander eng verbunden und haben Einfluss auf Strukturen und Phänomene. Die Phänomene und Strukturen haben Einfluss auf die ablaufenden Prozesse. So kann zum Beispiel eine Erhöhung der Kriminalitätsrate in einem abgeschlossenen urbanen System (z. B. Land, Gemeinde, Stadt oder Stadtteil) zu spürbaren Veränderungen führen. Die Akteure können das System verlassen (Abwanderung durch Umzug) oder erhöhte technische Sicherheitsmaßnahmen vornehmen (Sicherung von Hab und Gut, Bürgerwehren). Die Akteure stehen auf verschiedenen Ebenen in Wechselwirkung. Dies hat zur Folge, dass alle Handlungsträger gegenseitig aufeinander einwirken, indem sie gleichzeitig die Umgebung der anderen Handlungsträger darstellen und das gemeinsam erzeugte Handeln mitbestimmen. Die Verhaltensweisen sind nicht direkt, sondern nur über die Änderung gewisser Rahmenbedingungen beeinflussbar. Die Variation eines Parameters (z. B. Erhöhung der Kriminalitätsrate) kann einen systemweiten Phasenübergang hervorrufen oder das makroskopische Verhalten eines Systems bestimmen. Kontrollparameter können eine, den Intentionen entsprechende Wirkung, nur dann entfalten, wenn die zirkulär-kausale Verbindung zwischen den Ebenen (Urbane Struktur und mobile Akteure) Berücksichtigung findet, die auf einen Wirkungszusammenhang zwischen Prozessen, Strukturen und Phänomenen zurückgeführt werden kann.

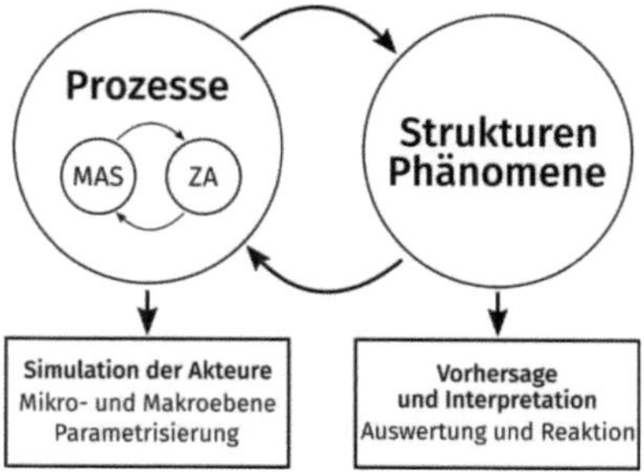


Abb. 8: Innerer Zusammenhang von Prozessen, die durch Zelluläre Automaten und ein Multi-Agenten-System beschreibbar sind, und den Strukturen und Phänomenen der Gesellschaft und/oder urbanen Struktur (Quelle: eigene Darstellung).

Sowohl auf der Makro- als auch auf der Mikroebene werden die Verhaltensweisen der Handlungsträger dadurch bestimmt, dass sie stets versuchen, die negativen Faktoren zu minimieren und die positiven zu maximieren. Somit wirkt sich das Vorhandensein von Kriminalität direkt auf das Konzept Sicherheit aus. Die eingeführten Interessen, welche mit dem Begriff Sicherheit (im Sinne der „Security"-Definition) verbunden sind, stellen intrinsische Parameter dar. So sollen Terroranschläge oder Einbruchsserien verhindert werden und die Sicherheit auf den verschiedenen Ebenen (gesetzliche, technische und gefühlte) maximiert werden.

Somit können Maßnahmen, die mit der Maximierung bzw. Optimierung von Sicherheit in diesem Kontext einhergehen, auf der Grundlage der Analyse von Kriminalität in urbanen Systemen direkt abgeleitet und umgesetzt werden.

## Dank

Der Autor möchte sich an dieser Stelle bei den Mitarbeitern der Arbeitsgruppe FoSIL (Forensic Science Investigation Lab) bedanken. Nur durch deren Unterstützung konnte dieses Manuskript erstellt werden.

## Literatur

Bowers, Kate J., Shane D. Johnson, und Ken Pease. „Prospetive Hot-Spotting: The Future of Crime Mapping?" The British Journal of Criminology 44, Nr. 5 (2004): S. 641-658.

Foster, A. K. (Hrsg.): Moral Visions and Material Ambitions: Phil- adelphia Struggles to Define the Republic, 1776-1836, Lexington: Lexington Books 2004:S. 147.

Groff, Elizabeth R., „Simulation for Theory Testing and Experimentation: An Example Using Routine Activity Theory and Street Robbery." Journal of quantitative criminology 23, Nr. 2 (2007): S. 75-103.

Grove, Louise, und Graham Farrell. „Repeat Victimization." Criminology, 2011.

Haberman, Cory P., und Jerry H. Ratcliffe. „The Predictive Policing Challenges of Near Repeat Armed Street Robberies." Policing: A Journal of Policy and Practice 6, Nr. 2 (2012): S. 151-166.

Härter, Karl. „Kriminalität." In Handwörterbuch zur deutschen Rechtsgeschichte, von Albrecht Cordes, Hans-Peter Haferkamp, Heiner Lück, Dieter Werkmüller, Ruth Schmidt-Wiegand und Christa Bertelsmeier-Kierst, S. 271-275. Berlin: Erich Schmidt Verlag, 2013.

Hess, Henner. „Theorie der Kriminalität." In Die Sinnprovinz der Kriminalität, von Henning Schmidt-Semisch und Henner Hess, S. 17- 46. VS Verlag für Sozialwissenschaften, 2014.

Johnson, Shane D., Daniel J. Birks, Lindsay McLaughlin, und Ken Pease. „Prospective crime mapping in operational context: Final report." 2007.

Johnson, Shane D., „Repeat burglary victimisation: a tale of two theories." Journal of Experimental Criminology 4, Nr. 3 (2008): S. 215-240.

Johnson, Shane D., und Kate J. Bowers. „The Stability Of Space-Time Clusters Of Burglary." British Journal of Criminology 44, Nr. 1 (2004): S. 55-65.

König, Reinhard. Simulation und Visualisierung der Dynamik räumlicher Prozesse: Wechselwirkung zwischen baulichen Strukturen und sozialräumlicher Organisation städtischer Gesellschaften. VS Verlag für Sozialwissenschaften, 2010.

Pesch, Benjamin, und Frank Neubacher. „Der Routine Activity Approach - Ein vielseitiges Instrument der Kriminologie." Jura, Nr. 3 (2011): S. 205-209.

Porta S., Crucitti P., and Latora V. (2006), The network analysis of urban streets: A dual approach, Physica A: Statistical Mechanics and its Applications, S. 369(2), S. 853 - 866.

Ratcliff, Jerry H., und George F. Rengert. „Near-Repeat Patterns in Philadelphia Shootings." Security Journal, 2008: S. 58-76.

Schäfers, Bernhard, und Wolfgang Zapf. Handwörterbuch zur Gesellschaft Deutschlands. VS Verlag für Sozialwissenschaften , 2001.

Tompson, Lisa, und Michael Townsley. „(Looking) Back to the Future: Using Space - Time Patterns to Better Predict the Location of Street Crime." International Journal of Police Science & Management, 2010: S. 23-40.

Weisburd, David, Shawn Bushway, Cynthia Lum, und Sue-Ming Yang. „Trajectories of Crime at Places: A Longitudinal Study of Street SEgments in the City of Seattle." Criminology, 2004: S. 283-322.

Wolfram, Stephen, Cellular Automata And Complexity: Collected Papers. Westview Press, 1994.

Wu, Angela, und Azriel Rosenfeld. „Cellular graph automata. I. basic concepts, graph property measurement, closure properties." Information and Control, 1979: S. 305-329.

# Medien Macher

# LAIEN-Radio für Anfänger -

## Ein Blick in die Gründerzeit des lokalen Privatfunks in Bayern

Peter Spranger
Redakteur, Passauer Neue Presse

„Goldgräberstimmung" wäre sicherlich das falsche Wort, um die Situation der sich in den 1980er-Jahren rasant entwickelnden Privatradio-Landschaft in Bayern zu beschreiben. Es war wahrlich nicht alles Gold damals. Vielmehr galt das auch dem Focus-Gründer Helmut Markwort zugeschriebene Bonmot, die Amerikaner hätten Johnny Cash und Bob Hope, um die Menschen zu unterhalten, die Deutschen hingegen „no Cash und no Hope".

Dennoch herrschte unleugbar eine gewisse Aufbruchs-Euphorie, als Mitte der 1980er-Jahre auch in Bayern die ersten Privatradios entstanden. Ludwig Hilmer und ich hatten seit 1979 während unserer gesamten Regensburger Studienzeit in verschiedenen Wohngemeinschaften zusammen gewohnt. Die letzte dieser WGs residierte in einem größeren Wohnblock in der Schwabenstraße, unweit der Universität, nannte sich selbst „DENKERZENTRUM OSTBAYERN". Zu dieser WG gehörten neben Ludwig Hilmer und mir mein Cousin Hansjörg Hühnel – heute als Rechtsanwalt in Freiberg niedergelassen – Otto Altendorfer – der leider 2016 bereits verstorbene spätere Professorenkollege von Ludwig Hilmer an der Hochschule in Mittweida.

Zu viert gründeten wir 1986 die „Arbeitsgemeinschaft Lokaler Rundfunk" (ArGe Lok-Funk) mit dem Ziel, in der neu entstehenden Privatfunk-Branche Fuß zu fassen, möglicherweise ein berufliches Betätigungsfeld zu finden und unsere medienpolitischen Ziele und Anliegen voranzubringen. Diese lagen – nicht zuletzt biografisch bedingt – in den

Bereichen Kommunalpolitik und Sport. Bei mir selbst lag schon wegen der Kombination meiner Studienfächer Germanistik und Politikwissenschaften das Ziel einer beruflichen Tätigkeit im Bereich des Journalismus nahe.

Die bayerische Medienlandschaft war damals heftig in Bewegung. Noch vor dem landesweiten privaten Hörfunk (Antenne Bayern) entstand im Freistaat die Überlegung, Radioprogramme mit eng begrenzten lokalen Reichweiten über UKW zu verbreiten. Den rechtlichen Rahmen dafür schuf das Medienerprobungs- und Entwicklungsgesetz (MEG) vom 22.11.1984. Dieses Gesetz wurde zwei Jahre später vom Bayerischen Verwaltungsgerichtshof im Wesentlichen bestätigt, aber auch modifiziert und konkretisiert.

Die dadurch einsetzende Ausweitung der Medienlandschaft im Freistaat eröffnete auch uns Perspektiven, um uns in dieser neu entstehenden Branche zu etablieren. Die Grundsätze, die für den lokalen Rundfunk in Bayern gelten sollten, sahen vor:

Rundfunk war nur in öffentlich-rechtlicher Trägerschaft möglich.

Diese durfte sich nicht auf „eine bloße Beaufsichtigung oder Kontrolle" der Programme beschränken, sondern musste eine tatsächliche Einflussnahme ermöglichen, da der öffentlich-rechtliche Träger das Programm auch zu verantworten hatte.

Der öffentlich-rechtliche Träger musste das Programm indes nicht selbst produzieren, sondern konnte dies privaten Anbietern überlassen, beziehungsweise diese damit beauftragen.

Das Programm eines Senders musste in sich ausgewogen sein.

Der Staat, Kommunen oder auch politische Parteien konnten nicht selbst als Programmanbieter agieren.

Das Entstehen örtlicher Meinungsmonopole sollte durch das MEG ausdrücklich verhindert werden.

Leitsatz 8 der Entscheidung des Bayerischen Verfassungsgerichtshofs stellte daher explizit fest: „Vor allem in regional und lokal abgegrenzten Bereichen dürfen sich Meinungsmacht im Rundfunk und Meinungsmacht der Presse nicht derart verbinden, dass eine vorherrschende multimediale Meinungsmacht entsteht."

Denn natürlich hatten die Zeitungsverlage nicht nur ein vitales Interesse daran, sich in dem neuen, durch das MEG möglich gewordenen Konkurrenzmedium zu betätigen, sondern strebten danach, dort die dominierende Rolle zu spielen, bzw. die dominierende Rolle, die sie bis dahin in der Medienlandschaft gespielt hatten, in diesen Bereich auszudehnen. Ich habe dies damals gelegentlich mit dem Beispiel der Firma Opel zu versinnbildlichen versucht. Der Schlosser Adam Opel hatte im August 1862 in seinem Heimatort Rüsselsheim mit dem Bau von Nähmaschinen begonnen. Seine Söhne drängten ihn später, in das aufkeimende Fahrrad-Geschäft einzusteigen. Als Adam Opel 1895 starb, gehörte seine Fahrrad- und Nähmaschinenfabrik zu den erfolgreichsten in Europa. Seine Söhne führten die Geschäfte fort – und bewiesen eine Spürnase für neue Entwicklungen. Als wenig später der Siegeszug des Automobils begann, wäre es für eine Fahrradfabrik eine fatale Entscheidung gewesen, bei der bisherigen Produktpalette zu bleiben. Die Idee, auf die neue Technik aufzuspringen und ein eigenes Automobil zu bauen, lag nahe und so begann 1899 in Rüsselsheim die Fertigung der ersten Opel-Automobile. So hatten auch die Zeitungsverleger jahrzehntelang erfolgreich Tageszeitungen produziert – gleichsam ihre Fahrräder. Als nun auf lokaler Ebene mit dem Rundfunk ein neues, schnelleres Medienprodukt – gleichsam das Automobil – sich auszubreiten begann, war es nur allzu verständlich, dass die Zeitungsverlage hier nicht nur ein Bein in die Tür bekommen, sondern am besten die volle Kontrolle erringen wollten. Genau dem wollte jedoch das MEG ursprünglich einen Riegel vorschieben, wenngleich – wie sich zeigen sollte – das nicht dauerhaft von Erfolg gekrönt sein sollte. Es bedeutete jedoch zumindest, dass die Zeitungsverleger vor Ort nicht die dominierenden oder gar die alleinigen Rundfunkanbieter in einer Region sein durften. Ein klares Votum des Gesetzgebers zugunsten anderer, neuer und auch kleinerer Programmanbieter – und eine Nische, in der auch die ArGe Lok-Funk einen Platz zu finden beabsichtigte. Wir gingen daran, uns als Anbieter in verschiedenen der entstehenden neuen lokalen Sendegebiete zu bewerben.

De facto sah die Organisation der neuen lokalen Rundfunksender in Bayern damals folgendermaßen aus: Der vom Gesetzgeber vorgeschriebene öffentlich-rechtliche Träger für den privaten Rundfunk war die BLM, die Bayerische Landeszentrale für neue Medien. Deren Struktur und innerer Aufbau ähnelte anderen Anstalten des öffentlichen Rechts, wie zum Beispiel dem Bayerischen Rundfunk. Unter dem Dach der BLM wurden in ganz Bayern örtliche Kabelgesellschaften gegründet, die die lokalen Rundfunkprogramme organisieren und die dafür notwendigen technischen Voraussetzungen und Einrichtungen schaffen und bereitstellen sollten (Sendeanlagen, Frequenzen). Gestaltet werden sollten die Programme von höchst unterschiedlichen privaten Anbietern, deren Inhalte die Kabelgesellschaften unter dem öffentlich-rechtlichen Dach der BLM verbreiten sollten. An diesen örtlichen Kabelgesellschaften sollten sich – neben Landkreisen und Kommunen, gemeinnützigen, kulturellen und gesellschaftlichen Organisationen oder den Kirchen – auch die privaten Anbieter beteiligen können.

Auf relativ tönernen Füßen stand die Finanzierung des gesamten Konstrukts: Die BLM finanzierte sich aus staatlichen Zuschüssen, Gebühren und sonstigen Einnahmen. Das Geld für die Kabelgesellschaften stammte aus den Mitteln der beteiligten Anbieter, Einnahmen aus den Verträgen mit den Anbietern (Lizenzen) und den Teilnehmerentgelten

(„Kabelgroschen") der Kunden, die diesen als Aufschlag zur Rundfunkgebühr für den öffentlich-rechtlichen Rundfunk und das Fernsehen zu entrichten hatten. Die privaten Anbieter wiederum mussten sich aus Eigenmitteln und erst noch zu generierenden Werbeeinnahmen tragen, die sie mit ihrem Programm zu erzielen bestrebt waren.

Die ArGe Lok-Funk ging im Herbst 1986 daran, sich als Anbieter in der Lokalfunk-Landschaft zu etablieren, ohne im Mindesten über Cash zu verfügen und Anlass für Hope zu bieten. Als Erstes bewarb sich die ArGe bei der Kabelgesellschaft für die Oberpfalz in Regensburg um eine Sendelizenz in Regensburg, dem gemeinsamen Studienort der vier ArGe-Gesellschafter. Ohne Erfolg! Als niederbayerischen Studenten, die nur eher temporär und zufällig an einer Universität in der Oberpfalz gelandet waren, wurde uns „mangelnder regionaler Bezug" attestiert und so unser Mitwirken an den entstehenden Sendern Radio Charivari und Radio Gong in Regensburg mit einer, wie uns seinerzeit erschien, höchst fadenscheinigen und suspekten Begründung untersagt. Doch wenn „mangelnder regionaler Bezug" der einzige Grund war, uns von einer Anbietertätigkeit im lokalen Rundfunk auszuschließen: ein solcher ließ sich leicht herstellen, dort wo er wirklich vorhanden war, in Niederbayern, wo wir allesamt herstammten.

In Niederbayern waren 1986/87 zwei Kabelgesellschaften tätig: die Erste Kabelgesellschaft in Niederbayern GmbH in Landshut und die Kabelgesellschaft Donau/Wald (KGDW) GmbH in Passau. Während erstere für die Organisation lokalen Hörfunks in den Orten Landshut, Straubing, Dingolfing, Pfarrkirchen und Umgebung verantwortlich zeichnete, erstreckte sich die Zuständigkeit der anderen auf die Region Donau/Wald, also das Gebiet um Passau und Deggendorf sowie den Bayerischen Wald mit vorgesehenen Sendestandorten in Freyung und Regen. Hier konnte die ArGe Lokaler Rundfunk den geforderten lokalen Bezug ohne weiteres überzeugend darstellen: Hansjörg Hühnel war in Landshut geboren, Otto Altendorfer kam aus Ottering bei Dingolfing, Ludwig Hilmer und ich waren beide im Landkreis Regen geboren und aufgewachsen. Lokalen Bezug konnte uns hier somit niemand absprechen.

Also bewarb sich die ArGe Lokaler Rundfunk um eine Sendelizenz bei der KGDW. Die Kabelgesellschaft Donau/Wald setzte sich anfangs aus folgenden Mitgliedern zusammen: den Landkreisen, Städten und Gemeinden aus der Region Donau/Wald, Verbänden und Organisationen aus Kultur, Gesellschaft und Wirtschaft, wie Volkshochschulen und Kirchen, und den eigentlichen Rundfunkanbietern. Dazu zählten etwa die Passauer Neuen Medien (PNM) als Tochterfirma des örtlichen Zeitungsverlages Passauer Neue Presse, die Anzeigenblatt GmbH Ostbayern, die auch die örtlichen Wochenblätter herausgab, der lokale Fernsehanbieter Tele Regional Passau (TRP), der Morsak-Verlag Grafenau, Radio Bäderdreieck (Pressebüro Rudolf G. Maier, Bad Füssing) und eben auch die ArGe Lokaler Rundfunk.

Diese wurde mit einem formellen Anteil von 6,24 Prozent als Anbieter beim neu entstehenden Radioprogramm von Radio Passau (später firmierte das Programm unter dem Namen „unserRadio") zugelassen. Und so konnte im Sommer 1987, mit einiger Verspätung gegenüber dem ursprünglichen Zeitplan, der Sendebetrieb des lokalen Rundfunks im Gebiet der KGDW beginnen. Am 25. Juli 1987 ging zunächst der UKW-Sender Passau auf der Frequenz 98,2 MHz in Betrieb, wenig später war das Studio in Freyung auf 101,5 MHz „on air". Im Oktober 1987 folgte dann das Studio in Regen; dort wurde auf der Frequenz 89,3 MHz gesendet. Beim ebenfalls vorgesehenen Sender in Deggendorf verzögerte sich der Start bis zum 1. Oktober 1988, weil es hier durch die Nähe zu Straubing, das in die Zuständigkeit der Landshuter Kabelgesellschaft fiel, medienpolitische und rechtliche Probleme gab. Später kamen, um die Empfangbarkeit des Programms zu verbessern, weitere Füllsender und Umsetzer hinzu: Für Passau in Vilshofen und

Bad Griesbach, für Freyung in Grafenau und für Regen in Viechtach, die Umsetzer in Grafenau und Viechtach sendeten im Übrigen auf der gleichen Frequenz 97,2 MHz. Die Sendeleistung war aber niedrig genug, um gegenseitige Störungen der etwa 40 Kilometer Luftlinie voneinander entfernten beiden Füllsender auszuschließen.

In Passau waren schließlich am Sendebetrieb beteiligt: die PNM mit einem Anteil von 31,25 Prozent, Tele Regional mit 25,0 Prozent, das Anzeigenblatt Südostbayern mit 18,74 Prozent, die Anbietergemeinschaft der gemeinnützigen, kulturellen und kirchlichen Institutionen mit 8,40 Prozent, die ArGe Lok-Funk mit 6,24 Prozent, der Verband der Volkshochschulen für die Landkreise Passau und Regen mit jeweils 3,13 Prozent und Radio Bäderdreieck mit 0,98 Prozent.

Das Programmkonzept, mit dem die ArGe Lok-Funk ihren Programmanteil bestreiten und gestalten wollte, beruhte auf zwei Kernpunkten: Kommunalpolitik und lokales Sportgeschehen. Ausgehend von der Erkenntnis, dass wir als lokaler Rundfunkanbieter und in einem lokal begrenzten Sendegebiet bestimmte Programmelemente weder sinnvoll anbieten noch mit einem solchen Programm beim potentiellen Hörer des Programms würden „punkten" können, konzentrierte sich die ArGe auf das für sie „Machbare". Sollten wir wirklich versuchen, Stars und Sternchen aus dem Musik- oder Film-Business einzuladen, um ihre neuesten Filme oder CDs vorzustellen? Die C-Promis aus bestimmten Casting-, Kuppel- oder noch ganz anderen Shows gab es damals zum Glück noch nicht, so dass wir wenigstens an Deutschlands Superstars, Supertalente, Dancing-Queens, Bauern, die eine Frau oder Frauen, die einen Bauern gefunden haben, gesuchte Schwiegertöchter oder Bachelor(ette)-Kandidaten keinen Gedanken verschwenden mussten. Sollten wir wirklich versuchen, über bundespolitische Entwicklungen zu berichten oder die Entscheidungen und Querelen der „Mächtigen" damals noch in Bonn, später in Berlin zu kommentieren? Sollten wir versuchen, Operninszenierungen, Theaterskandale oder feuilletonistische Eitelkeiten zu rezensieren?

Nein, wir legten den Fokus auf Themen, bei denen wir über einigermaßen fundierte Kenntnisse verfügten und die sich im Einklang mit unseren persönlichen Interessen befanden. Wir setzten auf (Lokal-)Sport und Kommunalpolitik. „Heute bin ich im Radio" lautete der Claim unserer Programmphilosophie! Landkreis- und Gemeindepolitik, die damals noch nicht im Internet, bei Facebook oder Twitter, die es noch (lange) nicht gab, ausgebreitet, sondern monopolistisch von der lokalen Tageszeitung „beackert" wurde, sollte ein neues – unmittelbareres – Medium erhalten! Dabei sollten die Akteure selbst zu Wort kommen: O-Töne aus dem Rathaus, aus der Parteiversammlung oder beispielsweise auch aus Firmen sollten eine unmittelbarere Darstellung gestatten als die vermittelte „Second-Hand-Berichterstattung" in Form von (oft wertenden, nicht selten abwertenden) Presseartikeln!

Auch das sportliche oder kulturelle Geschehen sollte durch die Live-Berichterstattung im Radio, ebenfalls durch das direkte Zu-Wort-Kommen der beteiligten Akteure – Sportler, Künstler, Funktionäre – eine zusätzliche Dimension erhalten. Und nicht zuletzt sollte auch bei der Werbung der lokale Aspekt im Vordergrund stehen! Nah am Konsumenten und Produzenten zugleich sollte sie gestaltet sein: vom örtlichen Handwerker, Händler oder Produzenten für den Kunden vor Ort! Eine Konzeption, der im Nachhinein weder ein gewisser Charme noch auch eine gewisse Naivität abzusprechen ist!

Während meine Kollegen in der ArGe Lok-Funk – so auch Ludwig Hilmer – zu diesem Zeitpunkt andere berufliche Pläne und Ziele verfolgten, zum Teil mit Promotionen beschäftigt waren, schlug ich den Weg ins journalistische Berufsfeld ein. Als im Sommer 1987 der lokale Rundfunk für Ostbayern in Passau auf Sendung ging, war ich dabei, um den formellen Programmanteil der ArGe Lokaler Rundfunk zu liefern. Ich arbeitete im Studio Passau mit, schrieb Nachrichten, besuchte

Fußballspiele und bekam so „on the job" eine grundlegende Einweisung in die Tätigkeit bei einem lokalen Hörfunksender: Beiträge produzieren, was damals noch hieß, Tonbänder zu erstellen und per Hand zu schneiden, mit Cart-Maschinen zu hantieren, den Endlos-Tonband-Kassetten, die zu jener Zeit die Stations-Jingles und sonstige Programmelemente enthielten, oder Telefondienst bei Höreraktionen zu machen, Gewinnspiele zu ersinnen, Studiogäste zu befragen und vieles mehr. Es hieß aber auch, selbst am Mikrophon zu sitzen und eigenständig Sendungen zu fahren.

Dies geschah in einem Selbstfahrerstudio, bei dem der Moderator sowohl Musik von Schallplatten auflegen, Jingles abspielen, Tonbänder mit Beiträgen abfahren oder sich mit Studiogästen unterhalten musste. Manch einer saß da als Studiogast in den Anfangsjahren staunend dabei und sah, wie viel Handwerk (im wahrsten Sinne des Wortes) hinter dem eigentlichen „Mundwerk Radio" steckt und notwendig ist, um einen flüssigen Sendeablauf zu garantieren, bei dem für den Hörer draußen Lied an Moderation und Jingle an Beitrag folgen. Allein das „Eincuen" der damals noch verwendeten Schallplatten war eine Wissenschaft für sich, musste doch per Kopfhörer zunächst die Plattennadel genau an den ersten Ton des zu spielenden Titels herangeführt werden, was über den Kopfhörer zu hören war. Dann musste die Scheibe auf dem Plattenteller exakt eine Viertel Umdrehung zurückgedreht werden, um zu verhindern, dass der nächste Titel am Anfang leierte, weil die Musik begann, bevor der Plattenspieler seine richtige Umdrehungsgeschwindigkeit erreicht hatte.

Die Ausbildung „on the job" im Studio Passau sollte mich in den drei oder vier Monaten zwischen dem Sendestart in Passau und dem Start in Regen auf die Aufgabe vorbereiten, die der damalige PNM-Geschäftsführer Karl-Jörg Wohlhüter mir zugedacht hatte. Denn ich sollte im Sendestudio Regen die Leitung des Betriebs übernehmen. Dort waren die Gesellschafterstrukturen andere als in Passau: Vier Anbieter teilten sich zu gleichen Teilen die Sendefrequenz: die PNM, Tele Regional Passau, das Anzeigenblatt Südostbayern und der Verband der Volkshochschulen im Landkreis Regen. In Regen sollte ein vierstündiges Programm ausgestrahlt werden, während das restliche Tagesprogramm aus Passau übernommen wurde. Formell hatte jeder der vier Anbieter somit eine Sendestunde zur Verfügung, und die VHS bestand anfangs auch sehr strikt darauf, ihren Sendeanteil von einer Stunde eigenverantwortlich und selbständig zu produzieren. Sie hatte dazu eigenes Personal aus dem Pool ihrer Kursleiter rekrutiert und nutzte ihre Sendestunde vor allem dazu, ihr VHS-Kursprogramm zu promoten, indem Kursangebote vorgestellt, Referenten als Studiogäste eingeladen und Veranstaltungshinweise zum aktuellen VHS-Angebot bekanntgegeben wurden. Für die anderen drei Sendestunden war ich als Angestellter der PNM verantwortlich. Das Studio Regen war von 12 bis 14 und von 17 bis 19 Uhr (später von 18 bis 20 Uhr) auf Sendung. Es gab ein zweistündiges aktuelles Mittagsmagazin – die Sendung „Lokaltemin“ von 12 bis 14 Uhr. Ab 17 Uhr schloss sich die Stunde der VHS an und um 18 Uhr gab es noch eine einstündige Musiksendung, die teils als Hörerhitparade organisiert und teils bestimmten Musikrichtungen (Oldies am Mittwoch, volkstümliche Musik am Freitag) gewidmet war. Für den Sonntag galt ein anderes Programmschema. Hier wurde am Vormittag von 10 bis 12 Uhr lokal eine zweistündige Sendung „Radiofrühschoppen“ mit echter einheimischer Volksmusik ausgestrahlt. Am Nachmittag gab es ab 15 Uhr eine Sportsendung im überregionalen Programm aus Passau, das dann ab 17 Uhr in die angeschlossenen einzelnen Lokalstudios überging, die von 17 bis 18 Uhr den lokalen Sport abgehandelt haben: also Fußball der unteren Ligen, aber auch Kegeln, Badminton, Eishockey, Skisport, Volleyball, Schach und andere Sportarten, von denen Ergebnisse zu diesem Zeitpunkt bereits vorlagen.

An dieser Sendung beteiligte sich in den Anfangsjahren auch Ludwig Hilmer gelegentlich als freier Mitarbeiter und Moderator. Im Landkreis

Regen zu Hause und verwurzelt hat Ludwig Hilmer bis Anfang der 1990er-Jahre etwa einmal monatlich beziehungsweise als Urlaubsvertretung für mich oder mit mir zusammen diese Sendung im Studio Regen „gefahren“. Diese Sendung war die einzige, für die zwei Redakteure/Moderatoren erforderlich waren, da teilweise noch Ergebnisse eingeholt, Tabellen errechnet oder Telefonschaltungen in Stadien vorbereitet werden mussten, während die Sendung bereits lief. Dies konnte von einem einzelnen Moderator, der zugleich auch noch die Schallplatten wechseln, Cart-Maschinen bedienen oder Tonbänder abfahren musste, nicht bewältigt werden.

Ein Vorschlag von Ludwig Hilmer, um die Arbeit an der Sportsendung zu vereinfachen, fand keine Gnade vor der Geschäftsleitung des Senders. Er hatte die Idee, wenigstens auf das ständige Plattenwechseln zu verzichten und ein instrumentales Musikbett von einer Stunde Länge anzulegen, das während der kompletten Sendung durchlaufen sollte und bei Liveeinblendungen oder dem Verlesen von Berichten und Ergebnissen „heruntergezogen“, d. h. leiser gemacht werden und als Background-Musikbett dienen sollte, während es in den Pausen zwischen den Berichten wieder hochgefahren und als Musik für die Sendung dienen sollte. Dies fand keine Billigung bei den Programmverantwortlichen und so blieb es dabei, dass während der Telefonschaltungen oder Werbeeinblendungen, oder während eine Schallplatte lief, das nächste Lied auf dem zweiten Plattenspieler „eingecued“ werden musste. Seine Begründung, bei der Sportsendung würden die Hörer ohnehin nur an den Ergebnissen interessiert sein und es wäre egal, ob dazwischen aktuelle Hits oder ein plätscherndes Musikbett wie im Supermarkt laufen würde, wurde verworfen.

Ansonsten war der Ablauf dieser Stunde „Sport vor Ort“ am Sonntagnachmittag von 17 bis 18 Uhr ziemlich genau vorgegeben, zumindest während die Fußballligen im Spielbetrieb waren. Nach den aus Passau übernommenen 17 Uhr-Nachrichten waren um 17:10 Uhr die Ergebnisse oder ein Bericht aus der Bezirksliga dran. Um 17:20 Uhr folgte die A-Klasse (später Kreisliga), um 17:30 Uhr die B-Klassen (später Kreisklassen) und um 17:40 Uhr die C-Klassen (später A-Klassen), um 17:50 Uhr schließlich kamen Sportkurzberichte aus anderen Sportarten, die entsprechend ausführlicher wurden, wenn beim Fußball Sommer- oder Winterpause herrschte. Den Abschluss bildete dann um kurz vor 18 Uhr vor der Übergabe an das Mantelprogramm aus Passau eine Zusammenfassung der Ergebnisse aus den überregionalen Fußballligen (Bundesliga bis Landesliga), in denen in der Regel keine Mannschaften aus dem Sendegebiet vertreten waren (von einigen Ausnahmen abgesehen, wie der Spvgg Ruhmannsfelden oder manchmal der TSV Regen und der SC Zwiesel).

Natürlich ist es im zeitlichen Abstand von drei Jahrzehnten nicht mehr mit Seriosität festzustellen, ob diese Sonntagabendsendung, in die sowohl ich wie auch Ludwig Hilmer, solange es seine beschränkte Zeit zuließ, sehr viel Herzblut investiert hatten, tatsächlich eine besonders hohe Einschaltquote erreicht hat. Aus den jährlich veröffentlichten Einschaltquoten der Funkanalyse ließen sich solche Zahlen jedenfalls nicht herleiten! Zu jener Zeit aber waren wir beide der festen Überzeugung, dass diese Sendung, wenn schon nicht tatsächlich eine besonders hohe Zahl an Hörern, so doch zumindest die höchste Aufmerksamkeit bei den Hörern erreicht hat.

Wir hatten aber auch Anlass zu der Überzeugung, dass in allen Vereinsheimen und Clublokalen im Sendegebiet die Fußballfans, Funktionäre und auch die Spieler vor dem Radio saßen, um nicht nur aus erster Hand zu erfahren, wie ihr eigener Verein gespielt hat, das wussten die meisten vom Stadionbesuch ohnehin, sondern wie es dem Nachbarverein, dem Konkurrenten aus dem nächsten Dorf in seiner Liga, an diesem Wochenende ergangen war. Dies wurde uns bei vielen Gesprächen mit Vereinsverantwortlichen immer wieder bestätigt. Und nicht selten konnten wir bei Liveinterviews mit Trainern oder Vorständen nach einem Spiel der A-Klasse, die unmittelbar nach der Partie am Telefon im Vereinsheim geführt wurden, im Hintergrund auch mithören, wie die Anwesenden die Schilderungen der „Vereinsreporter“ zu den Spielen ihrer Mannschaft gleich mitkommentierten.

Es war eine besondere Zeit: Diese Anfänge des Lokalen Rundfunks! Es war Radio mit bescheidensten technischen Mitteln (im Vergleich zu heute) – es war Radio mit einem minimalen Budget! Es war Radio im Modus „Learning by doing“. Ich habe diese Art Radio zu machen später bei Vorträgen vor Schulklassen oder Vereinen gerne als LAIEN-Radio bezeichnet, wohl wissend um die Assoziationen, die dies bei manchem hervorgerufen haben dürfte. Doch ich erklärte den Begriff LAIEN-Radio damals folgendermaßen:

L stand für Lokal

A für Aktuell

I für Informativ

E für Engagiert

N für Neutral.

Das Programm sollte ***lokal*** sein! Wir wollten nicht der zwanzigste Sender sein, der um die Übertragungsrechte von Spielen des FC Bayern mitbietet. Nein, wir wollten der erste sein, der die Spiele des TSV Regen übertrug! Wir wollten nicht der zwanzigste Sender sein, der über die Debatten aus dem Deutschen Bundestag berichtete. Nein, wir wollten der erste sein, der aus dem Kreistag, Stadtrat oder Gemeinderat vor Ort berichtete. Nicht umsonst hießen die entsprechenden Sendungen des Programms „LOKALtermin“ und „Sport VOR ORT“!

Das Programm sollte ***aktuell*** sein! Wir wollten nicht, wie das sogar im Bayerischen Rundfunk zu hören ist, Stadt- oder Gemeinderatsbeschlüsse aus der Tageszeitung vorlesen. Unser Anspruch war klar, das schnellste Medium zu sein, nicht nur beim Sport, der bei uns schon Sonntagabend und nicht erst Montag früh stattfand, wie dies bei der Tageszeitung der Fall war, sondern auch in der lokalen Politik. Wenn ein kommunalpolitisches Gremium am Donnerstagabend tagte, und das taten viele, um die Ergebnisse dann möglichst am auflagenstärksten und lektüreintensivsten Samstag in die Tageszeitung zu bekommen, dann war unser Anspruch, bereits am Freitag zu berichten!

Das Programm sollte ***informativ*** sein! „I&U" nannte Günther Jauch seine im Jahr 2000 in Köln gegründete Fernsehproduktionsgesellschaft. Zwischen diesen beiden Polen Information und Unterhaltung lag unser Schwerpunkt klar bei der Information.

Das Programm sollte ***engagiert*** sein! Es gab klare Positionierungen, die sich beileibe nicht immer mit der Mehrheitsmeinung decken mussten. Nur zwei Beispiele dafür: Zu der Zeit, als in Regen heftig über die Frage eines innerstädtischen Tunnels als Ortsumgehung oder einer weiter entfernten Umfahrung, die über ein Nachbardorf führen sollte, debattiert wurde, stellte sich die Redaktion klar auf die Seite der Tunnelgegner, auch wenn diese sich am Ende der Mehrheit geschlagen geben musste und der sog. „Riedberg-Tunnel" gebaut wurde, obwohl es bis heute – speziell bei den häufigen Wartungsarbeiten im Tunnel – zahlreiche Bürgerinnen und Bürger gibt, die im Nachhinein an dessen Sinnhaftigkeit zweifeln. Und als im Bayerischen Landtag Pläne diskutiert wurden, den Nationalpark Bayerischer Wald um mehr als die doppelte Fläche zu vergrößern, stellte sich die Redaktion klar auf die Seite des damaligen Landtagsabgeordneten und späteren bayerischen Landwirtschaftsministers Helmut Brunner, der diese Pläne wegen ihrer Auswirkungen insbesondere auf die Forstwirtschaft (Stichwort:

Borkenkäfer) bekämpfte und auch im Landtag gegen den ausdrücklichen Willen seiner CSU-Fraktion dagegen stimmte.

Das Programm sollte trotz allen Engagements ***neutral*** sein! Das heißt, es stellte sich nicht auf eine politische Seite oder weltanschauliche Richtung, sondern versuchte stets, das gesamte Spektrum der Meinungsvielfalt zu Wort kommen zu lassen. Eine so verstandene **LAIEN**-haftigkeit stellt bestimmt nicht das schlechteste Urteil dar, das über journalistische Tätigkeit gefällt werden kann!

## Literatur

Der LOCKFUNK, Medieninformationsdienst der Arbeitsgemeinschaft lokaler Rundfunk, Ausgabe Dezember 1986

BLM-Jahrbuch, 1993/94 Hrsg. Bayerische Landeszentrale für neue Medien, München 1993

# Wir kommunizieren so viel wie nie zuvor – aber verstehen wir uns noch?

Plädoyer für eine Bürgerkommunikation auf Augenhöhe

Klaus Holetschek
Bürgerbeauftragter der Bayerischen Staatsregierung, MdL

## 1 Kurzfassung

Neben der Digitalisierung der öffentlichen Verwaltung ist eine der zentralen Fragen unserer Zeit, wie heute und künftig Kommunikation und Beteiligung im öffentlichen Raum ausgestaltet und gelebt werden sollen – online wie offline. Neue und digitale Kommunikationsformen schaffen zusätzliche Partizipationsmöglichkeiten und erhöhen die Zugänglichkeit von Informationen, verstärken aber zugleich Spaltungstendenzen in der Gesellschaft. Gerade in Zeiten von „Zerstörer-Videos" und „Digger, der labert halt Scheiße-Analysen" sind Politik und öffentliche Verwaltung daher aufgefordert, die Balance zu finden zwischen eindimensionalem Populismus und komplexer Behördensprache, um Bevölkerung und Politik wieder näher zusammenzuführen und den demokratischen Diskurs zu stärken.

## 2 Zur Einführung

Das 21. Jahrhundert ist das Zeitalter der digitalen Kommunikation. Heute sind für Millionen Menschen weltweit das Internet und Social-Media-Kanäle die zentrale Informations- und Kommunikationsplattform. Das Internet erhöht die Zugänglichkeit von Informationen, schafft neue politische Teilhabemöglichkeiten und belebt gesellschaftliche Bewegungen. Neben diesem demokratisierenden Potential birgt die digitale Kommunikation aber gleichzeitig besondere Gefahren für unsere Demokratie. Angesichts von Fake News und Big-Data-Analysen ist der mündige Bürger daher aufgefordert, sich der Einflussnahme und Wirkung von algorithmusgesteuerten Social Bots und gezielten Desinformationskampagnen bewusst zu werden und entsprechend weitsichtig zu handeln. Gleichsam ist es Anspruch und Aufgabe der Politik, Aufklärung, Teilhabe und Chancengleichheit auch in der digitalen Demokratie zu stärken.

## 3 Von der Agora zum Smartphone

### 3.1 Vom wissenschaftlichen Begriffsdilemma zum gesellschaftlichen Verständigungsdilemma

Politik ist Kommunikation. Kommunikation ist konstitutiv für Politik. In der Wissenschaft besteht jedoch keine allgemein gültige oder zumindest weitestgehend anerkannte Definition der Begrifflichkeit „politische Kommunikation". So unterschiedlich die Vorstellungen davon sind, was „Politik" selbst ist oder vielmehr sein sollte, so vielschichtig ist der theoretische Zugang zur Frage, was politische Kommunikation leisten, wie sie organisiert und ausgestaltet sein sollte und welche gesellschaftliche Bedeutung ihr beigemessen werden sollte. Einen Weg aus dem Dickicht der Perspektivenvielfalt und des normativen Gehalts der Begrifflichkeit „politische Kommunikation" ebnet ein Blick auf den Begriffsursprung von „Politik". Dieser stammt ab von dem griechischen Begriff „polis" für „Stadt- oder Gemeindestaat". Bereits der „polis"-Begriff Aristotelischer Prägung bringt die Bedeutung der Kommunikation für die politische Gemeinschaft zum Ausdruck. In der Gemeinschaft von Freien und Gleichen, so lehrt uns Aristoteles (384 bis 322 v. Chr.), erschöpft sich das tugendhafte Leben des Bürgers nicht rein darin, mit anderen Bürgern zusammenzuleben. Für ein gelingendes, glückseliges Leben bedarf es der kommunikativen Interaktion mit Anderen. Als „zoon politikon", dessen Wesensgehalt politisch und sozial ist, kann der Mensch seinen Daseinszweck nur in der Gemeinschaft erfüllen. Um Formen der Gemeinschaft – vom Haus über das Dorf zur Stadt und zum Staat – bilden zu können, braucht es die Sprache zur Verständigung zwischen den Bürgern. Damit ist Kommunikation zugleich Voraussetzung und Form politischen Handelns und politischer Teilhabe. Das Gute entsteht gemäß Aristoteles in der politischen Kommunikation (vgl. Höffe 2008: S. 55).

Dem öffentlichen Diskurs kommt damit seit jeher eine essentielle Bedeutung für die Verfasstheit einer Gesellschaft zu. Bereits die Rhetorik der athenischen Demokratie aber lehrt uns, dass politische Kommunikation nicht nur dazu dient, sich auszudrücken und sich zu verständigen. Mit ihr verbunden ist immer auch politische Macht. In der Entwicklungslinie der politischen Philosophie bringt dies im Übergang vom Mittelalter zur Frühen Neuzeit insbesondere Niccolò Machiavelli (1469 bis 1527) zum Ausdruck. Aus dem Blickwinkel der politischen Akteure sowie gesellschaftlicher Krisensituationen legt er ebenso scharfsinnig wie scharfzüngig die Eigenschaften offen, die ein guter Politiker innehaben muss, um in einer Welt, in der die Menschen schlecht sind, zu bestehen. So benötige er die Kraft eines Löwen und die List eines Fuchses. Auch Lüge, Heuchelei und Wortbruch sind ihm notwendige kommunikative Mittel einer erfolgreichen Herrschaft. Im Zuge der Aufklärung verlagert sich der Fokus der Analyse politischer Kommunikation auf das Subjekt. Diese ermöglicht es dem Menschen, gemäß Immanuel Kant (1724 bis 1804), seine Vernunft öffentlich zu gebrauchen und selbstbestimmt an der Ausgestaltung des öffentlichen Raums teilzuhaben (vgl. Kant 2016).

Der Blick auf die Wurzeln der politischen Kommunikation legt somit drei wesentliche Funktionen der politischen Kommunikation offen: 1) als Mittel, um die gute Ordnung im Staat herzustellen, 2) die Macht auf sich zu vereinen und erfolgreich auszuüben sowie 3) aus der subjektiven Unmündigkeit herauszutreten und seine Meinung in die Gesellschaft einzubringen.

Der Begriff der „Kommunikation" selbst steht für den *„(...) Austausch von Informationen und Sinndeutungen, der im persönlichen Kontakt oder über Medien jeglicher Art erfolgen kann. Soziales Handeln bedarf der Kommunikation und ist insoweit kommunikatives Handeln. Kommunikation gilt deshalb als ein Grundelement oder als Bindemittel der Gesellschaft."* (Schmidt 2004: S. 365)

An der kommunikativen Ausgestaltung des öffentlichen Raums sind zahlreiche Akteure beteiligt: politische Eliten in Regierung, Parlament und Parteien, Behörden, Medien, Verbände, Interessenvertreter aus den verschiedensten gesellschaftlichen Bereichen, nichtstaatliche Organisationen und last but not least Bürgerinnen und Bürger. Diese Akteure lassen sich dahingehend unterscheiden, als dass vor allem Lobbygruppen, Verbände und soziale Bewegungen Interessen artikulieren, während Parteien Interessen aggregieren und Parlamente, Regierungen sowie öffentliche Verwaltung zuvorderst politische Entscheidungen treffen und umsetzen (vgl. Jarren und Donges 2011: S. 129-151). Jeder dieser Akteure kommuniziert über andere Inhalte und unterscheidet sich in seiner Art und Weise der Kommunikation. Gemein ist ihnen aber, dass heute alle mehr als je zuvor kommunizieren. Die technologische Globalisierung erschließt neue Kommunikationskanäle und vernetzt Menschen auf der ganzen Welt. Dabei wird nirgends so viel kommuniziert wie in der Politik: zwischen Mandatsträgern untereinander sowie mit Bürgerinnen und Bürgern auf allen politischen Ebenen. Aber die Art, wie die Menschen miteinander kommunizieren, hat sich durch die neuen Kommunikationstechnologien gründlich geändert: twittern, posten, kommentieren und „whatsappen" sind das Gebot der Stunde. Die Vorteile dabei liegen auf der Hand: Nie war es so einfach, kostenfrei und vor allem schnell mit den Einzelnen vor Ort in Kontakt zu kommen, über Nöte und Sorgen unmittelbar informiert zu sein. Dabei verändern die digitalen Medien und Social-Media-Kanäle auch die Anforderungen an die Kommunikationsaktivitäten des Staates gegenüber seinen Bürgern. Aus dieser einfachen Verfügbarkeit von Informationen entstehen Ansprüche, die teilweise (noch) nicht erfüllt werden können: Politikerinnen und Politiker sollen 24 Stunden an sieben Tagen der Woche zur Verfügung stehen, staatliche Leistungen „as a service" bequem vom Sofa aus abgerufen werden können. Erhalten die gestiegenen Beteiligungsansprüche der Menschen nicht entsprechende Angebote, steigt das Risiko einer gefährlichen Entfremdung von Politik und Gesellschaft. Viele Bürgerinnen und Bürger fühlen sich missverstanden, abgehängt und von der Politik ungehört. Im äußersten Fall kann dies dazu führen, dass diese nicht nur ihren Volksvertretern, sondern der Demokratie als Ganzem den Rücken kehren und sich im Internet vermeintlich Gleichgesinnten zuwenden. Und das ist die dunkle Seite der Online-Kommunikation, wenn Netzwerke zu Hetze, Hass und zur Verbreitung alternativer Fakten als Nährboden für Populismus missbraucht werden. Diese Beobachtungen werfen die Frage auf: Facebook, WhatsApp, YouTube, Twitter, Blogs – wir kommunizieren so viel wie nie zuvor, aber verstehen wir uns auch noch?

## 3.2 Bedeutungswandel der politischen Kommunikation unter dem Eindruck der digitalen Revolution

Politische Kommunikation ist immer auch Ausdruck eines bestimmten Zeitgeistes. Die Anfänge der politischen Kommunikation als eigenständiges Forschungsfeld sind ab Mitte der 1970er Jahre festzumachen (vgl. Gurevitch und Blumler 2003: S. 371). Während das Wissenschaftsgebiet bis Ende der 1990er Jahre allerdings mehr ein Nischendasein fristete, ist seitdem ein deutlicher Anstieg wissenschaftlicher Analysen zur politischen Kommunikation zu verzeichnen. Ursächlich hierfür sind insbesondere die Umbrüche im Verhältnis von Medien und Politik, die wesentlich durch die Computertechnik und die Anfänge des Internets in den 1990er Jahren getrieben sind. Erfolgte die Informationsverbreitung bis dato hauptsächlich über die klassischen Medien von Fernsehen, Zeitung und Radio, erhöht das Internet seitdem die Zugänglichkeit zu Informationen. Das Web 1.0 ermöglichte dem User, sich auf Webseiten über bestimmte Inhalte zu informieren. Mitte der 2000er Jahre hat sich das Internet von einer Informationsquelle zu einer Kommunikationsplattform entwickelt. Im Web 2.0 kann der Nutzer interaktiv tätig werden. Er selbst kann Informationen generieren, Texte, Videos und Fotos ins Netz stellen und verbreiten. Durch die Neuen Medien, Smartphone, Tablet und Co. wird jeder Einzelne zum „Gatekeeper", indem er Informationen bereitstellt, kommentiert, bewertet und vermittelt.

Und die Evolution des Internets geht weiter. Heute befinden wir uns bereits im semantischen Web 3.0. Suchmaschinen bewerten Informationen automatisch nach ihrer Bedeutung für den User, stellen sie mit anderen Inhalten in Beziehung und ermitteln weitere thematisch relevante Daten. Die nächste Evolutionsstufe führt hin zum Web 4.0, in dem „intelligente Computer" lernen, von Menschen erstellte Inhalte zu verstehen, Informationen selbstständig bereitzustellen und untereinander zu kommunizieren (vgl. Raabe 2009: S. 75f.). Im „Internet der Dinge" müssen Alexa, Siri und Co. erst gar nicht mehr gefragt werden, welches beispielsweise das beste Restaurant in der Gegend ist. Vielmehr schlagen die Sprachassistenten automatisch ein Restaurant vor, wenn sich zwei Personen darüber unterhalten, dass sie etwas Essen gehen möchten. Dazu kommunizieren Maschinen nicht mehr nur mit dem Menschen, sondern auch verstärkt untereinander. Wie weit die „Machine-to-Machine-Communication" bereits fortgeschritten ist, demonstriert beispielsweise das Smart Home, in dem der Kühlschrank mit der Einkaufsliste auf dem Smartphone kommuniziert. Im Web 4.0 sind die mobilen Endgeräte noch leistungsfähiger und der Mensch immer online.

Ein Ergebnis des digitalen Fortschritts ist dabei schon heute, dass die zwischenmenschliche „Face-to-Face-Kommunikation" zurückgeht und digitale Interaktion stetig ansteigt. Im Jahr 2018 haben 58,8 Prozent aller Menschen weltweit das Internet genutzt (vgl. Rabe: 2019a). Social Networks nutzten 2019 rund 2,8 Milliarden Menschen. Die meist besuchte Plattform war Facebook, gefolgt von YouTube. Prognosen zur Folge soll die Zahl der Social-Media-Nutzer weiter ansteigen und mit ihnen auch die Kommunikation über Chatforen, virtuelle Pinnwände und Emojis (vgl. Rabe: 2019b). Die „Medialisierung", das heißt die Intensität, mit der die Medien alle gesellschaftlichen Bereiche durchdringen, wird durch die Neuen Medien beschleunigt. Durch die Bereitstellung, algorithmengesteuerte Selektion und Verbreitung von personalisierten Informationen beeinflussen neue Medienintermediäre wie Suchmaschinen, Social Networks, App und Blogging Portale die politische Meinungsbildung, lenken Nutzerströme und entziehen dem User Zeit, sich publizistischen Angeboten zu widmen. Blogger, Influencer, Y-ouTuber und Co. entscheiden als „Gatekeeper", welche Informationen einen Nutzer erreichen und welche nicht. Posts, Likes, Retweets oder gar Shitstorms und Hate-Speeches erregen Aufmerksamkeit. Die „neuen Gatekeeper" üben erhebliche Macht aus.

### 3.3 Was interessiert mich mein Geschwätz von heute!

Besonderen Auftrieb hat der Diskurs über eine sich verändernde politische Debattenkultur in Deutschland erhalten durch das Video „Die Zerstörung der CDU" des Influencers Rezo. Während die Twitter-Vorliebe des US-amerikanischen Präsidenten Donald Trump zunächst noch verblüfftes Erstaunen hervorrief, erzeugt sein selbsttitulierter „modern-präsidialer Regierungsstil" (vgl. Trump 2017) mittlerweile nur noch Entsetzen unter Demokraten angesichts von Beleidigungen und rassistischen Äußerungen. Politik in 140 Zeichen so zu leben, dass sie demokratietheoretischen Idealen standhält, ist eine Kunst. Die Gefahr dabei, Populismus Tür und Tor zu öffnen, ist enorm. Politische Entscheidungsträger müssen heute den Spagat schaffen, die Aufmerksamkeit der User im Netz zu erlangen, ohne dabei der Versuchung zu erliegen, politische Aussagen auf 140 Zeichen einer Twitter-Nachricht zu verkürzen, nur weil auf diese Weise Klicks und Likes generiert werden können.

Das Phänomen einer zunehmenden „Verrohung der Gesellschaft" betrifft uns alle. Daher sind eine breite Thematisierung und Debatte darüber erforderlich, wie wir den demokratischen Diskurs stärken können. Insbesondere der Aufschwung radikaler und populistischer Kräfte legt den Wert des Wortes offen. Jüngste Ereignisse wie der Anschlag auf die Synagoge in Halle im Oktober 2019 bringen zum Ausdruck, welche folgenschwere Tragweite hetzerische Worte im Netz auf der Straße haben können. Auch hat die Methode des „Framings" die politische Kommunikation verändert. Parteien nutzen Sprachbilder anstelle von Fakten, um die Denkprozesse von Menschen zu steuern und in bestimmte Richtung zu lenken. Frames selektieren die Realität, indem sie gewisse Aspekte hervorheben, während sie andere unberücksichtigt lassen. Dabei führen sie keine argumentative Abwägung von Pro und Contra durch, sondern deuten und beurteilen gesellschaftliche Entwicklungen. Begrifflichkeiten wie „Flüchtlingswelle" erzeugen Gefühle der Angst. „Flüchtling" löst die Konnotation „Suche nach Schutz aus" und eine „Welle" wirkt in Abhängigkeit ihrer Größe als bedrohlich. Auch dem Begriff der „Zerstörung" wohnt der „Framing-Effekt" inne. Über die Sprache werden diese selektiven Bilder sodann in die Köpfe der Menschen getragen. Von dort aus prägen sie den öffentlichen Diskurs und wirken intuitiv handlungsleitend (vgl. Wehling 2016).

Sprache ist ein wirkungsmächtiges Instrument. Falsch verstandene „Political Correctness" aber schadet der Demokratie, wenn Politikerinnen und Politiker aus Sorge vor einem Shitstorm keine klaren und deutlichen Worte verwenden. Für Politik und Verwaltung muss analog wie digital das Ziel sein, rasch und verständlich zu kommunizieren. Im besten Fall ist die Botschaft dabei ansprechend und einprägsam. Dieses Bestreben darf aber auch im Zeitalter der digitalen Kommunikation nicht zu Lasten von Wahrheit und Fakten gehen, wenn wir nicht in einer postfaktischen Demokratie leben wollen, in der Tatsachen gedreht und gewendet werden, wie es die „alternative Faktenlage" nur so hergibt. Um weiterhin in einer Gesellschaft leben zu können, in der Meinungsunterschiede über die Sprache ausgetragen werden und nicht durch Gewalt, ist eine wohlgesinnte Kommunikationskultur erforderlich. Denn aus Worten werden Taten. Ein gutes Miteinander braucht folglich auch eine anständige Sprache und respektvollen, wertschätzenden Umgang.

Social Media ermöglichen den Kontakt mit Politikerinnen und Politikern auf Augenhöhe. Via Kommentarfunktion kann eine unmittelbare, interaktive Kommunikation stattfinden. Bürgerinnen und Bürger sind nicht mehr reine Informationsempfänger, sondern können ihre Ansichten und Anliegen direkt kommunizieren sowie Informationen selbstbestimmt verbreiten. Das Bild einer „diskursiven Öffentlichkeit", das Jürgen Habermas bereits 1962 skizzierte, nimmt durch die politische Kommunikation im Netz weiter Gestalt an. Demnach wird die demokratische Legitimität politischer Entscheidungen nicht nur durch freie Wahlen hergestellt, sondern auch durch öffentliche Diskurse. Erst der Diskurs schafft Öffentlichkeit, so Habermas (vgl. Habermas 1990). Das Potential, das er dem Internet dabei zumisst, bringt er 2008 selbst auf den Punkt:

*„Das World Wide Web scheint freilich mit der Internetkommunikation die Schwächen des anonymen und asymmetrischen Charakters der Massenkommunikation auszugleichen, indem es den Wiedereinzug interaktiver und deliberativer Elemente in einen unreglementierten Austausch zwischen*

*Partnern zulässt, die virtuell, aber auf gleicher Augenhöhe miteinander kommunizieren."* (Habermas 2008: S. 161)

Dabei erkennt Habermas aber auch demokratiegefährdende Entwicklungen:

*„Im Kontext liberaler Regime überwiegt jedoch eine andere Tendenz. Hier fördert die Entstehung von Millionen von weltweit zerstreuten chat rooms und weltweit vernetzten issue publics eher die Fragmentierung jenes grossen, in politischen Öffentlichkeiten jedoch gleichzeitig auf gleiche Fragestellungen zentrierten Massenpublikums. Dieses Publikum zerfällt im virtuellen Raum in eine riesige Anzahl von zersplitterten, durch Spezialinteressen zusammengehaltenen Zufallsgruppen. Auf diese Weise scheinen die bestehenden nationalen Öffentlichkeiten eher unterminiert zu werden."* (Habermas 2008: S. 162)

Bereits heute leben die Generationen in unterschiedlichen Kommunikationswelten: Während die ältere Bevölkerung Informationen nach wie vor überwiegend aus öffentlich-rechtlichen Fernsehsendungen und Tageszeitungen bezieht, spielt sich die Realität der Jüngeren zu einem großen Teil im Internet ab, in dem insbesondere Social Media-Plattformen und Websites als Informationsquelle dienen (vgl. Hilmer/Maack 2019: S. 52f.). Die Online-Kommunikation verändert die Art und Weise, wie Informationen verbreitet, komplexe Inhalte reduziert und bewertet werden, grundlegend. Die gegebene Themenvielfalt und Informationskomplexität unserer Zeit erfordern Gatekeeper, die Sachverhalte komprimieren und verständlich darstellen. Dabei muss aber sichergestellt sein, dass dieser Inhalt auf fundierter Recherche beruht und die größtmögliche Wahrscheinlichkeit gewahrt ist, dass der ursprüngliche Sinn einer Information bei einem Adressaten auch tatsächlich ankommt. Dies gilt auch innerhalb der digitalen Öffentlichkeit, in der Influencer als fünfte Gewalt die öffentliche Diskussion und Meinungsbildung entscheidend mitprägen. Der Staat muss stets die Teilhabe aller im Blick haben. Ebenso wie die Politik die Sprache der Jugend sprechen muss, ist es eine fundamentale Aufgabe unseres demokratischen Gemeinwesens, einer digitalen Spaltung der Gesellschaft entgegenzuwirken. Hierfür bedarf es zielgruppenspezifischer Kommunikationsangebote der Politik wie der öffentlichen Verwaltung.

### 3.4 Die Verwaltung als öffentlicher Kommunikator – Vom Beamten zum Bürgerberater

Eine repräsentative Studie der Gesellschaft für deutsche Sprache aus dem Jahr 2008 hat ergeben, dass 86 Prozent der deutschen Bevölkerung Schwierigkeiten hat, Schreiben von Ämtern zu verstehen (vgl. Eichhoff-Cyrus, Karin M./Antos, Gerd/Schulz, Rüdiger 2009: S. 6). Nur jeder Achte findet die Amtssprache gut verständlich. Als besonders störend werden umständliche Formulierungen, Fachbegriffe und Fremdwörter empfunden. Eine bessere Verständlichkeit halten 84 Prozent für wichtig (vgl. Eichhoff-Cyrus, Karin M./Antos, Gerd/Schulz, Rüdiger 2009: S. 12). Auch wird die Sprache teilweise als abgehoben und unpersönlich empfunden. Dies vertieft den Graben zwischen „denen da oben" und „uns da unten". Es besteht ohnehin ein natürlicher Wissensunterschied zwischen dem Mitarbeiter in der Behörde und dem betroffenen Bürger. Ersterer verfügt über Fach- und Expertenwissen auf seinem Gebiet, das der Bürger nicht hat. Letzterer aber kennt seinen konkreten Einzelfall in einer Tiefe, die sich der Mitarbeiter erst erschließen muss. In jeder Zusammenarbeit zwischen Experten und Laien ist es grundlegend, dass der Experte seine Fachsprache dem Laien anpasst und sicherstellt, dass dieser ihm folgen kann. Können Bürger Handlungen und Entscheidungen der Verwaltung nicht nachvollziehen, entstehen Unsicherheit und Frustration. Im äußersten Fall kann dies dazu führen, dass Bürger sich nicht mehr mit ihrem Staat identifizieren und sich von diesem abwenden.

Daher ist es notwendig, ein neues Bewusstsein für die Bedeutung der Bereiche „Kommunikation" und „Beteiligung" zu schaffen. Es geht nicht darum, Verfahrensabläufe und Arbeitsweisen innerhalb öffentlicher Verwaltungen von Grund auf zu verändern oder grundlegend in Frage zu stellen. Vielmehr hat der Bürger ein Recht auf eine verständliche Verwaltungssprache. Dies liegt allein schon darin begründet, dass die Verständlichkeit Voraussetzung dafür ist, Rechtsschutzmöglichkeiten effektiv in Anspruch nehmen zu können. Um Rückfragen umfassend und einzelfallbezogen beantworten zu können, fehlt es in Behörden jedoch oftmals an den Kapazitäten. „Verwaltung als Massengeschäft" – das ist kein Modell, das einem demokratischen Rechts- und Sozialstaat gerecht wird, in dem die öffentliche Verwaltung als administrativer Teil der Exekutive mit öffentlichen Aufgaben betraut ist und somit im Dienst der Bürgerinnen und Bürger steht. Gleichzeitig aber haben Behördenschreiben und amtliche Bescheide das Kriterium der Rechtssicherheit zu erfüllen. Doch Rechtssicherheit und Bürgerfreundlichkeit dürfen kein Antagonismus sein! Neben zahlreichen Regelungen für einen verständlichen Schreibstil ist dabei auch entscheidend, wie mit dem Anliegen eines Bürgers umgegangen wird – „Empathie" ist das Zauberwort. Kommunikation ist facetten- und funktionsreich. Die Kommunikationsfähigkeit spielt im beruflichen wie privaten Leben eine ebenso große Rolle wie im Bürger-Staat-Verhältnis. Kommunikation findet immer zugleich auf der sachlich-rationalen und auf der emotionalen Ebene statt (vgl. Schwarz 2010: S. 52ff.). Daher brauchen beide Seiten ein besseres Verständnis von den Anforderungen des jeweils anderen: Schluss mit Geheimsprache? Ja! Aber darf dies den Beginn einer Brieffreundschaft bedeuten? Nein!

Zur Entwicklung einer neuartigen Kommunikationskultur ist der „tone from the top" von oberster Behördenstelle essentiell. Der Bewusstseinswandel aber muss in den Köpfen aller erfolgen. Dies ist eine Aufgabe, die letztlich nicht zentral, sondern nur dezentral erfüllt werden kann. Hierfür ist die Verstetigung des gegenseitigen Informationsaustausches zwischen Politik und Verwaltung, Wissenschaft und Forschung sowie interessierten Bürgerinnen und Bürgern unerlässlich. Das Amt des Bürgerbeauftragten kann hierbei eine wichtige Vermittlungsfunktion übernehmen als Schnittstelle zwischen Bürgern und Behörden. Der weitere Auf- und Ausbau institutionen- und akteursübergreifender sowie behördeninterner Netzwerke zum Austausch von Erfahrungen und Best Practice-Beispielen kann dazu beitragen, neue innovative Ideen für eine moderne Ausgestaltung des Bürger-Staat-Dialogs – offline wie online – zu entwickeln. Gewinnbringend dabei ist der berühmt-berüchtigte Blick über den Tellerrand.

Der digitale Fortschritt bietet hierbei großes Potential. So kann die Digitalisierung der Verwaltung dazu beitragen, die Bedürfnisse von Bürgern besser zu bedienen, indem zielgruppenspezifische Angebote gemacht werden und „der Bürger dort abgeholt wird, wo er steht". Die zentrale Frage, die sich die Politik zu stellen hat, lautet: Wie erreiche ich die Menschen?

### 3.5 Bürgerkommunikation und Bürgerbeteiligung neu leben – Bayern und Sachsen schreiten gemeinsam voran

Die „Digitale Bürgeridentität" ist ein wesentliches Projekt, das im Rahmen einer sächsisch-bayerischen Kooperation näher beleuchtet werden wird.

Vorbild ist Estland, wo die digitale Gesellschaft bereits gelebte Wirklichkeit ist. Der Zugang zum Internet wurde zum Grundrecht erklärt, die „e-Estonia" drückt sich in zahlreichen digitalen Verwaltungsdienstleistungen aus. So können beispielsweise online Verträge unterzeichnet, Steuererklärungen abgegeben, Tickets für den öffentlichen Nahverkehr gebucht und bezahlt sowie Prüfungsergebnisse von Universitäten eingesehen werden (vgl. Visit Estonia 2017). Aber hierbei steckt viel mehr dahinter als ein breites Angebot an digitalen Verwaltungsservices. Die „e-Residency" ist ein digitaler Wohnsitz, der länderübergreifend von jeder Person oder jedem Unternehmen beantragt werden kann, um die „e-Services" des Landes zu nutzen. Eine „ID card" dient als digitales Ausweisdokument. Mit dieser Signatur ist es möglich, überall von der Welt aus Daten zu entschlüsseln, zu verifizieren und Verträge zu unterzeichnen.

Die Konzeption des digitalen Bürgers wird in Estland nicht als Gefahr für die demokratische Gesellschaft gesehen, sondern vielmehr als Chance für effizientes Zeitmanagement und unbürokratische Kontaktaufnahme mit der öffentlichen Verwaltung. Eine „digitale Bürgeridentität" hat somit das Potential, dass Bürgerinnen und Bürger rund um die Uhr einfach und sicher mit der öffentlichen Verwaltung kommunizieren können. Kommt hierbei zudem das „Once-Only-Prinzip" (vgl. Baltissen 2019: S. 127) zur Anwendung, müssen die Bürger ihre Daten nur einmal eingeben. Sodann können Daten zwischen den Behörden automatisch ausgetauscht werden. Die Bürger müssen dabei die Möglichkeit haben, Vorgänge auf ihrem Konto einzusehen. Verbleiben Daten und Datenverwaltung beispielsweise über das Smartphone in der Hoheit der Bürger, sind maximale Effizienz, Nutzerfreundlichkeit, Datensicherheit und Transparenz geschaffen. Dabei ist es entscheidend, das Misstrauen gegen die Digitalisierung der öffentlichen Verwaltung zu beseitigen, um die Balance wieder herzustellen zwischen dem gegenwärtigen gesellschaftlichen Paradoxon „Google alles zu erlauben, den Behörden aber nichts".

Der technische Fortschritt bietet heute zudem eine Vielzahl neuer digitaler Formen der Bürgerbeteiligung, die auch dazu beitragen können, das Vertrauen in Politik und Behörden zu stärken. Die Bandbreite reicht von Beteiligungsplattformen über Umfragen und Abstimmungen im Internet bis hin zur Möglichkeit, Gesetzentwürfe online einzusehen und kommentieren zu können. Der Begriff der „politischen Beteiligung" bzw. „politischen Partizipation" steht für

*„(...) die Institutionen und de[n] Prozess der Teilhabe an der Politischen Meinungs- und Willensbildung und der Entscheidungsfindung in politisch-öffentlichen Angelegenheiten sowie die hierauf bezogenen Einstellungen und Verhaltensweisen der Bürger."* (Schmidt 2004: S. 546)

Als „konventionelle Formen" politischer Beteiligung gelten solche, die verfasst sind, d.h. durch die Verfassung oder Gesetzte garantiert und geregelt sind, beispielsweise die Teilnahme an Parlamentswahlen. „Unkonventionell" hingegen sind nicht verfasste Formen, außerhalb des verfassungsrechtlichen und gesetzlichen Rahmens wie die Mitarbeit in Bürgerinitiativen, aber auch die Teilnahme an nicht angemeldeten Demonstrationen. Die Landtagswahl in Sachsen 2019 hat gezeigt, dass es demokratiefördernd ist, die Bevölkerung frühzeitig und nachhaltig in politische Entscheidungsfindungsprozesse einzubinden. So nahmen zahlreiche Bürger die Dialogangebote von Ministerpräsident Michael Kretschmer wahr. Um den demokratischen Diskurs auch künftig zu stärken, ist die repräsentative Demokratie gefordert, sich für moderne, plebiszitäre Elemente zu öffnen, durch die das Volk an politischen Entscheidungsprozessen beteiligt ist. Die beiden Freistaaten Sachsen und Bayern werden hierfür sowohl den Austausch auf Landesebene als auch mit interessierten Bürgerinnen und Bürgern sowie politischen Entscheidungsträgern und Multiplikatoren in der Bürgerkommunikation weiterhin intensivieren, um Ideen und Schwerpunkte für eine erfolgreiche Bürgerkommunikation im 21. Jahrhundert zu entwickeln. Denn bei allen technischen Finessen des digitalen Fortschritts darf eines nicht vergessen werden: Auch die unmittelbare, ehrliche und authentische Kommunikation zwischen Politik und Bürgerinnen und Bürgern ist eine Form der Bürgerbeteiligung und sogar eine der ursprünglichsten und wichtigsten Formen der politischen Teilhabe überhaupt, wie der Blick eingangs auf die athenische Demokratie offenbart hat. Wenn letztlich mehr Zeit für das persönliche Gespräch geschaffen wird, dann haben wir die Chancen und Risiken des digitalen Fortschritts richtig verstanden und richtig umgesetzt.

## 4 Fazit

Der gegenwärtige Zeitgeist ist voller Aufbruchsstimmung. Dieses Potential der „neuen digitalen Öffentlichkeit", in der sich eine wachsende Mehrheit der Bevölkerung online informiert und online kommuniziert, gilt es zu nutzen. Um dabei einer zunehmenden Verrohung des gesellschaftlichen Diskurses entgegenzusteuern, bedarf es aber einer Revitalisierung der sozialen Verständigungsprozesse und einer neuen Kommunikationskultur, die getragen ist von Meinungsvielfalt und kritischer Selbstreflexion. Neben der Online-Kommunikation muss jedoch auch künftig der Wert des zwischenmenschlichen Kontakts hochgehalten werden. Eine Welt, in der mehr „smarte Gegenstände" miteinander kommunizieren als Menschen, muss eine Dystopie bleiben. Die politische Kommunikation des 21. Jahrhunderts verlangt einen Dreiklang aus Social Media-Präsenz von Politik und Behörden, der Digitalisierung und bürgerfreundlichen Ausgestaltung der Verwaltung sowie dem persönlichen Kontakt mit den Bürgerinnen und Bürgern. Hierfür müssen wir die Kommunikation in den Mittelpunkt des politischen Handelns stellen und die politische Kommunikationsforschung intensivieren.

## Dank

Es ist mir eine Ehre, an dieser Festschrift für meinem geschätzten Freund Ludwig mitwirken zu dürfen. Schon während unserer gemeinsamen Zeit in der Hanns-Seidel-Stiftung in München hast Du Dich durch Dein Fachwissen, Deine Tatkraft und Deine Herzenswärme ausgezeichnet. Als „Bayer in Sachsen" prägst Du nun die Entwicklung der Hochschule Mittweida, insbesondere der Medienstudiengänge seit mehr als 20 Jahren. Ohne Dich wäre das „Mittweidaer Modell" mit seiner besonderen Praxisnähe heute kein herausragendes Charakteristikum der Medienausbildung. Dabei strahlen Dein Wissen und Deine Wirkungskraft weit über die Grenzen Mittweidas hinaus bis in die Sächsische Staatskanzlei. Das „Band nach Bayern" hast Du dabei beständig festgehalten. Unsere zahlreichen Begegnungen und Gespräche waren mir fachlich wie menschlich allzeit eine große Bereicherung. Keine Sekunde möchte ich missen. Für Deine stets konstruktive kollegiale Kritik und klugen Anregungen danke ich Dir von Herzen und blicke unseren weiteren gemeinsamen Projekten mit Freude entgegen. Zu Deinem 60. Geburtstag wünsche ich Dir, dass die Achse Bayern-Sachsen auch weiterhin Dein persönliches Lebensglück bereithält!

## Literatur

Aristoteles: Politik. Schriften zur Staatstheorie, übersetzt und herausgegeben von Schwarz, Franz F., Stuttgart: Philipp Reclam jun., 1989

Baltissen, Arne: E-Government und das Once-Only-Prinzip. Gegenwart oder Zukunftsmusik. In: Holetschek, Klaus/Männle, Ursula (Hrsg.): Mittelpunkt Bürger. Dialog, Digital und Analog, S. 127-134, München: Hanns-Seidel-Stiftung e.V., 2019

Eichhoff-Cyrus, Karin M./Antos, Gerd/Schulz, Rüdiger (Hrsg.): Wie denken die Deutschen über die Rechts- und Verwaltungssprache? Eine repräsentative Umfrage der Gesellschaft für deutsche Sprache, durchgeführt vom Institut für Demoskopie Allensbach, Wiesbaden: Gesellschaft für deutsche Sprache, 2009

Gurevitch, Michael/Blumler, Jay G.: Der Stand der vergleichenden politischen Kommunikationsforschung: Ein eigenständiges Feld formiert sich. In: Esser, Frank/Pfetsch, Barbara (Hrsg.): Politische Kommunikation im internationalen Vergleich. Grundlagen, Anwendungen, Perspektiven, S. 371-392, Wiesbaden: Westdeutscher Verlag, 2003

Habermas, Jürgen: Strukturwandel der Öffentlichkeit: Untersuchungen zu einer Kategorie der bürgerlichen Gesellschaft, Frankfurt: Suhrkamp Verlag, 1990

Habermas, Jürgen: Ach, Europa. Kleine politische Schriften XI, Frankfurt am Main: Suhrkamp Verlag, 2008

Hilmer, Ludwig/Maack, Alexander: Informationskanäle richtig nutzen. In: Holetschek, Klaus/Männle, Ursula (Hrsg.): Mittelpunkt Bürger. Dialog, Digital und Analog, S. 51-59, München: Hanns-Seidel-Stiftung e.V., 2019

Höffe, Otfried: Praktische Philosophie: Das Modell des Aristoteles, Berlin: Akademie Verlag, 2008

Jarren, Otfried/Donges, Patrick: Politische Akteure. In: Ders. (Hrsg.): Politische Kommunikation in der Mediengesellschaft, S. 129-151, Wiesbaden: VS Verlag für Sozialwissenschaften, 2011

Kant, Immanuel: Zum ewigen Frieden. Ein philosophischer Entwurf, herausgegeben von Guth, Karl-Maria, Berlin: Hofenberg, 2016

Machiavelli, Niccolò: Der Fürst, übersetzt von Oppeln-Bronikowski, Friedrich von, Frankfurt am Main: Insel Verlag, 2011

Raabe, Alexander: Entwicklungsperspektiven von Social Software und dem Web 2.0. In: Blumauer, Andreas/Pellegrini, Tassilo (Hrsg.): Social Semantic Web, S. 43-61, Berlin und Heidelberg: Springer-Verlag, 2009

Rabe, L. (2019a): Statistiken zur Internetnutzung weltweit, veröffentlicht am 17.07.2019, verfügbar unter: https://de.statista.com/themen/42/internet/, eingesehen am 07.11.2019

Rabe, L. (2019b): Statistiken zum Thema Soziale Netzwerke, veröffentlicht am 03.09.2019, verfügbar unter: https://de.statista.com/themen/1842/sozialenetzwerke/, eingesehen am 07.11.2019

Rezo: Die Zerstörung der CDU, veröffentlicht am 18.05.2019, verfügbar unter: https://www.youtube.com/watch?v=4Y1lZQsyuSQ, eingesehen am 07.11.2019

Schmidt, Manfred G.: Wörterbuch zur Politik, Stuttgart: Alfred Kröner Verlag, 2004

Schwarz, Gerhard: Konfliktmanagement. Konflikte erkennen, analysieren, lösen, Wiesbaden: Gabler, 2010

Trump, Donald: My use of social media is not Presidential – it`s MODERN DAY PRESIDENTIAL. Make America Great Again!, veröffentlicht am 02.07.2017, verfügbar unter: https://twitter.com/realDonaldTrump/status/881281755017355264, eingesehen am 07.11.2019

Visit Estonia: Estland – eine digitale Gesellschaft, verfügbar unter: https://www.visitestonia.com/de/uber-estland/estland-eine-digitale-gesellschaft, zuletzt aktualisiert am 02.06.2017, eingesehen am 07.11.2019

Wehling, Elisabeth: Politisches Framing. Wie eine Nation sich ihr Denken einredet – und daraus Politik macht, Köln: Herbert von Halem, 2016

# Zur Nutzung sozialer Netzwerke durch Studierende der Kommunikations- und Medienwissenschaften.

Ein Vergleich Deutschland-Rumänien

Meda Mucundorfeanu, Delia Cristina Balaban
Babeș-Bolyai Universität, Cluj-Napoca, Rumänien

## 1 Einleitung

Facebook ist die weltweit relevanteste soziale Netzwerkplattform in Bezug auf die absoluten Nutzeranzahlen. Das gilt auch für Europa: Ungefähr 50 Prozent der Gesamtbevölkerung besitzt ein Profil auf dieser Plattform. In Bezug auf den Prozentsatz der Bevölkerung, die Facebook im Oktober 2018 nutzte, gab es relevante Unterschiede zwischen den EU-Ländern: Schweden belegte mit 66,3 Prozent den ersten Platz und Deutschland mit 38,6 Prozent den letzten Platz. Rumänien befand sich mit einem Anteil von 50,6 Prozent der Bevölkerung, die Facebook nutzt, in der Mitte des Rankings, in dem die 28 EU-Mitgliedstaaten einbezogen wurden (Statista 2018).

Neben der hohen Nutzerzahl verfügt Facebook auch über die Möglichkeit, Nachrichten mit anderen zu teilen. Das Teilen von Nachrichten ist ein soziales und freiwilliges Verhalten, das mit bestimmten Motivationen verbunden ist. Die soziale Gesprächsdimension ist der stärkste Treiber für die Bildung positiver Einstellungen zum Teilen von Botschaften (Mustățea & Balaban 2019). Das Ziel, soziale Beziehungen aufzubauen, ist beim Nachrichtenaustausch wichtiger als die Qualität der Informationen, die ausgetauscht werden. Inhalte werden geteilt, da dies der einfachste Weg ist, in Verbindung zu bleiben (Ham et al. 2018).

Beim Vorgang des erneuten Teilens von Nachrichten geht es um den Content-Ersteller, einen Nutzer, der diesen Inhalt weiter teilt sowie um die Beziehung zwischen Sender und Empfänger. Für den Content-Ersteller bedeutet das erneute Teilen eine Validierung des Inhalts und eine Auseinandersetzung mit den anderen Nutzern (Kane et al. 2014). Das erneute Teilen hat zur Folge, dass Informationen außerhalb des Kreises der ursprünglich intendierten Empfänger verbreitet werden (Koohikamali & Sidorova 2017) und es ist von wesentlicher Bedeutung in Bezug auf große Reichweiten und die Verbreitung gefälschter Nachrichten (Lazel et al. 2018; Bârgăoanu 2018).

## 2 Soziale Medien

Die sozialen Medien sind in vielen Ländern für die Mehrheit der Bevölkerung ein wichtiger Bestandteil des Medienkonsums geworden. Es geht dabei um einen dynamischen Bereich, in dem Plattformen und Nutzungspraktiken in einer etablierten Kultur der Konnektivität (Van Dijck 2013) mit multidirektionalem Informationsfluss in einem hybriden Mediensystem (Chadwick 2013) ständigen Änderungen unterliegen. Carr und Hayes (2015) beschreiben soziale Medien als eine Form der computergestützten Kommunikation, bei der Einzelpersonen eigene Inhalte generieren, Inhalte von Freunden oder anderen Online-Nutzern teilen und damit interagieren. Unser Interesse gilt den sozialen Netzwerken, einer Subdomain der sozialen Medien, die vernetzte Kommunikationsplattformen sind, in denen „(...) die Teilnehmer 1. eindeutig identifizierbare Rollen haben, die aus eigenen bereitgestellten Inhalten, von anderen Benutzern bereitgestellten Inhalten und/oder vom System bereitgestellten Daten bestehen; 2. öffentlich Verbindungen artikulieren können, die von anderen eingesehen und bestritten werden können; und 3. benutzergenerierte Inhalte, die über ihre Verbindungen auf der Website bereitgestellt werden, konsumieren, produzieren und/oder mit diesen interagieren." (Ellison & Boyd 2013: S. 157 in Alhabash, Ma 2017: S.1).

Die wichtigste soziale Netzwerkplattform, mit der wir uns befassen, ist Facebook, da Facebook ein Netzwerk ist, in dem Menschen Nachrichten mit informativem Charakter austauschen können (Balaban, Constantinescu & Mustățea 2018). Twitter wurde auch berücksichtigt, obwohl Studien zeigen, dass diese Plattform sich nicht der gleichen Beliebtheit wie Facebook erfreut. Twitter ist nach wie vor das Aschenputtel der in Rumänien verwendeten sozialen Netzwerke, da nur 8,4 Prozent der rumänischen Internetnutzer ein Konto auf dieser Plattform haben, während mehr als 9 Millionen Personen ein Facebook-Konto besitzen (Gemius 2017).

In der vorliegenden Studie werden wir unsere Aufmerksamkeit auf rumänische und deutsche Jugendliche richten, da sie die Hauptnutzer der sozialen Medien sind. In Deutschland lag die Hauptaltersgruppe, die Facebook nutze, im Jahr 2014 zwischen 18 und 24 (24,11 Prozent) und zwischen 25 und 34 (27,76 Prozent). In Rumänien hingegen liegt die Hauptaltersgruppe, die Facebook nutzt, zwischen 25 und 34 (26,83 Prozent), gefolgt von den Gruppen 18 bis 24 (21,47 Prozent) und 35 bis 44 (21,15 Prozent) (Facebrands 2017).

In den letzten Jahren migrieren junge Nutzer zunehmend von Facebook zu Snapchat und Instagram (Alhabash und Ma 2017). Dennoch bleibt Facebook das Hauptnetzwerk in Rumänien und Deutschland. Angesichts der Tatsache, dass Studenten über große Facebook-Netzwerke verfügen und viel Zeit auf Facebook verbringen (Iordache et al. 2015, Gorghiu et al. 2016), fokussieren wir uns auf Studierende in beiden Ländern, da diese Herangehensweise uns dabei helfen kann, einerseits ein klares Bild von ihrem Nutzerverhalten zu erhalten und andererseits einen Teil des Puzzles bezüglich der Verwendung von Social-Networking-Sites (SNSs) zu entschlüsseln.

In den letzten Jahren haben die sozialen Medien bei Forschern große Beachtung gefunden. Das Forschungsinteresse beginnt bei Diskussionen über gefälschte Nachrichten (Zhang et al. 2016), besser definiert als demokratisch dysfunktionaler Nachrichtenaustausch (Chadwick et al. 2018) und reicht bis zum jüngsten Datenskandal – dem Cambridge Analytica-Skandal (Cadwalladr & Graham-Harrison 2018). Die Verwendung und die Auswirkungen der Nutzung sozialer Netzwerke wurden noch nie so intensiv diskutiert wie heute. Aber trotz dieser neuen Informationen über die Nachteile der Nutzung sozialer Plattformen (insbesondere Facebook) verwenden die Menschen sie immer noch mit der gleichen Intensität.

Eine zentrale Theorie, die diese Art von Verhalten erklären kann, wurde bereits 1970 entwickelt, nämlich der Nutzen- und Belohnungsansatz (Uses-and-Gratifications-Aansatz) (Katz 1974). Diese Theorie basiert auf der Idee, dass die Nutzer aktive und zielorientierte Konsumenten sind. Darüber hinaus befriedigen Menschen bestimmte Bedürfnisse durch die Nutzung sozialer Medien. Gemäß Alhabash and Ma (2017) werden Nutzer als rationale Personen wahrgenommen, die sich ihrer Interessen bewusst sind und die sie dazu veranlassen, Medien- und Unterhaltungsmaterial auszuwählen, das für die Befriedigung ihrer Wüsche sorgen kann. Der Uses-and-Gratifications-Ansatz zielt zudem auf die individuellen Unterschiede der Nutzer und die Motivationen zur Mediennutzung, da soziale Medien ein Zusammenspiel von Information, Unterhaltung, Überwachung, persönlichen Beziehungen, Identität und Ablenkung zur Verfügung stellen (Al-Menayes 2015).

Nach den Erkenntnissen der jüngsten Literatur (Bene 2017; Buehler 2017) gilt die Nutzungsmotivation als Prädiktor für die Nutzungsintensität einer Plattform. Jede Plattform verfügt aufgrund ihrer Spezifika über unterschiedliche Nutzungszeiten und -intensitäten. Zum Beispiel sind Facebook und Twitter in der Nutzung zeitaufwändiger als Snapchat und Instagram. Jüngere Zielgruppen bevorzugen Inhalte, die einfach zu konsumieren sind. Plattformen wie Facebook sind das eher nicht, weil sie nicht nur mit Nachrichten und Texten bedient werden (Balaban, Constantinescu & Mustăţea 2018).

## 3 Influencer Marketing

Soziale Medien zeichnen sich durch eine hohe Dynamik aus. Plattformen und Nutzungspraktiken unterliegen in einer etablierten Kultur der Konnektivität mit multidirektionalem Informationsfluss ständigen Veränderungen (Van Dijck 2013; Van Dijck et al 2018). Soziale Medien werden als computergestützte Kommunikation definiert, bei der Einzelpersonen eigene Inhalte generieren und mit Inhalten von Freunden oder anderen Online-Nutzern interagieren (Carr and Hayes 2015). Die Nutzung der sozialen Medien ist für die Mehrheit der Weltbevölkerung zu einem wichtigen Bestandteil ihres Lebens geworden. Vor allem jüngere Erwachsene nutzen mobile Plattformen viel häufiger als alle anderen. Die Werbung wird durch die Interaktion mit den Plattformen beeinflusst. Es entstehen neue Werbeinstrumente (Stewart & Cunningham 2017; Gottfried & Shearer 2016). Dies hat nachweislich das Vertrauen der Verbraucher beeinflusst. Im Jahr 2018 wuchs die Zahl der Social-Media-Nutzer um 13 Prozent auf 3,2 Milliarden Konten weltweit (Chaffey 2018), was zur Entstehung eines kollektiven Systems von virtuellen Räumen führte, in denen Verbraucher innerhalb und über mehrere interaktive Plattformen miteinander verbunden sind und dadurch kollaborativ ein Ökosystem der sozialen Medien aufgebaut haben (Ham et al. 2018).

Blogs, Vlogs, Instagram und YouTube sind die bevorzugten Kanäle für Social-Media-Influencer und damit für Influencer-Marketing (Nirschl & Steinberg 2018). Instagram war 2018 das am schnellsten wachsende Social-Media-Netzwerk in Deutschland und Rumänien. Deutschland gehört sogar zu den zehn Ländern weltweit mit den meisten aktiven

Konten auf Instagram. Die aktive Verbreitung der sozialen Medien ist in beiden Ländern relativ ähnlich: Rumänien 51 Prozent und Deutschland 46 Prozent. Die Daten aus dem Monat Oktober 2018 zeigen, dass 38,6 Prozent der Deutschen Facebook und 23,8 Prozent Instagram nutzen. Rumänische Nutzer greifen deutlich mehr auf Facebook (50,6 Prozent) und nur zu 18,7 Prozent auf Instagram zu (Statista 2019a; 2019b; 2019c).

## 4 Social-Media-Influencer

Social-Media-Influencer sind Menschen mit einer großen Anzahl von Followern auf einer oder mehreren sozialen Plattformen (z.B. Facebook, YouTube, Instagram, Snapchat oder persönliche Blogs), die einen Einfluss auf ihre Anhänger ausüben (Freberg et al. 2011; Lou &Yuan 2018; Nirschl & Steinberg 2018). Influencer können im Sinne der Definition des Two-Step-Flow-Modells als die Meinungsführer des Onlinebereichs angesehen werden (Katz & Lazarsfeld 1955).

Forscher gehen davon, dass Influencer von ihren Zielgruppen als zugänglich, glaubwürdig, vertraut und einflussreich bei der Empfehlung von Werbeprodukten wahrgenommen werden (Djafarova & Rushworth 2017). Influencer sind einfach zu verstehen, da sie ihr Alltagsleben mit ihren Followern teilen. Sie erzeugen die Illusion einer persönlichen Beziehung und somit von parasozialen Interaktionen. So können Werbebotschaften als unvoreingenommene Meinung der Influencer wahrgenommen werden und überzeugend wirken (Abidin 2015; 2016; DeVeirman 2017). Influencer wurden als „Micro-Endorser" beschrieben, verglichen mit „größeren" prominenten Endorsern (Hall 2015). Prominente können zu Influencern werden, wenn sie auf Plattformen aktiv sind, eine erhebliche Anzahl von Followern haben und regelmäßig Inhalte produzieren (Lou & Yuan 2018). Influencer sind zugleich Verbraucher, weil sie sich in den sozialen Medien mit anderen Nutzern über Produkte austauschen. Indem Produktempfehlungen online veröffentlicht werden, ist Influencer-Marketing auch eine Form des elektronischen Word-of-Mouth-Marketings (Erkan & Evans 2016).

Influencer üben komplexe Aktivitäten aus: Sie sind Content Creator und gelten somit als Werbetreibende, Meinungsführer und Unternehmer (Carpenter Childers et al. 2018). Die Fachliteratur unterscheidet zwischen verschiedenen Influencer-Typen: Peer-to-Peer- oder Micro-Level-Influencer (500-10.000 Follower), Makro-Influencer (bis zu 1 Million Follower), Influencer-Prominente mit über 1 Million Follower (Gottbrecht 2016). Es besteht ein Zusammenhang zwischen der Anzahl der Anhänger und der Meinungsführerschaft (Hwang 2015; De Veirman 2017).

Unternehmen verzichten zunehmend auf traditionelle Werbetechniken und setzen auf effektivere Instrumente mit höherer Authentizität und Glaubwürdigkeit, wie Influencer-Marketing (deVries et al 2012; De Veirman et al 2017). Dies ist eine Marketingstrategie, bei der Vermarkter und Marken in ausgewählte Influencer investieren, die Markeninhalte erstellen und auf ihren Kanälen verbreiten, um die Markenbekanntheit zu steigern und/oder um ihre Kaufabsicht zu offenbaren (Lou & Yoan, 2018). Die Popularität dieses Instruments hat in den letzten Jahren exponentiell zugenommen, da in kurzer Zeit eine beträchtliche Anzahl von Verbrauchern erreicht werden kann und es nicht so kostspielig ist wie herkömmliche Werbekampagnen (Phua et al. 2017; Evans et al. 2017).

Neben der zunehmenden Nutzung der sozialen Medien gibt es weitere Faktoren, die für Influencer-Marketing als relevantes Werbemittel sprechen, wie zum Beispiel das bei Kaufentscheidung zunehmende Vertrauen in persönliche Empfehlungen statt in herkömmliche Werbeanzeigen. Studien unterstreichen den Zusammenhang zwischen der Nutzung von Onlineplattformen und einem größeren Vertrauen in die Werbung auf diesen Plattformen (Stewart & Cunningham 2017). Auch wenn die junge Generation Online-Medien bevorzugt, ist die Nutzung alter Strategien auf neuen Kanälen keine Option. Millennials und die Z-Generation sind mit der Verwendung von Werbeblockern vertraut, um Werbung zu vermeiden. Ein einzigartiges Merkmal des Influencer-Marketings ist, dass es die Verbraucher dazu ermutigt, über Marken in sozialen Medien miteinander zu kommunizieren. Verbraucheräußerungen werden auf Märkten, auf denen herkömmliche Werbemethoden keine signifikanten Ergebnisse mehr erzielen, als viel wertvoller bewertet als Werbeimpressionen (Long 2016; Carpenter Childers et al 2018).

Influencer-Marketing ist ein relativ neues Werbeinstrument, daher steht die Forschung zu diesem Thema noch am Anfang. Es funktioniert „am besten, wenn der Inhalt natürlich, echt und realistisch ist und von den Influencern stammt“ (Carpenter Childers et al. 2018: S.12). Erfolgreiches Influencer-Marketing besteht aus einem sensiblen Gleichgewicht zwischen der authentischen Stimme des Influencers und der Markenwerbestrategie.

## 5 Methodologie

Die vorliegende, quantitativ angelegte Studie stützt sich auf eine Befragung zum Thema Nutzung sozialer Medien. Sie wurde an der Babeș-Bolyai Universität in Klausenburg (Rumänien) und an der Hochschule Mittweida (Deutschland) mit Studierenden im Zeitraum Dezember 2018 bis Januar 2019 durchgeführt. Es wurde nach der allgemeinen Mediennutzung bzw. der Nutzung sozialer Medien gefragt. Für die Messung wurde eine 7-Punkte-Likert-Skala verwendet.

Es haben N= 938 Teilnehmer teilgenommen, davon 546 aus Rumänien und 392 aus Deutschland. Die Fragebögen wurden online verteilt. Die Stichprobe der rumänischen Studierenden bestand aus 67,3 Prozent Frauen und 32,7 Prozent Männer und die der deutschen Studierenden aus 61,4 Prozent Frauen und 38,6 Prozent Männer. Das Durchschnittsalter der rumänischen Probanden lag bei M= 20,264, SD= 2,04. Das Durchschnittsalter der deutschen Probanden betrug M= 22,23, SD= 1,89. Alle teilnehmenden Studierenden stammen aus den Bereichen Kommunikationswissenschaft oder Medienmanagement. Bei der Mehrheit der rumänischen Teilnehmer handelt es sich um Studierende im 2. oder 4. Studiensemester, während es bei den deutschen Teilnehmern um Studierende im 3. oder 4. Semester geht.

## 6 Ergebnisse

Tabelle 1 gibt den Mittelwert und die Standardabweichung bezüglich der Nutzung der wichtigsten sozialen Netzwerke in Rumänien bzw. in Deutschland an. Instagram, gefolgt von WhatsApp, Facebook und YouTube sind die meistverwendeten sozialen Netzwerke. Die am wenigsten genutzten Netzwerke sind Snapchat, gefolgt von Pinterest, LinkedIn und Twitter. Rumänische Studenten nutzen die sozialen Medien ein wenig intensiver (M=3,29) als die deutschen Studenten (M=3,17).

| Land | | FB | Insta-gram | Twit-ter | Pin-terest | Whats App | Snap-chat | Link-edIn | You-Tube |
|---|---|---|---|---|---|---|---|---|---|
| **Ru** | **M** | **4.81** | **4.62** | **1.40** | **2.27** | **4.02** | **3.05** | **1.49** | **4.7** |
| | **N** | 546 | 546 | 546 | 546 | 546 | 546 | 546 | 546 |
| | **Std. A.** | .59 | 1.04 | .82 | 1.33 | 1.24 | 1.74 | .95 | .74 |
| **De** | **M** | **3.93** | **4.46** | **1.42** | **1.72** | **4.98** | **3.47** | **1.57** | **3.81** |
| | **N** | 392 | 392 | 392 | 392 | 392 | 392 | 392 | 392 |
| | **Std. A.** | 1.4 | 1.28 | .92 | .94 | .22 | 1.63 | .89 | 1.09 |
| **Ges.** | **M** | **4.37** | **4.54** | **1.41** | **1.99** | **4.5** | **3.26** | **1.53** | **4.25** |
| | **N** | 469 | 469 | 469 | 469 | 469 | 469 | 469 | 469 |
| | **Std. A.** | .99 | 1.16 | .87 | 1.13 | .73 | 1.68 | .92 | .91 |

Tabelle 1: Nutzungsintensität der sozialen Medien in Deutschland, bzw. in Rumänien

In Rumänien sind die Nutzer eher auf Facebook aktiv, gefolgt von YouTube, Instagram und WhatsApp. Am wenigsten sind die rumänischen Nutzer auf LinkedIn und Twitter aktiv. In Deutschland sind die Nutzer am aktivsten auf WhatsApp, Instagram, Facebook und YouTube. Die am wenigsten genutzten Netzwerken sind Snapchat, gefolgt von Pinterest, LinkedIn und Twitter.

Es folgt eine detailliertere Übersicht bezüglich der Nutzung sozialer Medien.

*Instagram*

Instagram ist eine sehr beliebte Plattform. Nur 6 Prozent der rumänischen und 11 Prozent der deutschen Befragten besitzen kein Profil auf Instagram, während mehr als 80 Prozent aller Befragten (85,2 Prozent rumänische Befragte, bzw. 81,9 Prozent deutsche Befragte) diese Plattform täglich nutzen.

*WhatsApp*

WhatsApp wird von 4 Prozent der rumänischen und von nur 0,3 Prozent der deutschen Nutzer gar nicht verwendet. Der Prozentsatz der rumänischen Studenten, die diese Plattform täglich nutzen liegt bei 52,4 Prozent, während ein verblüffender Anteil von fast hundert Prozent, bzw. 99 Prozent der deutschen Studenten diese Plattform täglich nutzt.

*Facebook*

Nur 0,7 Prozent der befragten rumänischen Studenten und 11,5 Prozent der deutschen Studenten haben kein Facebook-Profil. Die meisten rumänischen Probanden (87,2 Prozent) nutzen diese Plattform mehrmals am Tag, während knapp über die Hälfte der deutschen Befragten (52,3 Prozent) Facebook mehrmals täglich nutzen.

*YouTube*

Auf YouTube haben nur 1,3 Prozent der rumänischen und 2 Prozent der deutschen Studenten kein Profil. Der große Unterschied zwischen beiden Zielgruppen besteht darin, dass die meisten (80,4 Prozent) der rumänischen Befragten YouTube täglich nutzen, während die deutschen Befragten YouTube sehr verschieden benutzen: 21,7 Prozent einmal die Woche, 30,9 Prozent einmal am Tag und 33,2 Prozent mehrmals täglich.

*Snapchat*

Auf Snapchat haben 32.4 Prozent der rumänischen und 22.7 Prozent der deutschen Befragten kein Profil. Ein ähnlicher Anteil der Probanden ist auf dieser Plattform täglich aktiv, und zwar 37.5 Prozent der rumänischen und 42.9 Prozent der deutschen Studenten.

*Pinterest*

Knapp über 50 Prozent der deutschen Befragten haben überhaupt kein Pinterest-Konto, während es bei den rumänischen Befragten um 38,1 Prozent geht. Die meisten haben angegeben, dass sie diese Plattform eher selten nutzen: 28,6 Prozent der deutschen und 27,7 Prozent der rumänischen Studenten.

*LinkedIn*

Das soziale Netzwerk LinkedIn, das eher für berufliche Zwecke und Kontakte gedacht ist, wird selten bis gar nicht in beiden Ländern benutzt. 72,5 Prozent der rumänischen Studenten haben gar kein Konto auf dieser Plattform. 16 Prozent der Probanden nutzen LinkedIn eher selten. Ähnlich sieht es bei den deutschen Befragten aus: 64 Prozent haben gar kein Konto, während 20 Prozent LinkedIn seltener als einmal die Woche benutzen.

*Twitter*

Twitter ist eines der unbeliebtesten sozialen Medien bei den Studierenden aus beiden Ländern. Mehr als 70 Prozent davon hat kein Profil auf Twitter und nur 1,8 Prozent der rumänischen und 3,3 Prozent der deutschen Studenten verwenden diese Plattform täglich.

Tabelle 2 zeigt den Mittelwert und die Standardabweichung bezüglich der Nutzung weiterer Medien in Rumänien und in Deutschland. Generell werden am meisten Online-Serien und Vlogs geschaut, gefolgt von der Radio- und TV-Nutzung. Deutsche Studenten nutzen diese Medien ein wenig intensiver (M=3,27) als die rumänischen Studenten (M=3,06). In Rumänien verfolgen die Nutzer eher Online-Serien, gefolgt von Vlogs und Bücher lesen. Eher weniger wird klassisches Fernsehen geschaut, Radio gehört und am wenigsten Zeitung gelesen. In Deutschland sind die Nutzer am aktivsten in Bezug auf Online-Serien, gefolgt von Radio, Vlogs und TV. Am wenigsten werden Bücher und/oder Zeitungen gelesen.

| Land | | Zeitungen | Radio | TV | Bücher | Online Serien | Vlogs |
|---|---|---|---|---|---|---|---|
| Ru | M | **2.06** | **3.06** | **3.17** | **3.19** | **3.66** | **3.24** |
| | N | 546 | 546 | 546 | 546 | 546 | 546 |
| | Std. A. | 1.22 | 1.29 | 1.37 | 1.12 | 1.18 | 1.48 |
| De | M | **2.67** | **3.65** | **3.32** | **2.65** | **4.17** | **2.63** |
| | N | 392 | 392 | 392 | 392 | 392 | 392 |
| | Std. A. | 1.07 | 1.19 | 1.19 | 1.07 | 1.07 | 1.39 |
| Ges. | M | **2.36** | **3.35** | **3.24** | **2.92** | **3.91** | **2.93** |
| | N | 469 | 469 | 469 | 469 | 469 | 469 |
| | Std. A. | 1.14 | 1.24 | 1.28 | 1.09 | 1.12 | 1.43 |

Tabelle 2: Nutzungsintensität beliebter Medien in Deutschland, bzw. in Rumänien

Nachfolgend erfolgt eine detailliertere Übersicht über die in Tabelle 2 genannten Medien.

*Online-Serien*

Online-Serien sind sehr populär bei den jungen Studenten. Nur 8,2 Prozent der rumänischen und 5 Prozent der deutschen Studierenden schauen gar keine Serien im Internet. Der überwiegende Anteil schaut mehrmals die Woche Online-Serien: 38,8 Prozent in Rumänien und 32,7 Prozent in Deutschland.

*Vlogs*

Ungefähr ein Viertel aller Befragten verfolgen keine Vlogger auf YouTube. Der Unterschied in den Nutzungsgewohnheiten liegt darin, dass die meisten rumänischen Studenten (28,2 Prozent) Vlogger wöchentlich verfolgen, während die meisten deutschen Studenten (21,9 Prozent) sich Vlogs monatlich oder seltener anschauen.

*Radio*

In Rumänien ist das Radio nicht sehr beliebt. Fast 14 Prozent der rumänischen Studierenden hören überhaupt kein Radio, während diese Zahl bei den deutschen Studenten viel kleiner ist (5,9 Prozent). Nur 16,3 Prozent der Befragten in Rumänien hören täglich Radio, während fast doppelt so viele Befragen (30,1 Prozent) in Deutschland täglich Radio hören.

*TV*

Klassisches Fernsehen hat eine vergleichsweise kleine Nutzungsrate. Nur 23,1 Prozent der rumänischen Probanden schauen mehrmals in der Woche fern, 15,6 Prozent nie. Bei den deutschen Befragten ist diese Aktivität etwas beliebter: 32,4 Prozent schauen mehrmals die Woche fern und nur 7,4 Prozent schauen nie fern.

*Bücher*

In Rumänien lesen 5,3 Prozent unserer Befragten überhaupt keine Bücher. 26 Prozent lesen mehrmals die Woche in Büchern. In Deutschland sind die Prozentzahlen etwas höher: 12,2 Prozent unserer deutschen Befragten lesen überhaupt keine Bücher und 40,3 Prozent öffnen ein Buch einmal im Monat oder noch seltener.

*Zeitungen*

Fast die Hälfte (44,9 Prozent) aller rumänischen Probanden liest überhaupt keine Zeitung, während diese Prozentzahl bei den deutschen Probanden bei 12,8 Prozent liegt. Täglich wird die Zeitung von 5,7 Prozent der Studierenden in Rumänien und von 5,6 Prozent in Deutschland gelesen. Einmal im Monat greifen 35,5 Prozent der deutschen Studenten und 26,2 Prozent der rumänischen Studenten zur Zeitung.

## 7 Schlussfolgerungen

Die Umfrage hat ergeben, dass rumänische und deutsche Studierende der oben angegebenen Fachrichtungen ein ähnliches Social-Media-Nutzungsverhalten aufweisen, wobei rumänische Studenten die sozialen Medien ein wenig intensiver nutzen als die deutschen Studenten. Es gibt jedoch einige Unterschiede, wie zum Beispiel, dass die beliebtesten sozialen Medien der rumänischen Studenten Facebook und YouTube sind, während die beliebtesten sozialen Medien für die deutschen Studenten WhatsApp und Instagram sind. Die Reihenfolge der am wenigsten genutzten sozialen Medien ist in beiden Ländern gleich, obwohl das Ausmaß der Nutzung verschieden ist, und zwar: Snapchat, gefolgt von Pinterest, LinkedIn und Twitter.

Verblüffend ist die Tatsache, dass fast alle, d.h. 99 Prozent der deutschen Befragten angegeben haben, WhatsApp täglich zu nutzen, während nur knapp über die Hälfte aller rumänischen Befragten auf dieser Plattform täglich aktiv sind. Ein großer Unterschied zwischen den beiden Gruppen liegt auch in der Nutzungshäufigkeit der Plattform YouTube. Während fast alle rumänischen Studenten YouTube täglich nutzen, verwenden die meisten deutschen Studenten diese Plattform mehrmals wöchentlich. Mehr als die Hälfte aller Befragten beider Gruppen haben auf LinkedIn kein Profil. Das könnte daran liegen, dass die meisten Studierende noch nicht berufstätig sind und somit noch keine professionellen Kontakte knüpfen möchten. Eine weitere Gemeinsamkeit liegt in der niedrigen Popularität der Plattform Twitter. Hier haben mehr als 70 Prozent der Befragten aus beiden Ländern gar kein Profil. Dieses Ergebnis bestätigt die Befunde früherer Studien in diesem Bereich (vgl. Aparaschivei 2011; Gemius 2017).

Bei der Nutzung weiterer beliebter Medien haben für alle befragten Nutzer die Online-Serien und die Vlogs höchste Priorität. Unterschiede gibt es in der Nutzung klassischer Medien: Für die rumänischen Studenten sind die klassischen Medien (TV, Radio, Zeitung) weniger wichtig, während für die deutschen Studenten das Lesen von Materialien in Print-Formaten (Bücher und Zeitung) eher unwichtig zu sein scheint.

## Dank

Ohne die intensive Unterstützung von Ludwig Hilmer hätte sich die Kooperation zwischen der Babeș-Bolyai Universität in Rumänien und der Hochschule Mittweida nicht so stabil und fruchtbar entwickelt. Aus diesem Grund hat ihm die Babeș-Bolyai Universität bereits im Jahr 2014 den Ehrendoktortitel verliehen. Damit wurde insbesondere seine Rolle bei der Entwicklung der Kommunikationswissenschaft in Rumänien gewürdigt. Darüber hinaus hat er beide Autorinnen auf ihrem wissenschaftlichen Weg stets unterstützt. Anlässlich seines Geburtstages danken wir Ludwig Hilmer herzlich für sein Engagement.

## Literatur

Abidin, C. (2015). Communicative <3 intimacies: Influencers and perceived interconnectedness. Ada A Journal of Gender New Media & Technology [Online]. 8, retrieved at: http://adanewmedia.org/2015/11/issue8-abidin/.

Abidin, C. (2016). Visibility labour: Engaging with influencers' fashion brands and #OOTD advertorial campaigns on Instagram. Media International Australia. 161(1), 86–100. https://doi.org/10.1177/1329878X16665177.

Al-Menayes, J.J. (2015). Motivations for using social media: An exploratory factor analysis. International Journal of Psychological Studies. 7(1). 43–50.

Alhabash, S., & Ma, M. (2017). A tale of four platforms: Motivations and Uses of Facebook, Twitter, Instagram, and Snapchat among college students. Social Media+Society. 1-13.

Aparaschivei, P. A. (2011). The use of new media in electoral campaigns: analysis onthe use of blogs, Facebook, Twitter and Youtube in the 2009 Romanian Presidential Campaign. Journal of Media Research. 2(10). 39-60. doi:10.5539/ijps. v7n1p43.

Balaban, D., & Mustățea, M. (2019). Users' Perspective on the Credibility of Social Media Influencers in Romania and Germany. Romanian Journal Of Communication And Public Relations. 21(1), 31-46. doi:10.21018/rjcpr.2019.1.269.

Balaban, D., Constantinescu S. A., & Mustățea, M. (2018). Social Media Networks Unveiled. Mapping the Romanian and German Youth. Journal of Media Research. 3(32). 35-44. doi: 10.24193/jmr.32.3.

Bârgoanu, Alina (2018): #Fakenews. Noua cursă a înarmării. Evrika: Bukarest.

Bene, M. (2017). Influenced by Peers: Facebook as an Information Source for Young People. Social Media + Society, 1-14.

Buehler, E. M. (2017). You Shouldn't Use Facebook for That: Navigating Norm Violations While Seeking Emotional Support on Facebook. Social Media+Society, 1-11.

Cadwalladr, Carole & Graham-Harrison, Emma (2018). 'Revealed: 50 million Fa- cebook profiles harvested for Cambridge Analytica in major data breach' from The Guard Guardian (2018-03-17). Available at https://www.theguardian.com/ news/2018/mar/17/cambridge-analytica-facebook-influence-us-election [Accessed at March 2018].

Carpenter Childers, C., Lemon, L.L., & Hoy, M.G. (2018). #Sponsored #Ad: Agency Perspective on Influencer Marketing Campaigns. Journal of Current Issues & Research in Advertising. November. 1-18. https://doi.org/10.1080/10641734.2018.1521113.

Carr, R., & Heyes, C. (2015). Social Media: Defining, Developing, and Divining. Atlantic Journal of Communication. 23(1). 46-65.

Chadwick, A. (2013). The Hibrid Media System: Politics and Power. New York: Oxford University Press.

Chaffey, D. (2018). Global social media research summary 2018. Smart Insights [Online], retrieved at https://www.smartinsights.com/social-media-marketing/social-media-strategy/new-global-social-media-research/.

De Veirman, M., Cauberghe, V., & Hudders, L. (2017). Marketing through Instagram influencers: the impact of number of followers and product divergence on brand attitude. International Journal of Advertising. 36(5), 798-828. https://doi.org/10.1080/02650487.2017.1348035.

De Vries, L., Gensler, S., & Leeflang, P.S.H. (2012). Popularity of brand posts on brand fan pages: An investigation of the effects of social media marketing. Journal of Interactive Marketing. 26(2), 83–91. https://doi.org/10.1016/j.intmar.2012.01.003.

Djafarova, E., & Rushworth, C. (2017). Exploring the credibility of online celebrities' Instagram profiles in influencing the purchase decisions of young female users. Computers in Human Behavior. 68. 1-7.

Erkan, I., & Evans, C. (2016). The influence of eWOM in social media on consumers' purchase intentions: An extended approach to information adoption. Computers in Human Behavior. 61. 47-55.

Facebrands (2017). Date demografice Facebook România. Available at http://www.facebrands.ro/demografice.html [Accessed 25 March 2018].

Freberg, K., Graham, K., McGaughey, K., & Freberg, L. A. (2011). Who are the social media influencers? A study of public perceptions of personality. Public Relations Review. 37(1). 90–92.

Gemius (2017). Romania: TOP5 social networks. Available at https://www.gemius.com/agencies-news/romania-top5-social-networks.html [Accessed 25 March 2018].

Gorghiu, Pribeanu, Lamanauskas (2016). On The Facebook Dependence And Its Negative Effects On University Students' Work: A Multigroup Analysis 2016, Problems Of Education In The 21st Century Volume 73.

Gottbrecht, L. (2016). The Three Types of Influencers All Marketers Should Know [Online], retrieved at http://www.mavrck.co/the-three-types-of-influencers-all-marketers-should-knowinfographic/.

Gottfried, J., & Shearer, E. (2016). News use across social media platforms 2016. Pew Research Center [Online], retrieved at http://www.journalism.org/2016/05/26/news-use-across-social-mediaplatforms-2016/.

Hall, J. (2015). Build authentic audience experiences through influencer marketing.Forbes [Online], retrieved at: https://www.forbes.com/sites/johnhall/2015/12/17/build-authentic-audience-experiences-through-influencer-marketing/#589d25fa4ff2.

Ham, C.-D., Lee, J., Hayes, J. L., & Bae, Y. H. (2018). Exploring sharing behaviors across social media platforms. International Journal of Market Research. 1-21. doi: https://doi.org/10.1177/1470785318782790.

Hwang, Y. (2015). Does opinion leadership increase the followers on Twitter?. International Journal of Social Science and Humanity. 5(3). 258–264. https://doi.org/10.7763/IJSSH.2015.V5.464.

Iordache, Patru (2015). Utilizarea Facebook în rândul elevilor cu deficienţe de vedere – un studiu exploratoriu. Revista Română de Interacţiune Om-Calculator. 8 (1). 21-32.

Kane, G. C., Alavi, M., Labianca, G., & Borgatti, S. P. (2014). What's different about social media networks? A framework and research Agenda. MIS Quarterly. doi: 10.25300/MISQ/2014/38.1.13.

Katz, E., Blumer, J. G., & Gurevitch, M. (1974). Utilization of mass communication by the individual. In J. G. Blumler & E. Katz (Eds.). The uses of mass communica- tions: Current perspectives on gratifications research. 19-34. London, England: SAGE.

Koohikamali, M., & Sidorova, A. (2017). Information Re-Sharing on Social Network Sites in the Age of Fake News. Informing Science: The International Journal of an Emerging Transdiscipline. 20. 215-235. doi: https://doi.org/10.28945/3871.

Lazer, D. M. J., Baum, M. A., Benkler, Y., Berinsky, A. J., Greenhill, K. M., Menczer, F., ... Zittrain, J. L. (2018). The science of fake news. Science. 359(6380). 1094–1096. doi:10.1126/science. aao2998.

Liu, F. (2007). Constrained Opinion Leader Influence in an Electoral Campaign Season: Revisiting the Two Step Flow Theory with Multi-Agent Simulation. Advances in Complex Systems. 10(2). 233–250.

Long, M. C. (2016). How Social Media is Changing Advertising—for Better and Worse. Adweek [Online], retrieved at http://www.adweek.com/digital/how-social-media-is-changing-advertising-for-better-and-worse/.

Lou, C., & Yuan, S. (2018). Influencer Marketing: How Message Value and Credibility Affect Consumer Trust of Branded Content on Social Media. Journal of Interactive Advertising, 1–45. doi:10.1080/15252019.2018.1533501.

Nirschl, M., & Steinberg, L. (2018). Einstieg in das Influencer Marketing. Grundlagen, Strategien und Erfolgsfaktoren. Wiesbaden: Springer Gabler.

Phua, J., Seung, A J., & Kim, J. (2017). Gratifications of Using Facebook, Twitter, Instagram, or Snapchat to Follow Brands: The Moderating Effect of Social Comparison, Trust, Tie Strength, and Network Homophily on Brand Identification, Brand Engagement, Brand Commitment, and Membership Intention. Telematics and Informatics. 34(1). 412–424.

Stewart, K., & Cunningham, I. (2017). Examining Consumers' Multiplatform Usage And Its Contribution to Their Trust in Advertising. The Impact of the Device on Platform-Use Frequency And Trust in Advertising across Platforms. Journal of Advertising Research. 250-259. doi: https://doi.org/10.2501/JAR-2017-003.

Van Dijck, J. (2013). The Culture of Connectivity. A Critical history of Social Media. Oxford, New York: Oxford University Press.

Van Dijck, J., Poell, T., & DeWaal, M., (2018). The Platform Society. Public Values in Connective World. Oxford, New York: Oxford University Press.

Zhang, D., Zhou, L., Kehoe, J., K., Kilic, I. Y. (2016). What Online Reviewer Behaviors Really Matter? Effects of Verbal and Nonverbal Behaviors on Detection of Fake Online Reviews. Journal of Management Information Systems. 33(2). 456-481. doi: 10.1080/07421222.2016.1205907.

***Statista (2018), Retrieved Oct, 21, 2019, from https://www.statista.com/infografik/16256/facebook-users-in-europe/

***Statista (2019a), Retrieved January, 30, 2019 from https://www.statista.com/chart/16259/instagram-users-europe/

***Statista (2019b), Retrieved January, 30, 2019 from https://www.statista.com/statistics/282846/regular-social-networking-usage-penetration-worldwide-by-country/

***Statista (2019c), Retrieved January, 30, 2019, from https://www.statista.com/infografik/16256/facebook-users-

# Die Generation Z –

Neue Lebensbedürfnisse brauchen neue Lernangebote.

Möglichkeiten und Chancen für Hochschulen

Rika Fleck
Hochschule Mittweida, Fakultät Medien

## 1 Präfix

Vor 25 Jahren hatte ich mich für das Studium Publizistik/Medientechnik in der Hochschule Mittweida eingeschrieben. „Einschreiben" wurde damals noch wortwörtlich genommen. Vor dem Carl-Georg-Weitzel-Bau standen Tische mit Listen. Ich stand in der Schlange vor dem Tisch mit der Liste für den Studiengang „Soziale Arbeit". Als ich an der Reihe war, redete ein Professor, der heute längst in Pension ist, auf mich ein, ich solle mich doch bei ihm in die Liste einschreiben, es sei ein ganz neuer interessanter Studiengang. Ich ließ mir die Inhalte erklären, überlegte nicht lange und wechselte die Schlange. Wir waren anfangs etwa fünfzig Studierende und alle nur wegen der journalistischen Fächer da. Diese wurden damals fast ausschließlich in den Abendstunden angeboten. Dort, wo 1995 nach 19 Uhr im Weitzel-Bau noch Licht brannte, saßen wir und lauschten gebannt den Vorlesungen von Ludwig Hilmer und seinen Geschichten aus der Medienpraxis. Nach dem Studium war ich als Fernsehredakteurin für den MDR, RBB und NDR tätig. Als ich einige Jahre später zurück an die Hochschule kam, entstand gerade die Medienfakultät. Nicht erst als Gründungsdekan dieser Fakultät hatte Ludwig Hilmer gemeinsam mit Otto Altendorfer den Studiengang der ersten Stunde zuvor immer weiterentwickelt und ergänzt. Neben dem Studiengang „Medientechnik" gab es zum Beispiel inzwischen auch „Medienmanagement". Eine solche fortwährende Bewegung erlebe ich bis heute – fast zwei Jahrzehnte nach meiner Rückkehr an die Hochschule Mittweida.

Lieber Ludwig, heute bist Du der Rektor unserer Hochschule. Mit Fingerspitzengefühl triffst Du Entscheidungen, die für konsequente Neuausrichtung und zeitgemäße Anpassung von Strukturen und Studieninhalten stehen. Sie sind ein Alleinstellungsmerkmal für modernes Studieren und sichern Mittweida als Studienstandort. Dass ich heute an der Fakultät Medien lehre, habe ich vor allem Dir zu verdanken. Du hast mich auf dem Weg zum Diplom und zum Master unterstützt, beraten und gefördert und tust das auch aktuell bei meiner Promotion. Dafür danke ich Dir sehr.

Der folgende Artikel setzt sich mit der heranwachsenden Zielgruppe auseinander, die mit völlig neuen Ansprüchen zum Studieren kommt und wohl unsere Lehre in bisheriger Form auf den Kopf stellen wird. Das Folgende soll inspirieren und Ansätze für weitere Veränderungen liefern.
Zu Deinem Ehrentag wünsche ich Dir alles erdenklich Gute!

## 2 Der Kontext: Bildung im 21. Jahrhundert

Was die Wissensanbieter gerade erleben, ist eine sprunghaft beschleunigte Veränderung im Blick auf die an die Lernenden angepasste Wissensvermittlung. War es gerade noch die Generation Y, die vom technologischen Fortschritt fasziniert war und versuchte, ihn in seinen Einzelheiten zu entschlüsseln, indem sie begeistert E-Learning-Tools wie Tests, Foren oder Wikis auf den Lernplattformen annahm, erobert jetzt eine neue Generation von Lernenden den Wissensmarkt: Die Generation Z! Ihr Lernverhalten unterscheidet sich grundlegend von dem der vorangegangenen Generation. Sie stellt die Hochschulen vor große

Herausforderungen (Criteo 2018). Wo noch vor 20 Jahren die „Belehrungsdidaktik" mit behavioristischen und kognitivistischen Lehrkonzepten im Vordergrund stand und die Lernenden gebannt den Professoren folgten, sehen wir jetzt dieses Bild in den Hörsälen: Erklären Lehrende weiträumig Hintergründe und Zusammenhänge, beginnen die Studierenden meist auf ihren Smartphones zu tippen und zu wischen. Es fällt vielen offensichtlich schwer, konzentriert einer Vorlesung zu folgen. Werden allerdings Inhalte zusammengefasst oder wichtige Informationen für die Abschlussprüfung gegeben, ist die Aufmerksamkeit für einen Moment lang ungeteilt. Die Informationsflut hat die Generation Z zeitig gelehrt, bestimmte Inhalte zu selektieren, andere wiederum zu ignorieren. Von Geburt an ist sie ununterbrochen mit digitalen Reizen konfrontiert worden. Aber nicht die neuen Technologien an sich stellen die Veränderung dar. Vielmehr verändert das durch Digitalisierung beeinflusste Verhalten das Gehirn dieser Generation. Sie kann parallel zwischen verschiedenen Informationsquellen switchen und besser als ihre Elterngeneration mit großen Informationsmengen umgehen, Komplexes abstrahieren und synthetisieren (Tapscott 2009: S. 9ff). Zeit spielt für sie offensichtlich auch beim Lernen eine wichtige Rolle. In möglichst kurzer Zeit sollen Informationen und Inhalte effektiv und auf das Wesentliche reduziert aufgenommen werden können. TED-Talks[1], Tutorials, Science Slams[2] oder Erklärvideos sprechen bereits für diese Entwicklung. Die deutsche Lese-App Blinkist z.B. fasst das Wichtigste aus den bekannten und oft verkauften Fachbüchern in

---

[1] Technology, Entertainment, Design (TED) ist seit 1990 eine jährliche Innovationskonferenz in Monterey, Kalifornien, bei der es darum geht, dass Fachleute der unterschiedlichsten Gebiete ihre Ideen austauschen. Jeder Vortragende hat max. 18 Minuten Zeit, seine Idee persönlich und ansprechend zu präsentieren. Das Themenspektrum reicht von Wissenschaft über Technologie, Entertainment und Design bis hin zu Business, globalen Themen, Kultur und Kunst. vgl. URL: https://de.wikipedia.org/wiki/TED_(Konferenz) (Zugriff am 06.01.2019)

[2] Ein Science Slam ist ein Vortragsformat ähnlich wie TED, nur ganz konkret im Wissenschaftsbereich, wobei der wissenschaftliche Wert des Vortrags eine untergeordnete Rolle spielt. Vielmehr geht es darum, das Thema unterhaltsam zu vermitteln. vgl. URL: http://www.scienceslam.de/was-ist-ein-science-slam.html (Zugriff am 30.01.2019)

15 Minuten zusammen, als Hörbuch oder zum Lesen.[3] In Werbetexten für Blinkist ist vom Traum des täglichen Lernens nebenbei zu lesen: „Ob beim Warten in der Schlange, auf der Fahrt zur Arbeit oder vor dem Schlafengehen im Bett" (Blinkist.com). Um nichts anderes geht es beim flexiblen und mobilen Lernen. Vor diesem Hintergrund setzt sich der folgende Beitrag mit den Eigenschaften der heranwachsenden Generation Z auseinander, reflektiert die daraus entstehenden Bedürfnisse und Auswirkungen auf das Lernverhalten und zeigt die Möglichkeiten auf, die Hochschulen haben, diesen Bedürfnissen gerecht zu werden. Die Analyse konzentriert sich dabei auf wissenschaftlich belegte Fakten sowie auf langjährige Erfahrungen in der akademischen Lehre.

## 3 Die Generation Z betritt die Hochschulen

Generationen werden nach ihren typischen Merkmalen in Kategorien eingeteilt, die durch bestimmte Ereignisse in einem bestimmten Zeitraum geprägt sind. Die Generation Z bezeichnet junge Menschen, die zwischen 2000 und 2019 geboren sind (Schnetzler 2019). Allerdings verschwimmen die Grenzen der Geburtsjahrgänge, so dass unterschiedliche Zeiträume in der Literatur genannt werden. Beispielsweise stehen auch die zwischen 1994 bis 2002 (Criteo 2018) Geborenen und die Angabe „ab 1995" geboren ebenfalls für die Generation Z (absolventa 2019). Bezeichnungen für die Generation Z sind GenZ, Generation mobile, Generation Selfie, iGen, Generation YouTube oder Digital Natives 2.0. Die Generation Z folgt auf die Generation Y (1981bis1994). Nach Z kommt ab 2019 die Generation Alpha. Die Unterschiede zwischen den Generationen basieren auch auf den unterschiedlichen ge-

[3] Mehr als 2.700 Sachbücher aus 27 Kategorien umfasst die Bibliothek derzeit, die nach einer zweiwöchigen Testphase 6,99 Euro pro Monat kostet. vgl. blinkist.com (2014), vgl. URL: https://www.schreibsuchti.de/2014/05/15/mein-blinkist-erfahrungsbericht-fragen-antworten-und-ob-es-sich-lohnt/ (Zugriff am 06.01.2019)

sellschaftlichen und technologischen Entwicklungen zwischen Kindheit und dem Erwachsenwerden. Die Generation Z ist die erste Generation, die durchweg mit dem Internet als festem Bestandteil ihres Alltags aufgewachsen ist. Laut einer Umfrage des amerikanischen Pew Research Centers geben 45 Prozent der Jugendlichen an, dass sie fast ununterbrochen online sind (Anderson/Jiang 2018). Die bitkom-Studie liefert für Deutschland ähnliche Erkenntnisse: Der Internetkonsum hat sich bei Jugendlichen zwischen 16 und 24 Jahren innerhalb von drei Jahren verdreifacht. Mehr als ein Drittel der 6- bis 7-Jährigen nutzt ein Smartphone (bitcom 2017). Die Generation Z liebt es, online Content zu streamen oder Musik, Serien und Videos zu schauen, letzteres 22 Stunden pro Woche (Criteo 2018). Anders als ihre Vorgängergeneration konsumiert sie nicht nur, sondern erstellt selbst und interagiert viel häufiger mit den Inhalten. Dafür bevorzugt sie die sozialen Netzwerke Instagram, Snapchat und YouTube. Ein tolles Konzert, ein neuer Look oder ein schöner Urlaub lassen sich durch Storys, Posts oder Snaps für sie viel besser kommunizieren (Criteo 2018). Die Studierenden, die heute mit dem Studium beginnen, sind nach Schnetzlers Einteilung die ältesten Vertreter der Generation Z und werden in wenigen Jahren mit ihren Gewohnheiten das Studieren und Arbeiten prägen (Schnetzler 2019). Die Trendence Institut GmbH prognostiziert aus einer im Jahr 2018/2019 durchgeführten Befragung von 19.500 Kindern im Alter von 7 bis 13 Jahren, welche Berufswege sie anstreben wollen und was sie von ihren späteren Arbeitgebern erwarten (Trendence 2019). Fast ein Drittel der Befragten (30,3 Prozent) will studieren, 52,4 Prozent möchten einen Beruf lernen und 17,3 Prozent stellen sich später ein duales Studium vor. Für die Befragten, die studieren wollen, stehen gute Karriereperspektiven an erster Stelle. Interessant ist der Aspekt, dass es ihnen nicht wichtig ist, wie innovativ oder erfolgreich das Unternehmen ist, in dem sie nach dem Studium arbeiten werden. Wichtig dagegen sind spannende Aufgaben, freie Entfaltung und ein gutes Arbeitsklima. Im Gegensatz zu ihren Mitschülern, die nicht studieren wollen, sind ihnen ein internationales Umfeld sowie soziale und ökologische Verantwortung von Bedeutung (Trendence 2019). Zu ähnlichen Erkenntnissen kommen auch andere Studien, wie etwa die von Christian Scholz aus dem Jahr 2014 (Scholz 2014). Und auch international ähneln sich die Studienergebnisse. Abgesehen von lokalen Unterschieden zeigt sich für die Generation Z ein einheitliches Bild mit ähnlichen Eigenschaften, das sich von der Generation Y unterscheidet (Scholz 2018).

Laut Schnetzler erwartet die Generation Z *klare Strukturen* (Schnetzler 2019). Durch Kita, Ganztagsschule, Freizeit- und Sportaktivitäten war ihr Tag schon immer vorstrukturiert. So gesehen käme ihr die Vereinheitlichung von Studiengängen mit vorgegebenen Curricula durch das Bologna-System entgegen und würde das Bedürfnis nach klaren Strukturen unterstützen. Die GenZ steht unter *Leistungsdruck*, (Scholz 2014) weil sie sich immerzu über Social Media mit anderen vergleicht. Laut Scholz hat sie auch Schwierigkeiten, Entscheidungen zu treffen, weil ihr zu viele Möglichkeiten offenstehen und sie zu wenig Zeit hat, darüber nachzudenken (Scholz 2014). Und: sie setzt auf *Geborgenheit* in der Familie. Nach Schnetzler liegt das daran, dass diese Generation viele Beziehungen nur digital pflegt und im realen Leben nicht belastbar ist (Schnetzler 2019). Darüber hinaus hat sie durch ihre Eltern Entlassungswellen, unsichere Arbeitsverhältnisse und befristete Verträge kennengelernt. Deshalb sucht sie *Sicherheit* im Job und wünscht sich eine unbefristete Anstellung mit festen Arbeitszeiten, am liebsten von 9 bis 17 Uhr (Schnetzler 2018). Zu ihren beliebtesten Arbeitgebern gehört nach dem Trendence Schülerbarometer der öffentliche Dienst (Steckl 2018). Und sie geht auch anders als ihre Vorgängergeneration mit dem Thema Work-Live-Optimierung um. Die GenZ wünscht sich keine Verschmelzung zwischen Privat- und Berufsleben, sondern eine konsequente *Work-Live-Trennung*. Auf den ersten Blick wirkt die Generation Z vielleicht unflexibel, passiv und bequem. Auf den zweiten Blick allerdings sind die Schutzmechanismen gegen Burnout erkennbar. Unbewusst versucht sie, mit Überlebensstrategien aus den Fehlern ihrer

Vorgängergeneration zu lernen. Zwar gibt es noch keine Bestätigungen für o.g. vorausgesagten Eigenschaften der Generation Z, denn sie betritt gerade erst den Arbeitsmarkt bzw. beginnt ihr Studium. Aber angenommen, die Vorhersagen bestätigen sich: Welche Schlussfolgerungen können Wissensanbieter in Zeiten von Fachkräftemangel und demografischem Wandel für die Akquisition von Studierenden oder für die Motivation in der Lehre aus diesen Erkenntnissen ziehen?

## 4 Die Ausgangslage: Digitale Hochschullehre

Vier von fünf Abiturienten entscheiden sich nach dem Abitur für ein Studium (Schneider/Franke 2014). Eine individuelle Betreuung ist in vielen Modulen nur noch schwer möglich, auch an den Hochschulen für angewandte Wissenschaften (Hofer/Schünemann/Janoschka 2016). Ebenfalls hat sich die Palette an Lebensmodellen während des Studiums verändert und ist vielfältiger geworden. Der Normalstudierende, der sich nach dem Abitur ausschließlich dem Studium widmet, macht einen geringen Teil aus: 62 Prozent sind nebenbei erwerbstätig, 5 Prozent haben bereits Familie (Schünemann/Janoschka 2016). Dass sich dadurch die Zahl der Studierenden in Fernstudiengängen zwischen 2003 und 2014 mehr als verdoppelt hat, zeigt wie groß die Nachfrage nach flexiblen Studienmodellen ist. Hinzu kommt, dass im Rahmen des Bologna-Prozesses Auslandsmobilität ein zentrales bildungspolitisches Ziel zur Verbesserung der interkulturellen Kompetenz ist. Auslandserfahrene Absolventen haben gegenüber gleich qualifizierten Bewerbern ohne Auslandserfahrung bessere Einstellungschancen (Konegen-Grenier/Placke 2016). Deshalb wird die Suche nach Möglichkeiten, die Lehre zu digitalisieren, immer bedeutender.

Ausgangspunkt der Schwerpunktstudie „Digitalisierung der Hochschulen" ist die These, dass die Verwendung von Campus-Management- und Learning-Management-Systemen als infrastrukturelle Rahmen, Indikatoren für die Digitalisierung der Lehrinhalte darstellen

(Gilch/Beise/Krempkow/Müller/Stratmann/Wannemacher 2019). In Sachsen wurde mit der Bildungsportal Sachsen GmbH (BPS GmbH) schon 2005 der Grundstein für eine landesweite digitale Lehr- und Lernplattform gelegt, an der auch die Hochschule Mittweida als Projektpartnerin beteiligt ist. Seitdem unterstützt die BPS GmbH als technologischer Dienstleister das Lehrpersonal bei allen onlinebasierten Lernmanagement-Prozessen (Bildungsportal 2019). In Kooperation mit dem Sächsischen Staatsministerium für Wissenschaft und Kunst (SMWK), der Landesrektorenkonferenz Sachsen (LRK Sachsen) und dem Hochschuldidaktischen Zentrum Sachsen (HDS Sachsen)[4] bietet dieses vernetzte Verbundprojekt aktuell ein Service-Angebot, das die Qualität der Lehre ganzheitlich forciert und sichert. Ergänzend zu den Unterstützungsangeboten spielen für die Digitalisierung im Bereich Lehren und Lernen Anreizsysteme eine wichtige Rolle, um die Nutzung der zur Verfügung gestellten Angebote durch die Lehrenden zu erhöhen. Die Hochschule Mittweida versucht mit dem „Digitalpaket Lehre 2019" (Hochschule Mittweida 2019) durch finanzielle Förderungen das digitale Lehrangebot zu erweitern, um einer steigenden Flexibilitätserwartung der Studierenden gerecht zu werden. Die Förderungen sollen aber auch die Qualität der Lehre und die akademische Konkurrenzfähigkeit erhöhen (Hochschule Mittweida). Darüber hinaus wurde im Jahr 2018 das Institut für Wissenstransfer und Digitale Transformation (IWD) gegründet. Mit dem IWD, welches das bisherige Institut für Technologie und Wissenstransfer (ITWM)[5] integriert, setzt die Hochschullei-

[4] Das HDS wurde mit der Einführung der Bachelorstudiengänge 2009 gegründet und versteht sich mit seinem Weiterbildungsprogramm als Dienstleister für Lehrende in Sachsen bei der Professionalisierung ihrer Lehrtätigkeit. vgl. URL www.hds-sachsen.de (Zugriff am 30.01.2019)

[5] Das ITWM ist die zentrale Transferschnittstelle zwischen Hochschule und Wirtschaft und widmet sich als interdisziplinäre wissenschaftliche Einrichtung unter anderem der fakultätsübergreifenden Kooperation in Lehre und Forschung und dem Wissens- und Technologietransfer. vgl. URL: www.institute.hs-mittweida.de/webs/itwm (Zugriff am 04.01.2019)

tung Ziele aus dem Hochschulentwicklungsplan 2025 zur Digitalisierung um und schafft ein Kompetenzzentrum, das alle Bereiche der Hochschule unterstützt und als Träger für Pilotvorhaben fungiert. Derart geförderte Pilotvorhaben dienen in der Lehre vor allem dazu, innovative Lehrformen erproben und sie mit Studierenden zu evaluieren.

In der Studie „Digitalisierung der Hochschulen", bei der 119 Hochschulen teilgenommen haben, sind die aktuell angebotenen Lehrformen vergleichend erfasst worden (Gilch/Beise/Krempkow/Müller/Warnemacher 2019). Die Prozentzahlen geben an, bei wie vielen Hochschulen das jeweilige Lehr-/Lernformat bereits Anwendung findet.

- mobiles Lernen (M-Learning): (24,7 Prozent),
- Vorlesungsaufzeichnung (Live-Digitized-Lecture, LDL): (19,4 Prozent),
- E-Portfolio: (13,8 Prozent),
- Freie Lernmaterialien (Open-Educational-Resources, OER): (18,9 Prozent),
- Soziale Medien: (19,2 Prozent),
- Online-Peer und kollaboratives Lernen: (16,0 Prozent),
- Inverted Classroom: (13,2 Prozent),
- Adaptives Lernen: (7,4 Prozent),
- Simulationsgestütztes Lernen: (11,6 Prozent),
- Augmented bzw. Virtual Reality (AR/VR): (7,3 Prozent),
- Game-based-Learning: (6,2 Prozent).

Unter „Sonstige" wurden in der Studie „Digitalisierung der Hochschulen" noch Smartboards, Online-Abstimmungssysteme (Audience

Response) als interaktive Komponenten in der Präsenzlehre, elektronisch gestützte Tests und Prüfungen (E-Assessment), Videokonferenzen und formatives Feedback als weitere Lehrformate genannt (Gilch/Beise/Krempkow/Müller/Wannemacher 2019)[6]. Sie zeigen, dass sich aus der klassischen Lehrveranstaltung, bestehend aus einem Vortrag des Lehrenden und dem Zuhören der Lernenden, mittlerweile unterschiedliche Ansätze zur Wissensvermittlung entwickelt haben. Mit den Erkenntnissen über die in Hochschulen verwendeten digitalen Lehrformen sowie den prognostizierten Eigenschaften der Generation Z lässt sich nun ableiten, in welche Lehrformen es sich zu investieren lohnt.

## 5 Die Schlussfolgerungen: Möglichkeiten und Chancen für Hochschulen

Soziale Vernetzung und ständige Verfügbarkeit machen zukünftige Studierende zu flexiblen und kooperativ arbeitenden Lernenden, die vor allem ein schnelles Feedback erwarten (Tapscott 2009). Diese Eigenschaften sprechen für das Lernen mit *„sozialen Medien"*, für *„Online-Peer"* und für *„kollaboratives Lernen"*. Mit den sozialen Medien hat sich die Art und Weise verändert, wie Gesellschaft und Forschung das Web nutzen. Ihr Einsatz in der Wissenschaft wird auch als Science 2.0 bezeichnet. Facebook, Twitter, WhatsApp oder YouTube fördern Informationsaustausch, kollaborative Zusammenarbeit, Interaktion und Kommunikation zwischen Lehrenden und Lernenden. Ähnlich einer Lernplattform werden soziale Medien vor allem zum Wissensmanagement genutzt. Zwangsläufig lässt sich der Einsatz von Social Media auch mit

---

[6] Formatives Feedback gehört zur didaktischen Methode des hinführenden Lernens. Es ist ein Prozess, bei dem Lernende Informationen zu ihrer Arbeit erhalten. Dadurch können sie den Wert ihrer Arbeit einschätzen und in Konsequenz ihre Arbeit verbessern. (vgl. Boud/Molloy 2013)

*Open Science* beschreiben. Denn Open Science bedeutet, dass alle Prozesse und Produkte wissenschaftlichen Arbeitens Dritten zugänglich gemacht werden (Peters 2018). Das stellt derzeit aber auch die größte Hürde für die Nutzung sozialer Netzwerke in Bildungsreinrichtungen dar, denn die sozialen Netzwerke laufen auf außereuropäischen Servern, die personenbezogene Daten nicht entsprechend deutscher Datenschutzvorschriften absichern.

Beim Online-Peer und kollaborativen Lernen tauschen Studierende ihr Wissen und ihre Erfahrungen (online/offline) miteinander aus. Dadurch entsteht ein gemeinsam neu erarbeitetes Verständnis zu einem bestimmten Sachverhalt. Der Lernprozess fokussiert sich auf eine fachliche Auseinandersetzung sowie auf individuelles Lernen. Für die Generation Z, die mit starken Bindungsgedanken und dennoch großer Selbstbestimmung aufwächst, sind Online-Peer und kollaboratives Lernen nahezu ideale Lehrformen. Gruppenarbeit gibt ihnen die geforderte Sicherheit und Geborgenheit. Peer-Learning geht davon aus, dass das zielgerichtete Interagieren in Form von Zusammenarbeit und Austausch einen höheren Mehrwert für alle Beteiligten hat. Beispiele für diese Lernform sind die gemeinsame Bearbeitung von Fallstudien, das gemeinsame Verfassen einer schriftlichen Arbeit oder das gemeinsame Lösen einer Problemstellung innerhalb der Lerngruppe (AGJ 2012).

Die Generation Z ist selten mit Content zufrieden, der für sie erstellt und ihnen fertig vorgesetzt wird. Das zeigt eine von Snapchat erstellte Studie, für die weltweit etwa 500.000 Personen im Alter von 16 bis 64 Jahren befragt wurden (GlobalWebindex 2019). In der Alterskategorie der Generation Z gaben 27 Prozent an, dass sie bereits eine App gehackt haben, um eine Funktion auszuführen, über die diese eigentlich nicht verfügt (GlobalWebindex 2019). Daran kann man erkennen, dass eine zeitgemäße Anpassung erwartet wird und die Jugendlichen technisch in der Lage sind, diese Anpassung zur Not auch selbst vorzunehmen. Erarbeitende und explorative Lehrformen, die das kreative und technische Können der Generation nutzen und fördern, sind für sie gewinnbringend. Für diese Erwartung spricht auch die Verwendung *freier Lernmaterialien*, die auf der Basis freier Lizenzen adaptiert werden können. Sie haben im Hochschulkontext an Bedeutung gewonnen. 2012 wurde in der „Pariser Erklärung" des UNESCO-Weltkongresses Open Educational Resources erklärt, dass „Lehr-, Lern- und Forschungsressourcen" (Wannemacher et al. 2016: 16ff) die mit einer offenen Lizenz veröffentlicht wurden, kostenfrei verwendet, bearbeitet und weiterverbreitet werden dürfen. Hintergrund ist, den an Bildung interessierten Menschen weltweit Zugang zu Wissen zu verschaffen (Wannemacher et al. 2016). In kollaborativen Lerngruppen können freie Lernmaterialien weiterentwickelt und neue Wissensstände gemeinsam erarbeitet werden. Der Lehrstoff wird ihnen damit nicht fertig vorgegeben, sondern mit den Lernenden gemeinsam erstellt. Ähnliche Ansätze verfolgen die Lehrformen Inverted Classroom und adaptives Lernen.

*Inverted Classroom* stellt den traditionellen Unterricht quasi auf den Kopf. Während bei Online-Peer und kollaborativem Lernen der Austausch und die Zusammenarbeit zwischen Lehrenden und Lernenden im Mittelpunkt stehen, geht es bei Inverted Classroom eher darum, dass sich die Studierenden die Lehrinhalte selbst erarbeiten. Im Präsenzteil werden Schwierigkeiten besprochen und Anwendungsfälle diskutiert. Lehrende werden bei dieser Form noch ausgeprägter zu Lernbegleitern (Coachern), die die Lernenden bei der Selbststeuerung von Lernprozessen unterstützen und beraten. Der große Vorteil von Inverted Classroom ist, dass der Lernfortschritt jederzeit angepasst und neu ausgerichtet und durch ständige Reflektion besser verinnerlicht werden kann (Wannemacher et al. 2016) Auch *adaptive Lernumgebungen* passen die Lerninhalte und den Austausch zwischen Studierenden und Lehrenden an individuelle Bedürfnisse an. Bestimmte

Lehrinhalte werden nach vorgegebenen Kriterien automatisch auf der Online-Plattform freigeschaltet. Dadurch entsteht eine individualisierte und personalisierte Auswahl des Lehrmaterials. Der jeweilige Lernstand wird entweder durch eine Befragung oder durch sogenanntes „Learner Tracking“ erfasst. Learner Tracking zeichnet unterschiedliche Parameter auf wie Kursanwesenheit, Länge der Lernphasen, besuchte Seiten o.ä. Anhand des Lernverhaltens und der Qualität der Lösungen/Antworten zu Aufgaben/Fragen wird die Veröffentlichung des Lernmaterials an den gezeigten Kenntnis-und Leistungsstand angepasst.

Die Generation Z ist mobil. Auslandssemester während des Studiums oder Praktika im Ausland gehören zur Normalität (Scholz 2014). Dafür bietet sich *„mobiles Lernen“* geradezu an. Mobiles Lernen ist eine weiterentwickelte Form des E-Learnings und bezieht sich auf die Technologie, die es den Lernenden ermöglicht, mit mobilen Geräten auf multimedial aufbereitete Lernmaterialien jederzeit und überall zurückzugreifen. Voraussetzung ist eine Internetverbindung (Frohberg/Schwabe 2004). Der Content aus Lern- und Wissensportalen wird direkt oder speziell aufbereitet auf mobile Geräte übertragen. Im Hochschulkontext wird mobiles Lernen auch in der Frontallehre verwendet, in dem Studierende ihre Smartphones verwenden, um z.B. auf Wissensdatenbanken oder interaktive Abstimmungstools zuzugreifen (Wannemacher et al. 2016).

Was die Generation Z wohl am stärksten zum Lernen motiviert, sind Spaß und Unterhaltung. Beim *Game-based-Learning* werden Onlinespiele zum Lernen eingesetzt, z. B. Quizze, Simulationen oder Online-Planspiele. Auch wenn Game-based-Learning für Lernende eine willkommene Abwechslung darstellt, funktioniert Gamification mit Wettbewerbsgedanken und Erfolgsorientierung nicht so gut wie bei der Generation Y, weil Attribute wie Sicherheit, Struktur und Wohlfühlen zu kurz kommen (Wannemacher et al. 2016). Gift für das Wohlfühlen ist jegliche Art von Leistungsdruck. Computerspiele werden zwar auch von der Generation Z gespielt, allerdings gilt das Prinzip „Work-Live-Separation“. Demnach wird zu Hause gespielt und im Hörsaal gelernt. Zu Game-based-Learning zählen auch *Augmented* und *Virtual Reality* sowie *simulationsgesteuertes Lernen.*

Augmented Reality (AR) steht für erweiterte Realität. Reale Umgebungen werden durch digitale Informationen erweitert. Die Erweiterung kann entweder über das Smartphone oder über spezielle AR-Brillen eingeblendet werden. Bei Virtual Reality (VR) werden VR-Brillen genutzt. Die VR-Welten können passiv oder interaktiv gestaltet sein. Der Bildschirm wird aufgeteilt, sodass jedes Auge ein eigenes Bild bekommt. Sensoren übermitteln Position und Bewegung des Kopfes für eine 360-Grad-Erfahrung (Eimler/Arntz/Keßler 2019). Der Nachteil von VR ist, dass die virtuelle Welt erst erstellt werden muss, wohingegen AR die Möglichkeit bietet, virtuelle Objekte in einen realen Raum zu projizieren. Der Vorteil für den Einsatz in der Lehre ist, dass es immersives Lernen erlaubt, in einem abgeschlossenen Raum ablenkungsfrei zu lernen und die Erlebnissynapsen mit Interaktionen anzuregen. Das Erinnerungsvermögen ist deshalb höher als mit konventionellen Lernmethoden. Aufgaben und Anwendungen können dynamisch gestaltet und zu jedem Zeitpunkt manuell angepasst werden (Sprache, Geschwindigkeit, Komplexität) (Eimler/Arntz/Keßler 2019). Die Einsatzmöglichkeiten sind vielfältig. In den Bereichen Konstruktion, Design oder Ingenieurwesen können im virtuellen Raum z.B. Prototypen betrachtet, direkt am digitalen Modell Änderungen vorgenommen und deren Auswirkungen diskutiert werden. Das Lernen am Modell wird auch *simulationsgestütztes Lernen* genannt. Simulationen sind interaktive Visualisierungen, die einen Sachverhalt in vereinfachter Form durch ein Modell veranschaulichen. Studierende können bestimmte Parameter am Modell variieren und anschließend verfolgen, wie die von den Parametern abhängigen Variablen in der Wirklichkeit reagieren würden.

In der Hochschule Mittweida wird beispielsweise in der Fakultät Angewandte Computer- und Biowissenschaften ein Fahrsimulator eingesetzt, um Fehlverhalten, wie einen zu späten Bremspunkt oder ein falsches Lenkverhalten, zu analysieren und auszuwerten. Ziel ist es, kritische Fahrstrecken zu erkennen und im nächsten Schritt das Fahrverhalten zu verbessern. Die Studierenden erfahren dadurch eine realitätsnahe Ausbildung, wie sie später im Berufsleben erwartet wird, z.B. in der Automobilindustrie bei der Fahrzeugerprobung oder im professionellen Motorsport bei Fahrertrainings.

*Vorlesungsaufzeichnungen* gehören neben *E-Portfolio* und freien Lernmaterialien zu den digitalisierten oder teilweise digitalisierten Lernelementen. An Hochschulen sind sie eine weit verbreitete Form der digitalen Wiedergabe und Aufbereitung von Vorlesungen. Die Aufzeichnung einer Vorlesung erfolgt entweder im Hörsaal mit einer Kamera oder am Computer mit einer Facecam und einem Screencast-Programm. Meist werden die Vorlesungsfolien eingeblendet oder im Nachgang eingefügt. Die Lehrenden entscheiden, wann und wo die Studierenden die Aufzeichnungen zu sehen bekommen (adaptives Lernen). Auch Live-Vorlesungen per Stream sind üblich und können von Studierenden anderen Orts verfolgt werden. Als E-Learning-Format ist die Vorlesungsaufzeichnung eng an der klassischen Frontalvorlesung angelehnt. Das didaktische Potential, das Vorlesungsaufzeichnungen bieten, z.B. eine Sequenzierung in kürzere Einheiten und das Einbinden/Verlinken von Übungsaufgaben, Tests oder ergänzender Lektüre, wird aber kaum ausgeschöpft und bietet der Generation Z deshalb kaum Mehrwert (Wannemacher et al. 2016).

Das *E-Portfolio* bildet den Lernfortschritt ab, dient als Schaufenster des Lernens. Daraus können Probleme erkannt und frühzeitig Handlungsbedarfe abgeleitet werden. Als erfolgreiches Instrument zur Dokumentation von Kompetenzen stärkt es auch die Reflexionsfähigkeit. Allerdings ist es für das erfolgreiche Führen eines E-Portfolios wichtig, dass die Studierenden den Mehrwert der E-Portfolio-Arbeit für sich und ihren Entwicklungsprozess erkennen (Wannemacher et al. 2016). E-Portfolios sind für beide Seiten betreuungsintensiv und werden von den Studierenden eher als Last wahrgenommen.

Dass sich E-Learning-Angebote für die Generation Z besonders gut eignen, heißt jedoch nicht, dass sie für Präsenzeinheiten nicht zu begeistern ist. Wichtig ist die Erkenntnis, dass die Generation Z besser in der Interaktion mit anderen lernt. Sie löst Aufgaben lieber in Gruppen und teilt ihr Wissen und ihre Ideen gerne mit anderen. Sie ist diskussionsfreudiger, dialogorientierter und will das Wissen nicht nur aufnehmen, sondern kommentieren, ergänzen und neu schaffen. Die Kombination aus beidem: Präsenz- und Online-Angeboten in Blended-Learning-Szenarien, ermöglicht es, die Vorteile der jeweiligen Settings und Methoden zu nutzen. Das gilt auch für die Kombination der verschiedenen o.g. digitalen Lehrformen (Alfonso et al. 2007). Die mmb Institut Gesellschaft für Medien- und Kompetenzforschung mbH befragt jedes Jahr Experten, welche Trends in den nächsten Jahren das digitale Lernen beeinflussen. Nach wie vor ist Blended Learning die beliebteste Lernform. An zweiter Stelle stehen Videos (Erklärfilme), gefolgt von Micro-Learning (mmb 2018). Bei der Generation Z kommt keine andere Art von Inhalten so gut an wie das Bewegtbild. Es setzt seinen Triumphzug aus dem linearen Fernsehen nun im Internet fort (Bauer 2018). Zwei Drittel der Jugendlichen sehen täglich Online-Videos (65 Prozent) (Bauer 2018). YouTube bildet dabei zweifellos und nach wie vor die wichtigste Plattform für Bewegtbildinhalte. Laut der JIM-Studie gehen Videos auch als die am meisten favorisierte digitale Anwendung für das Studium hervor (Feierabend/Plankenhorn/Rathgeb 2017). Erklärfilme bzw. Lehr-/Lernfilme helfen im Studium, komplexe Sachverhalte schneller zu erfassen und besser im Gedächtnis zu verankern, weil die Inhalte kurz und knapp, auf das Wesentliche beschränkt, erklärt sind –

vergleichbar mit einem eingerahmten und farbig hinterlegten Merksatz in Lehrbüchern am Ende eines Themenkomplexes – nur eben in audiovisueller Form.

Grundlegend besteht ein Lehr-/Lernfilm aus Bewegtbild (real gefilmt oder animiert), Geräusch, Text und Musik. Der Text in Erklärfilmen ist einfach und klar formuliert. Fremdwörter oder lange, verschachtelte Sätze werden vermieden. Damit der Inhalt schnell erfasst und verarbeitet werden kann, werden Schlüsselbegriffe durch plakative Illustrationen visualisiert. Die Generation Z entscheidet etwa drei Sekunden schneller als ältere Generationen, ob sie einen Film weitersehen will oder nicht. Mit der schnelleren Reaktion auf optische Reize gehen auch ein ausgeprägtes Bewusstsein für Design und immer höhere Ansprüche für die Gestaltung einher (Socaciu 2017). Darüber hinaus rückt das rein passive Konsumieren eines Inhaltes nach und nach in den Hintergrund und wird immer mehr durch aktives Mitgestalten bestimmt. Mit modernen Technologien und interaktivem Storytelling ist es möglich, eine neue zeitgemäße Form des Lernens zu generieren (interaktive Lehr-/Lernfilme, AR/VR). Was die Länge der Videos angeht, ist die Devise: je kürzer desto besser. Es ist also nicht verwunderlich, dass beim Lernen der Trend hin zum so genannten Micro-Learning geht. Die durchschnittliche studentische Aufmerksamkeitsspanne in einer Vorlesung beträgt etwa 15 Minuten (Winteler 2009). Nach Schroer werden bei langen E-Learning-Einheiten, die ohne Unterbrechung von Studierenden absolviert werden, etwa 60 Prozent des Gelernten nahezu sofort wieder vergessen. Diese "Vergessenskurve"[7] lässt sich mit kürzeren Lerneinheiten, auch Learning Nuggets genannt, unterbrechen. Die

[7] Die Vergessenskurve gibt den Grad des Vergessens an in Abhängigkeit von der Zeit. Wird die einmal gelernte Fähigkeit nicht regelmäßig angewendet, entwickelt sie sich zurück. Weil unser Gehirn im Alltag mit Reizen und Informationen überflutet wird, landen die meisten Informationen im Ultrakurzzeitgedächtnis und sind bereits nach kurzer Zeit nicht mehr abrufbar. Nach etwa einer Stunde haben wir schon etwa die Hälfte des Gelernten wieder vergessen, nach einem Tag zwei Drittel und nach einer Woche 75 bis 80 Prozent. vgl. (Schroer 2017)

Idee hinter kurzen Lerneinheiten ist es, das Lernziel schnell und durch eine hohe Effektivität zu erreichen. Wie lang die Einheiten wirklich sind, hängt stark von dem jeweiligen Thema ab. Sie können in der Präsenzlehre ebenso wie in der digitalen Lehre angeboten werden. Entscheidend für erfolgreiches Micro-Learning ist die didaktisch sinnvolle Aufbereitung des Contents. Die Lernenden zeigen nach kurzen Lernsequenzen deutlich bessere Ergebnisse in der Erinnerung der Inhalte.[8]

## 6 Fazit

Für Wissensanbieter lohnt es sich in jedem Fall, sich mit dieser neuen Zielgruppe auseinanderzusetzen und sich auf die neuen Aufgaben vorzubereiten. Zum einen müssen sie die Technik zur Lehrformumsetzung bedienen können und sich zum anderen auf das veränderte Rollenverständnis einstellen. Durch die angestrebte Selbständigkeit und Eigeninitiative der Generation Z agieren Lehrende in Zukunft statt als Vortragende vielmehr als Lernbegleitende und Beratende. Die Verantwortung über Lernprozess und Lernerfolg wird nicht mehr durch die Lehrenden bestimmt, sondern verlagert sich mehr und mehr auf die Lernenden. Neben der Bereitschaft, sich mit den Technologien und den Möglichkeiten des Online-Lernens vertraut zu machen, benötigt die Lehrperson auch didaktisches Fachwissen, um zum einen die eigenen Inhalte in kurze Einheiten zerlegen und zum anderen um bewerten zu können, welche Lehrinhalte für welche Medien oder Lernformen am Ende geeignet sind. Dabei sind sowohl das Wissen über bestimmte Konzepte und Methoden erforderlich als auch die Erfahrung, wie diese anzuwenden sind (Bruckner 2018).

Für diese an die neue Zielgruppe angepasste Neuausrichtung von Lehrinhalten brauchen die Lehrenden sowohl methodisch als auch di-

---

[8] vgl. explain-it.tv, vgl. URL: https://www.explain-it.tv/de/blog/artikel/2017/12/11/micro-learning-warum-weniger-mehr-ist/ (Zugriff am 25.01.2019).

daktisch Unterstützung. Die Erfahrungen zeigen, dass Lehrveranstaltungen, die Online-Komponenten enthalten, deutlich mehr Zeit für Vorbereitung und Durchführung benötigen. Kommen multimediale Lehrinhalte hinzu, erhöht sich der Aufwand weiter. Hier liegen die Risiken und Ängste der Lehrenden begründet, die sich am Ende des Semesters in einer schlechteren Evaluation durch die Studierenden bestätigen könnten. Alleingänge der Lehrenden sollten deshalb auf der Ebene der Hochschulorganisation verhindert werden. Vielmehr braucht es zentrale Lösungen für den zusätzlichen Kosten- und Entwicklungsaufwand von der Konzeption über die Einarbeitung in Autorensysteme bis hin zur konkreten Erstellung neuer Lehrformen. Zudem werden einheitliche Regelungen benötigt, die z.B. Klarheit über die Anerkennung von Online-Aktivitäten im Lehrdeputat geben. Der Wandel von curricularen Strukturen bedarf interner Abstimmungsprozesse und ist langwierig. Als mittelfristiges Signal in diese Richtung kann die Umgestaltung von Lernumgebungen gesehen werden, besonders der Hörsäle, die nach wie vor für den Frontalunterricht optimiert sind. In diesen Bereichen sollte zuerst investiert werden: zeitgemäße technologische Ausstattung von Lehrräumen, entsprechende Infrastrukturen für studierendenzentrierten Unterricht, notwendige Supportangebote sowie didaktische Unterstützung von Lehrenden bei der Konzeption und Umsetzung neuer digitaler Lehr-/Lernumgebungen (Universität Basel 2019).

## Literatur

absolventa GmbH. Abgerufen am 27. Oktober 2019 von URL: https://www.absolventa.de/karriereguide/berufseinsteiger-wissen/xyz-generationen-arbeitsmarkt-ueberblick.

Alfonso Fernando; Lopez, Genoveva; Manrique, Daniel; Vines, Jose M. (2007): An instructional model for web-based e-learning education with a blended learning process approach: In: British Journal of Educational Technology, Vol. 36, Issue 2, pp 217-235. Abgerufen am 27. Oktober 2019 von URL: https://onlinelibrary.wiley.com/doi/full/10.1111/j.1467-8535.2005.00454.x.

Anderson, Monica; Jiang, Jingjing (2018): Teens, Social Media & Technology 2018. Pew Research Center. Abgerufen am 27. Oktober 2019 von URL: https://www.pewinternet.org/2018/05/31/teens-social-media-technology-2018/.

Arbeitsgemeinschaft für Kinder- und Jugendhilfe – AGJ (2012): Peer-Learning als Instrument der EU-Jugendstrategie. Diskussionspapier der Arbeitsgemeinschaft für Kinder- und Jugendhilfe – AGJ. Abgerufen am 23. Oktober 2019 von URL: https://www.agj.de/fileadmin/files/positionen/2012/Peer_Learning.pdf. (liegt als PDF vor).

Bauer, Tina: Video Content: Wie die User Bewegtbild konsumieren wollen. Abgerufen am 15. Oktober 2019 von URL: https://onlinemarketing.de/news/video-content-hubspot-report?ut (liegt als PDF vor).

Boud, David; Molloy, Elisabeth (2013). Feedback in higher and professional education. London, New York, Routledge.

BPS Bildungsportal Sachsen GmbH. Abgerufen am 3. Januar 2019 von URL: www.bps-system.de/cms/produkte/.

bitcom e. V. (2017): Jung, digital und immer online: Für die Generation Z gilt mobile first. Abgerufen am 27. Oktober 2019 von URL: https://www.bitkom.org/Presse/Presseinformation/Jung-digital-und-immer-online-Fuer-die-Generation-Z-gilt-mobile-first.html.

Blinkist.com. Abgerufen am 6. Januar 2019 von URL: https://www.blinkist.com/de.

Bruckner, Iris (2018): Online Lernen mit Social Media. Abgerufen am 26. Oktober 2019 von https://brucker-solutions.de/online-lernen-mit-social-media/ Online Lernen mit Social Media.

Criteo (2018): Generation Z – der Report, Millennials vs. Generation Z, 4 wesentliche Unterschiede zwischen den Generationen (Zugriff am 16.10.2019), Abgerufen am 16. Oktober 2019 von URL: https://www.criteo.com/de/insights/millennials-vs-gen-z/.

Criteo (2018): Die bevorzugten sozialen Netzwerke der Generation Z: YouTube, Instagram, Snapchat. Abgerufen am 18. Oktober 2019 von URL: https://www.criteo.com/de/insights/die-bevorzugten-sozialen-netzwerke-der-generation-z-youtube-instagram-snapchat/.

Eimler, Sandra; Arntz, Alexander; Keßler, Dustin (2019): Virtual und Augmented Reality in der Lehre. Hochschulforum Digitalisierung – Hochschulbildung im digitalen Zeitalter. Abgerufen am 27. Oktober 2019 von URL: https://hochschulforumdigitalisierung.de/de/blog/virtual-und-augmented-reality-in-der-lehre.

explain-it.tv. Abgerufen am 25. Januar 2019 von URL: https://www.explain-it.tv/de/blog/artikel/2017/12/11/micro-learning-warum-weniger-mehr-ist/.

Feierabend, Sabine (SWR Medienforschung); Rathgeb, Thomas (LFK), Medienpädagogischer Forschungsverbund Südwest (2018): JIM-Studie 2018, Jugend, Information, Medien, Basisuntersuchung zum Medienumgang 12- bis 19-Jähriger. Stuttgart.

Feierabend, Sabine (SWR Medienforschung), Theresa Plankenhorn (LFK), Thomas Rathgeb (LFK) (2017): JIM 2017 Jugend, Information, (Multi-) Media, Basisstudie zum Medienumgang 12- bis 19-Jähriger in Deutschland. S. 43, Hrsg.: Medienpädagogischer Forschungsverbund Südwest (mpfs), Stuttgart.

Frohberg, Dirk; Schwabe, Gerhard (2004). MLearning - kooperatives Lernen im Kontext. WISU – das Wirtschaftsstudium. Universität Zürich. Abgerufen am 21. Oktober 2019 von URL: https://www.zora.uzh.ch/id/eprint/57252/1/20120125165417_merlin-id_3109.pdf, (liegt als PDF vor).

GlobalWebindex (2019): The youth oft the nations: Global Trends Among Gen Z, Examining the lifestyles, attitudes, and digital behaviours of Gen Z. Abgerufen am 26. Oktober 2019 von www.globalwebindex.com (liegt als PDF vor).

Gilch, Harald; Beise, Anna Sophie; Krempkow, René; Müller, Marko; Stratmann, Friedrich; Wannemacher, Klaus (2019): Digitalisierung der Hochschulen, Ergebnisse einer Schwerpunktstudie für die Expertenkommission Forschung und Innovation. Expertenkommission Forschung und Innovation (EFI) Stifterverband für die Deutsche Wissenschaft, Berlin.

HDS Sachsen. Abgerufen am 30. Januar 2019 von URL www.hds-sachsen.de.

Hochschule Mittweida. Die digitale Hochschule. Informationen zum Digitalpaket 2019. Abgerufen am 4. Januar 2019 von URL: https://www.rektorat.hs-mittweida.de/prorektorat-hochschulentwicklung/digitale-hochschule.html. (liegt als PDF vor).

Hochschule Mittweida. ITWM. Abgerufen am 4. Januar 2019 von URL: www.institute.hs-mittweida.de/webs/itwm.

Hofer, Simone; Schünemann, Isabel; Janoschka, Oliver (2016): Hochschulreform Digitalisierung, The digital Turn, Hochschulbildung im digitalen Zeitalter, Arbeitspapier Nr. 27. Berlin: Hochschulforum Digitalisierung. Verlag Edition Stifterverband – Verwaltungsgesellschaft für Wissenschaftspflege mbH, Essen.

Konegen-Grenier, Christiane; Placke, Beate (2016): Fünf gute Gründe für ein Auslandsstudium. Abgerufen am 20 Oktober 2019 von http://hdl.handle.net/10419/157191, IW-Reports, Institut der deutschen Wirtschaft (IW), (liegt als PDF vor).

mmb Institut (2018): Weiterbildung und Digitales Lernen heute und in drei Jahren Auf dem Weg zum Assisted Learning? Digitale Lernanwendungen werden informeller und intelligenter. Ergebnisse der 13. Trendstudie „mmb Learning Delphi", Essen, S. 6ff (liegt als PDF vor). Abgerufen am 26. Oktober 2019 von https://www.mmb-institut.de/wp-content/uploads/mmb-Trendmonitor_2018-2019.pdf, (liegt als PDF vor).

Peters, Isabella (2018): Was hat die Wissenschaft von Social-Media-Prinzip? Journal Science 2.0. Ausgabe 1/18. Abgerufen am 27. Oktober 2019 von URL: https://www.forschung-und-lehre.de/was-hat-die-wissenschaft-vom-social-media-prinzip-341/.

Schneider, Heidrun; Franke, Barbara (2014): Bildungsentscheidungen von Studienberechtigten, Studienberechtigte 2012 ein halbes Jahr vor und ein halbes Jahr nach Schulabschluss; Deutsches Zentrum für Hochschul- und Wissenschaftsforschung GmbH, Journal Forum Hochschule. Ausgabe 6/2014. S. 2/3. Abgerufen am 27. Oktober 2019 von URL: https://www.uni-heidelberg.de/md/journal/2014/06/fh201406_bildungsentscheid.pdf, (liegt als PDF vor).

Schnetzler, Simon (2019): Die Lebens- und Arbeitswelt der Generation Z und Y. Studienergebnisse Junge Deutsche 2019. Abgerufen am 18. Oktober 2019 von https://simon-schnetzer.com/generation-z/, (liegt als PDF vor).

Scholz, Christian. (2014): Klare Strukturen statt Flexibilität: So tickt die Generation Z tatsächlich, Journal Wirtschaftspsychologie aktuell 2/2015 Abgerufen am 17. Oktober 2019 von URL: www.wirtschaftspsychologie-aktuell, (liegt als PDF vor).

Scholz, Christian (2018): Generation Z im Hörsaal. Journal Wissenswert. Ausgabe 1/2018, S. 55-62. Abgerufen am 19. Oktober 2019 von URL: www.wissenwert-journal.de, (liegt als PDF vor).

Schroer, Kevin: Die Psychologie des Lernens – Wie funktioniert Lernen? Abgerufen am 26. Januar 2019 von URL: https://www.fernstudieren.de/im-studium/effektives-lernen/die-psychologie-des-lernens/.

Schreibsuchti.de (15.05.2019): Blogkommentar: Mein Blinkist Erfahrungsbericht – Fragen, Antworten und ob es sich lohnt. Abgerufen am 6. Januar 2019 von URL: https://www.schreibsuchti.de/2014/05/15/mein-blinkist-erfahrungsbericht-fragen-antworten-und-ob-es-sich-lohnt/.

Scienceslam.de: Begriff Science Slam. Abgerufen am 30. Januar 2019 von URL: http://www.scienceslam.de/was-ist-ein-science-slam.html.

Socaciu, Corina (2017): Generation Z setzt neue Spielregeln. Abgerufen am 27. Oktober 2019 von URL: https://www.springerprofessional.de/medien/augmented-reality/generation-z-fordert-geschwindigkeit-und-design/1203156802.02.2017.

Steckl, Miri (2018): Generation Z – Nach Y kommt Z. Warum es höchste Zeit für die Arbeitswelt ist, sich mit der Generation Z zu beschäftigen. Abgerufen am 19. Oktober 2019 von URL: https://steffiburkhart.com/generation-z-nach-y-kommt-z/.

Tapscott, Don (2009): Grown Up Digital: How the Net Generation is changing your World. McGraw-Hill Professional (Verlag). New York. Abgerufen am 27. Oktober 2019 von URL: http://socium.ge/downloads/komunikaciisteoria/eng/Grown_Up_Digital_-_How_the_Net_Generation_Is_Changing_Your_World_(Don_Tapscott).pdf, (liegt als PDF vor).

Trendence Institut GmbH (2019): Trend Report „Das fordern Schüler_innen" Trendence Institut GmbH Berlin. Abgerufen am 19. Oktober 2019 von URL: https://www.trendence.com/.

Universität Basel (2019): IVIT-Trends und -Themen für Lehre und Studium. Einschätzungen und Empfehlungen für die Universität Basel. LearnTechNet, Abgerufen am 24. Oktober 2019 von URL: https://www.unibas.ch/dam/jcr:39df1f4a-e895-462c-9fcd-859c1583b6a9/Trends%20und%20Themen%202019%20-%20LearnTechNet.pdf, (liegt als PDF vor).

Walsdorf, Joern (2014): M-Learning: Lernen im mobilen Kontext an Hochschulen, Dissertation, Fakultät Medien, Bauhaus-Universität Weimar, S. 45. Abgerufen am 27. Oktober 2019 von URL: https://www.db-thueringen.de/servlets/MCRFileNodeServlet/dbt_derivate_00029432/MLearning.pdf, (liegt als PDF vor).

Wannemacher, Klaus; Jungermann, Imke; Scholz, Julia; Tercanli, Hacer; Villiez von, Anna (2016): Digitale Lernszenarien im Hochschulbereich, Hrsg. CHE im Hochschulforum Digitalisierung, Berlin, S. 16ff. Abgerufen am 27. Oktober 2019 von URL: https://hochschulforumdigitalisierung.de/sites/default/files/dateien/HFD%20AP%20Nr%2015_Digitale%20Lernszenarien.pdf, (liegt als PDF vor).

Winteler, A. (2019): Symposium Anreizsysteme. Workshop an der FH Kiel: „Aktives und kooperatives Lernen als Förderung des Lern-Engagements" Lehrstrategien, die das aktive Lernen fördern. Abgerufen am 27. Oktober 2019 von URL: https://www.fh-kiel.de/fileadmin/data/praesidium/Hochschule_mit_Zukunft/Symposium_Anreize_in_Lehre_und_Studium/Workshops/Winteler/Workshop_Aktives_Lernen_Handout_Winteler.pdf, (liegt als PDF vor).

# Foresight in Medien: Neue Chancen, neue Ideen, neue Geschäftsfelder

Falk Kunadt
Think Tank des Deutschen Zentrums für Luft- und Raumfahrt DLR e.V., Köln

*Techniken und Methoden, die es einer Organisation erlauben, die Grundlagen für ihre zukünftige Wettbewerbsfähigkeit zu legen, werden als Corporate Foresight bezeichnet (Rohrbeck et al. 2015). Im Gegensatz zum breiteren, normativen Ansatz der Zukunftsforschung verbindet die strategische Vorausschau die aktuelle und zukünftige Strategie einer Organisation.*

## 1 Das ungenutzte Potenzial von Foresight in Medienunternehmen

In einer komplexen Welt wird der richtige Umgang mit Informationen zu einem wettbewerbskritischen Faktor für Unternehmen. Bereits 1970 beschrieb der Zukunftsforscher Alvin Toffler die Herausforderungen im Umgang mit einer wachsenden Informationsflut und die damit verbundenen Probleme, die richtigen Informationen herauszufiltern (Toffler 1970). Im selben Zeitraum wandte sich auch die Wirtschaftswissenschaft diesem Phänomen zu. Durch das systematische Erkennen schwacher Signale aus einer Vielzahl an Informationen – so der Ökonom Igor Ansoff 1975 – könne ein Unternehmen bereits frühzeitig Entwicklungen und Störereignisse erkennen und strategische Vorkehrungen treffen (Ansoff 1975). Ähnlich argumentierte Francis Aguilar, der die Bedeutung der Umfeldanalyse für Unternehmen betonte (Aguilar 1967). Strategische Vorausschau bzw. *Corporate Foresight* kann maßgeblich zur Innovationsagilität und Wettbewerbsfähigkeit eines Unternehmens beitragen (Day & Schoemaker 2005).

Knapp 50 Jahre später wird deutlich, dass eine systematische und vorausschauende Analyse von Informationen immer wichtiger für die Wettbewerbsfähigkeit von Unternehmen wird. Nach aktuellen Angaben der britischen Kommunikationsberatung *Raconteur* (2019) werden täglich rund 500 Millionen Tweets abgesetzt, 294 Milliarden E-Mails verschickt, 4 Petabytes an Daten auf Facebook produziert, 65 Milliarden Whatsapp-Nachrichten abgeschickt und 5 Milliarden Internetsuchen durchgeführt. Bis 2025 schätzt Raconteur, dass jeden Tag 436 Exabytes an Daten produziert werden, was einem Datenvolumen von rund 212 Millionen DVDs entspricht. Laut einer Studie des Verbandes für private Medien *Vaunet* verbrachten die Menschen in Deutschland 2018 im Schnitt täglich 634 Minuten, also knapp zehneinhalb Stunden, mit audiovisuellen Medien (Vaunet 2018) mit wachsender Bedeutung des Internets. Mittlerweile sind 90 Prozent der Deutschen ab 10 Jahren online, 85 Prozent nutzen mobiles Internet und haben damit überall und rund um die Uhr Zugang zu Informationen (Statistisches Bundesamt 2018).

Unternehmen, die in der Lage sind, aus dieser Datenvielfalt heraus ihr Geschäftsmodell und ihre Strategie zu stärken, sei es aus Informationen zu Wettbewerbern, Kunden oder technologischen Entwicklungen, erschließen mehr Handlungsoptionen für die Zukunft.

Medienunternehmen – gleich ob Print, Video, Audio, Social Media oder andere – haben bei der Verarbeitung und Nutzung von Informationen entscheidende Vorteile. Einerseits sind sie bei der Informationsverarbeitung an vorderster Front, wenn es um die Recherche bzw. Platzierung publizistischer Inhalte geht. Andererseits stehen sie im Vergleich mit Unternehmen aus anderen Branchen in einem sehr direkten Zugang zu Nutzern und verfügen über vielfältige Daten zur Nutzung ihrer Angebote. In diesem Zusammenhang haben Medienunternehmen die Möglichkeiten der automatisierten Datenanalyse und -verarbeitung erkannt, etwa für publizistische Zwecke – Stichwort Datenjournalismus

(Lewis 2015) und Robo-Journalismus (Lever 2019) – oder wirtschaftliche Zwecke wie der dynamischen Vermarktung von Nutzerdaten für Werbung (Carlson 2018).

Allerdings nutzen klassische Medienunternehmen[1] das Potenzial strategischer Vorausschau bisher nur bedingt, obwohl sie in stärkerem Kontakt mit ihren Nutzern bzw. Kunden stehen als Unternehmen anderer Wirtschaftszweige. Dabei könnten sie in dreierlei Hinsicht von strategischer Vorausschau profitieren. Ökonomisch, indem sie neue zukunftsorientierte Geschäftsmodelle gemeinsam mit den Nutzern erschließen; publizistisch, indem sie neue Trends, wirtschaftliche, technische und gesellschaftliche Entwicklungen in einem systematischen Prozess erschließen und der Öffentlichkeit zugänglich machen; und technisch, indem sie neue technische Möglichkeiten der Mediennutzung und Informationsbeschaffung ausloten und testen. Durch eine eher isolierte Betrachtung von Publizistik, Ökonomie und Medientechnik verpassen viele Medienunternehmen bisher die Chance, einen Mehrwert durch Foresight zu generieren. Dadurch entgeht klassischen Medienunternehmen auch die Möglichkeit zu asymmetrischen Medien-Wettbewerbern wie Facebook, Amazon, Netflix, Google oder Apple (auch bekannt als FANGA) zumindest teilweise aufzuschließen, indem sie neue und ggf. disruptive Trends verfolgen (Michaelis et al. 2017).

Dieser Beitrag beschäftigt sich mit den Potenzialen strategischer Vorausschau für Medienunternehmen. Eine systematische strategische Vorausschau unter Einbeziehung verschiedener Akteure des Mediensystems kann nicht nur einen Vorteil für das Medienunternehmen selbst, sondern auch für den gesellschaftlichen Diskurs liefern. Entscheidend für ein gewinnbringendes Foresight in Medienunternehmen ist eine systematische Vernetzung und Kombination von Medien-

[1] Zur Definition von Medienunternehmen siehe Kapitel 2

Innovationsakteuren sowie klassischen und neuen IT-gestützten Foresight-Methoden, die bisher nur in begrenztem Maße stattfindet.

Der Beitrag gliedert sich wie folgt: Zunächst wird auf die Spezifika von Innovationen in Medienunternehmen eingegangen, um Unterschiede zu anderen Innovationssystemen deutlich zu machen und zentrale Akteure aufzuzeigen. Anschließend werden kombinierte Methoden der strategischen Vorausschau vorgestellt. Schließlich wird gezeigt, wie Medienunternehmen von neuen Foresight-Ansätzen profitieren und dabei auch einen Mehrwert für andere Bereiche schaffen können.

## 2 Medieninnovationen als Grundlage für mehr Wettbewerbsfähigkeit mit Foresight

Eine Definition von Medienunternehmen fällt in Zeiten stetig steigender Informationen – auch durch die wachsende Anzahl neuer Medienkanäle – nicht leicht. So sind zahlreiche Autoren für eine weite Definition, nach der zur Medienbranche Organisationen zählen, die bis zu einer gewissen Schwelle ihren Umsatz „durch die Produktion von journalistischen Inhalten, Filmen, Musik, Büchern oder Online-Inhalten und/oder den Vertrieb von solchen Produkten erwirtschaften" (Weber & Rager 2006: S.118). Dieser Definition folgend kann zwischen klassischen Massenmedien und neuen Medien unterschieden werden, bei denen die Grenzen zwischen Medien und Rezipienten verschwimmen. Diese Grenze wird weiter aufgeweicht, indem klassische Medien – Zeitung, Radio, Fernsehen, Verlage – durch die Erschließung neuer digitaler Geschäftsfelder ihr Angebot weiter diversifizieren (Bonfadelli 2016).

Analog zur breiten Definition von Medienunternehmen sind auch Medieninnovationen durch Heterogenität geprägt und unterscheiden sich von Innovationen anderer Branchen. Dies hängt eng mit den Spezifika von Medienprodukten zusammen, die gleichzeitig ein öffentliches und wirtschaftliches Gut darstellen (Dogruel 2014). So sind Medieninnovationen durch einen sehr großen Bedarf an Neuheit und hohes wirtschaftliches Risiko geprägt. Weiterhin zeichnen sich Medieninnovationen durch die Überlappung von kreativen (inhaltlichen) und alltäglichen (technischen, wirtschaftlichen) Erneuerungen, durch einen steten Zusammenhang von Produkt- und Prozessinnovationen sowie durch eine Verwässerung von Innovations- und Verbreitungsphase, überdurchschnittlich lange Innovationszyklen und einer engen Zusammenarbeit mit bereits etablierten Medien aus (Storsul & Krumsvik 2013; Dogruel 2014). Gleichzeitig stellen Medieninnovationen auch eine Form gesellschaftlicher Innovationen durch einen vernetzten Systemaustausch zwischen Medien und Öffentlichkeit dar (Bruns 2014).

Damit wird deutlich, dass Medieninnovationen mehrdimensionale und interdisziplinäre Konstrukte sind, auf die eine Vielzahl an Akteuren einwirken. Westlund und Lewis (2014) weisen darauf hin, dass die an Medieninnovationen beteiligten Akteure aus vier Bereichen kommen: *Actors* (Menschen, die in Medienorganisationen arbeiten wie Journalisten, Techniker, Medienmanager); *Actants* (nicht-menschliche Technologien wie Algorithmen, Netzwerke und Interfaces); *Audiences* (die Öffentlichkeit) sowie *Activities* (tägliche Prozesse in Medienunternehmen bis zu übergeordneten Strategien). Die Autoren schlagen damit erstmals eine holistische Perspektive auf das Innovationsmanagement von Medien vor. Sie führen professionelle und nicht professionelle, externe und interne, menschliche und nicht-menschliche sowie produktions- bzw. konsumentenspezifische Perspektiven theoretisch zusammen (ebd.). Damit schlagen sie auch eine Brücke zwischen IT-gestützten und klassischen Methoden.

Interessanterweise hat diese holistische Perspektive in Forschung und Praxis bisher wenig Beachtung gefunden. Dies lässt sich einerseits auf die Komplexität und Vieldimensionalität von Medien, Mediensystemen und Medienakteuren zurückführen. In einer Literaturauswertung von

60 Artikeln zu Journalismus-Innovationen stellt etwa Grubenmann (2013) mit über 70 Prozent aller Artikel eine starke Dominanz technischer Innovationen in diesem Bereich fest. Einschlägige Handbücher zum Medienmanagement gehen zwar sehr ausführlich auf die verschiedenen Perspektiven und Akteure im Mediensystem ein – das Thema Medieninnovationsmanagement im Generellen bzw. eine holistische Herangehensweise an das Thema Innovationsmanagement in Kontext von Medienunternehmen im Speziellen sucht man bis jetzt allerdings vergebens (vgl. etwa Gläser 2014; Wirtz 2019). Dies mag auch daran liegen, dass der Begriff Medienunternehmen je nach theoretischer Perspektive in der heute stark ausdifferenzierten Medienindustrie anders definiert und beschrieben werden kann (Voci et al. 2019).

In einer dynamischen und komplexen Medienwelt ist die Trennung von Perspektiven und Akteuren im Hinblick auf das Innovationsmanagement problematisch, da hierdurch Potenziale für die Wettbewerbsfähigkeit verloren gehen. Diese Trennung sollte überwunden werden, um die strategische Ausrichtung des Unternehmens systematisch analysieren und weiterentwickeln zu können. Im strategischen Management und Innovationsmanagement von Medienunternehmen sollten demnach mehrere Akteure, Perspektiven und Methoden zusammenarbeiten.

Infolge der vielfältigen Einflussfaktoren von Medieninnovationen sind Methoden, die aus komplexen Systemen wettbewerbsrelevante Informationsvielfalt filtern und aufarbeiten können, umso wichtiger. Genau hier kommen Methoden der strategischen Vorausschau ins Spiel, die vom interdisziplinären und ressortübergreifenden Zusammenspiel profitieren. Corporate Foresight kann – richtig angelegt – einen großen Mehrwert für Medienunternehmen bringen.

## 3 Foresight-Methoden für Medienunternehmen

Unter Corporate Foresight werden Techniken und Methoden verstanden, die es einer Organisation erlauben, die Grundlagen für ihre zukünftige Wettbewerbsfähigkeit zu legen (Rohrbeck et al. 2015). Im Gegensatz zur Zukunftsforschung, die einen breiten normativen Ansatz verfolgt, verbindet die strategische Vorausschau die aktuelle und zukünftige Strategie einer Organisation. Foresight geht davon aus, dass multiple Zukünfte möglich und beeinflussbar und die Einflussfaktoren für Veränderungen identifizierbar sind (ebd.). Ausgehend von der aktuellen Strategie einer Organisation geht es bei strategischer Vorausschau um die Identifikation von frühen Signalen, möglichen Störereignissen und Chancen, um im Wettbewerb bestmöglich aufgestellt und vorbereitet zu sein (Holopainen & Toivonen 2012). Dabei sollten auch die eigenen Systemgrenzen verlassen werden (Day & Schoemaker 2004).

Mittlerweile stehen zahlreiche moderne IT-gestützte Techniken zur Verfügung, um in Zeiten rasch anwachsender Informationsmengen und globaler Vernetzung Daten sinnvoll und effizient für Foresight-Zwecke zu nutzen. Klassische Methoden der Umfeldforschung und Marktforschung (z.B. Befragungen, Expertenworkshops) werden durch automatisierte IT-gestützte Methoden zur Mustererkennung in Texten (z.B. Topic-Modelling, Clustering Algorithmen, vgl. Kölbl et al. 2019) und durch Methoden kollaborativer Vorausschau wie *Open Foresight* (Korreck 2018) oder *Networked Foresight* (van der Duin et al. 2014) ergänzt. Während Data-Mining-basierte Methoden große Datenmengen nach frühen Signalen und Trends scannen, können Methoden, die z.B. Akteure außerhalb einer Organisation einbinden, weitere frühe Signale erkennen und deuten, die andernfalls unentdeckt geblieben wären.

Allerdings werden IT-gestützte und kollaborative Foresight-Methoden in Medienunternehmen nur in sehr geringem Umfang, punktuell und von den Bereichen Publizistik, Management und Technik getrennt genutzt. Allgemein fällt auf, dass die wissenschaftliche Literatur in diesem Bereich sehr überschaubar ist. Einige wenige Beispiele erläutern die Verbindung von Corporate Foresight und strategischem Issue Management, also dem Auffinden und Setzen von Themen in der Öffentlichkeit (Kuhn et al. 2014; nicht dezidiert für Medienunternehmen) oder Zukunftsvoraussagen durch Journalisten bezüglich spezifischer Ereignisse (Kendall 2017). Ein Praxisbeispiel liefert der britische *Economist*, der mit seiner *Intelligence Unit* Beratungsdiensteistungen anbietet. So kann der *Economist* auf ein Team aus Analysten zurückgreifen, das Foresight im Bereich Public Policy (u.a. Umfeldscanning, Szenarienplanung, wirtschaftliche Forecasts) betreibt und damit eine systematische Datengrundlage für die Redakteure des Wirtschaftsmagazins bietet.[2] Eine *Google*-Suche großer Tageszeitungen und Magazine wie *Frankfurter Allgemeine, Süddeutsche, Handelsblatt, New York Times, Washington Post* oder *Financial Times, Der Spiegel, Brand Eins, Wirtschaftswoche* und *Manager Magazin* mit dem Stichwort „Foresight" liefert punktuelle redaktionelle Beiträge mit Zukunftsaspekten zu unterschiedlichsten Themen, aber keine Hinweise auf eine systematische Vorausschau im Medium.[3]

So erhärtet sich der Eindruck, dass der Großteil aller Medienunternehmen das Potenzial, dass sich ihnen aus strategischer Vorausschau böte, unsystematisch und unzureichend bis gar nicht nutzen. Es geht dabei weniger darum, die Zukunft präzise vorauszusagen, als vielmehr die zahlreichen Akteure und Perspektiven, die sich innerhalb von Medienunternehmen auftun, für verschiedene Zwecke zu nutzen: für mehr Wettbewerbsfähigkeit in der umkämpften Medienwirtschaft, für die Erschließung neuer medialer Kanäle, für die Aufdeckung neuer Trends und Themen und für eine stärkere Einbindung der Gesellschaft in die Diskussion von Zukunftsthemen. Medienunternehmen, die

---

[2] Vgl. http://www.eiu.com/foresight-scenario-service
[3] Suche ausgeführt am 24.09.2019

diese Ziele mittels systematischer Foresight gleichermaßen verfolgen, können so ihr ökonomisches, publizistisches und medientechnisches Potenzial vergrößern.

## 4 Der Mehrwert von Foresight für Medien und Gesellschaft

Medienunternehmen haben sehr gute organisatorische und inhaltliche Voraussetzungen für ein systematisches und vernetztes Foresight. Als Wirtschaftsakteure, die sowohl ein öffentliches wie wirtschaftliches Gut anbieten, haben sie einen sehr direkten Zugang zu Informationen und den Nutzern dieser Informationen. Damit liegen die wichtigsten Grundlagen für ein gewinnbringendes Foresight bereits in der Natur von Medienunternehmen. Sie haben somit einen entscheidenden Wettbewerbsvorteil im Vergleich zu Unternehmen anderer Branchen, wenn es um Foresight geht.

Der Mehrwert und die Zusammenhänge von Corporate Foresight für Medienunternehmen lassen sich im Wesentlichen in vier Gruppen einteilen (Abbildung 1).

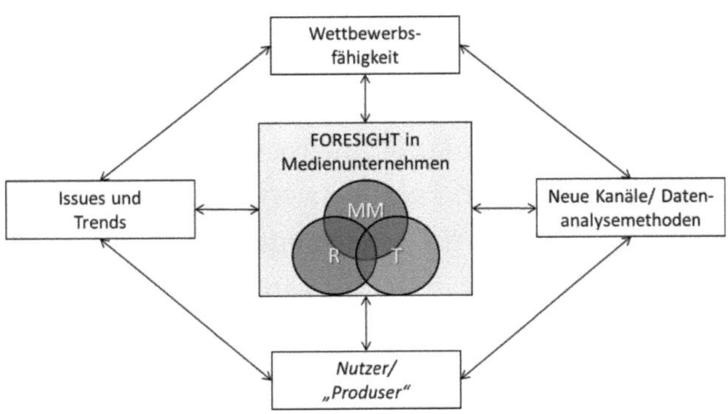


Abb. 1: Kollaboratives Foresight in Medienunternehmen im Überblick, MM=Medienmanager, R=Redakteure, T=Medientechniker, eigene Darstellung

Erstens ist ein Kernelement strategischer Vorausschau, **neue Trends und Themen** zu identifizieren. Medienunternehmen sind hier durch redaktionelle und publizistische Arbeit bereits hervorragend aufgestellt. Von zentraler Bedeutung ist es, Recherchen von Redakteuren, Statistiken, Datenquellen usw. in einem zentralen Wissenspool zur Verfügung zu stellen, auf den alle Akteure innerhalb eines Medienunternehmens Zugriff haben. Ein Wissenspool sollte mit umfangreichen Auswertungs- und Analyseeigenschaften ausgestattet sein, um Themen, Trends, Signale und Störereignisse schnell aufrufen, filtern und kombinieren zu können. Damit können Redakteure (R) und Medienmanager (MM) gleichermaßen auf die Information zugreifen. Dem Medienmanager kommt hier im Hilmer'schen Sinne (2009) – als Vermittler zwischen Publizistik bzw. Kreativität, Wirtschaft und Technik – eine interdisziplinäre Funktion zu, indem er als Foresight-Manager das Wissenstool betreuen und pflegen sollte sowie die organisatorischen und unternehmenskulturellen Rahmenbedingungen schaffen muss. Redakteure wiederum können das Tool nutzen, um Rechercheergebnisse von Kollegen sowie weitere Datenquellen zu Trends und Themen (Issues) einzusehen. Dies ist umso machtvoller, je mehr ressortübergreifendes Wissen abgespeichert wird.

Dank dieses zentralen Wissenspools kann Foresight, zweitens, zur **Wettbewerbsfähigkeit** des Medienunternehmens beitragen. Gerade in der Verbindung von aktuellen in der Öffentlichkeit und Redaktion diskutierten Themen lassen sich wichtige Rückschlüsse auf das Produktportfolio eines Medienunternehmens ziehen. Durch den direkten Austausch zwischen Redakteuren (R), Medienmanagern (MM) und Medientechnikern (T) können wichtige Neuerungen publizistisch, ökonomisch und technisch angestoßen werden. Auch hier zeigt sich die Stärke von Medienunternehmen darin, dass durch Journalisten professionelle „Antennen" für das Erkennen von Trends und Themen täglich im Einsatz sind.

Drittens, profitiert ein Foresight durchführendes Medienunternehmen von der sehr intensiven Auseinandersetzung mit **Mediennutzern**. Dadurch ergeben sich zahlreiche neue externe Quellen, die in den Foresight-Wissenspool dank eines Open-Innovation-Ansatzes systematisch einfließen können (Korreck 2018). Nachdem die Produktion und Rezeption von Medieninhalten immer weiter verschwimmt (Stichwort „Produsage", Bruns 2008), werden die Mediennutzer zur wichtigen Informationsquelle. Medienunternehmen können diese Quelle für strategische Vorausschau nutzen, indem sie auf die User einerseits für die Abfrage von Trends und Themen und andererseits zum Test von Produkten und Angeboten zugehen.

Mit *Opinary*[4] steht bspw. ein Live-Voting-Tool zur artikelbezogenen Abstimmung zur Verfügung, das die Nutzerbindung an das Medium stärken soll. Dieses Tool könnte ebenso für den Aufbau einer Wissensdatenbank genutzt werden, um über einen längeren Zeitraum das Wissen der Community für Foresight-Zwecke zu nutzen. Die Weisheit der Menge (*Wisdom of the Crowds*, Surowiecki 2004) ist eine oft unterschätzte Wissensquelle, die durch geeignete Software-Tools noch stärker genutzt werden kann (Malone 2018). In diesem Zusammenhang ist auch das *Good Judgement Project* von Philip Tetlock (2016) erwähnenswert, der herausfand, dass bestimmte Personen eine überdurchschnittliche Gabe korrekter Vorhersagen haben – unabhängig eines Fachgebietes – und damit Expertenvorhersagen konterkarieren können. Medienunternehmen haben hier dank des sehr direkten Zugangs zu Nutzern eine Vielzahl an interdisziplinären externen Quellen parat. Durch ihre Einbindung können Nutzer zudem stärker an das Medium gebunden werden, indem sie ein direktes Feedback zu Themen bekommen, die sie als wichtig und zukunftsträchtig erachten.

---

[4] https://opinary.com/de/home-de/

Viertens kann Foresight in Medienunternehmen bei der Entwicklung und Nutzung neuer **Kanäle bzw. Datenanalysemethoden** helfen. Kanäle können direkt aus der Kombination von Redakteurs- (R), Medienmanager- (MM), Medientechniker- (T) und Nutzerwissen erschlossen und gemeinsam entwickelt werden. Neue, innovative Kanäle bedienen im Idealfall Journalisten und Nutzer gleichermaßen und tragen zur interaktiven Vertiefung der Trend/Themen-Diskussion zwischen den verschiedenen Akteuren bei. Auch hier ist die Funktion des Medienmanagers als Foresight-Manager zentral, da er das Wissen in das Foresight-Wissenstool einpflegen sollte. Zudem sollten neue Datenanalysemethoden zur automatisierten Datenrecherche Teil des Informationssystems des Medienunternehmens sein. Durch Methoden künstlicher Intelligenz können automatisierte Datenanalysetools mittlerweile selbst aus Suchverhalten lernen und wichtige Impulse für das Foresight-Wissen bringen. Hier kommt den Technikern und Entwicklern (T) im Medienunternehmen eine zentrale Funktion zu.

Es wird deutlich, dass ein Foresight-System in Medienunternehmen von der Zusammenarbeit der Akteure profitiert. Ebenso kann diese Art der Zusammenarbeit die Motivation aller Akteure steigern. Diese Form der Kooperation muss in die Kultur des Unternehmens verankert werden, indem Zukunftsorientierung Teil der DNA des Medienunternehmens wird. Gemeinsames Foresight und das Verfolgen neuer Trends sowie gesellschaftlicher und technologischer Themen kann sinnstiftend für alle beteiligen Akteure und die Zusammenarbeit im Medienunternehmen sein. Diese Vorgehensweise folgt auch dem interdisziplinären Ansatz von Westlund und Lewis (2014).

Gleichzeitig zeigt sich, dass eine systematische Herangehensweise von Foresight in Medienunternehmen einer sporadischen und von den Teilbereichen Publizistik, Ökonomie und Technik dominierten Foresight-Aktivität vorzuziehen ist. Das Beispiel des *Economist* zeigt, wie die Verzahnung bei der Erschließung neuer Einnahmequellen – in dem Fall durch Beratungsleistungen – und der Identifikation und Nutzung neuer Themen und Trends systematisch einhergehen kann. Damit trägt Foresight zu einer Stärkung des Medienunternehmens ökonomisch, publizistisch und technisch bei.

Darüber hinaus können Medien dank Foresight wichtige Beiträge für gesellschaftliche Innovationen und die Diskussion zur Zukunft sichtbar machen. Auch die Bundesregierung hat mittlerweile den Wert der systematischen Vorausschau für eine zukunftsorientierte Politik erkannt und plant eine Digitale Plattform für Vorausschau und Evidenz (Bundesregierung 2019: 78). Mit der Eröffnung des 3. BMBF-Foresight-Zyklus[5] und des Futuriums[6] in Berlin wird die Auseinandersetzung mit der Zukunft weiter in das Licht der Öffentlichkeit gerückt. Medien sollten hier ein wichtiger Pfeiler sein, Zukunftsthemen im Bewusstsein der Öffentlichkeit zu entdecken und zu verankern und selbst dank Foresight wettbewerbsfähiger werden.

## Dank

Für seine anregende und stets unterstützende Begleitung auf meinem akademischen Weg, zunächst als Masterstudent an der Hochschule Mittweida, später als Doktorand an der Universität Leipzig, danke ich Ludwig Hilmer sehr herzlich. Als Brückenbauer zwischen den Disziplinen bin ich durch ihn auf vielfältige Weise auf neue interessante Forschungsfelder gestoßen.

[5] Bundesministerium für Bildung und Forschung: siehe https://www.vorausschau.de/
[6] https://futurium.de/

## Literatur

Aguilar, Francis Joseph: Scanning the Business Environment, New York: Macmillan, 1967

Ansoff, Harry Igor: Managing Strategic Surprise by Response to Weak Signals, in: California Management Review, vol. 8 (2), S. 21-33, 1975

Bonfadelli, Heinz: Medien und Gesellschaft im Wandel, Bundeszentrale für politische Bildung, aufgerufen am 24.9.2019 unter: http://www.bpb.de/gesellschaft/medien-und-sport/medienpolitik/236435/medien-und-gesellschaft-im-wandel?p=all

Bruns, Axel: Blogs, Wikipedia, Second Life, and Beyond. From Production to Produsage, New York: Peter Lang, 2008

Bruns, Axel: Media Innovations, User Innovations, Societal Innovations, in: Journal of Media Innovations, vol. 1 (1), S. 13-27, 2014

Bundesregierung: Digitalisierung gestalten. Umsetzungsstrategie der Bundesregierung, Aktualisierung März 2019, aufgerufen am 24.09.2019 unter: https://www.bundesregierung.de/resource/blob/975226/1552758/b480703ff5182a097d7fba7bff752281/pdf-umsetzungsstrategie-digitalisierung-data.pdf

Carlson, Matt: Confronting Measureable Journalism, in: Digital Journalism, vol. 6 (4), S. 406-417, 2018

Day, George, Schoemaker, Paul J. H.: Driving Through The Fog: Managing at the Edge, in: Long Range Planning, vol. 37, S. 127-142, 2004

Day, George, Schoemaker, Paul J. H.: Scanning the periphery. Harvard Business Review, vol. 83 (11), S. 135-140, 2005

Dogruel, Leyla: What is so Special about Media Innovations? A Characterization of the Field, in: Journal of Media Innovations, vol. 1 (1), S. 52-69, 2014

Gläser, Martin: Medienmanagement, 3. vollständig überarbeitete Auflage, München: Franz Vahlen, 2014.

Grubenmann, Stéphanie: Innovation in Journalism – Towards a Holistic Approach, März 2013, aufgerufen am 24.09.2019 unter: https://www.researchgate.net/publication/235799323_Innovation_in_Journalism_-_Towards_a_Holistic_Approach

Hilmer, Ludwig: Medienmanagement – ein dynamisches Berufsbild, in: Altendorfer, Otto, Hilmer, Ludwig (Hrsg.): Medienmanagement Band 1: Methodik - Journalistik und Publizistik - Medienrecht, 2009

Holopainen, Mari, Toivonen, Marja: Weak Signals: Ansoff today, in: Futures, vol. 44 (3), S. 198-205, 2012

Kendall, Bridget: Foresight in Journalism, in: Sherman, Lawrence W.; Feller, David Allan (Hrsg.): Foresight, Cambridge: Cambridge University Press, S. 32-57, 2017

Korreck, Sabrina: Opening Up Corporate Foresight: What Can We Learn from Open and User Innovation, in: Journal of Innovation Management, vo. 6 (3), S 153-177, 2018

Kuhn, Michael, Ruff, Frank, Splittgerber, Maximilian: Corporate Foresight und strategisches Issue Management, in: Zerfaß, Ansgar; Piwinger, Manfred (Hrsg.): Handbuch Unternehmenskommunikation, 2. Auflage, Heidelberg: Springer Gabler, S. 513-531, 2014

Kölbl, Laura, Mühlroth, Christian, Wiser, Fabian, Grottke, Michael, Durst, Carolin: Big Data im Innovationsmanagement: Wie Machine Learning die Suche nach Trends und Technologien revolutioniert, in: Praxis der Wirtschaftsinformatik https://doi.org/10.1365/s40702-019-00528-3, 2019

Lever, Rob: Robo-journalism gains traction in shifting media landscape, März 2019, aufgerufen am 24.09.2019 unter: https://phys.org/news/2019-03-robo-journalism-gains-traction-shifting-media.html

Lewis, Seth. C.: Journalism in an Era of Big Data. Cases, Concepts, Critiques, in: Digital Journalism, vol. 3 (3), S. 321-330, 2015

Malone, Thomas W.: The Surprising Power of People and Computers Thinking Together. Little, New York: Brown and Company, 2018.

Michaelis, Dominik, Lenhard, Erik, Hunke, Nicolas: Media Companies Must Reimagine Their Data for a Digital World, Boston Consulting Group, September 2017, aufgerufen am 24.09.2019 unter: https://www.bcg.com/publications/2017/advanced-analytics-media-companies-reimagine-data-digital-world.aspx

Raconteur: A Day in Data, Infografik, April 2019, aufgerufen am, 24.09.2019 unter https://www.raconteur.net/infographics/a-day-in-data

Rohrbeck, René, Battistella, Cinzia, Huizingh, Eelko: Corporate Foresight: An Emerging Field with a Rich Tradition, in: Technological Forecasting and Social Change, vol. 101, S. 1-9, 2015

Statistisches Bundesamt, Pressemitteilung Nr. 330 vom 5. September 2018, aufgerufen am 24.09.2019 unter: https://www.destatis.de/DE/Presse/Pressemitteilungen/2018/09/PD18_330_634.html

Storsul, Tanja, Krumsvik, Arne H.: What is Media Innovation?, in: Storsul, Tanja & Krumsvik, Arne H. (Hrsg.), Media Innovation. A Multidisciplinary Study of Change, Göteborg: Nordicom, S. 13-26, 2013

Surowecki, James: The Wisdom of the Crowds. Why the many are smarter than the few and how collective wisdom shapes business, economies, societies and nations, Anchor: Doubleday, 2004

Tetlock Philip E., Gardner, Dan: Superforecasting: The Art and Science of Prediction, New York: Broadway Books, 2016

Van der Duin, Patrick, Heger, Tobias, Schlesinger, D. Maximilian: Toward networked foresight? Exploring the use of future research in innovation networks, in: Futures, vol. 59, S. 62-78, 2014

Vaunet Mediennutzungsanalyse Mediennutzung in Deutschland 2018, aufgerufen am 24.09.2019 unter: https://www.vau.net/system/files/documents/vaunet_mediennutzung-2018-publikation.pdf

Voci, Denise, Karmasin, Matthias, Nölleke-Przybylski, Pamela, Altmeppen, Klaus-Dieter, Möller, Johanna, von Rimscha, M. Bjørn: What is a media company today? Rethinking theoretical and empirical definitions in: SCM Studies in Communication and Media, S. 29 – 52, 2019

Weber Bernd, Rager, Günter: Medienunternehmen — Die Player auf den Medienmärkten. In: Scholz, Christian (Hrsg.) Handbuch Medienmanagement. Berlin, Heidelberg: Springer, S. 117-143, 2006

Wirtz, Bernd W.: Medien- und Internetmanagement, 10., aktualisierte und überarbeitete Auflage, Heidelberg: Springer Gabler, 2019

# Medien Mensch

# Von Erzherzögen, Erzschurken und Edelfedern

Reflexionen zu Geschichte und Gegenwart der Fake News unter besonderer Berücksichtigung ihrer strukturellen Genese

Andreas Wrobel-Leipold
Hochschule Mittweida, Fakultät Medien

## 1 Fake oder Lüge? Zur Anatomie eines Begriffs

*o falsche zung was vermagst du*[1]

Seien es Ehen oder Kriege, Aktienkurse oder Wahlen, Promotionsverfahren oder Kaufentscheidungen – ihr Ausgang ist schon seit jeher auch von Fehlinformationen beeinflusst worden, die jemand vorsätzlich ausstreute, um andere Leute in seinem Sinne zu beeinflussen. Sei es aus machtpolitischen Gründen, wegen der Ideologie, aus Eitelkeit oder Gewinnstreben. Wer noch im 20. Jahrhundert geboren wurde, mag sich darüber wundern, weshalb die altbekannte Fehlinformation, vulgo Lüge, unter dem Namen Fake News seit 2016 einen regelrechten Hype erlebt[2]: Was ist an der Lüge von heute denn eigentlich anders?

Als Fake News verstanden werden heute, so der wissenschaftliche Dienst des Bundestages, „absichtlich falsche Nachrichten, die eigens zum Zweck der viralen Verbreitung über das Internet und über soziale

[1] Aus: Lothers (Luthers) Ketzerspiel, anonymer Einblattdruck, o.O., o.J. (1520)

[2] Hätte man den Terminus Fake News in der analogen Welt des Jahres 2000 gesucht, selbst bei den Muttersprachlern vom Concise Oxford Dictionary oder des English Dictionary der Times hätte man ihn nicht gefunden. Aber 2017 fand das Kompositum Eingang in den digitalen Duden und damit quasi offiziell in den deutschen Wortschatz.

Netzwerke produziert werden. Ziel solcher Nachrichten ist, die Öffentlichkeit für bestimmte politische und/oder kommerzielle Ziele zu manipulieren."[3]

Ein Unterschied zur „klassischen" Lüge ist also der Verbreitungsweg, der höhere Reichweiten verheißt als alle Medien zuvor. Nach Facebook-Unternehmensangaben nutzen 2019 2,7 Milliarden Menschen den gleichnamigen Dienst, Instagram, WhatsApp oder den Messenger, 2,1 Milliarden davon jeden Tag. Facebook allein hat 1,59 Milliarden tägliche Nutzer, davon 286 Millionen in Europa und rund 32 Millionen in Deutschland.[4]

Im Juni 2016 war das Brexit-Referendum sehr knapp und überraschend zugunsten der Leave-Bewegung ausgegangen. Schon damals warf man dem Leave-Lager vor, Wähler mit falschen Informationen manipuliert zu haben. Heute weiß man zwar, dass manipuliert wurde, es wird sich aber wohl nie ermitteln lassen, wer nun wie belogen wurde: *"Only the voter, the campaigner and the platform know who has been targeted with which messages. Only the company and campaigner know why a voter was targeted and how much was spent on a particular campaign. This is why the term 'dark ads' has been used to describe micro-targeting, although it is perfectly legal".*[5]

Hier zeigt sich ein weiterer Unterschied zwischen Fake News und Lüge oder Propaganda in der althergebrachten Form. Über Internet und soziale Medien lässt sich einerseits Massenkommunikation betreiben, bei der Aussagen in hoher Reichweite an ein disperses Publikum gerichtet werden, andererseits lassen sich diese Aussagen höchst individuell gestalten aber gleichzeitig automatisiert verbreiten.

---

[3] Deutscher Bundestag, Wissenschaftliche Dienste: a.a.O., S.6. Ähnlich die Definition des GDI: "to purposely and/or maliciously mislead by spreading inaccurate information (in terms of the content itself and the context)."

[4] https://allfacebook.de/toll/state-of-facebook - Zugriff am 18.8.2019

[5] House of Commons, Digital, Culture, Media and Sport Committee: Disinformation and 'fake news': Interim report, Rz. 140, London 2018

Im November 2016, wenige Monate nach dem Brexit-Referendum, gewann Donald Trump die Präsidenten-Wahl in den USA; für viele völlig überraschend. Nun schossen Spekulationen ins Kraut, ob denn nicht die vielen hanebüchenen Räuberpistolen, die zuvor im Netz kursierten, Hillary Clinton den Sieg gekostet hätten – zumal Trump mit den Herren Nix, Bannon und deren Firma Cambridge Analytica die gleichen Berater hatte wie zuvor das Brexit-Lager.

Öffentlichkeit und Politik in Deutschland waren alarmiert. Nun erwog man im Bundesinnenministerium die Einrichtung eines "Abwehrzentrums gegen Desinformation"[6] und der Wissenschaftliche Dienst des Deutschen Bundestages konstatiert in einem Sachstandsbericht vom Februar 2017:

*„Fake News in sozialen Netzwerken werden als große Gefahr für eine ausgewogene und sachliche öffentliche Meinungsbildung empfunden. (...) Der angerichtete Schaden in Form von Desinformation und Rufschädigung ist - auch im Falle einer baldigen Löschung oder Berichtigung der Nachricht – häufig irreversibel“.*[7]

Neben der politischen Dimension sind Fake News auch ein erfolgreiches Geschäftsmodell. Auf mindestens 235 Millionen US-$ beziffert der Global Disinformation Index (GDI) den Werbeumsatz von Webseiten, die Fake News verbreiten.[8] GDI, eine Non-Profit Organisation mit dem Ziel „disrupting the business model of disinformation“, bezeichnet diese Zahl als „lediglich eine Momentaufnahme“: Man habe nur 20.000 Domains überprüfen können, die für Desinformation quasi

---

[6] https://www.heise.de/newsticker/meldung/Innenministerium-will-angeblich-Abwehrzentrum-gegen-Fake-News-3581017.html vom 23.12.2017, abgerufen am 15.9.2019

[7] Deutscher Bundestag, Wissenschaftliche Dienste: Sachstandsbericht Fake-News Definition und Rechtslage. Az. WD 10 - 3000 - 003/17 vom 17.2.2017, S.4. Abgerufen am 23.9.2019 unter https://www.bundestag.de/resource/blob/502158/99feb7f3b7fd1721ab4ea631d8779247/wd-10-003-17-pdf-data.pdf

[8] Global Disinformation Index: The Quarter Million Dollar Question. How is Disinformation Gaming Ad Tech? September 2019. Abgerufen am 23.9.2019 unter: http://disinformationindex.org

schon aktenkundig seien, tatsächlich reiche das Problem aber sehr viel weiter. Unter den Werbekunden finden sich bekannte und renommierte Unternehmen, die mit ihren Namen den Fakern einen seriösen Anstrich verleihen. Die Werbetreibenden wissen nämlich nicht unbedingt, wohin ihre Gelder fließen, denn der Kauf von Werbeflächen im Netz geschieht vollautomatisch im Rahmen einer Echtzeit Online-Auktion (Programmatic Advertising). Für den Einkaufsalgorithmus ist lediglich relevant, in der richtigen Zielgruppe hohe Reichweiten zu erzielen –*„any form of content that increases profit will always be prioritised“*[9]. Im Umkehrschluss heißt das: Fakes allein bringen noch keinen Umsatz – sie müssen attraktiv sein. „Zielgruppenrelevant“ eben.

Wo Nachfrage besteht, da gibt es auch ein Angebot. Das ist auch der Grund, weshalb es kaum gelingen dürfte, Fake News wirksam einzudämmen. Der GDI will ihre Geldquellen verstopfen, de Maizières Bundesinnenministerium dachte an Stärkung der Medienkompetenz „bestimmter Bevölkerungsgruppen, die als für ausländische Propaganda besonders anfällig“ galten.[10] Der Wissenschaftliche Dienst des Bundestages wiederum, beauftragt nach juristischen Waffen gegen Fake News zu suchen, zog ein denkbar dürres Fazit:

„Zusammenfassend lässt sich hervorheben, dass Judikatur und auch Legislatur noch am Beginn ihrer Auseinandersetzung mit Fake News sind. Insbesondere im Hinblick auf Maßnahmen gegen Fake News, die zum aktuellen Zeitraum jedoch noch in der Diskussion sind, gilt es, in Zukunft ein besonderes Augenmerk zu werfen.“[11]

---

[9] House of Commons, Digital, Culture, Media and Sport Committee: Disinformation and 'fake news': Final report, S.12. London 2019

[10] „Bestimmte Bevölkerungsgruppen“ meinte in erster Linie Russlanddeutsche und (Deutsch-)Türken. Bei ersteren war akuter Anlass der „Fall Lisa“, die angebliche Entführung und Vergewaltigung einer 14-jährigen Russlanddeutschen durch Asylbewerber. Fake News, die Anfang 2016, von offizieller russischer Seite befeuert, Demonstrationen von Russlanddeutschen bewirkten. In der Türkei hatte der Putschversuch vom Sommer 2016 zu einer starken Polarisierung geführt, die natürlich auch die türkische Community in Deutschland erfasste.

[11] Deutscher Bundestag, Wissenschaftliche Dienste: a.a.O., S.19

Anders ausgedrückt: Der Wissenschaftliche Dienst weiß auch noch nicht so recht weiter. Verwunderlich ist das nicht. Wie gezeigt werden soll, ist ein erfolgreicher Fake die Reflexion der Wünsche und Projektionen jener, die ihm aufgesessen sind. Wünsche und Projektionen lassen sich weder durch Judikatur noch durch Legislatur aus der Welt schaffen. Und das seit Verkündung der Zehn Gebote.[12]

Was sich seitdem sehr wohl verändert hat, ist die Möglichkeit, den Wahrheitsgehalt einer Nachricht zu überprüfen. Mit den technischen Möglichkeiten und dem World Wide Web sind, frei nach der Brecht'schen Radiotheorie, Milliarden User ja auch potentielle Aufdecker von Fakes. Womit wir bei einer weiteren Frage sind, um die es in diesem Beitrag gehen soll, nämlich warum so viele Menschen auf Fakes hereinfallen, obwohl es doch eigentlich nie einfacher war als heute, sie zu entlarven.

## 2 Zum Erkenntnisgewinn durch historische Fakes

Fakes News sind kein Kollateralschaden der Digitalisierung.[13] Wie an den folgenden historischen Fällen exemplarisch gezeigt werden soll, ließen sich auch mit analogen Mitteln nachhaltige Wirkungen erzielen – und das zum Teil verblüffend schnell und gleichsam viral. Was weiter verblüfft, ist, wie wenig sich das Konstruktionsprinzip eines historischen Fakes von den modernen Techniken eines – beispielsweise – Claas Relotius unterscheidet.[14]

[12] Vgl. das achte Gebot: „Du sollst kein falsches Zeugnis geben wider deinen Nächsten."
[13] Vgl. Le Goff, Hervé: Les grands mensonges de l'histoire, Paris: Jacques Grancher, 1982
[14] Vgl. Moreno, Juan: Tausend Zeilen Lüge. Das System Relotius und der deutsche Journalismus, Berlin 2019

## 2.1 Privilegium Maius: Der Erzherzogs-Fake

*A.E.I.O.U.*[15]

Hochblüte der Fakes war das Mittelalter, in dem ganze Klöster quasi gewerbsmäßig Fakes fabrizierten,[16] oder, je nach Standpunkt, die von Gott dem Herrn gewollte Ordnung wieder herstellten.

Die Goldene Bulle Kaiser Karls IV. von 1356 hatte die Habsburger offenbar sehr gekränkt. In ihr wurde die Wahl des Kaisers und die Stellung der Kurfürsten geregelt, Österreich kam nicht vor, weil den Habsburgern die Kurwürde fehlte. Ab 1358 herrschte Rudolf IV. als Herzog über Österreich, Kärnten und die Steiermark und begann noch im gleichen Jahr, den Tort der Goldenen Bulle zu korrigieren. Er ließ eine ganze Reihe von Urkunden fabrizieren, die Österreich umfangreiche Sonderrechte innerhalb des Reiches gewährten („Privilegium Maius"). Dazu gehörte die Gleichstellung mit den Kurfürsten durch den Titel „Erzherzog", unter dem die Habsburger Herrscher prompt ab 1359 firmierten. Herzog Rudolfs Faker hatten sich dabei einer (echten) Urkunde Kaiser Friedrichs I. („Privilegium Minus") von 1156 bedient,[17]

---

[15] Wahlspruch Kaiser Friedrichs III, von dem niemand mehr weiß, was er eigentlich bedeutet: „Austriae est imperare orbi universo?" (Alles Erdreich ist Österreich untertan?) Der Verfasser tendiert zu Willy Lorenz' Deutung Allen Ernstes ist Oesterreich unersetzlich.

[16] Einen Überblick gibt Karlheinz Deschner in seiner Kriminalgeschichte des Christentums, Bd. 4: S.391 f., Reinbek 1997. Ausführlich siehe: Fälschungen im Mittelalter. Internationaler Kongress der Monumenta Germaniae Historica. München, 16.-19. September 1986. (MGH Schriften 33. i-vi.) I: Kongressdaten und Festvorträge - Literatur und Fälschung; II: Gefälschte Rechtstexte - Der bestrafte Fälscher; III: Diplomatische Fälschungen (I); IV: Diplomalische Fälschungen (II); V: Fingierte Briefe - Frömmigkeit und Fälschung – Realienfälschungen.

[17] Das Privilegium Minus bedeutete die Abtrennung Österreichs vom Herzogtum Baiern und damit den Beginn vielerlei Übels: Es ermöglichte wenige Jahrhunderte später den Aufstieg Preußens, war mit ursächlich für die Sendlinger Mordweihnacht von 1705 und für Querelen bezüglich Pickerl und Ausländermaut. Eine gewisse Genugtuung gab es für Bayern – nunmehr mit y – erst 1979, als der Münchener Metzgerssohn F.J. Strauß den Habsburger Otto mit einem Europa-Mandat belehnte.

diese sehr großzügig ausgeweitet und anschließend vernichtet. Erhalten blieb einzig deren Siegel, das man an das (gefälschte) Privilegium Maius heftete. Und weil historische Kontinuität Legitimität schafft, untermauerte man das Ganze mit Fake-Urkunden der römischen Kaiser Nero und Caesar.

Der selbsternannte Erzherzog Rudolf bat Kaiser Karl IV. um Anerkennung des Privilegium Maius. Karl soll sich über die Fälschung nur amüsiert haben, ihre Anerkennung kam erst 1442 durch Kaiser Friedrich III. Bestehen blieb das Privilegium Maius dann aber bis zum Ende des römisch-deutschen Reiches 1806. Und bis heute dürfen sich Angehörige des Hauses Habsburg „Erzherzog“ (m/w/d) nennen.[18]

### 2.1.1 Fazit 1: Erfolg erfordert Fakten

Das Privilegium Maius enthält die wesentlichen Zutaten, die man bis heute für ein erfolgreiches Fake benötigt. Es braucht ein Fundament aus Fakten – wie eben eine echte Urkunde - und anerkannten Autoritäten – wie Nero, Caesar und Kaiser Friedrich I. –, auf die sich der Faker berufen kann. Weiter gehört zum Erfolg ein Zielpublikum, das sich einen Mehrwert verspricht und in dessen Vorstellungswelt die Aussagen des Fakes passen. Letzteres war der entscheidende Unterscheid zwischen den Kaisern Karl IV. und Friedrich III.: Der eine war Luxemburger, der andere aus dem Hause Habsburg.

### 2.1.2 Poyais – der Gegenentwurf zu Schottland

[18] Für nicht-regierende Mitglieder des Hauses gilt diese Regelung erst seit 1713, seit 1919 nur mehr außerhalb der Republik Österreich. In Österreich selbst ist das Führen von Adelsprädikaten verboten, nicht etwa weil – ex iniuria ius non oritur – das Privilegium Maius von Anfang an ein Schwindel war, sondern wegen §3 des Gesetzes vom 3. April 1919, betreffend die Landesverweisung und die Übernahme des Vermögens des Hauses Habsburg-Lothringen.

In den Jahren unmittelbar nach den Napoleonischen Kriegen begann in Großbritannien eine Phase des wirtschaftlichen Aufschwungs. Unbehelligt von Feinden ließen sich weltweit Handel treiben und Absatzmärkte für die aufstrebende Industrie finden. Wer Kapital hatte, stand vor der Frage, wie er es anlegen solle, denn Staatsanleihen wurden mit lediglich drei Prozent verzinst. Doppelt soviel, nämlich sechs Prozent, boten jene Länder auf dem amerikanischen Kontinent, die erst kürzlich die spanische bzw. portugiesische Kolonialherrschaft überwunden hatten, wie Brasilien, Mexiko, Kolumbien oder Poyais. Poyais, ein Karibik-Anrainer zwischen Honduras und Guatemala, begab erfolgreich 1822 eine sechsprozentige Anleihe über 200.000 Pfund – auf heutige Verhältnisse übertragen wären das 660 Millionen Euro. An Sicherheiten bot der junge Staat fruchtbarstes Ackerland bei freundlichem Klima, geradezu üppige natürliche Ressourcen jeder Art sowie überaus willige und billige einheimische Arbeitskräfte – höchst detailliert beschrieben in einem Handbuch „speziell für Ansiedlungswillige."[19] Überdies, so war da zu lesen, hegten die Einheimischen eine tiefe Abneigung gegen Spanien und empfänden für die Briten „beständige und ununterbrochene Freundschaft"[20]. „Belegt" wurde das alles durch Berichte von Augenzeugen und ungezählte Fußnoten. Der Fürst, „Cazique", von Poyais, Gregor McGregor, ein schottischer Auswanderer und ehemaliger Offizier Simon Bolivars, tourte 1820/21 durch Großbritannien, verkaufte poyaiser Grundstücke, schloß Arbeitsverträge mit Auswanderungswilligen und wechselte deren Erspartes in frisch gedruckte poyaiser Banknoten.

Der Schwindel flog auf, als Anfang 1823 Auswandererschiff Nr.2 auf die halbverhungerten Überlebenden von Auswandererschiff Nr.1 traf:

---

[19] Strangeways, Thomas: Sketch of the Mosquito Shore, including the territory of Poyais, descriptive of the country; with some information as to its productions, the best mode of culture, &c. Chiefly intended for the use of settlers, Edinburgh 1822. – Der Autorenname gilt ebenfalls als Fake, hinter dem sich wohl McGregor verbarg.

[20] Ebd. S.VII

Poyais – ein Stück fieberverseuchter Urwald und ansonsten eine Erfindung des Gregor McGregor. Fünf weitere Auswandererschiffe konnte die Royal Navy noch rechtzeitig abfangen und umlenken.

### 2.1.3 Fazit 2: Der Erfolg liegt im Detail

Für den Erfolg des Poyais-Fakes lassen sich folgende Gründe benennen:

Eine solide Basis von Fakten. Das Entstehen neuer Staaten in Süd- und Mittelamerika war damals keineswegs außergewöhnlich, ebenso, dass man über sie noch nicht so richtig Bescheid wusste. Wenn nun einmal das Oberhaupt eines dieser Länder in persona auftauchte und bereitwillig – auch der Presse![21] – Rede und Antwort stand, dann schuf dies Vertrauen.

Was McGregor zudem glaubwürdig machte, war die schier unglaubliche Detailversessenheit, mit der er Fakten „ergänzte". In seinem Handbuch „speziell für Ansiedlungswillige" reicht sie bis zur akribischen Beschreibung einzelner Pflanzenarten, einschließlich ihres Geruchs, sei es unmittelbar nach dem Schnitt, sei es nach längerer Lagerung, und deren Vermarktungsmöglichkeiten.[22] Und ein so blühendes Land wie Poyais hat natürlich ein Nationaltheater, logischerweise war unter den Bestallungen, die McGregor vornahm, auch die eines Theaterintendanten.

McGregor versprach einen Mehrwert. Speziell für schottische Interessenten lag dieser nicht nur in einem höheren Renditeversprechen, sondern war auch psychologischer Art. Mit fruchtbaren Böden, drei Ernten pro Jahr und mildem Klima war Poyais der geographische Gegenentwurf zu Schottland, und es verhieß obendrein quasi Balsam für

[21] Vgl. Sinclair, David: Sir Gregor McGregor and the Land that Never Was. The Extraordinary Story of the Most Audacious Fraud in History, London 2003, S.65
[22] Vgl. ebd. S.70ff

ein geschundenes kollektives Selbstverständnis: Schottland hatte einst mit Gründung einer Kolonie an der Karibikküste von Panama zu den großen Handelsmächten aufschließen wollen. Das Projekt war Ende des 17. Jhs. spektakulär gescheitert, hatte Schottland an den Rand des Staatsbankrotts gebracht und letztendlich die Union mit England befördert. Nun sah es so aus, als könnten die Schotten das Schicksal korrigieren, ohne dabei sonderlich kühn sein zu müssen.

Diese Mehrwertversprechen sind auch bezeichnend für McGregors zielgruppengerechte Kommunikation:

In den „besseren Kreisen" des Vereinigten Königreichs bewegte er sich parkettsicher als Offizier und Gentleman, als General des Befreiungshelden Simon Bolivar und überdies – was stimmte – Gatte von Bolivars Nichte. Ein Mehrwertversprechen in Form eines potentiellen Lobbyisten und gewichtigen door openers also, zumal in Südamerika nach Ende der spanischen Herrschaft auch wirtschaftlich die Karten neu gemischt wurden.

Ein Verstärker-Effekt ergab sich aus den wohl recht zahlreichen Presseberichten zu Poyais.[23] Zeitungen waren damals, unmittelbar vor Erfindung des Rotationsdrucks, relativ teuer und dementsprechend ein Elitenmedium, erreichten also die Bevölkerungsschicht, die Verhaltensmaßstäbe setzte.[24]

Beim einfacheren Publikum, jenen, die nach Poyais auswandern wollten, Land kauften oder Arbeitsverträge unterschrieben, gab McGregor

---

[23] Konnikova, Maria: The conman who pulled off history's most audacious scam, BBC 28. Januar 2016, abgerufen am 30.8.2019 unter: http://www.bbc.com/future/story/20160127-the-conman-who-pulled-off-historys-most-audacious-scam

[24] Vgl. Field, G. Lowell / Higley, John: National Elites and Political Stability, in: Moor, G.: Research in Politics and Society, A Research Annual, Vol.1, Greenwich CT 1985

den schottischen Landsmann, der schon aufgrund des vertrauten Idioms Vertrauen weckte.[25]

Vor Gericht gestellt wurde McGregor übrigens nie. Er setzte sich nach Frankreich ab, wo er für den nächsten Fake kurzfristig in Untersuchungshaft kam und erfreute sich schließlich in Venezuela einer Offizierspension.

### 2.1.4 Die Emser Depesche

*„...was wir hinzudichten, ist nicht so schlimm wie das, was wir weglassen“*[26]

Spanien hatte am 2. Juli 1870 dem Prinzen Leopold von Hohenzollern-Sigmaringen offiziell die Königskrone angetragen.[27] Der Prinz war mit dem Preußenkönig Wilhelm zwar nur weitläufig verwandt, Frankreich fürchtete gleichwohl eingekreist zu werden. Es würde „ohne Zögern seine Pflicht tun“, sollte eine fremde Macht einen ihrer Prinzen auf Spaniens Thron setzen, drohte Außenminister Garmond vor dem Parlament am 6. Juli 1870. Prinz Leopold verzichtete darauf am 12. Juli auf den Thron, wovon die Regierungen in Paris und Madrid offenbar eher informiert wurden als der preußische König, der gerade in Bad Ems kurte, und seine Regierung.

Tags darauf, am 13. Juli, ließ der König an seinen Ministerpräsidenten Bismarck telegraphieren:

Der französische Botschafter habe ihn beim Spaziergang im Park „abgefangen“ und verlangt, Wilhelm solle sich verpflichten, „niemals wieder“ einer Hohenzollern-Kandidatur zu zu stimmen. Er, der König, habe geantwortet, er „könne und dürfe“ derlei Verpflichtungen nicht

---

[25] Economist: The king of con-men. The biggest fraud in history is a warning to professional and amateur investors alike. Christmas Issue 2012: S. 97- 99

[26] Zeitungsredakteur Münzer in Erich Kästners Roman „Fabian – Geschichte eines Moralisten“ (1931), Kap. 3

[27] Vgl. hierzu und im Folgenden: Bismarck, Otto v.: Gedanken und Erinnerungen, 2. Band, Stuttgart 1898: S. 78ff

auf immer und ewig („à tout jamais“) eingehen, außerdem seien er und die preußische Regierung noch nicht über einen Thronverzicht informiert; er warte noch auf ein Schreiben des Prinzen Leopold. Nach diesem Gespräch habe Wilhelm tatsächlich eine solche Nachricht erhalten und dem Botschafter durch einen Adjutanten ausrichten lassen, er wisse nun auch, was der Botschafter schon gewusst habe, und habe dazu nichts weiter zu sagen. Das Telegramm endet mit dem Satz, Bismarck bleibe es freigestellt, die Forderung des Botschafters und ihre Ablehnung der Presse mitzuteilen.

Bismarck *„reducirte (...) das Telegramm durch Streichungen, ohne ein Wort hinzuzusetzen oder zu ändern“*.[28] Aus der begründeten Ablehnung wurde so eine schroffe und unbegründete Abweisung des Botschafters, aus dem informellen Gespräch im Kurpark eine diplomatische Krise. Bismarcks Überlegung: *„Wenn ich diesen Text (...) an die Zeitungen (...) mittheile, so wird er vor Mitternacht in Paris bekannt sein und dort nicht nur wegen des Inhaltes, sondern auch wegen der Art der Verbreitung den Eindruck des rothen Tuches auf den gallischen Stier machen.“*[29]

Die von Bismarck redigierte Fassung ging unverzüglich an die Presse, tags darauf an alle preußischen Gesandtschaften. Noch am Abend des 13. Juli wurden Gratisausgaben der Norddeutschen Allgemeinen Zeitung und anderer Blätter in Berlin verteilt. Über Wolff's Telegraphisches Bureau wurde der Text weiter verbreitet und gelangte über deren Kooperationspartner Havas spätnachts auch an die französische Presse. Die Havas-Meldung war um einen zweiten Absatz ergänzt: „Nach anderen Quellen“ habe der König dem Botschafter versichert, er billige den Thronverzicht Leopold ausdrücklich und betrachte damit jeden Konfliktgrund als ausgeräumt. Die eigentliche Top-Meldung („Friede vorerst gesichert“) kam also erst an zweiter Stelle, ja ging ganz

[28] Bismarck, a.a.O.: S. 90
[29] Ebd.: S.91

unter, weil im ersten Absatz von einer weiteren ungeheuerlichen Beleidigung zu lesen war: König Wilhelm habe den Botschafter der Grande Nation durch einen Bediensteten sehr niedrigen Ranges abweisen lassen! Durch einen adjudant! Der „Adjutant“ meint im Deutschen einen unmittelbaren, also relativ hochrangigen Mitarbeiter des Königs, und wäre auf Französisch mit „aide de champ“ zu übersetzen gewesen. Der französische „adjudant“ entspräche einem Feldwebel – wirklich kein protokollarisch adäquater Umgang für den Botschafter einer Großmacht. Ein Übersetzungsfehler. Mutwillig? Fahrlässig?

Die Öffentlichkeit in Frankreich war, höchst vorsichtig ausgedrückt, aufgebracht. Der preußischen Gesandtschaft wurden die Fenster eingeworfen[30] und Emile Ollivier, faktisch erster Minister Frankreichs[31] erklärte, „es kann vorkommen, dass ein König sich weigert, einen Botschafter zu empfangen. Was verletzend ist, das ist die vorsätzliche Abweisung, die durch Zeitungen und Telegramme an alle europäischen Höfe publik gemacht wird“.[32]

Am 15. Juli bewilligte das Parlament die Kriegskredite, am 19. Juli erklärte Frankreich Preußen den Krieg.

### 2.1.5 Fazit 3: Kein Erfolg gegen den Zeitgeist

„Die Meinungsroboter haben mittlerweile eine kritische Masse erreicht, mit der es möglich ist, Diskurse zu lenken“ schrieb Adrian Lobe in der Neuen Zürcher Zeitung im August 2017.[33] Indes: Zu Zeiten des

---

[30] Ezran, Maurice: Bismarck, démon ou génie? Paris 1994: S.122

[31] Offiziell kannte das Französische Kaiserreich keinen Premierminister, gleichwohl fungierte Ollivier seit Januar 1870 als Vorsitzender des Ministerrats

[32] Frédérix, Pierre: Une siècle de chasse aux informations. De l'agence d'information Havas à l'Agence France Presse 1837 – 1957, Paris 1959: S. 108

[33] Lobe, Adrian: Wer die stärksten Bots hat, gewinnt die Deutungshoheit. In: NZZ 31.8.2017 https://www.nzz.ch/feuilleton/digitale-demokratie-die-wahrheit-bleibt-auf-der-strecke-ld.1313193

Morsetelegraphen benötigte das Orchestrieren von Massendemonstrationen kaum mehr Zeit als heute via Social Media. Die virale Verbreitung von Fake News kommt also auch mit einfachen technischen Hilfsmitteln aus. Weiter mag verwundern, weshalb denn in der damaligen Medienlandschaft niemand auf die Idee kam, nachzurecherchieren, was denn nun eigentlich im Emser Kurpark gesprochen worden war - immerhin ging es ja um Krieg oder Frieden. Ein Grund ist sicherlich der, dass der preußische Ministerpräsident den Verbreitungsapparat insgesamt kontrollierte. Die Norddeutsche Allgemeine Zeitung galt als Sprachrohr Bismarcks, ebenso das Wolff'sche Telegraphische Bureau, WTB, damals eine der weltweit größten Nachrichtenagenturen: An Zeitung und Agentur ließ der Ministerpräsident großzügig Mittel fließen, bei beiden wurden Mitarbeiter von ihm bezahlt, bei WTB saßen preußische Staatsbeamte ganz offiziell in Redaktion und Geschäftsführung. Eine weltweite Öffentlichkeit herstellen konnte das Wolff'sche Telegraphenbureau via Reuters und Havas – die drei Großen im Nachrichtengeschäft tauschten sich aus.

Dass Bismarcks Kalkül aufging, lag aber auch an seiner zielgruppengerechten Kommunikation. Er hatte die öffentliche Meinung jener Zeit richtig eingeschätzt: Beiderseits des Rheins gab es starke nationalistische Rauschzustände und die rigiden gesellschaftlichen Konventionen des 19. Jahrhunderts mit ihren Ehrbegriffen. Beiderseits des Rheins verfing damit – quasi als Mehrwertversprechen – die Verheißung, dem jeweils anderen vermeintliche Kränkungen gehörig heimzuzahlen.[34] Der Erfolg des Fakes basierte einmal mehr auf den Wünschen und Projektionen der Zielpublika.

[34] Vgl. Frédérix, a.a.O.: S.109

# 3 Besonderheiten zeitgenössischer Fakes

Wären die bisher beschriebenen Fälle heute noch ähnlich erfolgreich? Heute, wo sich Staatsoberhäupter auf Twitter und im persönlichen Umgang benehmen wie die sprichwörtliche Axt im Walde, fiele Bismarcks Bearbeitung wohl gar nicht erst auf. Zumindest in den westlichen Industrieländern dürfte also eine gewisse Erosion von Umgangsformen und Ehrbegriffen auch ihre positiven Auswirkungen haben. Zudem ist heute die redaktionelle Verdichtung von Aussagen bei allen Medien längst gängige Praxis, Gleiches scheint irgendwie auch für Übersetzungsfehler zu gelten. Angesichts eines Nachrichtenangebots, das verglichen mit 1870 exponentiell gewachsen ist, erscheint die Welt mithin sogar relativ friedlich.

Zudem sind heute mit den technischen Möglichkeiten und dem World Wide Web, frei nach der Brecht'schen Radiotheorie, 2,7 Milliarden User zwar potentielle Verbreiter aber auch Aufdecker von Fakes. Durch Vernetzung und arbeitsteiliges Vorgehen lassen sich auch hochkomplexe Vorgänge durchleuchten, was allerdings einen gewissen Anfangsverdacht voraussetzt. Gefördert wird dieser offenbar durch die Prominenz eines Urhebers – anders als früher schützt diese nicht mehr vor Recherchen.

## 3.1 Überholt die Realität den Fake?

Ein Anfangsverdacht setzt voraus, dass irgendwer irgendetwas als Abweichung von einer Norm wahrnimmt. Angesichts einer immer stärker ausdifferenzierten Gesellschaft mit immer mehr Empfindsamkeiten und einem immer komplexer werdenden staatlichen Regelwerk wird es auch zunehmend schwerer, Normen zu erkennen: Tabus von gestern sollen heute gesellschaftlich akzeptiert werden und umgekehrt tauchen heute eifrige Regelbewachende dort auf, wo ehedem eine Regel nicht einmal vermutet worden wäre. Die Identifikation von Fakes wird damit schwerer oder sie unterbleibt, weil zu befürchten steht, irgendeine dieser Regeln zu verletzen und die Empörungsmaschine in Gang zu setzen (vgl. 3.3): „Annähernd zwei Drittel der Bürger sind überzeugt, man müsse heute ‚sehr aufpassen, zu welchen Themen man sich wie äußert', denn es gäbe viele ungeschriebene Gesetze, welche Meinungen akzeptabel und zulässig sind."[35]

Während z.B. Teile der Gesellschaft sich erst noch an die Ehe für alle gewöhnen, wird von anderen schon öffentlich die Anerkennung von „Sadomasochismus als sexuelle Identität" verlangt.[36] Was ein „gendergerechter Winterdienst" sein könnte, mag die Vorstellungskraft mancher überfordern, Realität ist er gleichwohl.[37] Verbreitet eine Radiosendung der BBC, getarnt als Ratgeber für Hobbygärtner, rassistisches Gedankengut? Immerhin meinte ein Soziologe von der University of Westminster, Termini wie „Reinhaltung unterschiedlicher Bodentypen" oder „einheimische und nicht-einheimische Arten" seien Ausdruck „nationalistischer Fantasien".[38] Ein Fake? Die Recherche erbrachte einen Text, in dem sich besagter Soziologe erklärte: Wer den Japan-Knöterich ausreiße, sei *„nicht zwangsläufig* rassistisch motiviert" (Hervorhebung durch Verfasser).[39]

---

[35] Köcher, Renate: Immer mehr Tabuthemen. In: Frankfurter Allgemeine Zeitung vom 22.Mai 2019 abgerufen unter https://www.faz.net/aktuell/politik/inland/allensbach-umfrage-ueber-meinungsfreiheit-und-kritische-themen-16200724.html - vgl. auch Jackob, e.a., a.a.O.: S. 215

[36] Stahlmann, Leona: Warum Sadomasochismus als sexuelle Identität anerkannt sein sollte.
In: Spiegel online vom 1. September 2019. Zugriff am 2. Oktober 2019 unter https://www.spiegel.de/kultur/gesellschaft/bdsm-warum-sadomasochismus-als-sexuelle-identitaet-anerkannt-sein-sollte-a-1283299.html

[37] Stockholm im Schneekrampf. In: Neue Zürcher Zeitung vom 18. November 2016

[38] Gardeners' Question Time? It's so racist: Sociologist rails at references to 'non-native' plants. In: The Mail Online vom 5. August 2014, Zugriff am 30. Juni 2019 unter https://www.dailymail.co.uk/news/article-2716106/Gardeners-Question-Time-caught-race-row.html

[39] Pitcher, Ben: We talk of native species when in truth nature is as mixed as we are. In: The Guardian vom 8. August 2014, abgerufen am 1. August 2019 unter

Schließlich: Die Grüne Gemeinderatsfraktion Klettham fordert „endlich klimagerechte Preise für Glühwein". Erhitzen und Warmhalten des Getränks „belastet die $CO_2$-Bilanz enorm", ebenso seine Würzung mit Zimt, Nelken und Rohrzucker, die aus tropischen Regionen eingeführt werden müßten. Schiffsdiesel und Kerosin seien schließlich „üble Umweltkiller".[40] Und: Großbritannien schuf ein Ministerium für Einsamkeit[41] und der kanadische Ministerpräsident Trudeau entschuldigte sich beim „Octoberfest" in Kitchener/Ontario bei einer Besuchergruppe aus Valley, die Veranstaltung 2017 in einem Lodenjanker besucht zu haben – er habe „nicht bedacht, dass dies eine kulturelle Aneignung" sei, „geschmacklos und verstörend, wie das kanadische Octoberfest selbst".[42]

Auch beim Verwaltungshandeln ist die Unterscheidung von Fake und Realität nicht immer ganz einfach. Der Bayerische Rundfunk verweigert die – vom Verfassungsgericht verlangte – Befreiung vom Rundfunkbeitrag für die Zweitwohnung, weil nicht nachgewiesen sei, dass es die Zweitwohnung auch gäbe. Den Beitrag kassierte er gleichwohl.[43]

In Berlin beschriftete ein Bäcker sein schwarzes Brett ausschließlich mit Versalien, darum stand da auch „KG" für Kilogramm. Es müsse aber „kg" heißen, sonst drohe Verwechslungsgefahr mit Kelvin oder Kommanditgesellschaft, meinte das Landesamt für Eich- und Messwesen und drohte mit Geldstrafe.[44] Ähnlich der Fall des niederbayerischen

---

https://www.theguardian.com/commentisfree/2014/aug/08/native-species-nature-radio-4-gardeners-question-time-racist

[40] Bei dieser Meldung handelt es sich tatsächlich um einen Fake. Sorry!

[41] U.K. Appoints a Minister for Loneliness. In: New York Times vom 17. Januar 2018, abgerufen am 11. Oktober 2019 unter https://www.nytimes.com/2018/01/17/world/europe/uk-britain-loneliness.html

[42] Dieses Oktoberfest gibt es, Trudeau war auch schon dort. Der Rest ist Fake. Jedenfalls bis jetzt: Siehe dazu: https://www.telegraph.co.uk/news/2019/10/31/university-students-urged-not-wear-sombreros-halloween-costumes/

[43] Korrespondenz im Besitz des Verfassers.

[44] https://www.onlinehaendler-news.de/e-recht/gesetze/131662-baecker-drohte-25-000-euro-bussgeld-kg-statt-kg-kilogramm

Schnapsbrenners, der – korrekt bairisch – Kriecherl-Schnaps[45] anbot. Dies zwar nur im eigenen Hofladen und dementsprechend kleinen Mengen, das Landratsamt Dingolfing-Landau sah aber gleichwohl EU-Recht verletzt und die Sicherheit der europäischen Verbraucher bedroht: Bußgeld! Schließlich muss es „Haferpflaumenbrand" heißen.[46] Dieses Wort kennt man schließlich von Sagres bis Helsinki und weiß, woran man ist. Wenn man den Hofladen findet.

In der Politik sind altgewohnte Orientierungspunkte abhanden gekommen. Es begann damit, dass die SPD unter Schröder neoliberale Politik machte und die Grünen die Bundeswehr in den Kriegseinsatz schickten.[47] Eine CDU-Kanzlerin vollzog nach einem Wiedereinstieg einen dann-schließlich-doch Ausstieg aus der Kernkraft, ein CSU-Minister schaffte faktisch die Wehrpflicht ab. Die FDP, ehedem vehement gegen ein Rauchverbot in Bayerns Wirtshäusern, plädierte im Sommer 2019 für Rauchverbote auch im Freien.[48]

Mehr noch: Teile des politischen Koordinatensystems haben sich in den vergangenen Jahren um 180 Grad gedreht. In einem Beitrag zum 30. Jahrestag des Falls der Mauer schreibt Monika Maron:

*„In den Jahren 2014, als die Pegida zum ersten Mal auf die Dresdener Strassen ging, und 2015, als eine Million Flüchtlinge und Einwanderer unkon-*

---

[45] Gesprochen „Griachal", svw. „kleine Griechen", weil die Frucht ursprünglich in Griechenland endemisch ist. Vgl. http://www.bairische-sprache.at

[46] Passauer Neue Presse vom 5. Februar 2010, abgerufen am 1. September 2019 unter https://www.genios.de/presse-archiv/artikel/PNP/20100205/die-eu-ist-gegen-das-kricherl/29%2026959794.html

[47] Grüne sagen Ja zum Bundeswehr-Einsatz. In: Der Spiegel vom 24.11.2001 abgerufen am 10. September 2019 unter https://www.spiegel.de/politik/deutschland/parteitag-gruene-sagen-ja-zum-bundeswehr-einsatz-a-169564.html

[48] FDP fordert weitgehendes Rauchverbot an öffentlichen Orten. In: Die Welt vom 4. Juli 2019. Abgerufen am 10. Oktober 2019 unter https://www.welt.de/politik/deutschland/article196335277/FDP-fordert-weitgehendes-Rauchverbot-an-oeffentlichen-Orten.html

*trolliert die deutschen Grenzen passierten, verwandelten sich diese Konfliktfelder in Kampfzonen, in denen die Begriffe links und rechts endgültig bedeutungslos wurden. Wer die bis dahin selbstverständlichen Forderungen der Linken wie die Aufklärung, den säkularen Staat und die Frauenrechte verteidigte, fand sich plötzlich auf dem rechten Kampffeld wieder; und meine linken, grünen Feministinnen aus Hamburg verteidigten vermutlich leidenschaftlich das islamische Kopftuch und forderten Verständnis auch für die hartgesottensten muslimischen Frauenverächter, was für mich bedeutet: Sie waren zu Reaktionärinnen mutiert, also rechts."*[49]

Wen wundert's da noch: Den Wahrheitsgehalt von Informationen zu unterscheiden, ist für 61 Prozent der Befragten „eher schwierig" oder „sehr schwierig", so das Ergebnis einer Umfrage für die Bertelsmann-Stiftung vom August 2019.[50]

### 3.2 Plagiate und Plagiatsjäger

Auch wenn es als subjektiv „sehr schwierig" empfunden werden mag, den Wahrheitsgehalt von Informationen zu erkennen, objektiv möglich ist es heute einfacher als je zuvor. Der Sachverhalt mag hochkomplex sein, Jahrzehnte zurückliegen und obendrein mit dem Wahrheitssiegel eines Promotionsausschusses versehen.

Karl-Theodor zu Guttenberg hatte 2007 mit summa cum laude zum Dr. iur. promoviert. Im folgenden Jahr wurde er Generalsekretär der CSU, stieg Anfang 2009 auf zum Bundeswirtschaftsminister und wechselte im Oktober des gleichen Jahres ins Verteidigungsministerium. Der ko-

[49] Maron, Monika: Unser galliges Gelächter – es liegt mir fern, die Bundesrepublik mit der DDR zu vergleichen. In: Neue Zürcher Zeitung vom 7. November 2019. Abgerufen unter:
https://www.nzz.ch/feuilleton/monika-maron-es-liegt-mir-fern-die-bundesrepublik-mit-der-ddr-zu-vergleich-ld.1519713

[50] Falschnachrichten schwer erkennbar. In: Münchner Merkur, 24. August 2019

metenhafte Aufstieg schien damit noch lange nicht beendet – bezeichnend, dass Guttenberg der bislang einzige CSU-Politiker war, dem der Stern eine geradezu euphorische Titelgeschichte widmete: „Der coole Baron – warum der neue Wirtschaftsminister so populär ist".[51] Der Abstieg vollzog sich kaum weniger kometenhaft. Im Sommer 2010 gab es erste Indizien, dass der Minister seine Dissertation nicht gänzlich mit wissenschaftlich einwandfreien Methoden verfasst haben könnte. Am 16. Februar 2011 erschien ein Zeitungsartikel dazu, am gleichen Tag noch wurde „GuttenPlag Wiki" gegründet. „Bis zu zwei Millionen Mal wird die Seite am Tag aufgerufen. Blitzartig steigt die Zahl der gefundenen Plagiate in der Arbeit des Ministers".[52] Am 21. Februar bittet er die Universität Bayreuth um „Rücknahme des Doktortitels", am 1. März 2011 gibt er sein Amt auf.

Ähnlich ergeht es in den folgenden Monaten anderen Prominenten. Die Willy-Brandt-Vertraute, „Entrepreneur/Political Scientist/Historian/Prof. emerit. of US Foreign Policy and International Security"[53] Margarita Mathiopoulos, im Jahre 1986 promoviert, hatte sich schon seit 1989 gegen Zweifel an ihrer wissenschaftlichen Eigenleistung erfolgreich behaupten können. Im April 2011 gerät sie ins Visier von „VroniPlag Wiki", 2012 wird ihr der Doktor-Titel aberkannt. Sie wehrt sich dagegen, bis schließlich ihre Beschwerde vor dem Europäischen Gerichtshof für Menschenrechte am 4. Oktober 2018 als „unzulässig" abgewiesen wird.

Gleichfalls im April 2011 examiniert VroniPlag die Dissertationen der FDP-Politiker Silvana Koch-Mehrin und Jorgo Chatzimarkakis - beide promoviert im Jahre 2000 jeweils mit cum laude. Im Juli 2011 wird

---

[51] Stern, Heft 29 vom 9. Juli 2009

[52] Bewarder, Manuel: Sie brachten Guttenberg und Koch-Mehrin zu Fall. In: Die Welt, Veröffentlicht am 19. Juni 2011. Abgerufen am 10.8.2019 unter https://www.welt.de/politik/deutschland/article13437041/Sie-brachten-Guttenberg-und-Koch-Mehrin-zu-Fall.html

[53] http://www.mathiopoulos.com/en/index.php, Zugriff am 1.Oktober 2019

Koch-Mehrin der Titel aberkannt, im Monat darauf auch Chatzimarkakis. Ende 2011 gerät schließlich – nach über dreißig Jahren – die Dissertation der damaligen Bundesbildungsministerin Annette Schavan unter Plagiatsverdacht, 2013 wird ihr der Titel aberkannt.[54]

Gregor Gysi hatte als Rechtsbeistand von Frau Mathiopoulos angeführt „eine erfolgreiche Frau mit Migrationshintergrund ist immer noch in besonderer Weise Neid und Mißgunst ihrer männlichen Konkurrenten ausgesetzt."[55] Er halte es „für mehr als zweifelhaft", dass „ein ähnliches Schicksal auch einem Mann ohne Migrationshintergrund widerfahren wäre".[56] Es ist schwer vorstellbar, dass Gysi die anderen clamorosen Fälle nicht bekannt gewesen sein könnten. Allerdings findet sich in den beschriebenen Beispielen womöglich ein Strukturelement, das bereits aus den historischen Fakes bekannt ist: Die Kenntnis des Zielpublikums, seiner Wünsche und Projektionen – in diesem Fall jene der Gutachter. Das betrifft zum einen den Umstand, dass im Laufe der Betreuung akademischer Abschlussarbeiten – die bei einer Dissertation ja über Jahre geht –ein Vertrauensverhältnis entsteht, das – wie bei McGregor und seinen Schotten – in vereinzelten Fällen auch missbraucht werden kann. Zum anderen ist, frei nach Gregor Gysi, schwer vorstellbar, dass sich eine Prüfperson m/w/d dem Verdacht aussetzen wollte, sie sei frauen- und/oder migrantenfeindlich.

---

[54] Doktorin auf Abruf. In: Spiegel Online vom 20. März 2014, abgerufen am 1. August 2019 unter https://www.spiegel.de/lebenundlernen/job/annette-schavan-verliert-kampf-um-doktortitel-vor-gericht-a-959776.html

[55] Potsdamer Neueste Nachrichten vom 11. Dezember 2018 abgerufen am 1. August 2019 unter https://www.pnn.de/wissenschaft/plagiate-in-der-dissertation-margarita-mathiopoulos-verliert-doktor-titel-endgueltig/23746104.html

[56] Zit. in Tagesspiegel vom 11. Dezember 2018: Kein Menschenrecht auf den Doktorhut. Abgerufen am 1. August 2019 unter https://www.tagesspiegel.de/wissen/margarita-mathiopoulos-kein-menschenrecht-auf-den-doktorhut/23747440.html

### 3.3 Empörung – ein Wirtschaftsgut

Dem Außenstehenden mag sich der Eindruck aufdrängen, dass Dissertationen ehedem wohl nicht einmal von ihren Betreuern richtig gelesen wurden, während sie zu Zeiten von Social Media offenbar ein Massenpublikum erreichen. Sofern damit Empörung ausgelöst werden kann, ist zumindest der zweite Teil dieses Eindrucks korrekt. Empörung war schon immer ein wichtiger Rohstoff für die Medien,[57] zu Zeiten eines multimedialen Überangebots ist sie es erst recht: Ende 2011 wurde ein angeblicher Skandal um einen Hauskredit des damaligen Bundespräsidenten Wulff ruchbar – auf Spiegel Online stiegen daraufhin die Klicks von Dezember 2011 auf Januar 2012 um 15 Prozent, bei Focus Online gar um fast 28 Prozent, verglichen mit dem „skandalfreien" Januar des Vorjahres gar um 29,6 bzw. 53,6 Prozent.[58] In Zeiten des Programmatic Advertising bedeutet das auch höhere Werbe-Umsätze, was erklärt, weshalb der „Skandal" in geradezu grotesker Weise immer weiter bewirtschaftet wurde: Hatte Wulff nicht schon bei der Wahl zum Schülersprecher aktiv bestochen (mit Bonbons!)? Wer nutzte das Bobbycar, das ein Autohaus dem Präsidenten geschenkt hatte?[59] Schlussendlich wurde gerichtlich festgestellt, dass der Wulff-Skandal

[57] Über die marktgesteuerte Massenpresse mit Millionenauflagen der Vereinigten Staaten war schon 1910 zu lesen: „Um das Volk auszunutzen, müssen diese Zeitungen sein Ohr gewinnen. Sie tun das, erstens, in dem sie sich an die niedrigen und gemeinen Gefühle und Instinkte ihrer Leser wenden, wahre oder erfundene Nachrichten bringen, die entweder den Kitzel einer ungesunden Neugier befriedigen oder Neid, Hass und Bosheit gegen die Hochgestellten säen; zweitens, indem sie sich den Anschein geben, als ob sie der Allgemeinheit einen Dienst erweisen..." Butler, N.M.: Die Amerikaner, Leipzig 1910: S. 4

[58] Berechnet nach Götschenberg, Michael G: *Der böse Wulff?* Die Geschichte hinter der Geschichte und die Rolle der Medien. Kulmbach 2013, S.249

[59] Das Rutsch-Auto für Kleinkinder wurde völlig korrekt der offiziellen Spielecke des Bundespräsidialamtes zugeführt. Zweifellos ein Verdienst des investigativen Journalismus. (vgl. Götschenberg, op.cit.)

keiner war: Freispruch. Auch wenn sich praktisch alle bundesdeutschen Medien an einer Vorverurteilung eifrig beteiligt hatten.[60]

Dank Social Media kann jeder die Empörungsmaschine starten und in der digitalen Empörungs-Ökonomie kann selbst blanker Nonsens marktgängig werden: Bei minimalen Kosten findet sich durch Mikro-Targeting immer irgendeine werberelevante Zielgruppe. Eine Studie aus dem Jahr 2016 nennt für Facebook einen Tausender-Kontaktpreis von 0,25 US-$, verglichen mit 2,75 US-$ bei Google und gar 32 US-$ bei der gedruckten Tageszeitung.[61]

Wo mit Inhalten keine Empörung ausgelöst werden kann, lässt sich mit Werbung nachhelfen. Der ehemalige Facebook-Manager Antonio Garcia Martinez berichtet im Interview, Trumps Wahlkampfteam habe auf Facebook-Auktionen Werbeslots ersteigert. Diese Auktionen gewänne nicht einfach der Meistbietende. Vielmehr würden Bieter vorab ein Portfolio einreichen. Facebook berechne dann, welche Werbung ein Maximum an Aufmerksamkeit und Anschlusshandeln generieren könnte. Sei sie in dieser Hinsicht erfolgversprechend, rücke Facebook den Bieter in der Liste aller Bietenden nach vorn, auch wenn andere mehr zahlten. „Das heisst: Je empörender der Gehalt einer Werbung, desto höher die Wahrscheinlichkeit, dass sie es auf Facebook-Werbeflächen schafft".[62]

Empörung wächst also, wenn man sie teilt, der Empörte wird zum nützlichen Idioten. Und dabei ist es egal, ob es sich um Fakten oder Fakes handelt. Indes: Was dem Werbeumsatz nützt, schadet der

---

[60] Vgl. Kepplinger, Hans M.: Wie die Presse Wulff zum Rücktritt zwang. In: Cicero vom 22. Januar 2014. Zugriff am 23. Juli 2019 unter https://www.cicero.de/innenpolitik/christian-wulff-und-die-medien-eine-neuauflage-des-investiturstreits/56879

[61] zit. In: Russ-Mohl, Stephan: Die informierte Gesellschaft und ihre Feinde. Warum die Digitalisierung unsere Demokratie gefährdet, Bonn 2018: S. 52

[62] Antonio Garcia Martinez, ehemaliger Produkt-Chef bei Facebook, im Interview mit der Neuen Zürcher Zeitung vom 24. März 2018. Abgerufen am 30. Juli 2019 unter https://www.nzz.ch/feuilleton/wir-erkennen-die-realitaet-nicht-mehr-und-irgendwann-einmal-vergessen-wir-sie-ld.1367775

Glaubwürdigkeit – nur vier Prozent der Internetnutzer beurteilen Nachrichten auf sozialen Netzwerken als „sehr/eher vertrauenswürdig".[63]

### 3.4 Publizistische Medien und Fake News

Publizistische Medien sind, zumindest dem Anspruch nach, dem Interesse der Öffentlichkeit insgesamt verpflichtet. Diesem Anspruch folgend, werden Inhalte ausgewählt und Fakten vor einer Veröffentlichung geprüft.[64]

Die Mainzer Langzeitstudie Medienvertrauen problematisiert auch die Frage, ob bei publizistischen Medien die „(D)arstellung strittiger Themen – insbesondere solcher, die neuralgische Punkte in der Bevölkerung treffen – als weniger vertrauenswürdig wahrgenommen wird als Medienberichte über weitgehend unstrittige Themen, die weniger polarisieren. Ein Grund dafür könnte sein, dass die Berichterstattung hier auf weniger stark festgelegte Prädispositionen von Rezipienten trifft, die im Widerspruch zur Berichterstattung stehen könnten."[65]

Diese Fragestellung sei hier modifiziert und auf etwaige „neuralgische Punkte" bei Journalisten ausgerichtet. Denn nicht unbedingt die Regel ist heute das journalistische Rollenbild, das Hanns Joachim Friedrichs 1995 beschrieb mit „Distanz halten, sich nicht gemein machen mit einer Sache, auch nicht mit einer guten, nicht in öffentliche Betroffenheit versinken.[66]

---

[63] Jackob, Nikolaus / Schultz, Tanjev, e.a.: Medienvertrauen im Zeitalter der Polarisierung. Mainzer Langzeitstudie Medienvertrauen 2018 In: Media Perspektiven 5/2019, S. 213 (N=999)

[64] Vgl. Eidgenössische Medienkommission, EMEK, Zukunft der Medien- und Kommunikationsordnung Schweiz: Trends, Szenarien, Empfehlungen. Biel 2017: S.7

[65] Jackob, Nikolaus / Schultz, Tanjev, e.a.: a.a.O., S. 210

[66] „Cool bleiben. Nicht kalt". Hanns Joachim Friedrichs im Interview mit Der Spiegel vom 27. März 1995, abgerufen am 1. September 2019 unter https://www.spiegel.de/spiegel/print/d-9176410.html

Unter Druck geraten ist dieses Rollenbild aus zwei sehr verschiedenen Richtungen: Unternehmerischem Gewinnstreben und moralischem Anspruch.

### 3.4.1 Fake-Auslöser Renditestreben

Das Finanzierungsmodell der publizistischen Medien ist zusammengebrochen,[67] ein Kollateralschaden der Digitalisierung. Wirtschaftliche Zwänge haben Redaktionen ausgedünnt. Wo zu wenig Personal vorhanden ist, lassen sich Informationen nicht immer mit der (eigentlich) nötigen Sorgfalt überprüfen. Überdies steigt die Anfälligkeit – um nicht zu sagen: Dankbarkeit – für gleichsam „tischfertig" und womöglich kostenlos angebotene Beiträge. Auch wenn es sich dabei um reine PR handeln mag. Dazu kommt, dass viele freie Journalisten Public Relations dringender denn je zum Broterwerb brauchen – womit sie nicht selten in direkte Konkurrenz zu den festangestellten Kollegen geraten. Dann nämlich, wenn publizistische Medienunternehmen ihre journalistische Expertise anbieten, um mit Content-Erstellung für Dritte neue Erwerbsquellen zu erschließen und daher Native Advertising und Content Marketing anbieten.[68] Beide haben mit Friedrichs' Rollenbeschreibung nichts gemein. Sie sind Formen der Kommunikation, die sich an Interessen orientieren, die von einem Auftraggeber definiert werden. Die New York Times z.B., Flaggschiff des seriösen Journalismus, besitzt mit T Brand Studio seit 2014 ein Tochterunternehmen für Content-Marketing, mit dem erklärten Anspruch *„we offer our brand partners access to The New York Times's proven recipe for storytelling and work with*

---

[67] Vgl. Horizont vom 21. Mai 2019. Abgerufen am 1. September 2019 unter https://www.horizont.net/medien/nachrichten/vaunet-bilanz-tv-werbeumsaetze-sind-erstmals-seit-zehn-jahren-gesunken-174992

[68] Siehe dazu auch: Wrobel-Leipold, Andreas: Content Marketing in der Politik. Zum Wandel der Selbstvermarktung von Parteien. Ein deutsch-österreichischer Streifzug auf Facebook. In: Meißelbach, Christoph, e.a.: Politikwissenschaft als Beruf, Wiesbaden 2018: S. 129-160.

*them to develop industry-leading strategy, creative and distribution"*.[69] Die erste größere Kampagne war eine multimediale Reportage im besten NYT-Stil über Frauengefängnisse in den USA – realiter ging es darum, die Netflix-Serie „Orange Is The New Black" zu promoten.[70]

Native Advertising wiederum ist kommerzielle Werbung, die sich in Form und Inhalt chamäleongleich an ihr Trägermedium anpaßt. Laut einer Untersuchung der World Association of Newspapers and News Publishers generierten die befragten Medienunternehmen im Jahre 2017 schon 20 Prozent ihrer Werbeeinnahmen aus Native Advertising, bis 2021 sollen es fast 40 Prozent sein.[71]

Ob Content Marketing oder Native Advertising: Fake News ist beides,[72] man bedient Wünsche und Erwartungen des Rezipienten und lässt ihn über den eigentlichen Urheber und seine Intentionen im Unklaren.

### 3.4.2 Der Moral Hazard

Der Moral Hazard sei hier wortwörtlich verstanden als das Bestreben so zu handeln, wie es die jeweilige Gesellschaft als gut und richtig empfindet und, the road to hell is paved with good intentions, womöglich gerade daraus entstehende kontraproduktive Effekte.[73]

#### a) Der handwerkliche Moral Hazard

---

[69] https://www.nytco.com/products/t-brand-studio/ (Zugriff am 31. August 2019)

[70] http://www.adweek.com/digital/how-the-new-york-times-is-building-the-ideal-branded-content-studio/ Zugriff am 30. Oktober 2017

[71] N=148. Zugriff am 31. Juli 2019 unter https://blog.wan-ifra.org/2018/12/11/new-report-publishers-increasingly-counting-on-native-advertising

[72] Das Schweizer Medienhaus Ringier macht bereits keinen Unterschied mehr zwischen Native Advertising und Content Marketing und bezeichnet den Umsatzanteil als „substantiell" (NZZ vom 22. Juni 2019).

[73] Der Begriff stammt ursprünglich aus der Wirtschaftswissenschaft und bezeichnet dort ein Fehlverhalten, das durch falsche Anreize ausgelöst wird.

Publizistische Medien sollen informieren. „Gut" ist also zunächst einmal, was diesen Anspruch erfüllt und sich dem Rezipienten leicht erschließt: Die Absicht „das Publikum bilden" bzw. „als Erzähler die Welt in Geschichten vermitteln" erreicht jeweils fast 60 Prozent auf einer Liste journalistischer Prioriäten.[74]

Richard A. Bermann, im I. Weltkrieg als Korrespondent im k.u.k Kriegspressequartier das, was später „embedded journalist" heißen sollte, schildert, wie man sich behalf, wenn die Offiziellen nicht alles sagen wollten, was von journalistischem Interesse gewesen wäre: Man griff zu Reiseführern, und *„erwähnte der Heeresbericht eine polnische oder serbische Stadt, bei der ein Gefecht stattgefunden hatte, so konnte man kundig die Zuckerfabrik erwähnen, in deren Gebäuden (vermutlich) sich Truppen festgesetzt hatten, und man konnte die Ufer des im offiziellen Bericht genannten Flusses schilfig nennen. Solche kleinen Informationen wurden im Jargon des Kriegs-Presse-Quartiers ‚Brillanten' genannt und schamlos verkauft und gekauft"*.[75]

Diese „Brillanten" waren zwar nicht selbst beobachtet, hätten sich aber bei einer Überprüfung womöglich als zutreffend erwiesen. Gleiches galt auch für jene Reportage, in der René Pfister, Redakteur beim „Spiegel", 2010 als Einstieg die Modelleisenbahn von Horst Seehofer schilderte.[76] Pfister wurde für die Reportage mit dem Henri-Nannen-Preis ausgezeichnet, als er jedoch bekundete, die Eisenbahn nicht selbst gesehen zu haben, wurde ihm die Auszeichnung prompt aberkannt. Da half es nichts, dass die Bahn schon im Fernsehen gezeigt worden war und Seehofer die Darstellung bestätigte, denn, so die Jury in ihrem Verdikt, *„die Glaubwürdigkeit einer Reportage erfordert aber, dass erkennbar ist, ob Schilderungen durch die eigene Beobachtung des*

---

[74] Steindl, e.a.: S.420

[75] Berman, Richard (alias Arnold Höllriegel): Die Fahrt auf dem Katarakt. Eine Autobiographie ohne einen Helden, Wien 2000: S. 185

[76] Pfister, René: Am Stellpult. In: Der Spiegel, Heft 33/2010, S. 40-43 https://magazin.spiegel.de/EpubDelivery/spiegel/pdf/73290158

*Verfassers zustande gekommen sind, oder sich auf eine andere Quelle stützen, die dann benannt werden muss."* [77]

Was für Reportagen gilt, gilt offenbar nicht für Personenporträts. Heribert Prantl, Innenpolitik-Chef der Süddeutschen Zeitung, hatte ein Porträt des Präsidenten des Bundesverfassungsgerichts mit einer sehr persönlichen und anschaulichen Schilderung eingeleitet:

*„Man muss ihn am Küchentisch erleben. Man muss erleben, wie er ein großes Essen vorbereitet. Bei Voßkuhles setzt man sich nicht an die gedeckte Tafel und wartet, was aufgetragen wird. Eine Einladung bei dem kinderlosen Juristenpaar beginnt in der Küche: Der eine Gast putzt die Pilze, der andere die Bohnen, der dritte wäscht den Salat. Zu diesem Arbeitsessen gibt es ein Arbeitsweinchen. Natürlich hat der Gastgeber alles sorgfältig vorbereitet, natürlich steht die Menüfolge fest; aber es entsteht alles gemeinsam. (....) Voßkuhle selbst rührt das Dressing. Man ahnt, wie er als oberster Richter agiert."* [78]

Auch wenn es Herrn Prantl wohl sicher nur darauf ankam, ein besonders lebensnahes Porträt zu verfassen, so mag sich doch vereinzelt der Eindruck aufgedrängt haben, er, wirkmächtiger Kommentator von Gesetzgebung und Rechtsprechung, stünde in einem engen persönlichen Verhältnis zum Präsidenten des höchsten Gerichts. Das hätte durchaus ein G'schmäckle.

Bis eine Sprecherin des Gerichts mitteilte: *„Ich kann Ihnen versichern, dass Herr Prantl weder für diesen Artikel noch zu einem anderen Zeitpunkt*

---

[77] https://pr-journal.de/redaktion-aktuell/medien/10033-henri-nannen-preis-fuer-rene-pfister-aberkannt.html

[78] Prantl, Heribert: Der Verfassungsschützer. Andreas Voßkuhle leitet das berühmteste Gericht der Welt, und bisher hat er das gut gemacht. Nun wartet Europa auf ein historisches Urteil: Erlaubt das Grundgesetz die Eurorettung? In: Süddeutsche Zeitung vom 10. Juli 2012: S.3

*von Herrn Voßkuhle zu einem privaten Essen eingeladen wurde, geschweige denn aus persönlicher Anschauung mit den Kochgewohnheiten des Präsidenten vertraut sein kann."* [79]

Von Prantl selbst war zu lesen *„(n)ein, er hat nicht gelogen. Er hat aber (...) nicht die ganze Wahrheit erzählt, sondern die volle Wahrheit verschwiegen, (...) Streng juristisch ist (...) da nichts vorzuwerfen. Aber das Amtsethos verlangt mehr als formale Ehrlichkeit. Es verlangt Lauterkeit, Redlichkeit, Achtbarkeit. Es ist ungut, daran mit eigenem Verhalten Zweifel zu schüren."* Geschrieben freilich schon gut ein halbes Jahr vorher in einem Kommentar zur „Affäre Wulff".[80] Darum bezieht sich der terminus „Amtsethos" auf Bundespräsidenten. Nicht etwa auf Edelfedern der Süddeutschen Zeitung.

Prantls weiterem wirkmächtigem Schreiben für Anstand und Wahrhaftigkeit tat der Vorfall keinen Abbruch.

Bemerkenswert, denn verglichen mit der Aberkennung des Preises an René Pfister, war das „Delikt" doch in beiden Fällen das gleiche: die „szenische Rekonstruktion".

Obendrein ließe sich ausführen, dass im Falle Pfister gewisse Abweichungen von der Realität womöglich gar im ursprünglichen Geiste des Preises gewesen wären. Der Henri-Nannen-Preis ist aus dem Egon-Erwin-Kisch-Preis hervorgegangen. Und Kisch hatte ein überaus flexibles

[79] Zit. in Leicht, Robert: Trunken vom Arbeitsweinchen. Wie Heribert Prantl ein Richterporträt gründlich misslang. In: DIE ZEIT, Nr. 32/2012 vom 2. August 2012. https://www.zeit.de/2012/32/Prantl

[80] Prantl, Heribert: Kreditaffäre um Bundespräsident Wulff: Das tut man nicht, Herr Präsident. In: Süddeutsche Zeitung vom 14. Dezember 2011 https://www.sueddeutsche.de/politik/kreditaffaere-um-bundespraesident-wulff-das-tut-man-nicht-herr-praesident-1.1234198

Verhältnis zur Authentizität von Tatsachen,[81,82] ja er hatte als etablierte Edelfeder erfunden, er habe einmal, noch als journalistischer Nobody, eine komplette Reportage erfunden – quasi ein Meta-Fake, getarnt als Geständnis, das den Urheber als besonders glaubwürdig erscheinen lassen sollte.[83]

### b) Der moralbedingte Moral Hazard

Eine zweite Form des Moral Hazard besteht für publizistische Medien darin, Partei zu ergreifen für das, was als gut und richtig gilt. Nach ihrer Rollenwahrnehmung befragt, nannten Journalisten das Fördern von Toleranz und kultureller Vielfalt zu 66,7 Prozent als prioritär, 56,2 Prozent erzielte das Vermitteln von Informationen, die Menschen zu politischen Entscheidungen befähigen.[84] Die politische Einstellung, gemessen anhand einer Skala von „0 = links" bis „10 = rechts" ergab einen Mittelwert von 3,96, also deutlich links von der Mitte.[85] Für die öffentlich-rechtlichen Medien Deutschlands bestätigt diese Positionierung eine Untersuchung des Reuters Institute vom September 2019.[86] Und ähnlich auch das Bild, das Springer-Vorstandschef Matthias Döpfner im Interview mit der Neuen Zürcher Zeitung zeichnet; 36 Prozent der

---

[81] Österreichischer Rundfunk/Österreich 1: Haidingers Literatouren: Schreib das auf, Kisch!
Egon Erwin Kisch und die Wirklichkeit. Aufzeichnung aus dem RadioCafe des RadioKulturhauses vom 21. Mai 2019, Sendung vom 29. Juli 2019 https://oe1.orf.at/programm/20190729/560250/Haidingers-Literatouren-Schreib-das-auf-Kisch

[82] Nagelschmidt, Ilse / Glosíková, Viera (Hg.): Der ‚rasende Reporter' Egon Erwin Kisch Beiträge zu Leben und Werk des Autors unter besonderer Berücksichtigung seines Reportagebandes Marktplatz der Sensationen. Leipzig/Prag 2015

[83] Schütz, Erhard: Auch er hatte ein Problem mit Fakten Egon Erwin Kisch - ein früher Relotius? In: Der Tagesspiegel vom 18. Januar 2019. Zugriff am 20. Februar 2019 unter https://www.tagesspiegel.de/kultur/auch-er-hatte-ein-problem-mit-fakten-egon-erwin-kisch-ein-frueher-relotius/23880246.html

[84] Steindl, e.a., a.a.O.: S. 420

[85] Ebd.: S. 414.

[86] Schulz, Anne / Levy, David A., e.a.: Old, Educated, and Politically Diverse: The Audience of Public Service News. Reuters Institute Report, September 2019

Journalisten bevorzugten die Grünen, 25 Prozent die SPD und 11 Prozent die CDU.[87]

Angesichts dieser Zahlen überrascht es wenig, wenn der eingangs zitierte Satz von Hanns-Joachim Friedrichs heute Gegenstand von Interpretationen ist. Anja Reschke von ARD-Panorama, ausgezeichnet mit dem Hanns-Joachim-Friedrichs-Preis 2018, erklärte anlässlich der Verleihung

*„Aber ich denke, wir müssen uns gemein machen mit einer Sache. Und zwar mit einer guten. Unserer Verfassung. (...) Wo politische Gruppierungen (...) versuchen, unser Grundgesetz anzugreifen. Wo auch Vertreter etablierter Parteien mal einfach so Artikel des Grundgesetzes in Frage stellen (...), weil sie glauben, damit verlorene Wähler zurückgewinnen zu können - da müssen wir uns mit dem Kampf für das Grundgesetz und die Menschenwürde gemein machen.*[88]

Frau Reschke zeigt damit eine noble und notwendige Haltung, die aber bei näherem Hinsehen durchaus risikobehaftet ist:

Bei gesellschaftlichem Konsens besteht die Gefahr einer Selbstgleichschaltung von Medien bzw. Journalisten. Tocqueville beschrieb dies schon 1835 als einen „erschreckenden Ring", der das Denken umspanne, innerhalb dessen könne man frei publizieren, aber „wehe" dem, der ihn durchbreche: Dem drohe „zwar kein Ketzergericht", aber „alle möglichen Verdrießlichkeiten", bereitet durch seine

---

[87] Döpfner unter Berufung auf Hanns-Matthias Kepplinger in Neue Zürcher Zeitung vom 12. Februar 2019 („Journalisten verhalten sich zutiefst unjournalistisch.")

[88] Reschke, Anja: "Wir müssen uns gemein machen - mit unserer Verfassung". Rede, anlässlich der Auszeichnung mit dem Hanns-Joachim-Friedrichs-Preis 2018. Abgerufen am 1. August 2019 unter https://daserste.ndr.de/panorama/aktuell/Wir-muessen-uns-gemein-machen-mit-unserer-Verfassung,reschke510.html

Mitbürger.[89] Redaktionen können durchaus als sozialer Mikrokosmos gelten.[90]

Mit fortschreitendem Wertepluralismus wiederum kann der Reschke-Satz bedeuten, dass die Deutungshoheit über das, was ein „Angriff auf das Grundgesetz" ist, zur individuellen Disposition steht. Bei Medienschaffenden also zur Disposition von Menschen, die nicht nur eine Meinung haben, sondern auch kommunikativen Einfluss – wenn nicht gar Macht. Sie können selbst den Artikel 22 (2) des Grundgesetzes deuten, der ist denkbar knapp, eindeutig und dementsprechend kaum kommentiert: „Die Bundesflagge ist schwarz-rot-gold". Die Illustrierte Stern sieht in dieser Farbkombination jedoch den Ausdruck einer fragwürdigen politischen Gesinnung.[91]

Hanns Joachim Friedrichs' Satz fiel 1995, vieles spricht dafür, ihn heute erst recht wörtlich zu nehmen. Seither ist die Gesellschaft wertepluraler geworden und damit die Integrationsfunktion von Medien wichtiger: *„In ihr artikuliert sich die öffentliche Meinung; die Argumente klären sich in Rede und Gegenrede, gewinnen deutliche Konturen und erleichtern so dem Bürger Urteil und Entscheidung"* so das Bundesverfassungsgericht in seinem Spiegel-Urteil von 1966.[92] Wo Journalisten aber Partei sind, kann diese Funktion nicht mehr erfüllt werden.[93] Und wo der Re-

---

[89] Tocqueville, Alexis de: Über die Demokratie in Amerika (Original 1835), Deutsch bei dtv, München 1984: S. 294f

[90] Vgl. auch Krüger, Uwe: Mainstream. Warum wir den Medien nicht mehr trauen. München 2016: S. 15

[91] Müller Silke: Khaleds Tod, Dresdens GAU. In: Stern vom 16.1.2015. Abgerufen am 4. November 2019 unter: https://www.stern.de/politik/deutschland/der-umgang-mit-dem-tod-von-khaled-i--ruiniert-den-ruf-von-dresden-vollstaendig---schlag-12--der-mittagskommentar-aus-berlin-3480992.html

[92] Teilurteil des Bundesverfassungsgerichts vom 5. August 1966 („Spiegel-Urteil), BvR 586/62, 610/63 und 512/64, Rz.35. Abrufbar unter

[93] Siehe auch: Bittner, Jochen: Fahnen runter! Reporter sollten politisch Aktive beobachten, nicht politische Aktivisten sein. Ein Plädoyer gegen den Haltungsjournalismus. In: Zeit online vom 10. April 2019. Zugriff am 10. Oktober 2019 unter

zipient das Gefühl hat, einseitig informiert zu werden, wächst das Misstrauen. Dies umso mehr, weil die journalistische Gewissheit auf der richtigen Seite zu stehen, nicht zwangsläufig bedeutet, auch immer das Richtige zu tun.

Im Jahr 1995 war der Wille zum Aufarbeiten der DDR-Vergangenheit in den Medien noch sehr akut. Der „Spiegel" entdeckte im sächsischen Innenministerium *„Einrichtungen aus alter Zeit, die bislang offenbar unbemerkt die Wende überlebt hatten"*: *Eine „44 Mann starke Zivilschutztruppe"* und einen *„Landesgeheimschutz (mit 65 Leuten)"*.[94] Offenbar hatte die Erwartungshaltung der Redaktion schon vor einem Faktencheck gesiegt. Das Referat „Zivilschutz" trug intern die Nummer „44", das für „Geheimschutz", man errät's, die „65". Leider sollte es nicht bei derlei harmlos-peinlichen Flüchtigkeits-Fakes bleiben.

*„Neonazis ertränken Kind am hellichten Tage im Schwimmbad. Keiner half und die ganze Stadt hat es totgeschwiegen"* titelte die Bild-Zeitung am 23. November 2000. Der Sachverhalt wurde als eindeutig dargestellt: Ein Verbrechen, das nun schon drei Jahre zurücklag, mit ausländerfeindlichem Hintergrund, denn der Vater des Kleinen war Iraker. Die sächsischen Behörden hätten nicht oder nur oberflächlich ermittelt und das Verfahren schließlich eingestellt, so dass die *„Mörder* (sic!) *erst nach drei Jahren verhaftet"* wurden (Morgenpost).[95] Die Süddeutsche Zeitung konnte auf Seite 4 präzise schildern *„Da schnappt sich eine Gruppe rechter Jugendlicher im Schwimmbad von Sebnitz in Sachsen einen kleinen Jungen, flößt ihm ein Betäubungsmittel ein, quält ihn mit Elektroschocks, drückt ihn unter Wasser, tritt auf dem Kind herum, bis es tot ist."* [96] Die Ermittlungen werden wiederaufgenommen, die Darstellung bestätigt

---

https://www.zeit.de/2019/16/journalismus-reporter-politischer-aktivismus-verantwortung

[94] Der Spiegel, 12. Februar 1995: S,69

[95] Morgenpost Dresden, 24 November 2000

[96] Süddeutsche Zeitung vom 25. November 2000

sich nicht. Wenige Tage später werden daher die Haftbefehle aufgehoben. Über Sebnitz, als „Nazinest" diffamiert, entlädt sich gleichwohl eine wüste Hetzkampagne.[97]

Nach weiteren Ermittlungen und Gutachten steht definitiv fest: Der kleine Bub kam ohne Fremdeinwirkung zu Tode. Auslöser der Beschuldigungen war die Verzweiflung seiner Mutter, die über den Verlust ihres Kindes nicht hinwegkam. Die Bild-Zeitung entschuldigt sich.[98] Die Süddeutsche bringt eine Agenturmeldung im Vermischten auf Seite 14: Das Kind „starb offenbar an Herzversagen".[99]

Für unser Thema bemerkenswert ist, dass anfänglich nahezu alle – auch die seriösen – Medien so berichteten, als handle es sich um in letzter Instanz bewiesene Tatsachen. Was dem Verfasser dieser Zeilen[100] dabei auffiel, war, dass Medien, die den Fall nur „nach Aktenlage" beurteilten, wesentlich zurückhaltender formuliert hatten als solche, die Berichterstatter nach Sebnitz geschickt hatten. Eine mögliche Erklärung ergab sich bei einem ersten Besuch in der Stadt:

Das Sebnitz des Jahres 2000 mochte Besuchern aus westdeutschen Großstädten wie eine Kulisse aus der Adenauer-Zeit erscheinen. Glanzlos. Spießig. Man sah, auch ohne je eine Wohnung zu betreten, gleichsam die Spitzendeckchen auf hochglanzfurnierten Fernsehtruhen und die röhrenden Hirsche im Wohnzimmer-Bilderrahmen. Die Menschen, durchweg Deutsche, sahen bieder aus und sprachen Dialekt.[101] Die perfekte Antipode zur Welt kosmopolitischer Journalisten

[97] Die Stadt hatte entsprechende E-Mails, Faxe, Briefe und Postkarten dokumentiert: Üble faschistoide Hetze – paradoxerweise im Namen des Antifaschismus.

[98] Zur ausführlichen Dokumentation der Ereignisse siehe: Sächsische Staatskanzlei (Hg.): Ein bemerkenswerter Fall - Joseph, Sebnitz und die Presse. Dresden 2001. Kürzer, aber gleichwohl umfassend, die Regierungserklärung von Ministerpräsident Biedenkopf vor dem 3. Sächsischen Landtag (Protokoll der 28. Sitzung am 15. Dezember 2000)

[99] Süddeutsche Zeitung, 25. Januar 2001

[100] ...der seinerzeit gutachterlich im Auftrag der Staatsregierung mit dem Fall befasst war

[101] Um Missverständnissen vorzubeugen: Das ist nicht die Meinung des Verfassers.

aus pulsierenden Metropolen, die jede Form von Gewalt zutiefst verachten – und damit vielleicht der Auslöser für einen gedanklichen Kurzschluss, der alle Sicherungen durchknallen ließ: Wer hier so total anders lebt, der denkt und handelt auch total anders. Die journalistische Wahrnehmung traf offenbar auf journalistische Prädispositionen.

Eine durchaus vergleichbare Medienreaktion gab es, als Anfang 2015 ein eritreischer Asylbewerber tot im Hof seiner Dresdner Unterkunft aufgefunden wurde. Für den Stern war es *„der erste Pegida Tote"*, *„Dresdens Ruf komplett ruiniert"* und sein *„Imageverlust in der Welt unermesslich"*. Wieder einmal hätten Sachsen Behörden „übel" gepfuscht. Der Stern-Text vollbrachte das stilistische Kunststück, die Aussage, dass die genauen Umstände des Tods von Khaled B. nicht bekannt und schon gar nicht bewiesen seien, hinter eindeutigen und sehr massiven Schuldzuweisungen gleichsam zu verbergen.[102]

Der Stern-Beitrag war auch nach fünf Jahren noch im Netz nachzulesen, als schon längst feststand, dass der getötete Eritreer nicht Opfer ausländerfeindlicher Gewalt, sondern anderer Asylbewerber geworden war.[103]

Man fühlt sich Kurt Tucholsky erinnert: Für die Klassenjustiz der Weimarer Republik, so hatte dieser 1931 (als Ignaz Wrobel) sinngemäß geschrieben, sei nicht entscheidend, ob jemand eine Tat nun wirklich begangen habe, sondern nur, ob man sie ihm zutraue.[104] Für Medien und ihr Verhältnis zu Sachsen dürfte Ähnliches gelten.

---

[102] Müller Silke: Khaleds Tod, Dresdens GAU. In: Stern vom 16.Januar 1.2015. Abgerufen am 4. November 2019 unter: https://www.stern.de/politik/deutschland/der-umgang-mit-dem-tod-von-khaled-i--ruiniert-den-ruf-von-dresden-vollstaendig---schlag-12--der-mittagskommentar-aus-berlin-3480992.html

[103] https://www.faz.net/aktuell/politik/inland/getoeteter-fluechtling-ein-falscher-verdacht-mit-folgen-13395262.html

[104] Wrobel, Ignaz: Zuzutrauen. In: Die Weltbühne, Vol.XXVII (1931), Heft 29 vom 21. Juli 1931: S. 111f

## 4 Die Relotius-Parabel: Ein Fazit

„Jaegers Grenze" hieß die Reportage, die Mitte November 2018 im Spiegel erschien und die vier Wochen später den vielfach preisgekrönten Journalisten Claas Relotius als Faker bekannt werden ließ.[105] Es ging um eine Bürgerwehr, die die amerikanisch-mexikanische Grenze gegen das Eindringen von Flüchtlingen „sichern" will. Relotius sollte nördlich der Grenze recherchieren, sein Kollege Juan Moreno südlich davon. Moreno findet im Text seines Kollegen Ungereimtheiten, sachliche Fehler und Übereinstimmungen mit einer Reportage aus dem US-Magazin Mother Jones aus dem Jahr 2016.[106] Er berichtet seinen Vorgesetzten davon, findet keinen Glauben. Im Gegenteil, man bedeutet Moreno, er solle aufhören, den höchst renommierten Kollegen anzuschwärzen, wenn ihn an seiner eigenen Karriere läge. Die Ressortleitung baut felsenfest auf Relotius' Integrität – bis es schließlich kein Halten mehr gibt und der „Spiegel" am 19. Dezember 2018 den Skandal selber öffentlich macht und alle Texte, die Relotius für das Blatt geschrieben hat, untersuchen lässt.[107]

Für unseren Text ist die Causa Relotius deswegen interessant, weil sie zeigt, dass Fakes trotz World Wide Web und Social Media noch immer nach dem uralten Grundprinzip funktionieren:

*Der Fake braucht eine Basis aus Fakten.* Schon das Privilegium Maius berief sich nicht etwa auf irgendwelche Marienerscheinungen, sondern auf eine echte Urkunde mit kaiserlichem Siegel. Und eine Bürgerwehr

---

[105] „Jaegers Grenze", in: Der Spiegel, Nr.47/2018 vom 17. November 2018. Jetzt abrufbar unter: https://www.spiegel.de/static/relotiusdokumentation/CR-Dokumentation.pdf

[106] Bauer, Shane: Undercover with a Border Militia. I Went Undercover With a Border Militia. Here's What I Saw. In: Mother Jones Nov/Dec 2016. Abgerufen am 29. August 2019 unter: https://www.motherjones.com/politics/2016/10/undercover-border-militia-immigration-bauer/

[107] Der Spiegel: Der Fall Relotius Die Original-Texte und die Ergebnisse der Überprüfung. Abrufbar unter: https://www.spiegel.de/static/relotiusdokumentation/CR-Dokumentation.pdf

mit einem Herrn Jaeger gibt es an der mexikanisch-amerikanischen Grenze tatsächlich – nachzulesen in Mother Jones, frei bearbeitet von Relotius.

- *Der Fake braucht Liebe zum Detail.* Wir erinnern uns an Gregor McGregor, der in seinem Handbuch für potentielle Poyais-Siedler nicht mit akribischen Beschreibungen und Fussnoten geizte. Moreno attestiert Relotius *„die blanke Masse an Details war umwerfend. Jede Zeile strotzte vor Nähe und Genauigkeit“*,[108] und die Laudatio zum Deutschen Reporterpreis sprach von einem Text *„von beispielloser Leichtigkeit, Dichte und Relevanz, der nie offenlässt, auf welchen Quellen er basiert.“* Wenige Wochen später sollte es ausgerechnet die „Quellen“ sein, die den Preisträger düpierten.

- *Der Fake braucht eine solide Kenntnis des Zielpublikums.* Ein McGregor konnte frustrierte Schotten ansprechen, ein Bismarck deutsche und französische Nationalisten mobilisieren – beide hatten es dabei relativ einfach. Für Relotius – und das ist womöglich das eigentlich Neue – galt es zuvor immer zwei Barrieren zu überwinden: Die Dokumentation und die Redaktion des Spiegels, die beide von Berufs wegen skeptisch sind. Oder zumindest sein sollten. Moreno beschreibt, dass sich das Vertrauen der Dokumentare gewinnen lässt, wenn man sie bereits beim Entstehen eines Textes mit einbezieht, zum Beispiel durch Vorab-Anfragen:[109] Ist dieses oder jenes Vorgehen legitim? Was macht der Reporter, wenn er keine Ton- und Bildaufnahmen machen darf? Genügt dann ein Gedächtnisprotokoll? Wer so pingelig vorgeht, von dem ist wohl kein Fake zu erwarten.

Die Ressortleitung wiederum scheint es Relotius sehr einfach gemacht zu haben, ihre Wünsche und Projektionen zu bedienen. Im Fall von „Jaegers Grenze“ ist von ihr sogar ein sehr konkretes Exposé dokumentiert, das per Mail an Claas Relotius und Juan Moreno ging:

---

[108] Moreno, S. 50
[109] Ebd., S. 245

*„Die Figur für den ersten Konflikt beschreibt Juan in dem grossen Treck. Wir suchen nach einer Frau mit einem Kind. Sie kommt idealerweise aus einem absolut verschissenen Land, in dem ihr das Leben unmöglich geworden ist. (. . .) Wir wollen alles von ihr wissen. Jedes Detail ihrer Biographie, (..) ihre Ängste. Die Figur für den zweiten Konflikt beschreibt Claas. Das ist einer dieser Ranger, die es sich zur Aufgabe gemacht haben, die Grenze... in eigener Regie zu sichern (. . .) Dieser Typ hat selbstverständlich Trump gewählt (. . .) und freut sich jetzt auf die Leute dieses Trecks, so wie Obelix sich auf die Ankunft einer neuen Legion von Römern freut."* [110]

Natürlich lässt Relotius in seiner Geschichte dann „einer dieser Ranger" in Richtung Flüchtlinge schießen – ein Trump-Wähler eben, und, Tucholsky lässt grüßen, entscheidend ist ja, was man den Leuten zutraut.

*Fakes und der Moral Hazard:* Relotius „log, weil das einfach die bessere Geschichte war"[111]- wie wir gesehen haben, war er weder der erste noch der einzige, der – vorsichtig ausgedrückt – die Fakten an seine Zielvorstellungen anpasste. Von Namen wie Jason Blair oder Tom Kummer ganz zu schweigen. Bis zu einem gewissen Grade galt es bis in die jüngere Vergangenheit als durchaus legitim, „die anzutreffenden Verhältnisse gestalterisch auszuschöpfen."[112] Allerdings stellt sich die Frage, wo denn nun die Grenze zwischen – legitimer – „gefietscherter Montage"[113] und Fake liegt. Da rügt z.B. eine Betroffene einen Beitrag im Züricher Tagesanzeiger beim Ombudsmann des Blattes, da „14 Aussagen des Artikels (...) nicht den Tatsachen entsprechend oder objektiv überprüfbar und falsch" sind. Die Antwort der Autorin: *„Die Geschichte*

---

[110] Moreno, S. 53f

[111] Moreno, S. 275

[112] Haller, Michael: Die Reportage, Konstanz 2008[6]: S. 170f

[113] Ebd.

*ist sinngemäss möglichst nahe an der Wirklichkeit erzählt, aber ohne Anspruch auf Detailtreue oder gar Richtigkeit der Angaben.*"[114] Wie erfreulich, wenigstens ex post zu erfahren, dass man schon ex ante keinen Anspruch auf Richtigkeit hatte. Schön zu lesen war der Artikel gleichwohl,[115] was bedeuten mag, dass man eine Irreführung des Rezipienten am besten dadurch vermeidet, dass man ihn langweilt.

„Relotius hat die Ware geliefert, die gewünscht war," sagte Springer-Vorstandschef Matthias Döpfner im Interview mit der NZZ – und damit ist letztendlich jeder für Fakes mitverantwortlich, der ein Medium konsumiert. Und da Medienabstinenz keine Alternative ist, gibt es auch kein definitives Mittel gegen Fake News.

Gleichwohl: Der Spiegel zieht eiserne Konsequenzen – ein Ergebnis seines Faktenchecks lautet: Relotius beschreibt eine 1994 von Clinton im Menschengedränge gegessene Pizza Calzone. Die Wahrheit ist aber, es war eine eingerollte Pizza Napoli.[116]

## Dank

Ludwig Hilmer hat zweifellos Recht, wenn er sich als einen „ganz normalen Niederbayern" bezeichnet, unterstellt man, dass in seiner Heimat Menschen von universeller Bildung, mannigfaltigen Fähigkeiten, funkelndem Esprit und dabei tiefer Bescheidenheit keineswegs selten sind.

---

[114] Schaffhauser AZ vom 25. Juli 2019. Abgerufen am 10. Oktober 2019 unter https://www.shaz.ch/2019/07/25/einseitig-und-fiktiv/

[115] Blumer, Claudia: Ein *Leben ohne* die *eigenen Kinder. In: Tages-Anzeiger vom 1. Juli 2019* https://www.tagesanzeiger.ch/schweiz/standard/ein-leben-ohne-die-eigenen-kinder/story/20120078

[116] Der Spiegel Nr 18/2015: Eine Meldung und ihre Geschichte. Pizza Francescana. Wie Don Enzo aus Neapel, heiß und fettig, dem Papst einmal ganz nahe kam. https://www.spiegel.de/static/relotiusdokumentation/CR-Dokumentation.pdf, S.185

Auf Lob reagieren sie gemeinhin unwirsch mit einem klassischen „bistat, ament lusat nover“. Auch der Verfasser durfte den Jubilar in den vergangenen dreißig Jahren als in diesem Sinne „ganz normalen Niederbayern“ erleben und überdies als ganz außergewöhnlich guten und zuverlässigen Freund.

Und das bei jedem Wetter.

# Literatur

*Bismarck, Otto v.:* Gedanken und Erinnerungen, 2. Band, Stuttgart 1898.

*Bleicher, Joan Kristin / Pörksen, Bernhard (Hg.)*: Grenzgänger. Formen des New Journalism, Wiesbaden 2004.

*Berman*, Richard (alias Arnold Höllriegel): Die Fahrt auf dem Katarakt. Eine Autobiographie ohne einen Helden, Wien 2000.

*Bittner*, Jochen: Fahnen runter! Reporter sollten politisch Aktive beobachten, nicht politische Aktivisten sein. Ein Plädoyer gegen den Haltungsjournalismus. In: Zeit online vom 10. April 2019. Zugriff am 10. Oktober 2019 unter https://www.zeit.de/2019/16/journalismus-reporter-politischer-aktivismus-verantwortung.

*Butler*, N.M.: Die Amerikaner, Leipzig 1910.

*Deutscher Bundestag*, Wissenschaftliche Dienste: Sachstandsbericht Fake-News Definition und Rechtslage. Az. WD 10 - 3000 - 003/17 vom 17.02.2017. Abgerufen am 23.9.2019 unter https://www.bundestag.de/resource/blob/502158/99feb7f3b7fd1721ab4ea631d8779247/wd-10-003-17-pdf-data.pdf.

*Deutschlandfunk:* Soziale Medien und das Brexit Referendum. Sendung vom 18.10.2018 Abgerufen am 10.9.2019 unter https://www.deutschlandfunk.de/soziale-medien-und-das-brexit-referendum-propaganda-luegen.724.de.html?dram:article_id=430936.

*Ezran*, Maurice: Bismarck, démon ou génie? Paris 1994.

*Field*, G. Lowell / Higley, John: National Elites and Political Stability, in: Moor, G.: Research in Politics and Society, A Research Annual, Vol.1, Greenwich CT 1985.

*Frédérix, Pierre:* Une siècle de chasse aux informations. De l'agence d'information Havas à l'Agence France Presse 1837 – 1957, Paris 1959.

*Gaschke,* Susanne: Kriselnde Medien. gefährdete Demokratie. Vortrag auf der 48. Economoc Conference der Progress Foundation, Zürich, 3. Mai 2019.

*Global Disinformation Index:* The Quarter Million Dollar Question. How is Disinformation Gaming Ad Tech? September 2019. Abgerufen am 23.9.2019 unter: http://disinformationindex.org.

*Götschenberg*, Michael G: *Der böse Wulff?* Die Geschichte hinter der Geschichte und die Rolle der Medien. Kulmbach 2013,

*Haller,* Michael: Die Reportage, Konstanz 2008[6].

*Hilmer*, Ludwig: Factum vel Fictio? Zur Implementierung rechnergestützter Verfahren bei der Authentifizierung gagausischer Inkunabeln des 16. und 17. Jahrhunderts und ihre Rezeption in Publikumsmedien und Fachpresse. Cambridge/Vulture's Glen 2021 (i.V.).

*House of Commons*, Digital, Culture, Media and Sport Committee: Disinformation and 'fake news': Interim Report, London 2018 abgerufen am 30.8.2019 unter https://publications.parliament.uk/pa/cm201719/cmselect/cmcumeds/363/363.pdf Disinformation and 'fake news': Final Report, London 2019, abgerufen am 30.8.2019 unter https://publications.parliament.uk/pa/cm201719/cmselect/cmcumeds/1791/1791.pdf.

*Jackob, Nikolaus / Schultz, Tanjev, e.a.:* Medienvertrauen im Zeitalter der Polarisierung Mainzer Langzeitstudie Medienvertrauen 2018 In: Media Perspektiven 5/2019 S. 210 – 220.

*Koch-Hillebrecht*, Manfred: Der Stoff, aus dem die Dummheit ist. Eine Sozialpsychologie der Vorurteile, München 1978.

*Krüger*, Uwe: Mainstream. Warum wir den Medien nicht mehr trauen. München 2016.

*Maurer,* Markus / Jost, Pablo e.a.: Auf den Spuren der Lügenpresse. Zur Richtigkeit und Ausgewogenheit der Berichterstattung in der „Flüchtlingskrise". In: Publizistik 64(1). https://doi.org/10.1007/s11616-018-00466-y.

*Moreno*, Juan: Tausend Zeilen Lüge. Das System Relotius und der deutsche Journalismus. Berlin 2019.

*Nagelschmidt*, Ilse / Glosíková, Viera (Hg.): Der ‚rasende Reporter' Egon Erwin Kisch Beiträge zu Leben und Werk des Autors unter besonderer Berücksichtigung seines Reportagebandes Marktplatz der Sensationen. Leipzig/Prag 2015.

*Pew Research Center*: Western Europeans Under 30 View News Media Less Positively, Rely More on Digital Platforms Than Older Adults, October 2018.

*Reuters Insitute*: Digital News Report 2018 https://reutersinstitute.politics.ox.ac.uk/sites/default/files/digital-news-report-2018.pdf.

*Sächsische Staatskanzlei* (Hg.): Ein bemerkenswerter Fall - Joseph, Sebnitz und die Presse. Dresden 2001.

*Schulz,* Anne / Levy, David A., e.a.: Old, Educated, and Politically Diverse: The Audience of Public Service News. Reuters Institute Report, September 2019.

*Sinclair,* David: Sir Gregor Macgregor and the Land That Never Was. London 2003.

*Der Spiegel*: »Mit Blick auf die Wahl« Internet Im Kampf gegen Falschberichte im Netz will Innenminister de Maizière eine Abwehrzentrale gegen Desinformation schaffen – beim Kanzleramt. Heft 52/2016.

*Steindl,* Nina / Lauerer, Corinna, e.a.: Journalismus in Deutschland. Aktuelle Befunde zu Kontinuität und Wandel im deutschen Journalismus. In: Publizistik (2017) 62, S.401 – 423.

Strangeways, Thomas: Sketch of the Mosquito Shore, including the territory of Poyais, descriptive of the country; with some information as to its productions, the best mode of culture, &c. Chiefly intended for the use of settlers, Edinburgh 1822.

## „Schaun's, Herr Generalkonsul, als Jud' unter Hitler kann ich mir den Luxus, ein Gentleman zu sein, nicht leisten!"[1] (Dr. Murmelstein)

Theresienstädter und Zschopauer Skizzen über Kommunikation[2]

Peter Gottschalk
Hochschule Mittweida, Fakultät Medien
ARTE G.E.I.E., Straßburg

*„Le cas de Theresienstadt était à mes yeux capital, à la fois latéral et central dans la genèse et le déroulement de la solution finale."*[3]

*Claude Lanzmann (1925–2018)*

*„Madagaskar, Nisko, Theresienstadt, Auschwitz und die Todeslager, das ist der düstere, erbarmungslose Verlauf der Endlösung des sogenannten ‚Judenproblems'."*[4]

*Claude Lanzmann*

---

[1] Zitiert nach „Le Dernier des injustes", Rabbiner Dr. Benjamin Murmelstein im Gespräch mit dem Regisseur Claude Lanzmann zitiert sich selbst.

[2] Moritz Binkele und Maximilian Hett haben mir sehr bei den Recherchen und der Konzeption dieses Kapitels geholfen. - Der zweite Titel ist inspiriert durch das „Theresienstädter Skizzenbuch" des Komponisten Viktor Ullmann (1898–1944)

[3] Prolog „Le dernier des injustes" / „Der letzte der Ungerechten", von Claude Lanzmann, 2013. Dt.: Der Fall ‚Theresienstadt' war zugleich Nebenprodukt als auch zentraler Faktor der Entstehung und Abwicklung der sog. ‚Endlösung'.

[4] Im Film „Le Dernier des injustes", auf dem Bahnsteig des Bahnhofs Nisko in der Woiwodschaft Karpatenvorland, Polen stehend.

*„Man sagt Madagaskar und meint Endlösung. ... Anstatt zu sagen, ‚ausrotten', hat man gesagt: nach Madagaskar schicken. Anstatt zu sagen, nach Auschwitz zu schicken, hat man gesagt ‚Theresienstadt'."*

*Dr. Benjamin Murmelstein, über Gespräche zwischen Hitler, Frank u.a.*

*CURIA IURUM ARX.* [5]

*Giebel-Inschrift am Rathaus von Theresienstadt, erbaut 1838.*

*Kommunikation: Verständigung* untereinander, zwischenmenschlicher Verkehr, besonders mithilfe von Sprache, Zeichen (Duden)

## 1 Prolog

Alles wirkliche Leben sei Begegnung, so Martin Buber (1878–1965), vielfach zitiert (Buber 2006: S. 288ff.). Im Sommer 2019 begegnen sich Odette Spingarn und Peter K. (Pantel 2019: S. 3). Odette Spingarn trägt viel rot. Die Lippen, die Fingernägel, eine elegante rote Jacke mit Brosche, einen Seidenschal mit viel Rot drin. Die Jacke ist für draußen gedacht, aber Odette trägt sie jetzt, halb aufrecht im Bett sitzend, weil Besuch kommt. Odette Spingarn, sehr zart, blass, sehr zerbrechlich, ist 94 Jahre alt. Die Nummer 78 769 wurde ihr in Auschwitz auf den Arm tätowiert. Sie hatte vom Audi-Konzern einen Brief erhalten, in dem Peter K. um diesen Besuch bat, damit Audi sich „aus tiefstem Herzen" – sozusagen persönlich – bei ihr entschuldigen könne. Peter K. ist der Pressesprecher der historischen Abteilung von Audi, „Audi Tradition", ein kräftiger Mann, braungebrannt. Als er 2002 zu Audi kam, sollte er

[5] (lat.) Die Obrigkeit sei Hüterin des Rechts.

die Geschichte der 20-er und 30-er Jahre als Erfolgsgeschichte schreiben, ohne diesen störenden aufkommenden Faschismus. Er sollte von den „Riesenschlitten von Horch" erzählen, und dass der große Thomas Mann, als er 1929 den Nobelpreis für Literatur bekam, sich vom Preisgeld einen Horch H 8 mit Achtzylindermotor und Servo-Bremsen zulegte.

Peter K.s Aufgaben bei Audi haben sich verändert. In den letzten zwei Jahren besuchte er drei ältere Damen in Wien, Haifa und in der Tschechischen Republik. Diese drei Frauen waren wie Odette Spingarn damals im Alter um die 20, sie waren Gefangene des KZ der Auto-Union und äußerst preiswerte Arbeitskräfte. Die Auto-Union hatte Arbeiterinnen aus Auschwitz bei der SS angefordert.[6] Der Vorstand des Unternehmens mit seinem Vorstandsvorsitzenden Dr. William Werner hatte die finanziellen Einsparungen berechnen lassen, wenn die Arbeiterschaft nicht entlohnt werden muss und keine Rechte hat, wie z.B. Urlaub, Arztbesuch, Krankheitstage. Vom Frühherbst 1944 an arbeiten die Französin jüdischen Glaubens Odette Spingarn und ihre Leidensgenossinnen im Außenlager Zschopau im Erzgebirge. Peter K. fragt bei seinem Besuch, ob sie Gewalt und Misshandlungen erlebt hätte. Odette Spingarn muss erklären, dass sie täglich geschlagen wurden. Gewalt war Teil des Systems der Einsparungen. Das Außenlager Zschopau gehörte im SS-Organigramm zum KZ Flossenbürg in der Oberpfalz, etwa 200 Kilometer entfernt. Die Frauen mussten Teile für den Flugzeug- und Fahrzeugbau von DKW – „Dampf-Kraft-Wagen" – produzieren. DKW war Teil der Auto-Union. Praktischerweise waren die Frauen im unmöblierten und ungeheizten Dachgeschoss der Werk-

[6] Im Forderungsnachweis Nr. Flo. 812 vom 1. Jan. 1945 an die Auto-Union AG DKW-Werke, Zschopau stellt die SS für 11.503 weibliche Hilfsarbeiter für den Zeitraum 1. - 31. Dez. 1944, pro Tag à 4 RM, insgesamt 46.012 RM in Rechnung, der genannte Betrag ist bis zum 20. Januar 1945 auf das Konto der Verwaltung des KL. Flossenbürg bei der Reichsbank Nr. 653/1911 zu überweisen. Unterschrift unleserlich, SS-Hauptsturmführer, Leiter der Verwaltung.

halle Nr. 23 untergebracht (Brenner et al. 2018: S. 526). Bewacht wurden sie vom SS-Oberscharführer Happel mit seinen 19 SS-Männern und etwa 20 Aufseherinnen (Benz/Distel 2007: S. 276ff.).

Abb. 1: Bahnhof Zschopau[7]

Als Anfang April 1945 die Alliierten immer näher kamen, wurden die Lager aufgelöst, Dokumente verbrannt, Blutspuren übertüncht, Folterwerkzeuge zerstört und die KZ-Insassen wieder deportiert. Von Flossenbürg aus mussten Tausende schwerbewacht auf einem Todesmarsch in Richtung Dachau (Hammermann; Pilzweger-Steiner 2017: S. 84) marschieren. Im Außenlager Zschopau wurden die Frauen am 13./14. April 1945 im Bahnhof Wilischthal in Viehwaggons verfrachtet und nach einer einwöchigen Irrfahrt über Annaberg in das nur etwa 120 Kilometer entfernte Theresienstadt gebracht („Außenlager Zschopau" o.D.). Odette Spingarn schaffte es, sich mit 13 weiteren jungen Frauen durch einen Bretterspalt zu zwängen und während der Fahrt aus dem Viehwaggon zu springen, bevor der Zug Theresienstadt

[7] Das Copyright aller Fotos liegt beim Autor.

erreichte. Über diesen Sprung in die Freiheit sprach Odette später immer wieder. Über die acht Monate im KZ Zschopau und die Zeit vorher in Auschwitz schwieg sie jahrzehntelang. Als sie in den 90-er Jahren anfing, darüber auch öffentlich zu sprechen, wurde sie nach jedem Auftritt krank. Jetzt ist ihr Körper geschwächt, aber ihre Seele ist stark. Deshalb kann sie Peter K. und seinen Audi-Begleitern, die das Zimmer füllen und ein stundenlanges Interview mit ihr für das Audi-Museum aufzeichnen, begegnen. Sie empfängt Peter K., damit er und seine Leute verstehen.

Abb. 2: Gedenktafel Friedhof Zschopau

NB: Die Audi-Geschichte begann mit August Horch. Er studierte Motorenbau am Technikum Mittweida und wurde Ingenieur. Die Hochschule Mittweida ist stolz auf den Ingenieur Horch und viele andere bedeutende Absolventen (Hochschule Mittweida 2004: S. 52f.). 1899 gründete er sein eigenes Unternehmen, die August Horch & Cie. Er verlagerte es 1902 nach Sachsen. Nach einem Streit mit Vorstand und Aufsichtsrat verlässt August Horch das Unternehmen, gründet eine neue Auto-Fabrik und sucht einen Namen. Der Sohn eines Geschäftspartners ist Lateinschüler und hat die entscheidende Idee. Einfach „horch", den Imperativ Singular von „horchen", ins Lateinische übertragen: audi! 1932 kommen beide Unternehmen Horchs wieder zusammen, als die vier sächsischen Automobilfirmen Audi, DKW, Horch und Wanderer Automobile zur Auto-Union fusionieren. Vier Ringe symbolisieren diese Fusion („Gründung" o.D.). Mit den vier Ringen auf dem Kühler seines Audi Quattro fuhr Peter K. nach Paris zur Begegnung mit Odette Spingarn.

Zschopau, Theresienstadt/Terezin, Mittweida[8]. Dreieck historischer Orte, Raum für Begegnung, für wirkliches Leben.[9]

---

[8] Ich fuhr einige Jahre lang, immer im Sommer, zuletzt 2014, mit Studenten des Master-Studiengangs mit dem VW-Bus der Hochschule nach Theresienstadt, meist mit einem Abstecher über das Staatsschloß Velké Brezno, wo Sophie Herzogin von Hohenberg (1868–1914), Ehefrau des österreichischen Thronfolgers Franz Ferdinand (1863–1914) aufgewachsen war. Die Prinzessin Sophie und ihr Mörder Gavrilo Princip trafen sich am 28. Juni 1914 für einen entscheidenden Moment ihrer beider Leben. Gavrilo Princip beendete das Leben Prinzessin Sophies, er selbst – der den Tod Sophies bedauerte, aber mit seinen Schüssen quasi den 1. Weltkrieg verursacht hatte – starb in einer Zelle der Kleinen Festung von Theresienstadt, die heute noch zu besichtigen ist, im Frühjahr 1918, im Alter von 23 Jahren. Velké Brezno ist von Theresienstadt gut 30 Kilometer entfernt. Sophie verlebte eine glückliche Kindheit und Jugend in dieser von Elbe und Eger durchflossenen Landschaft, wo ihr Mörder Princip dann in einer Zelle elendiglich verreckte. - Einmal war im VW-Bus noch ein Platz frei, da lud ich den Dekan und Historiker Professor Hilmer, der den Exkursionsantrag ja genehmigen musste, ein, doch einfach mitzukommen, zu diesem Ausflug, zu dieser historischen „escapade".

[9] Wolfgang Benz beschreibt, dass nach dem Hochwasser vom August 2002, das Theresienstadt so stark überflutet hatte und überlegt wurde, die Stadt aufzugeben, manchem die Augen geöffnet wurden „für die historische Substanz der Stadt, die bewahrt und genutzt werden sollte." (Benz 2007: S. 242) Projekte wurden entwickelt, eines war eine „europäische Universität, ... getragen von verschiedenen Hochschulen, die in Terezin ihre Fakultäten ansiedeln und dazu die ... Kasernen nutzen würden." (ebd.) EU-Mittel standen zur Verfügung. Das Projekt ließ sich nicht realisieren, da zu wenig Interesse bei den Universitäten im In- und Ausland bestand. Die Hochschule Mittweida könnte es wieder aufgreifen, es muss vielleicht nicht gleich eine ganze Universität entstehen, aber ein Tagungshaus, in dem Blockseminare abgehalten werden. Sozialwissenschaftler beschäftigen sich mit Rassismus, Ingenieurstudenten lernen über Ethik, die Medienfakultät bietet Blockseminare über fake-news, Kommunikation und über Antisemitismus gestern und heute an. Leben und Studieren an diesem Ort ermöglicht ein umfassendes, ganzheitliches Lernen.

*Kommunikation, von lateinisch communicare, etwas gemeinsam machen, vereinigen, zusammenlegen (Pons)*

## 2 Bohušovice nad Ohří

Der Schriftsteller und Filmemacher Claude Lanzmann, Träger der Medaille de la Résistance mit Rosette und Kommandeur der Ehrenlegion, war nicht als unterhaltsamer Komödiant bekannt. Seine Filme brauchen Zeit, um sich zu entwickeln. Sie haben ihre eigene Strenge. In „Der letzte der Ungerechten", präsentiert beim Festival von Cannes 2013, zeigt Claude Lanzmann überraschend seine theatralische, fast komödiantische Seite. Er steht am Bahnsteig des tschechischen Provinzbahnhofs Bohušovice nad Ohří, erklärt die verkehrspolitische Bedeutung dieser Bahnstrecke zwischen Prag und Dresden und „hinauf nach Berlin". Kaum hat er diese mitteleuropäische Transversale erläutert, kommt ein schier unendlicher Güterzug ins Bild, rattert mit großer Wucht zwei Meter entfernt vom Regisseur an diesem vorbei, der Fahrtwind zerrt an seinen Hosenbeinen, den weißen Blättern in der Hand und an seinem gerade noch gescheiteltem vollen Haarschopf. Als die Schlusslichter vorbei sind, macht der Regisseur einen Versuch, seinen Text wieder aufzunehmen, aber scheitert kläglich am nächsten Güterzug aus der Gegenrichtung (Sachsse 2015). Theatralisch, mit auf und nieder zuckenden Schultern und Armen, beendet er vorerst den Dreh: „Es geht nicht!" Der Film setzt sich fort mit einem langen Panorama-Schwenk über den heutigen Bahnhof Bohušovice mit den etwas ruinösen Lagerschuppen aus der Zeit der ersten tschechoslowakischen Republik. Zur Zeit der deutschen Besatzung hieß der Ort Bauschowitz an der Eger. Er ist etwa drei Kilometer von Theresienstadt entfernt. Bis zum Juni 1943[10] kamen alle Transporte in das Ghetto bzw. Konzentrationslager[11] Theresienstadt in Bohušovice an, Transporte „in den Osten", nach Riga, Lodz und in das Vernichtungslager Auschwitz gingen hier ab. Transporte in den Tod.

[10] Im Frühsommer 1942, etwa ein Dreivierteljahr nach der Einrichtung des Konzentrationslagers Theresienstadt und der beginnenden Vertreibung der tschechischen Bevölkerung aus dem Ort, hatte der Lagerkommandant SS-Obersturmführer Dr. Siegfrid Seidl den Bau einer 2,5 Kilometer langen Verbindungsstrecke vom Bahnhof Bohušovice nach Theresienstadt befohlen. Für die Organisation der Bauarbeiten und die Ausführung des Eisenbahnbaus war die Jüdische Selbstverwaltung verantwortlich. Dafür wurden extra neue Abteilungen eingerichtet, u. a. „T 31 Eisenbahnbau", „T 32 Straßenbau", „T 324 Sicherungs- und Signalwesen". Am 1. Juni 1943 war die eingleisige Bahnverbindung fertig, und der erste Zug rollte nach Theresienstadt (Fischer 2016; Adler 1960: S. 133f. und S. 266ff.).

[11] In der Literatur wird Theresienstadt sowohl als Ghetto als auch als Konzentrationslager bezeichnet. Ein Ghetto ist seit dem Mittelalter ein Stadtteil eines größeren Ortes, wo Familien jüdischen Glaubens oft auf schmalem Raum zusammenleben, und eine jüdische Verwaltung die Dinge des Lebens regelt. Theresienstadt ist heute noch geographisch ein Ort für sich, auch wurden Familien dort meist getrennt, lediglich für die unter rigider deutscher Fuchtel stehende jüdische Selbstverwaltung wäre „Ghetto" zutreffend. Tatsächlich war Theresienstadt aber in seinem Ganzen ein für die SS ideal geschaffener Ort als Konzentrationslager. Es mussten keine Baracken gebaut werden, keine Wachtürme errichtet, keine Elektrozäune gezogen werden. Nach außen hin sollte Theresienstadt de iure ein Ghetto sein („Alters-Ghetto"), de facto – von innen betrachtet – war Theresienstadt ein übles Konzentrationslager. Am Ende sollte das KZ auch noch zum Vernichtungslager mutieren. Massenvernichtung durch Vergasung und Ertränken in den Festungsgräben war geplant.

Abb. 3: Bahnhof Bohušovice nad Ohří

Nach dem Scheitern vor der Kamera erzählt Claude Lanzmann einfach weiter, ohne im Bild zu stehen. Er berichtet von den Hamburger Juden, die in Bohušovice mit einem Personenzug ankommen, im Sonntagsanzug gekleidet, um in der Pension, wo sie vermeintlich ein Zimmer mit Seeblick gebucht hatten, einen guten Eindruck zu machen. Die älteren Herrschaften beugen sich aus dem Fenster und winken nach einem Gepäckträger. Tatsächlich war Theresienstadt in Deutschland als „Musterghetto" bekannt. Die NS-Propaganda nannte die Festung „Theresien-Bad". Dieses sei „privilegierten und prominenten Juden" als „Altersruhesitz" vorbehalten. Viele, die nach langer Fahrt in Bohušovice ankamen, „glaubten, in einer sicheren Heimstatt angekommen zu sein, in einer Art Hotel für Greise mit entsprechendem Pflegepersonal. Eine Frau verlangte ... einen Kofferträger und erklärte, sie wolle wegen der beschwerlichen Anreise am Abend auf ein schweres Essen verzichten. Der Koch solle ihr lediglich ein Rührei zubereiten. Eine andere Person verlangte ein Zimmer mit Blick auf den See" (Bamberg 2006: S. 28). Tatsächlich wurde, als die Nazis Theresienstadt zum KZ umbauen ließen, eine Straße in „Seestraße" umbenannt.

Abb. 4: Theresienstadt

Die ersten Deportationen von Hamburg nach Lodz wurden noch „Evakuierung" und „Abwanderung" genannt. Nach Theresienstadt hieß die Deportation jetzt offiziell „Wohnsitzverlegung". Die ins KZ Theresienstadt Deportierten müssen sogenannte „Heimeinkaufverträge" abschließen. Dazu gab es von der „Reichsvereinigung der Juden in Deutschland" seitenlange „Instruktionen"[12], auf die „Weisung der Aufsichtsbehörde" wurde verwiesen. Diese Behörde war konkret das Amt IV B 4, Amt IV ist die Gestapo, diese wiederum eine Unterabteilung im

[12] Betrifft: Abschluss von Heimverträgen für eine Gemeinschaftsunterbringung, Diktatzeichen Dr. E./My, Aktenzeichen 42/198/334, Unterschriften Dr. Paul Israel Eppstein und Johanna Sara Karminski, Abteilung Fürsorge. Schreiben vom 30. Juni 1942; sh. Dokumente Nr. 22 - 25, (Adler 1958: S. 48ff.).

Reichssicherheitshauptamt (RSHA). Leiter des RSHA war zuerst Reinhard Heydrich, nach dessen Tod Ernst Kaltenbrunner. Leiter des Amtes IV B 4 war Adolf Eichmann.

Zum „Heimeinkauf" gehörte eine Vermögenserklärung, in der jegliches „bewegliche Vermögen" aufgelistet werden musste, Konten, Barmittel, Wertpapiere, Hypotheken etc. Vor der Unterschrift („Jude/Kennort/Kennnummer") stand in bestem Bürokratie-Deutsch: „Es ist mir bekannt, dass die ... enthaltenen Angaben über Vermögenswerte, die nach Abschluss des Heimeinkaufsvertrages als Einkaufbetrag auf die Reichsvereinigung der Juden in Deutschland übertragen werden, in die vor der Abwanderung abzugebende Vermögenserklärung nicht aufgenommen werden." D.h., das gesamte Vermögen ging eins zu eins – de jure – über die Reichsvereinigung der Juden, – de facto aber – direkt an das Amt Adolf Eichmanns. Nicht einmal das zuständige Finanzamt wurde informiert, welche Vermögenswerte die Gestapo sich gesichert hatte. Benjamin Murmelstein erläuterte im Gespräch mit Claude Lanzmann, dass dieses Verfahren Adolf Eichmanns Unabhängigkeit von staatlichen Behörden und dem SS-Apparat bedeutete. Solange Theresienstadt sich durch diese Art von Deportationen immer wieder füllte, füllte sich auch mit unglaublichen Summen die Kasse Eichmanns, und er alleine konnte darüber verfügen. H. G. Adler erwähnt, dass der „höchste Einkaufbetrag" (Adler 1958: S. 57), den er bis 1958 recherchieren konnte, 1/2 Million Reichsmark gewesen sei. Laut Bundesbank hatte 1 Reichsmark 1937 etwa die Kaufkraft von 4,10 Euro heute. Adlers höchster Einkaufbetrag würde dann 2.050.000 Euro entsprechen.

Die freche, andauernde Lüge war das wichtigste Kommunikationsinstrument des immer schneller, immer effizienter laufenden Vernichtungsapparats. Sie wurde vorgebracht in dem Bewusstsein, stark und mächtig zu sein, und dadurch auch nie – auch bei größter Offensichtlichkeit – der Lüge bezichtigt zu werden. Esther Bauer (1924–2016)[13] erinnerte sich an den Gestapo-Judenreferenten Claus Göttsche. Er war der Hauptverantwortliche für den Tod von etwa 10.000 Hamburger Juden. Empathisch, in freundlichem Ton sprach er ihrem Vater, dem Direktor der Jüdischen Töchterschule, Alberto Jonas am Bahnsteig des Hannoverschen Bahnhofs in der heutigen Hamburger Hafen-City Mut zu: „Sorgen Sie sich nicht, Herr Dr. Jonas, Sie werden Ihre Schule haben in Theresienstadt. Sie werden sehen, da ist es sehr schön" („Von Altona nach Theresienstadt" 2019). Angekommen in Bohusovice musste Esther Bauers Vater sein Gepäck bei glühender Hitze nach Theresienstadt schleppen, wo er dann zum Kohlenschaufeln eingeteilt wurde und sechs Wochen nach seiner Ankunft, am 29. August 1942, an „gebrochenem Herzen" verstarb.

*Nonverbale Kommunikation, Verständigung ohne Worte, jener Teil zwischenmenschlicher Kommunikation, der nicht durch wörtliche Sprache vermittelt wird (Gabler Wirtschaftslexikon)*

## 3 Die 24 Chopin-Etüden

Sophie Herz, geborene Schulz, Ehefrau des Unternehmers Friedrich Herz und Mutter der Zwillinge Marianne und Alice, stand am 13. Juli 1942 an der Sammelstelle in Prag. Im Alter von 72 Jahren hatte sie den Befehl zur Deportation zugestellt bekommen. Ihr Gepäck bestand aus einem Rucksack, mehr war nicht erlaubt. Ihre Tochter Alice begleitete sie, wütend und verzweifelt zugleich. Als sie sich von ihrer kranken Mutter verabschiedet hatte, wissend, dass diese im KZ sterben

[13] Christiane Richers hat für das Thalia-Theater in Hamburg über das Leben von Esther Bauer ein Stück geschrieben, das jungen Menschen „vom Glück des Überlebens" erzählt („Das ist Esther" o.D.).

würde[14], war sie für Tage in tiefster Verzweiflung. Sie rannte kreuz und quer durch Prag. Plötzlich, als die Verzweiflung Körper, Geist und Seele gänzlich gepackt hatte, da hörte sie in sich eine Stimme: „Übe die 24 Etüden[15], das wird dich retten" (Müller/Piechocki 2006: S. 9).

Der Musikkritiker Karl Schumann bezeichnete Chopins Etüden als die „Magna Charta des Klavierspiels", sie sind wohl die schwierigste Klavierliteratur. Alice Herz-Sommer erzählte 60 Jahre später, wie sie noch am Tag der Deportation ihrer Mutter mit Willenskraft und Disziplin sich ans Klavier setzte und mit dem Üben begann:

*„Sie (die Etüden) schenkten mir Stunden der Freiheit in einer Welt im Niedergang. ... Ein Jahr lang, tagein, tagaus, stellte ich mich dieser scheinbar nicht zu bewältigenden Aufgabe, und ich beherrschte alle 24 Etüden, ehe ich selbst mit meinem Mann und meinem damals sechsjährigen Sohn nach Theresienstadt verbannt wurde. Dort gab ich mehr als 100 Konzerte für meine Mithäftlinge, etwa zwanzig mal führte ich die Etüden auf.*

*Die Musik öffnete vielen Gefangenen die Herzen... Die Musik ... rettete mir und meinem Sohn das Leben. Sie war unsere Nahrung." (Müller/Piechocki 2006: S. 10)*

Musik spielte in Theresienstadt eine unglaublich wichtige Rolle. Die Aufführungen der Kinderoper Brundibar, Verdis Requiem, Coco Schumanns Jazz-Band. Wo Musik gemacht wird und „wo man Konzerte geben darf, kann es nicht so schlimm sein" (Müller/Piechocki 2006: S. 300), so hatte sich Alice Herz-Sommer eingeredet. Instrumente ins Ghetto einzuschmuggeln war verboten, Schule und Unterricht waren verboten. Wenn dann aber doch etwas Schönes entstanden, ein Chor-

[14] Sophie Herz wurde am 13. Juli 1942 nach Theresienstadt deportiert, am 19. Oktober 1942 kam sie mit einem Transport in das Vernichtungslager Treblinka, wo sie ermordet wurde.

[15] Frédéric Chopin: 12 Etüden opus 10, 1833; 12 Etüden opus 25, 1837; weitere drei Etüden für den 3. Teil, erschienen 1840, wurden separat unter dem Titel „Trois nouvelles études" publiziert.

oder Orchesterstück eingeübt worden war, wenn eine Musikgruppe sich gebildet hatte, dann nutzte dies die SS-Lagerleitung. Als am 23. Juni 1944 die Delegation des Internationalen Roten Kreuzes mit dem Schweizer Arzt Dr. Rossel das Potemkinsche Dorf Theresienstadt einen Tag lang besuchte, spielten Coco Schumann und die „Ghetto-Swingers" in einem extra errichteten Pavillon und ein Chor mit 100 Sängern und Sängerinnen sang aus Verdis Requiem, „Dies Irae" (Lanzmann 1997; Gille/Schröder 2014: S. 55; Iken 2015).[16] Nach der Befreiung durch die Rote Armee lebte Alice Herz noch ein paar Wochen bei Bauern in der Nähe von Theresienstadt. Sie kam wieder zu Kräften, durch ordentliches Essen und frische Luft. Aber ihrer Seele ging es immer schlechter, denn sie erfuhr Tag für Tag immer neue Schreckensnachrichten, über die SS-Mordkommandos und über Auschwitz, Sobibor, Treblinka, die Vernichtungslager. Sie verstand mehr und mehr, dass die Musik im Ghetto die „Begleitmusik für die Transporte" war, „die fast allesamt in Gaskammern geführt hatten". Dies brachte Alice Herz „schier um den Verstand" (Müller/Piechocki 2006: S. 300).

[16] Über den Dirigenten Raphael Schächter und die 16 Aufführungen des Requiems: Sauerwein 2017.

Abb. 5: Kleine Festung, Theresienstadt

*Macht ist Ergebnis eines kommunikativen Prozesses (Produktinfo „Macht und Kommunikation“ (von Tschopp; Weber 2012))*

## 4 „Geheime Reichssache!“

Die Britin Betty Nute Richardson (1917–2009) hatte ihr vorzügliches Deutsch in Tübingen an der Universität gelernt. Beim Hauptkriegsverbrecher-Prozess in Nürnberg gehörte sie zuerst zu den Dolmetschern und übersetzte für das US-Anklägerteam. Robert M. Kempner (1899–1993), Stellvertreter des US-Chefanklägers Robert H. Jackson, schickte nach dem Prozess Betty Nute nach Berlin, um für die Nachfolgeprozesse zu recherchieren. Die US-Army hatte in Berlin-Lichterfelde Gebäude der Telefunken GmbH für die Rechercheure requiriert. Im Frühjahr 1947 platzte Kenneth Duke (1918–1998), damals Major der Royal

Artillery und Chef des britischen Recherche-Teams, in Betty Nutes Büro. Er hatte eine „scheußlich rosafarbene Mappe mit der handgeschriebenen Aufschrift ‚Endlösung der Judenfrage' in der Hand" (Der SPIEGEL 7/2002: S. 50). Die Mappe enthielt die 16. Ausfertigung von 30 abgezählten Protokollen einer „Besprechung mit anschließendem Frühstück", zu der der Chef der Sicherheitspolizei und des SD SS-Obergruppenführer Reinhard Heydrich in die Dienststelle der Internationalen Kriminalpolizeilichen Kommission, Berlin, Am Großen Wannsee Nr. 56 – 58, eingeladen hatte. Diese Ausfertigung war das persönliche Exemplar von Unterstaatssekretär Martin Luther, dem Leiter der Abteilung D (u. a. „Judenfrage, Rassenpolitik") im Auswärtigen Amt. Es blieb auf absehbare Zeit das einzige auffindbare Exemplar, es liegt allen Zitationen des Protokolls in der Literatur zugrunde (Kampe; Klein 2013: S. 40ff.). Unterstaatssekretär Luther berichtete über die Besprechung an seinen Vorgesetzten, Staatssekretär Ernst von Weizsäcker (1882–1951)[17], was durch entsprechende Paraphen und Anmerkungen mit grüner Tinte dokumentiert ist.

Juristen brauchen Papiere, Vermerke, Briefe, am besten mit Aktenzeichen, Eingangsdatum, Umlaufvermerken, Unterschriften. Der Aktenhefter aus der Registratur des Auswärtigen Amtes „Endlösung der Judenfrage, 1939–1943" ist ein Glücksfall für Juristen, ein unzweifelhaftes Dokument (Kampe/Klein 2013: S. 31). Es wurde legendär. Immer wenn es darum geht, das Unbegreifliche, Nicht-Verstehbare, für das Claude

[17] SS-General Ernst von Weizsäcker ist der Vater des Physikers und Philosophieprofessors Carl Friedrich von Weizsäcker (1912–2007) und des 6. Bundespräsidenten Richard von Weizsäcker (1920–2015). Carl Friedrich arbeitete mit Werner Heisenberg und Otto Hahn am Uranprojekt, einer möglichen deutschen Atombombe, Richard gehörte als junger Potsdamer Offizier zum weiteren Umfeld des militärischen Widerstands. Carl Friedrich vermied es als angesehener Friedensforscher und -papst an seine erste Professur an der NS-Elite-Universität Straßburg erinnert zu werden, Richard reagierte noch als 90-jähriger äußerst gereizt, wenn er gefragt wurde, was und wieviel in der Familie über die Shoah bekannt gewesen sei (vgl. SPIEGEL-Gespräch in SPIEGEL Nr. 35/2009, S. 70 ff.). Eine der angesehensten deutschen Familien zwischen Widerstand und unverhohlenem NS-Opportunismus.

Lanzmann dann den Begriff „Shoah“[18] linguistisch verankerte, zu erklären, zu dokumentieren, dann steht die Wannsee-Konferenz am Anfang der Narration über die endgültige Vernichtung, Ermordung jüdischer Menschen, eben die sogenannte „Endlösung“. Dies ist eine Legende. Diese Besprechung an einem angenehmen Ort, die etwa anderthalb Stunden dauerte, mit „Kaffee, Schnittchen und Cognac“ (Kundrus 2018: S. 223) ausklang, und über die dann „Adolf Eichmann ... jenes Protokoll“ schrieb, „das Heydrich vermutlich redigierte“ (Kundrus 2018: S. 223), diente der Machterweiterung und -verfestigung Heydrichs, sie regelte die Dinge in Theresienstadt[19] und zeigte die Hybris der Elite der handelnden Akteure, wenn protokolliert wird, dass in Europa „über 11.000.000“ Juden „in Betracht“ kämen für die „Endlösung“[20]. Auf einer ganzen Seite wurde da aufgezählt, wo in Europa wie viele Juden leben, in der Liste fanden sich auch der Kriegsgegner England („330 Tsd.“) und die neutralen Länder Schweden („8 Tsd.“), Irland („4 Tsd") und die Schweiz („18 Tsd.“). Systematische Massentötungen hatten längst stattgefunden, als am Wannsee getagt wurde.

[18] Hebr.: Unheil, Heimsuchung, große Katastrophe

[19] „Es ist beabsichtigt, Juden im Alter von über 65 Jahren nicht zu evakuieren, sondern sie einem Altersghetto – vorgesehen ist Theresienstadt – zu überstellen.“ Seite 8 des Protokolls

[20] Seite 5 und 6 des Protokolls

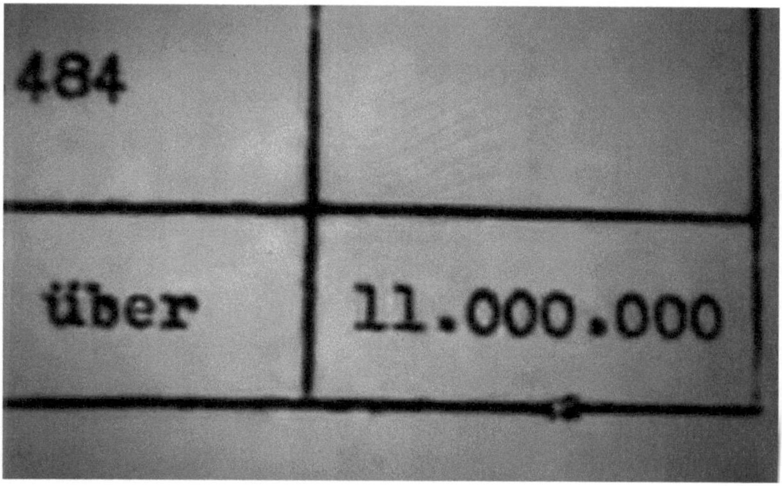


Abb. 6: Protokoll der Wannsee-Konferenz, Seite 6

Nach dem Krieg spielten diese ca. 11 Millionen immer wieder eine Rolle, wenn Eichmann sein Lebenswerk resümierte, z.B. in der Lektüre-Runde bei dem holländischen Journalisten Willem Sassen: „Ich muss Ihnen ganz ehrlich sagen, hätten wir von den 10,3 Millionen Juden, die Korherr[21] ... ausgewiesen hat, 10,3 Millionen getötet, dann wäre ich befriedigt und würde sagen, wir haben einen Feind vernichtet" (Kampe/Klein 2013: S. 143).[22]

---

[21] Der „Korherr-Bericht" des Nationalökonomen und Leiters der Statistischen Abteilung im SS-Hauptamt Richard Korherr wurde auf Anweisung Heinrich Himmlers, der mit einem Bericht Eichmanns unzufrieden war, angefertigt, eine Kurzfassung lag angeblich Hitler vor, der das Papier nach Kenntnisnahme – so Eichmanns Aussage im Jerusalemer Prozess 1961 – vernichten ließ.

[22] Sassen hatte die Gespräche mit Eichmann aufgezeichnet und verkaufte die Bänder an das Life Magazine in New York. Die Bänder wurden transkribiert und übersetzt. Am 28. November 1960, während Eichmann in Jerusalem im Gefängnis saß, erschien der Text unter der Überschrift: „Eichmann tells his own damning story". Fälschlicherweise stellte die Redaktion den Überbringer der Bänder Sassen als deutschen Journalisten vor. Eichmann bezieht sich hier in seiner Lebensbilanz auf Zahlen von 1933: „I will not humble myself or repent in any way. I could do it too cheaply in today's climate of opinion. It would be too easy to pretend that I had turned suddenly from a Saul to a Paul. No, I must say truthfully that if we had killed all the 10 million Jews that Himmler's statisticians originally listed in 1933, I would say, ‚Good, we have destroyed an

Der Filmemacher und Professor der Hebrew University in Jerusalem Alan Rosenthal begann seine professionelle Karriere als Bildmischer der Aufzeichnung des Eichmann-Prozesses.[23] Er ist wahrscheinlich der einzige Zeuge des Prozesses, der wenigstens mit einer Kamera, sogar bei abgedunkeltem Gerichtssaal, Eichmann ins Gesicht schauen konnte, vom Anfang, der Anklage durch Gideon Hausner, bis zum Schluss, dem Urteilsspruch, „death by hanging". Alan Rosenthal erzählt, wie im Prozess Filmaufnahmen aus Buchenwald gezeigt wurden, von Bulldozern, die tote, nackte Körper zusammenschoben, hinein in einen Graben. Gericht und Zuhörer, alle schauten und konzentrierten sich auf die Leinwand. Eichmann fühlte sich unbeobachtet und entspannte sich. Alan Rosenthal konnte aber, trotz gedämpften Lichts, Eichmann „in close-up" ins Gesicht sehen: „To my surprise, Eichmann appeared to be smiling and laughing at the sight of the flickering black and white images on the small courtroom screen. For a moment there was a ghoulish image of Dracula laughing at his victims" (Rosenthal 2000: S. 75/persönliche Gespräche). Der Ghul, aus dem Arabischen kommend, ist ein leichenfressendes Fabelwesen, englisch „ghoul", ein Mensch mit schaurigen Gelüsten. Eichmann und der industrialisierte Massenmord können nur bedingt mit dem schon ikonisch gewordenen Begriff der „Banalität des Bösen" (Arendt 1964) der Philosophin Hannah Arendt erklärt werden (Dallas 2011). Eichmann hatte im Freud'schen Sinne „Tötungslust". Gabriel Bach, Stellvertreter Gideon Hausners, schildert eine Szene zum Ende des Krieges. Eichmann habe mit „List und Tücke" sich gegen die Wehrmacht durchgesetzt, um einen Zug zu organisieren, der die letzten greifbaren Juden aus Ungarn in

enemy.' But here I do not mean wiping them out entirely. That would not be proper – and we carried on a proper war" ("Eichmann's Interview in Life Magazine 2011: „Eichmann Tells His Own Damning Story" 1960).

[23] Über die Übertragung und Aufzeichnung des Eichmann-Prozesses produzierte die BBC ein Doku-Drama: Der Fall Eichmann/The Eichmann Show, Regie Paul Andrew Williams, 90', BBC Two, 2015

den Tod transportierte. Und Eichmann kommentierte, zur Rede gestellt: „Ich weiß, der Krieg ist verloren, aber ich werde meinen Krieg gewinnen!"[24]

*Kommunikation ist ein Segen.*
*Und Vergebung ist Dynamik der* Kommunikation.
(Papst Franziskus I)[25]

## 5 Epilog, primo

Gegenüber dem Willen zur Macht, zu Brutalität, Erpressung, zu nackter Gewalt und Sadismus bei SS und vielen verantwortlichen Nationalsozialisten stand „ein Jud' unter Hitler", ein im Schtetl in Lemberg aufgewachsener Rabbiner auf verlorenem Posten. Kommunikation war nie auf Augenhöhe. Kommunikation im KZ fand meist in nicht angemessenem Ton statt, in Uniform und Stiefeln mit einsatzbereiter Reitgerte und Pistole am Gürtel. Benjamin Murmelstein war als „Judenältester", als Leiter der sogenannten jüdischen Selbstverwaltung im Ghetto Theresienstadt der Nachfolger von Jakob Edelstein, der am 20. Juni 1944 in Auschwitz zuerst bei der Ermordung seiner Frau Miriam und seines Sohnes Ariel durch Genickschuss zusehen musste, bevor er selbst erschossen wurde, und von Dr. Paul Eppstein, der kurz nach dem Besuch der Delegation des Internationalen Roten Kreuzes (IRK) in Theresienstadt am 27. oder 28. September 1944 in der Kleinen Festung hingerichtet wurde. Ob Murmelstein die Umstände des Todes von Edelstein bekannt waren, ist fraglich. Die Umstände des Todes von Dr. Eppstein kannte er.

[24] Eichmann, der Vernichter. Hitlers Helfer Nr. 7, ZDF/ARTE 1998
[25] „Vom Segen der Kommunikation" 2015.

Abb. 7: Kleine Festung, Theresienstadt

Seit 1938, dem sog. „Anschluss“ Österreichs an das Deutsche Reich, kollaborierte[26] Benjamin Murmelstein mit den Nazis, der SS und besonders mit Adolf Eichmann. Murmelstein, hochintelligent, hochgebildet, promoviert, „sardonisch“[27], verachtete Eichmann, der nicht einmal das Gymnasium in Linz geschafft hatte. Bereits in Wien verfasste er, immer unter Zeitdruck, für den Leiter der – innerhalb der SS vorbildlichen – Wiener Zentralstelle für jüdische Auswanderung Dossiers über jüdische Geschichte und jüdisches Leben, damit Eichmann, der sich in der Limousine der Rothschilds durch Wien chauffieren ließ, bei den hochgebildeten Akademikern und Karrieristen des RSHA Eindruck schinden konnte. In Theresienstadt bedeutete Kollaboration auch Entscheidungen über Leben und Tod. Es bedeutete die Organisation von Arbeit, für Unterernährte und Schwache, für die der Arbeitseinsatz Invalidität und Tod bedeuten konnte. Ein solcher Arbeitseinsatz war die

[26] „Kollaborieren“ im Sinne von zusammenarbeiten, mit jemandem arbeiten, auf Befehl von jemandem; nicht im juristischen Sinn

[27] Claude Lanzmann in der Einführung zu seinem Film „Le dernier des injustes“, vollständig lautet Lanzmanns Charakteristik: „Er lügt nicht, er ist ironisch, sardonisch, hart gegenüber anderen und sich selbst.“ (Lanzmann o.D.: S. 4)

sog. „Stadt-Verschönerung“ vor dem Besuch des IRK und den Dreharbeiten[28], für die Murmelstein „1.000 qm Glas“ und „5.000 Kubikmeter Holz“ organisierte, wie er Lanzmann voller Stolz noch in Rom berichtete: „Natürlich war das Propaganda! Ich wollte diese Propaganda! Sie sollen es (Theresienstadt) zeigen. Sie sollen es nicht verstecken können. Wenn sie es verstecken können, können sie uns umlegen.“[29] Kollaboration bedeutete weiter die Erstellung von Transportlisten für die Züge „in den Osten“, wieder Entscheidungen über Leben und Tod. Als Stellvertreter Dr. Eppsteins war er daran beteiligt, nach dessen Ermordung und einer „Nervenkrise“ – laut seinem Sohn Wolf Murmelstein schrie er „alles verloren!“ – lehnte er gegenüber der SS die weitere Listenerstellung ab (Hauff 2014: S. 293). Er kam damit durch. Ghettokommandant Karl Rahm brüllte ihn nur an, und stellte von nun an mit Eichmanns Adjutant SS-Hauptsturmführer Ernst Moes die Transportlisten selbst zusammen. Murmelstein konnte dann noch ab und zu feinjustierend eingreifen.

[28] Theresienstadt. Ein Dokumentarfilm aus dem jüdischen Siedlungsgebiet, Buch & Regie Kurt Gerron

[29] Benjamin Murmelstein in „Le Dernier des Injustes“, etwa bei TC 12:50:46

Abb. 8: Kleine Festung, Theresienstadt

Gegenüber Lanzmann gestand Murmelstein, dass er mit Eichmann und der SS aus „Abenteuerlust" heraus kommuniziert und kollaboriert hatte. Claude Lanzmann hatte wohl am Ende seiner Begegnung und den Gesprächen mit Murmelstein in Rom diesen in sein Herz geschlossen. Er erinnert an „Sobibor", einen Film über jüdischen Heldenmut[30], wo letztlich nur 50 Häftlinge es geschafft hatten, sich gegen die SS zu erheben, und die restlichen 1.250 alle ermordet wurden. Lanzmann stellt fest, „daß es ab einem gewissen Zeitpunkt keine andere Möglichkeit mehr gab, als einem Befehl Folge zu leisten und zu gehorchen." Und er resümiert: „Benjamin Murmelstein kämpfte trotzdem bis zuletzt gegen die Mörder. Wie er sagte, wollten die Nazis aus ihm eine Marionette machen, aber diese Marionette hatte gelernt, die Fäden selbst zu ziehen" (Lanzmann o.D.: S. 11).

Im Alter von 84 Jahren verstarb der Rabbiner Murmelstein am 27. Oktober 1989. Unversöhnt. Ihm wurde von seinen Zeitgenossen nicht

[30] „Sobibor, 14. Oktober 1943, 16 Uhr", Buch & Regie Claude Lanzmann, 2001, 97'; das Vernichtungslager Sobibor in der Nähe des Dorfes Sobibor lag im heutigen süd-östlichen Polen.

vergeben. Der Großrabbiner von Rom verweigerte ihm das Totengebet und ließ ihm eine Grabstelle am Rande des Friedhofs zuweisen. Möge der Ewige Benjamin Murmelsteins Seele segnen! Gäbe es einen Preis für den besten und gleichzeitig gerissensten Kommunikator des 20. Jahrhunderts, er wäre wohl ein aussichtsreicher Kandidat.

## 6 Epilog, secundo

Seit 1790 ist der Veldershof bei Lauf an der Pegnitz im Besitz der Familie Gottschalk. Auf diesem Hof wurde ich geboren und ein paar Wochen nach der Geburt in der Stadtkirche von Lauf evangelisch getauft. Als ich heranwuchs, war ich familiär und auch in der Schule von alten Nazis und Antisemiten umgeben. Furchtbare Zeiten. Als Student lernte ich Eberhard Bethge, den Biograph Dietrich Bonhoeffers, Helmut Gollwitzer, Martin Niemöller, Gustav Heinemann und Willy Brandt kennen. Deutsche Résistance. Ich konnte diesen Menschen zuhören, lernen über deutsche Geschichte, erste Schritte der Versöhnung gehen.

Abb. 9: Theresienstadt

Während ich diese Seiten niederschrieb, entdeckte ich in der Universitätsbibliothek in Freiburg das Theresienstädter Gedenkbuch (Badura; Kárný 2000: S. 12ff.). Es ist in die Städte untergliedert, von denen aus Transporte nach Theresienstadt gingen. Die Namen der Deportierten sind mit Geburts- und Todesdatum, soweit bekannt, in langen Spalten aufgelistet. Unter „G“, in allen Städten zwischen Hamburg und Königsberg, findet sich der Name Gottschalk. Er füllt ganze Spalten. Wohl Hunderte Gottschalks kamen nach Theresienstadt, so z.B.:

Emma Gottschalk, geb. am 8. Febr. 1864, am 20. Aug. 1942 aus Berlin nach Theresienstadt deportiert; Ida Gottschalk, geboren am 6. Nov. 1874, aus Berlin deportiert am 12. Juni 1942, am 19. Sept. 1942 Transport nach Treblinka; …Henriette Gottschalk, Klara Gottschalk, Bertha Gottschalk, Regina Gottschalk, Max Gottschalk …

Es gab unzählige Familien Gottschalk im Deutschen Reich, tief verwurzelt im Judentum. Ausgelöscht. Ermordet.

יְהֵא שְׁמֵהּ רַבָּא מְבָרַךְ לְעָלַם וּלְעָלְמֵי עָלְמַיָּא יִתְבָּרַךְ
וְיִשְׁתַּבַּח וְיִתְפָּאַר וְיִתְרוֹמַם
וְיִתְנַשֵּׂא וְיִתְהַדָּר וְיִתְעַלֶּה וְיִתְהַלָּל
שְׁמֵהּ דְּקֻדְשָׁא בְּרִיךְ הוּא
לְעֵלָּא מִן כָּל בִּרְכָתָא שִׁירָתָא תֻּשְׁבְּחָתָא

*… Sein großer Name sei gepriesen*
*in Ewigkeit und Ewigkeit der Ewigkeiten!*
*Gepriesen und gerühmt und verherrlicht*
*und erhoben und erhöht und gefeiert'*
*und hoch erhoben und hochgelobt sei der Name des Heiligen.*
*Gelobt sei er, hoch über jedem Lob und Gesang!* [31]

[31] Ausschnitt aus dem Kaddish der Leidtragenden (Nachama/Sievers 2008: S. 13).

## Literatur

Adler, H. G.: Die verheimlichte Wahrheit. Theresienstädter Dokumente. Tübingen: Mohr, 1955.

Ders.: Theresienstadt 1941 - 1945. Das Antlitz einer Zwangsgemeinschaft; Geschichte, Soziologie, Psychologie. Tübingen: Mohr, 1960.

Adler, Jeremy; Dane, Gesa (Hg.): Literatur und Anthropologie. H. G. Adler, Elias Canetti und Franz Baermann Steiner in London. Göttingen: Wallstein-Verlag, 2014.

Arendt, Hanna: Eichmann in Jerusalem. Ein Bericht von der Banalität des Bösen. München: Piper, 1964.

Arnold, Heinz Ludwig: H. G. Adler. München: Richard-Boorberg-Verlag, 2004.

Badura, Aleš; Kárný, Miroslav: Theresienstädter Gedenkbuch. Die Opfer der Judentransporte aus Deutschland nach Theresienstadt 1942 – 1945. Prag: Academia, 2000.

Bamberg, Stefan: Holocaust und Lebenslauf. Autobiografisch-narrative Interviews mit Überlebenden des Konzentrationslagers Theresienstadt. Heidelberg: Univ., Diss., 2006.

Beneš, Frantisek; Tošnerová, Patricia: Die Post im Ghetto Theresienstadt. Prag: D°um filatelie Profil, 1996.

Wolfgang Benz; Barbara Distel (Hg.), Flossenbürg. Das Konzentrationslager Flossenbürg und seine Außenlager. München: Beck 2007.

Benz, Wolfgang: Theresienstadt. Eine Geschichte von Täuschung und Vernichtung. München: Beck, 2013.

Bergh, Siegfried; Meyer-Gosau, Frauke: Der Kronprinz von Mandelstein: Überleben in Westerbork, Theresienstadt und Auschwitz. Frankfurt am Main: Fischer-Taschenbuch-Verlag, 1996.

Bernstein, Elsa; Bake, Rita; Birgit Kiupel; Rosmer, Ernst (Hg.): Das Leben als Drama. Erinnerungen an Theresienstadt. Hamburg: Landeszentrale für Politische Bildung, ²2005.

Brenner, Hans; Heidrich, Wolfang; Müller, Klaus-Dieter; Wendler, Dieter (Hg.): NS-Terror und Verfolgung in Sachsen. Von den frühen Konzentrationslagern bis zu den Todesmärschen. Dresden: Sächsische Landeszentrale für politische Bildung, 2018.

Brenner-Wonschick, Hannelore: Die Mädchen von Zimmer 28. Freundschaft, Hoffnung und Überleben in Theresienstadt. München: Droemer, 2004.

Buber, Martin: Das dialogische Prinzip. Ich und Du. Zwiesprache. Die Frage an den Einzelnen. Elemente des Zwischenmenschlichen. Gütersloh: Gütersloher Verlagshaus: [10]2006.

Chládková, Ludmila: Ghetto Theresienstadt. Prag: V Ráji, 2005.

Debold-Kritter, Astrid: Terezín/Theresienstadt. Europäische Festungsanlage und europäischer Gedenkort des Holocaust, in: Brandt, Sigrid; Haspel, Jörg; Petzet, Michael (Hg.): Weltkulturerbe und Europäisches Kulturerbe-Siegel in Deutschland. Potentiale und Nominierungsvorschläge, S. 107-109, Berlin: 2011.

Dieckhoff, Alain: Rescapés du génocide. L'action Musy: une opération de sauvetage de Juifs européens en 1944 - 1945. Basel: Helbing & Lichtenhahn, 1995.

Ehrmann, Frantisek; Stárek, Jirin: Terezín [1941 - 1945]. Prag, 1965.

Elias, Ruth: Die Hoffnung erhielt mich am Leben. Mein Weg von Theresienstadt und Auschwitz nach Israel. München: Piper, 1988.

Erben, Peter; Wiehn, Erhard: Auf eigenen Spuren. Aus Mährisch-Ostrau durch Theresienstadt, Auschwitz I, Mauthausen, Gusen III über Paris nach Israel. Jüdische Schicksale aus der Tschechoslowakei. Konstanz: Hartung-Gorre, 2001.

Finkelgruen, Peter: Haus Deutschland oder Die Geschichte eines ungesühnten Mordes. Berlin: Rowohlt, 1992.

Flügge, Manfred: Rettung ohne Retter oder: ein Zug aus Theresienstadt. München: dtv, 2004.

Fridman, Ṭoviyah: SS-Obergruppenführer Karl Hermann Frank. Höherer SS- und Polizeiführer für Böhmen-Mähren in Prag; 1939 - 1945. Haifa: 1998.

Friedlander, Margot; Schwerdtfeger, Malin: "Versuche, dein Leben zu machen". Als Jüdin versteckt in Berlin. Berlin: Rowohlt, 2008.

Gedenkstätte Theresienstadt: Die kleine Festung Theresienstadt 1940 – 1945. Prag: V Ráji, 2009.

Gille, Caroline; Schröder, Niels: I Got Rhythm. Das Leben der Jazzlegende Coco Schumann. Berlin: bre.ba Verlag, 2014.

Glass, Martha; Müller-Wesemann, Barbara: "Jeder Tag in Theresin ist ein Geschenk". Die Theresienstädter Tagebücher einer Hamburger Jüdin 1943 - 1945. Hamburg: Landeszentrale für Politische Bildung, 1996.

Gruenbaum, Michael; Hasak-Lowy, Todd: Wir sind die Adler. Eine Kindheit in Theresienstadt. Reinbek: Rowohlt, 2017.

Hacker, Walter; Iltis, Rudolf: Theresienstadt. Wien: Europa-Verlag, 1968.

Halbrainer, Heimo; Karny, Thomas: Geleugnete Verantwortung. Der "Henker von Theresienstadt" vor Gericht. Grünbach: Ed. Geschichte der Heimat, 1996.

Hammermann, Gabriele; Pilzweger-Steiner, Stefanie (Hg.): KZ-Gedenkstätte Dachau. Ein Rundgang. München: Herbert Utz Verlag, 2017.

Hanke, Stefan: KZ überlebt. Porträts. Ostfildern: Hatje Cantz, 2016.

Hauff, Lisa: Zur politischen Rolle von Judenräten. Benjamin Murmelstein in Wien 1938 – 1942. Göttingen: Wallstein, 2014.

Hensel, Jürgen; Lehnstaedt, Stephan: Arbeit in den nationalsozialistischen Ghettos. Osnabrück: Fibre, 2013.

Hocheneder, Franz: H. G. Adler (1910-1988). Wien: Böhlau, 2009.

Hochschule Mittweida (Hrsg.): Mittweidas Ingenieure in aller Welt. Die Dokumentation zur ständigen Ausstellung am Pfarrberg in Mittweida. Mittweida: Hochschule, 2004.

Jasch, Hans-Christian; Kreutzmüller, Christoph: Die Teilnehmer. Die Männer der Wannsee-Konferenz. Berlin: Metropol Verlag, 2017.

Kampe, Nobert; Klein, Peter: Die Wannsee-Konferenz am 20. Januar 1942. Dokumente. Forschungsstand. Kontroversen. Köln: Böhlau Verlag, 2013.

Kárný, Miroslav; Lieblová, Dana: Theresienstadt in der "Endlösung der Judenfrage". Prag: Panorama, 1992.

Keim, Anton: Tagebuch einer jüdischen Gemeinde (1941/43). Mainz: Hase & Koehler, 1968.

Klüger, Ruth: Weiter leben. Eine Jugend. München: dtv, [23]2019.

Kolben, Hans; Demetz, Peter: Das Schwere wird verschwinden. Gedichte aus Prag und Theresienstadt. Mit Erinnerungen von Heinz Kolben an seinen Bruder. Wuppertal: Arco-Verlag, 2011.

Köper, Carmen-Renate: Das kurze Leben der Sonja Okun. Geliebt - verlassen - vernichtet. Frankfurt am Main: Brandes & Apsel, 2007.

Kos, Marta: Frauenschicksale in Konzentrationslagern. Wien: Passagen-Verlag, 1998.

Kundrus, Birthe: „Dieser Krieg ist der große Rassenkrieg“. Krieg und Holocaust in Europa. München: C.H.Beck, 2018.

Langer, Felicia; Linner, Barbara: Miecius später Bericht: eine Jugend zwischen Getto und Theresienstadt. Göttingen: Lamuv, 1999.

Lanzmann, Claude; Rossel, Maurice: Un vivant qui passe: Auschwitz 1943 - Theresienstadt 1944. Paris: Mille et une Nuits, 1997.

Lanzmann, Claude: Booklet zur deutschen Fassung „Der letzte der Ungerechten". o.O. 2015.

Loewy, Ronny: "Der Letzte der Ungerechten". Der "Judenälteste" Benjamin Murmelstein in Filmen 1942 - 1975. Frankfurt am Main: Campus-Verlag, 2011.

Löw, Andrea: Alltag im Holocaust. Jüdisches Leben im Großdeutschen Reich 1941 - 1945. München: Oldenbourg, 2013.

Mahlmann-Bauer, Barbara; Stuter, Patrick (Hg.): Georges-Arthur Goldschmidt - überqueren, überleben, übersetzen. Göttingen: Wallstein-Verlag, 2018.

Mandl, Herbert: Durst, Musik, Geheime Dienste. München: Boer, 1995.

Manes, Philipp; Barkow, Ben: Als ob's ein Leben wär. Tatsachenbericht Theresienstadt 1942 - 1944. Berlin: Ullstein, 2005.

Mannheimer, Max: Spätes Tagebuch: Theresienstadt - Auschwitz - Warschau - Dachau. Zürich: Pendo, 2000.

Marrus, Michael Robert: The Victims of the Holocaust, Volume 2. Berlin: De Gruyter Saur, 1989.

Mehring, Reinhard: Philosophie im Exil. Emil Utitz, Arthur Liebert und die Exilzeitschrift Philosophia. Dokumentation zum Schicksal zweier Holocaust-Opfer. Würzburg: Königshausen & Neumann, 2018.

Moller, Sabine: Abgeschlossene Kapitel? Zur Geschichte der Konzentrationslager und der NS-Prozesse. Tübingen: Ed. diskord, 2002.

Müller, Melissa; Piechocki, Reinhard: Alice Herz-Sommer "Ein Garten Eden inmitten der Hölle". Ein Jahrhundertleben. München: Droemer, 2006.

Müller-Tupath, Karla: Verschollen in Deutschland. Das heimliche Leben des Anton Burger, Lagerkommandant von Theresienstadt. Hamburg: Konkret-Literatur-Verlag, 1994.

Nachama, Andreas; Sievers Jonah (Hg.): Jüdisches Gebetbuch. Rosch Haschana. Gütersloh: Gütersloher Verlagshaus, 2008.

Nadace Terezínská iniciativa: Theresienstädter Studien und Dokumente. 1994.

Novák, Václav: Terezín. Terezín: Památnik, 1988.

Oppenhejm, Mélanie; Possart, Dietmar: Theresienstadt. Die Menschenfalle. München: Boer, 1998.

Oppenhejm, Ralph: An der Grenze des Lebens. Theresienstädter Tagebuch. Hamburg: Rütten & Loening, 1961.

Peduzzi, Lubomír: Musik im Ghetto Theresienstadt. Kritische Studien. Brno: Barrister & Principal, 2005.

Peschel, Lisa: Theatertexte aus dem Ghetto Theresienstadt 1941 - 1945. Prag: Nakl. Akropolis, 2008.

Philippson, Alfred; Böhm, Hans: Wie ich zum Geographen wurde. Aufgezeichnet im Konzentrationslager Theresienstadt zwischen 1942 und 1945. Bonn: Bouvier, 1996.

Pick, Milos; Wiehn, Erhard: Verstehen und nicht vergessen. Durch Theresienstadt, Auschwitz und Buchenwald-Meuselwitz. Jüdische Schicksale in Böhmen 1938 - 1945. Konstanz: Hartung-Gorre, 2000.

Redlich, Egon; Friedman, Saul (Hg.): The Terezin diary of Gonda Redlich. Lexington: Univ. Press of Kentucky, 1992.

Rehn, Erwin; Rehn, Marie-Elisabeth: Die Stillschweigs. Von Ostrowo über Berlin und Peine nach Heide in Holstein bis zum Ende in Riga, Theresienstadt und Auschwitz; eine jüdische Familiensaga 1862 - 1944. Konstanz: Hartung-Gorre, 1998.

Ritter, Judith: Die Münchner Schriftstellerin Carry Brachvogel. Literatin, Salondame, Frauenrechtlerin. Berlin: De Gruyter Oldenbourg, 2016.

Rosenthal, Alan: Jerusalem, Take One! Memoirs of a Jewish Filmmaker. Carbondale: Southern Illinois University Press, 2000.

Roubíčková, Eva; Springmann, Veronika: "Langsam gewöhnen wir uns an das Ghettoleben". Ein Tagebuch aus Theresienstadt. Hamburg: Konkret-Literatur-Verlag, 2007.

Schnitzler, Thomas (Hrsg.): "Das Leben ist ein Kampf". Marianne Elikan, Verfolgte des Nazi-Regimes. Tagebuch, Briefe und Gedichte aus Trier und Theresienstadt. Trier: Wissenschaftlicher Verlag Trier, 2008.

Schumann, Coco; Graeff, Max: Der Ghetto-Swinger: eine Jazzlegende erzählt. München: dtv, 1997.

Schwarz, Hans-Peter: Das Gesicht des Jahrhunderts. Berlin: Siedler, 1998.

Spitzer, Federica; Weisz, Ruth; Benz, Wolfgang: Theresienstadt. Berlin: Metropol, 1997.

Starke, Käthe: Der Führer schenkt den Juden eine Stadt. Bilder, Impressionen, Reportagen, Dokumente. Berlin: Haude & Spenersche, 1975.

Stehlík, Eduard: Lidice. Geschichte eines tschechischen Dorfes. Prag: V Ráji, 2004.

Stránský, Pavel; Wiehn, Erhard: Als Boten der Opfer: Von Prag durch Theresienstadt, Auschwitz, Schwarzheide und zurück. Tschechisch-jüdische Schicksale 1939 – 1997. Konstanz: Hartung-Gorre, [2]2001.

Strauss, Hermann: Der Arzt Hermann Strauß. 1868-1944 autobiographische Notizen und Aufzeichnungen aus dem Ghetto Theresienstadt. Berlin: Hentrich & Hentrich, 2014.

Utitz, Emil: Psychologie des Lebens im Konzentrationslager Theresienstadt. Wien: Sexl Verlag, 1948.

Utitz, Emil; Mehring, Reinhard: Ethik nach Theresienstadt. Späte Texte des Prager Philosophen Emil Utitz (1883 - 1956). Würzburg: Königshausen & Neumann, 2015.

Vuillard, Éric: Die Tagesordnung. Berlin: Matthes & Seitz, [3]2018.

Wallerstein, Konrad; Paetzold, Melina: Meine Lebenserinnerungen, ein Familienbild (1942). Rostock: Hochschule für Musik und Theater, Zentrum für Verfemte Musik, 2017.

Weber, Ilse; Migdal, Ulrike: Wann wohl das Leid ein Ende hat. Briefe und Gedichte aus Theresienstadt. München: Hanser, 2008.

Weglein, Resi: Als Krankenschwester im KZ Theresienstadt. Erinnerungen einer Ulmer Jüdin. Stuttgart: Silberburg-Verlag, 1988.

Wittemann, Theresia: Draußen vor dem Ghetto. Leopold Kompert und Die 'Schilderung Jüdischen Volkslebens' in Böhmen Und Mähren. Berlin: Walter de Gruyter, 2015.

Witthoefft, Cornelis: Komponisten in Theresienstadt. Hamburg: Initiative Hans Krása, 2001.

Internetquellen

Außenlager Zschopau. (o.D.). Abgerufen am 22.10.2019, von: https://www.gedenkstaette-flossenbuerg.de/de/geschichte/au%C3%9Fenlager/zschopau

Das ist Esther. (o.D.). Abgerufen am 22.10.2019, von: https://www.thalia-theater.de/stueck/das-ist-esther-2013

Eichmann's „Interview“ in Life Magazine. (16.02.2011). Abgerufen am 22.10.2019, von: http://madness-visible.blogspot.com/2011/02/eichmanns-interview-in-life-magazine.html

Eichmann Tells His Own Damning Story. (28.11.1960). Abgerufen am 22.10.2019, von: https://books.google.fr/books?id=0U0EAAAAMBAJ&printsec=frontcover&hl=de&source=gbs_ge_summary_r&cad=0%20-%20v=onepage&q&f=false#v=onepage&q&f=false

Fischer, Uta: Theresienstadt 1941-194. Materielle Zeugnisse und Spuren. Das Anschlussgleis Bauschowitz-Theresienstadt (31.03.2016). Abgerufen am 22.10.2019, von: https://ghettospuren.de/project/gleise-und-bahntrasse/

Gründung. (o.D.). Abgerufen am 22.10.2019, von: https://www.audi.com/de/company/history/cornerstone.html

Iken, Katja: „Dass ich hier sitze, habe ich der Musik zu verdanken". (18.01.2015). Abgerufen am 22.10.2019, von: https://www.spiegel.de/geschichte/jazz-musiker-coco-schumann-ueber-den-holocaust-a-1012887.html

Sachsse, Rolf: Römische Gespräche oder: Der Dinosaurus auf der Autobahn. Claude Lanzmanns „Der Letzte der Ungerechten". (01.07.2015). Abgerufen am 22.10.2019, von: https://zeitgeschichte-online.de/film/roemische-gespraeche-oder-der-dinosaurus-auf-der-autobahn

Sauerwein, Uwe: Verdis Musik als Bekenntnis zur Freiheit. (18.08.2017). Abgerufen am 22.10.2019, von: https://www.welt.de/sonderthemen/achava-festpiele/article167794479/Verdis-Musik-als-Bekenntnis-zur-Freiheit.html

Vom Segen der Kommunikation. (13.09.2015). Abgerufen am 22.10.2019, von: https://www.katholisch.de/artikel/6246-vom-segen-der-kommunikation

Von Altona nach Theresienstadt. Auf diesem Schulhof begann die Reise ohne Wiederkehr. (15.07.2019). Abgerufen am 22.10.2019, von: https://www.mopo.de/hamburg/historisch/von-altona-nach-theresienstadt-auf-diesem-schulhof-begann-die-reise-ohne-wiederkehr-32854538

## Filmographie

Ammann, Thomas; Aust, Stefan; Schmidt, Caroline: Hitlers Menschenhändler. Deutschland 2011, 52 Min. [ARTE Apios-Nr.: 043846]

Broughton, Simon: Terezin. Die Musik aus Theresienstadt. Regie: Simon. Deutschland 1993, 66 Min. [007214]

Knopp, Guido; Müllner, Jörg; Simons, Stefan: Hitlers Helfer. Eichmann - Der Vernichter. Deutschland 1998, 52 Min. [010378-007]

Ley, Raymond: Die Kinder von Blankenese. Deutschland 2010, 90 Min. [039755]

Nupen, Christopher: Alice Sommer Herz, das ganze Leben ist ein Geschenk. Deutschland 2011, 54 Min. [045307]

Lanzmann, Claude: Le Dernier des injustes. Frankreich 2013, 220 Min. [079410]

Ders.: Les Quatre Sœurs. Le Serment d'Hippocrate. Frankreich 2017, 90 Min. [068408-001]

Ders.: Les Quatre Sœurs. Baluty. Frankreich 2017, 64 Min. [068408-002]

Ders.: Les Quatre Sœurs. La Puce joyeuse. Frankreich 2017, 52 Min. [068408-003]

Ders.: Les Quatre Sœurs. L'Arche de Noé. Frankreich 2017, 68 Min. [068408-004]

Ders.: Shoah. Frankreich/Großbritannien 1985, 565 Min. [017079-001/017079-002]

Ders.: Un vivant qui passe. Frankreich 1999, 65 Min. [012297]

Rusticus, Klaas: Brundibar. Deutschland 1991, 35 Min. [007412]

Rütten, Christine: Das Rote Kreuz im Dritten Reich. Deutschland 2006, 52 Min. [035712]

von Trotta, Margarethe Hannah Arendt. Deutschland/Luxemburg/Frankreich/Israel 2012. [067753]

Wolfsperger, Douglas: Nie wieder Theresienstadt! Die Kinderoper Brundibar. Deutschland 2014, 52 Min. [050809]

Ziok, Ilona: Kurt Gerrons Karussell. Tschechische Republik/Deutschland/Niederlande 1999, 70 Min. [020411]

# Wöhner, Lüg und wunderliche Wandel –

Herbert Wehner und die Medien

Christoph Meyer
Hochschule Mittweida, Fakultät Soziale Arbeit

## 1 Macht und Medien: Ein Zusammenstoß

Sonntag, der 3. Oktober 1976. Es ist Wahlabend in der Parteizentrale der SPD in Bonn. Die Partei verliert Stimmen, hält aber zusammen mit der FDP die Regierungsmehrheit. Gleich wird ein Klassiker der deutschen Fernsehgeschichte entstehen. Im Erich-Ollenhauer-Haus hat ARD-Reporter Ernst-Dieter Lueg Herbert Wehner zu fassen bekommen, den 70-jährigen Fraktionsvorsitzenden der SPD im Bundestag. Lueg, Mittvierziger, ganz modisch im Stil der 70er, Koteletten, halblange Haare, die Tolle schwungvoll nach hinten zurückgekämmt, Knopf mit weißem Kabel im Ohr, befragt den älteren Herrn mit Hornbrille, der ein wenig mürrisch wirkt. Aktuelle Hochrechnungen, beginnt Lueg, sagen der SPD Verluste voraus. Wehner gefällt das nicht. Das Gespräch wird lebhaft, die Herren unterbrechen sich gegenseitig, hier ein „O-Ton“:

> „Wehner: Ich bin also in der schwierigen Lage, verehrter Herr Lüg, zu sagen – wo hören Sie, wenn Sie gleichzeitig fortgesetzt Leute interviewen, Informationen, die mehr...
>
> Lueg: Ich höre das hier über den Ohrwurm.
>
> Wehner: ...die mehr sind als ich sie haben kann? Ich weiß nichts, und Sie wissen nichts! Über die wirklichen...
>
> Lueg: Ich kenne die Hochrechnungen. Ich kenne die Hochrechnungen.

Wehner: Ich kenne auch die Hochrechnungen. Über die wirklichen Ergebnisse...

Lueg: Ich kenne auch Rechnungen über die regionalen Ergebnisse.

Wehner: ...in den Ländern, werden Sie nicht ungeduldig, wir beide kennen nichts über die einzelnen Wahlkreise, es gibt kein einziges Wahlkreisergebnis. Und dennoch reden wir hier als ob wir schon alles wüssten." (Wehner 1976)

Das Gespräch geht dann noch weiter, wird wieder sachlich, Wehner gelingt es sogar, zwei seiner berühmten Schachtelsätze an den Mann zu bringen, dann beendet der Journalist das Interview mit dem Konter auf den „Lüg": „Vielen Dank für diese Zwischenkommentierung, Herr Wöhner..."

Berühmt geworden aufgrund der beiderseitigen Verballhornung des Nachnamens, steht dieses Gespräch jedoch für mehr. Es ist ein Aufeinanderprallen zweier Generationen, zweier lebenspraktisch geprägt ganz unterschiedlicher Arten, mit modernen Massenmedien umzugehen.

Auf der einen Seite der in der Weimarer Zeit herangewachsene Politiker, der noch selbst Propaganda mit Zeitungen und Flugblättern gemacht hat, der mit den Anfangszeiten des Radios großgeworden ist und dem Sender wie der Deutschlandfunk oder RIAS Berlin – natürlich ganz öffentlich-rechtlich ausgewogen im Wechsel mit Politikern anderer Parteien – in den 1950er Jahren durchaus öfter einmal eine halbe Stunde Sendezeit am Stück eingeräumt haben. Und auf der anderen Seite der im Nachkriegsdeutschland mit dem Fernsehen großgewordene Journalist, der sich für damalige Zeiten modernster technischer Mittel bedient – über den „Ohrwurm" werden ihm aktuelle Hochrechnungen durchgesagt, die sein Gegenüber noch gar nicht kennen kann. Und die Sendeminuten sind kostbar, die Zeit am Wahlabend ist knapp, es wird schnell und dann schnell hektisch.

Das Gespräch droht ausgerechnet an dem Punkt zu entgleisen, wo es um den Informationsgehalt aktueller Hochrechnungen geht. Der Politiker, Wehner, wirkt altmodisch, ein bisschen wie ein Dinosaurier, der noch nicht erkannt hat, dass ein neues Medienzeitalter anbricht, in dem es auf sekundenschnelle Verarbeitung der ständig aktuellsten Informationen ankommt. Jetzt mal langsam! – scheint er zu meinen, das wirkt wiederum sympathisch. Der Journalist dagegen ist zwar auf der Höhe der Zeit, wirkt dabei aber etwas glatt.

Wer heute studiert, ist wohl satte drei Generationen von Herbert Wehner (Dresden 1906–1990 Bonn) entfernt. Im Folgenden wird gleichwohl das Bild vom altmodischen Wehner näher betrachtet, um schließlich das Heutige darin zu spiegeln. Wir studieren die Geschichte, um daraus für Gegenwart und Zukunft zu lernen.

## 2 Feind der Medien

Kaum ein deutscher Politiker der Nachkriegszeit ist in den Medien so heftig angefeindet worden wie Herbert Wehner. Das begann spätestens in den 1950er Jahren und ging weiter, bis über seinen Tod 1990 hinaus, im Grunde genommen bis heute.[1]

Am Anfang standen Vorwürfe aus der Richtung der KPD, meist inspiriert von der SED im Osten, mit dem Ziel, Herbert Wehner als Überläufer zur Sozialdemokratie, als Rivalen um die Gunst der Arbeiterinnen- und Arbeiterschaft zu schwächen oder nach Möglichkeit gar auszuschalten. Ein Beispiel ist die Flugblattserie von 1950, in der Wehner als „von kleinbürgerlichem Ehrgeiz und Karrierismus zerfressen" bezeichnet wurde, als Verräter und Agent des britischen Geheimdienstes.

[1] Ein Beispiel für die Folgen ist der Wikipedia-Eintrag zu Herbert Wehner. Auf der Seite der Herbert-und-Greta-Wehner-Stiftung (www.hgwst.de) decke ich die mehr als zwei Dutzend teils auf die vergangenen Verleumdungskampagnen zurückgehenden Fehler nach und nach auf. Ein Beispiel übrigens, warum dieses anonym verfasste Online-Lexikon keineswegs eine Quelle mit wissenschaftlicher Qualität ist.

„Legt dem Verbrecher das Handwerk", riefen die Kommunisten auf (Meyer 2006: S. 144f.). Sie ließen Taten folgen. Mindestens dreimal wurden Anschläge auf Herbert Wehner verübt, sie verliefen im Ergebnis harmlos (ebd., S. 124, 145). Wahrscheinlich als erster Politiker des Bonner Parlaments wurde Herbert Wehner unter Polizeischutz gestellt. „Herr Wehner ist zu benachrichtigen, dass er nicht immer denselben Anzug und denselben Hut trägt", hieß es in den Hinweisen der Hamburger Kriminalpolizei vom 24. August 1949 (HGWST[2]).

Als Mitglied des Fraktionsvorstands und Vorsitzender des Bundestagsausschusses für gesamtdeutsche und Berliner Fragen wurde Herbert Wehner schon bald einer der führenden Bonner Oppositionspolitiker. Seine Bedeutung entging der regierenden CDU nicht, und so überzog als nächstes die Union Wehner mit übler Nachrede. Unzutreffend, aber wohl gerade noch von der Meinungsfreiheit gedeckt waren dabei in der CDU-nahen Presse wiedergegebene Äußerungen Adenauers, Wehner verkörpere in der SPD den „russischen Einfluss". Dem „Spiegel" zugespielte Vorwürfe aber, er habe „heimlich mit Ost-Berlin verhandelt", entbehrten jeder Grundlage. Das war im Bundestagswahlkampf 1953 (Meyer 2006, S. 180).

Ihren Höhepunkt erreichten die Anti-Wehner-Kampagnen der Union im folgenden Bundestagswahlkampf, 1957. Die schwedische Tageszeitung „Dagens Nyheter" veröffentlichte im März dieses Jahres einen Artikel, in dem behauptet wurde, Herbert Wehner habe während des Zweiten Weltkriegs in Stockholm eine Spionagezentrale des sowjetischen Geheimdienstes geleitet. Auch daran war nichts, wie die Zeitung bald selbst zugab, aber die CDU/CSU im Bundestag, mit amtlicher Unterstützung, sorgte fleißig für eine Weiterverbreitung der Gerüchte und für eine wochenlange kräftige Pressekampagne gegen Wehner.

---

[2] Herbert-und-Greta-Wehner-Stiftung, Dresden (HGWST), HGWST-GW 145-002. Kriminalpolizei Hamburg [Leiter der Spezial-Abteilung]: Aktennotiz über Wehner vom 24.8.1949 (ms.).

Manches davon mutet heutzutage geradezu grotesk an, etwa die Einschätzung von Walter Henkels in den „Düsseldorfer Nachrichten": „Der fanatische Zug um seine Mundwinkel macht deutlich, welche Prägekraft der Kommunismus, dem er sich fünfzehn Jahre seines Lebens verschrieben hatte, ausübt." (HGWST[3])

Wehner wehrte sich, indem er seine „Notizen", eine 200-seitige maschinenschriftliche Abrechnung mit der KPD, welche er 1946 in Uppsala aufgeschrieben hatte, hundertemal kopieren ließ und sie an zahlreiche westdeutsche Politiker und Journalisten versandte (Meyer 2010, S. 147ff.).

Neben der SED und der CDU/CSU waren es vor allem die Rechtsextremen, die sich an Medienkampagnen gegen Herbert Wehner beteiligten. Der dubiose „Enthüllungsjournalist" Hans Frederik etwa häufte zu Beginn der 1960er Jahre Material über den angeblichen Verräter an. Er unterhielt geschäftliche Beziehungen zu den Rechtsextremen in der Bundesrepublik ebenso wie zum DDR-Ministerium für Staatssicherheit auf (Meyer 2006, S. 273-277).

„Innenpolitische Gegnerschaft belebt (...) aber ein Feindverhältnis (...) tötet schließlich die Demokratie" – Herbert Wehners nicht hinlänglich berühmter Satz von 1960 steht wie kein anderer für den Kurs der Gemeinsamkeit der Demokratinnen und Demokraten, auf dem er die SPD in die erste Große Koalition 1966 steuerte (Meyer 2006, insbes. S. 230-236). Die Attacken aus den Reihen der Union gingen in dieser Zeit zurück, dafür aber zog sich Herbert Wehner als Steuermann und Architekt der Öffnung der SPD zur bürgerlichen Mitte hin eine Anti-Wehner-Bewegung innerhalb der eigenen Partei heran - scheinbar.

Scheinbar, denn es war vor allem ein Rauschen im Blätterwald, was Anfang 1966 die Runde machte. Die „Zeit" veröffentlichte am 11. März

---

[3] HGWST-DU 13-011. Henkels, Walter: Wehner, der Linksaußen, in: Düsseldorfer Nachrichten vom 13.4.1957.

1966 ein anonymes, mit „***" gezeichnetes Pamphlet unter dem Titel „Die Anklage der SPD-Fronde gegen Herbert Wehner". Seiten- und wochenlang setzten sich die bürgerliche Wochenzeitung und andere Leitmedien der Bundesrepublik mit der angeblichen innerparteilichen Opposition gegen Wehner auseinander. Der stellvertretende SPD-Vorsitzende würde diktatorische Methoden anwenden, habe den Parteiapparat nach bolschewistischem Vorbild umgestaltet. Selbst eine Warnung des legendären ersten Nachkriegsvorsitzenden Kurt Schumacher auf dem Totenbette (ganz im Stile Lenins vor Stalin) wurde herbeigedichtet. Willy Brandt und der Parteivorstand stellten sich schnell demonstrativ gegen die „Heckenschützen", die angebliche Fronde verlief im Sande. Erst drei Jahrzehnte später stellte sich heraus, dass der SPD nahestehende Journalisten dahinter steckten. Sie hatten sich bei einigen alten Wehner-Feinden umgehört und dann selbst das Pamphlet verfasst, um schließlich in der dritten Person breit darüber zu berichten (Meyer 2006, S. 278f.). Heute heißt das „Fake News".

Politisierende Journalisten waren es auch, welche die Lunte unter die nächste große Anti-Wehner-Attacke legten. Sie kam, 1973, getarnt daher, und zwar als Anti-Brandt-Attacke Wehners. Der Fraktionsvorsitzende sei, so lautete die Mär, welche im Herbst dieses Krisenjahres der Brandt'schen Kanzlerschaft verbreitet wurde, dem Kanzler auf einer Reise in die Sowjetunion in den Rücken gefallen, er habe, so der „Spiegel", gemeint, „Was der Regierung fehlt ist ein Kopf" und betreibe, ausgerechnet von Moskau aus, den Sturz Willy Brandts. Auch daran war nichts, aber diesmal gelang es, zumal Brandt sich im Kanzleramt mit einer Reihe von journalistischen Wehner-Gegnern als „Beratern" umgeben hatte, zumindest in das menschliche Verhältnis zwischen Brandt und Wehner einen Keil zu treiben (Meyer 2013).[4]

---

[4] Ich gebe das hier bewusst – im Zusammenhang dieses Aufsatzes eben – nur sehr verkürzt wieder. Wer die genaueren Umstände nachlesen will, sehe in der breiten Darstellung in Meyer 2006 nach sowie – knapp und präzise zusammengefasst – in Meyer 2013.

Wehner, der eigentlich immer Kommunist geblieben war, Wehner, der den Kommunismus oder die Kommunisten verraten hatte, Wehner der eiskalte Apparatschik, Wehner der Strippenzieher, Wehner, der Agent Londons oder Moskaus, diese Bilder waren in den Medien erzeugt worden – und trotz ihrer Widerlegung durch immer neue quellengesättigte Arbeiten blieb ihre Wirkung in den Köpfen erhalten, vor allem in den Köpfen derjenigen, die sie auch in den folgenden Jahrzehnten immer wieder für ihre Zwecke ausschlachten wollten.

Zunächst wurde es in den 1980er Jahren merklich stiller um Herbert Wehner – und auch die mediale Verleumdung köchelte auf Sparflamme. Der Politiker hatte 1983 alle Ämter niedergelegt und nicht wieder für den Bundestag kandidiert. Von der Öffentlichkeit weitgehend unbemerkt, litt er in seinen letzten Lebensjahren an Demenz und starb im Januar 1990 in Bonn. Respektvoll verabschiedete sich die Bundesrepublik Deutschland mit einem Staatsakt von einem der Gründerväter ihres demokratischen Parlamentarismus.

Die deutsche Einheit hat er nicht mehr bewusst miterlebt, aber sein Tod und die deutsche Einheit hatten Folgen für das Wehner-Bild. Nun konnte der Diffamierte sich nicht mehr selber wehren. Den Anfang machten wieder einmal die Kommunisten. Im Zusammenhang mit „Glasnost" öffneten die Sowjets zeitweise ihre Archive, luden ihre „Bruderparteien" ein, ihre stalinistische Vergangenheit vor Ort aufzuarbeiten. Die westdeutsche DKP schickte den ehemaligen Leiter des Hamburger Thälmann-Archivs, Reinhard Müller. Dieser verlagerte sein Hauptinteresse vom Balken vor dem eigenen Auge schnell darauf, den sozialdemokratischen Renegaten Wehner ins Visier zu nehmen (Beier 1993, S. 5). Die Geschichte vom „exzessiven Funktionstäter" Herbert Wehner, der im Moskau des Jahres 1937 reihenweise Genossen ans Messer geliefert habe, machte die Runde (vgl. zuletzt Müller 2004[5]).

[5] Zur Kritik an Müllers „Enthüllungen" vgl. vor allem Meyer 2004, zu Wehners tatsächlichem Verhalten in Moskau vgl. zuletzt Meyer 2017, S. 26-29.

Unappetitlich war, was da über Herbert Wehner herauskam, aber die Attacke war doch übertrieben und einseitig. Das Gleiche gilt für eine Aktion des Bundesbeauftragten für die Stasi-Unterlagen. Die Gauck-Behörde schickte im Jahr 1994 zwei Aktenordner voll mit umfangreichen Kopien aus der MfS-Akte Herbert Wehners an zahlreiche Adressen, vornehmlich Journalisten. Die Stasi hatte diese Akte in den 1960er Jahren angelegt, um Material zu haben, mit dem sie Herbert Wehner im Westen verleumden könnte – die Erben der Stasi setzten das Material ein. Ein heftiges Presseecho setzte ein – die Hauptstoßrichtung der Berichterstattung ging allerdings nicht gegen die Staatssicherheit, sondern gegen Herbert Wehner.

Noch im Jahr 2000, als ich selbst einmal Gelegenheit nahm, mir die Wehner'sche Stasiakte im Archiv der Gauck-Behörde in Berlin anzusehen, stand im Lesesaal ein großer Schrank. „Der ist für die Journalisten", sagte mir die Archivarin, „da sind zwei Bestände drin: eine Kopie der Wehner-Akten und eine Kopie der Akten zum Bernsteinzimmer."

Die letzte Witwe des Kanzlers, Brigitte Seebacher-Brandt, lenkte zur gleichen Zeit die Debatte auf Herbert Wehners angeblichen Beitrag zum Rücktritt Brandts. Die Legende vom Verräter Herbert Wehner wurde nun breit publiziert, gerne wurde dabei der Komplex „Moskau 1937" mit dem Komplex „Willy Brandt 1973/74" verquickt. Ein Beispiel dafür ist das zweiteilige Dokudrama des ARD-Filmemachers Heinrich Breloer von 1993 „Herbert Wehner – die unerzählte Geschichte", Teil 1 „Die Nacht von Münstereifel", Teil 2 „Hotel Lux".

In den folgenden Jahren waren es vor allem politisierende Journalisten und publizierende Politiker, mit denen Herbert Wehner zu Lebzeiten Schwierigkeiten hatte bzw. die meinten, mit Herbert Wehner Schwierigkeiten gehabt zu haben, die den Toten mit immer neuen Vorwürfen überhäuften. Zu nennen ist hier vor allem Egon Bahr.

Brandts außenpolitischer Berater, in den 1970er Jahren im Kanzleramt und später zeitweise Bundesgeschäftsführer der SPD, fantasierte in seinen 1996 erschienenen Memoiren „Zu meiner Zeit" von dem Verrat, den Herbert Wehner 1973 gemeinsam mit Erich Honecker an Willy Brandt geübt habe. All dies wurde ihm bereits damals minuziös widerlegt, doch das hinderte den greisen Bahr nicht daran, die alte Soße öffentlichkeitswirksam und auflagenfördernd im Rahmen eines schmaleren Erinnerungsbuchs im SPD-Jubiläumsjahr 2013 wieder aufzuwärmen. Erneut wurden die Vorwürfe widerlegt (Meyer 2013), und doch – etwas blieb hängen.

So hat meine Biographie „Herbert Wehner" von 2006 zwar zu einer Versachlichung beigetragen, doch wie die Mechanismen der medialen Echokammern so sind: Gibt es keinen Skandal, geht die Berichterstattung zurück. Und so ist der „schwierige" Herbert Wehner stückweise näher in Richtung Vergessen gerückt.

Das medial verbreitete Feindbild ist zwar längst ad absurdum geführt, aber die Rehabilitation findet weitgehend unbemerkt von der breiten Medienöffentlichkeit statt. Wehner – das ist jüngeren Publizisten oft zu kompliziert. Also besser weglassen. Das Ergebnis ist eine Lücke im Geschichtsbild der Bundesrepublik – eine bedeutende, wenn man, wie ich, davon ausgeht, dass Herbert Wehner einer der wichtigsten Gestalter der deutschen Nachkriegsgeschichte gewesen ist.

## 3 Freund der Medien

Medien, Journalisten, die das Feindbild Herbert Wehners pflegten, sind die eine Seite der Sache. Auf der anderen Seite stehen ausgesprochen freundliche, gar freundschaftliche Verhältnisse zwischen Herbert Wehner und einzelnen Journalistinnen und Journalisten. Und selbst Wehner gegenüber „neutrale" oder kritisch eingestellte Medienvertreter hatten etwas für ihn übrig. Schließlich boten die Reibungsflächen des

Politikers immer wieder Stoff, um Funken daraus zu schlagen für interessante, ein breites Publikum interessierende Geschichten. Wehner ließ die deutsche Journalistenzunft nicht kalt.

Gegen die – weniger qualitativ denn quantitativ – massiven Vorwürfe im Rahmen der Dagens-Nyheter-Affäre 1957 wurde Herbert Wehner von einer Reihe Journalistinnen und Journalisten in Schutz genommen. Besonders wichtig war ein längerer, biographischer Artikel von Marion Gräfin Dönhoff in der „Zeit". Sie fragte, ob die deutsche Politik auf Wehner verzichten könne, und antwortete mit einer Gegenfrage: „Muß einem nicht *die* Demokratie leid tun, die einen Politiker von sich stößt, weil er menschlich und politisch unbequem ist und weil sein Lebensweg anders verlief, als mancher möchte, während andere, die einem politisch bequem sind, ruhig einen falschen Lebensweg hinter sich haben dürfen?" (HGWST[6])

Abb. 1: Medienwirksam in Szene gesetzt: Herbert Wehner mit Pfeifensammlung (Foto: Kovacs, Herbert-und-Greta-Wehner-Stiftung)

[6] HGWST-DU 09-004. Marion Gräfin Dönhoff: Ein Ex-Kommunist im Bonner Parlament in: Die Zeit Nr. 17 vom 25.4.1957, S. 2 (Hervorh. i. Orig.).

Zuspruch erhielt Wehner in dieser Zeit auch von Margret Boveri sowie von Hans Ulrich Kempski von der Süddeutschen Zeitung, positiv berichteten über ihn die Bild-Zeitung sowie die Frankfurter Rundschau, Ingrid Segerstedt Wiberg in Schweden – und die Korrespondentin der Neuen Ruhr-Zeitung, Hilde Purwin. Letztere schrieb in den folgenden Jahrzehnten immer wieder verständnisvolle Artikel über Herbert Wehner.

Ein ausgesprochen freundliches Wehner-Porträt verfasste der damalige WDR-Journalist und spätere Regierungssprecher Klaus Bölling in seinem Buch „Die zweite Republik" von 1963. Die beiden hatten sich auf Wehners Jugoslawienreise im Jahr 1956 kennengelernt, als Bölling dort ARD-Korrespondent war (HWA[7]). Der Kontakt zwischen beiden blieb über die Jahrzehnte hinweg herzlich.

Großen Schwankungen unterworfen war das Verhältnis zwischen Herbert Wehner und den Journalisten des Hamburger Nachrichtenmagazins „Der Spiegel". Conrad Ahlers, der von der „Welt" gekommen war, und seine Familie kannten die Wehners schon seit den 1950er Jahren; Wehner war Taufpate von Ahlers' Sohn Detlev. Als Ahlers 1962 während der „Spiegel-Affäre" in Untersuchungshaft saß, brachte Greta Burmester in Wehners Auftrag Lebensmittelpakete ins Gefängnis (HGWST[8]). Zu erheblichen Turbulenzen kam es, als und nachdem Ahlers als Regierungssprecher tätig war – in den 1970er Jahren ging das Verhältnis ebenso in die Brüche wie dasjenige zu Herausgeber Rudolf Augstein, der Wehner ebenfalls im Urlaub auf der schwedischen Insel Öland besucht hatte. Bei Augstein gipfelte es darin, dass dieser im März 1974 im „Spiegel" Wehner in einem Artikel mit der irreführenden

[7] Herbert-Wehner-Archiv im Archiv der sozialen Demokratie, Bonn (HWA), Nr. 1/HWAA00APK 48. Klaus Bölling, Korrespondent der Arbeitsgemeinschaft der deutschen Rundfunkanstalten, Belgrad, an Herbert Wehner vom 18.12.1956.

[8] HGWST-SD 82-012. Hs. Vermerk von Greta Wehner zu Schanetzky, Tim: Als die Journalisten frech wurden. In: Die Zeit vom 22.10.2009, S. 90.

Überschrift „Wort an einen Freund" den Rücktritt als Fraktionsvorsitzender nahelegte. Da war der Ofen aus.

Zeitweise besonders eng war das Verhältnis von Herbert Wehner zu Günter Gaus. Das gipfelte im Jahr 1966 in einem ganzen Gesprächsbuch des Journalisten vom Südwestfunk. Gaus war zwischen 1966 und 1970 mehrfach, teils wochenlang auf Öland zu Gast. Nachdem Günter Gaus 1969 Chefredakteur des „Spiegel" wurde, verschlechterte sich sein Verhältnis zu Herbert Wehner, dem die Stellungnahme des Magazins gegen die Große Koalition nicht gefiel (Gaus 2004, S. 278f.). Auch Gaus kam unter Willy Brandt ins Kanzleramt, wurde dann der erste Ständige Vertreter der Bundesrepublik Deutschland in der DDR. Das Verhältnis Wehners zu ihm wurde zwar nicht unfreundlich, blieb aber dennoch eher gespannt.

Sehr freundlich pflegten in den 1950er und bis weit in die 1960er Jahre hinein die Zeitungen des Hamburger Verlegers Axel Springer über Herbert Wehner zu berichten. Springer meinte Ende der 1950er Jahre, er selbst sei dazu ausersehen, die Wiedervereinigung Deutschlands herbeizuführen (Meyer 1997, S. 161); er träumte zeitweilig davon, Außenminister zu werden. Im Zuge des Machtwechsels hin zur sozialliberalen Koalition stellten sich der Großverleger und seine Presse jedoch gegen die Entspannungspolitik der neuen Regierung – und damit auch dauerhaft gegen Herbert Wehner (Meyer 2006, S. 373ff.)

Ein ausgesprochener Freund Herbert Wehners war der Journalist Leo Bauer. Dieser war selbst einst Kommunist gewesen; Wehner und er hatten sich spätestens 1936 in Paris kennengelernt. Bauer, nach dem Krieg zunächst SED-Journalist in Ostberlin, war 1952 im Rahmen eines Schauprozesses zu Lagerhaft in Sibirien verurteilt worden; nach seiner Entlassung in die Bundesrepublik 1955 wurde er Sozialdemokrat, – hierbei half Wehner – Redakteur beim „Stern" und schließlich – 1968 – Chefredakteur der SPD-Zeitschrift „Die Neue Gesellschaft" (Gaus 2004, S. 281). Dort traf er natürlich wieder auf Herbert Wehner.

Zwei ausländische Journalisten sind zu nennen, die Herbert Wehner und seiner Familie über die Jahrzehnte hinweg freundschaftlich verbunden blieben. Der eine war ein Franzose, Joseph Rovan, unter anderem Frankreich-Korrespondent beim Bayerischen Rundfunk. Er hatte seit Anfang der 1960er Jahre engen Kontakt zu Herbert Wehner, es entwickelte sich schnell ein Vertrauensverhältnis, es kam zu gegenseitigen Besuchen. Nach Wehners Tod schrieb Rovan ein sehr einfühlsames Porträt für den Bayerischen Rundfunk (Rovan 2000, S. 402-406).

David Binder war der Bonner Korrespondent der New York Times. Von dem US-Amerikaner stammt „The Other German", eine frühe und bis heute unerreichte Biographie über Willy Brandt (Binder 1975). Diese fußte auch auf zahlreichen Gesprächen und Schriftverkehr mit Herbert Wehner. Ein Exemplar schenkte Binder Wehner zu Weihnachten 1975. Noch heute liegt der Zettel mit der persönlichen Widmung darin: „Dieses Buch wurde mit Liebe geschrieben, mit ziemlich viel Liebe für Sie und Lotte und Greta – das über die künstlichen und gekünstelten Sensationen hinaus."

Ein ausgesprochenes Vertrauensverhältnis entwickelte sich ab 1966 zwischen dem NDR-Journalisten Jürgen Kellermeier und Herbert Wehner. Kellermeier war häufig bei Wehners zu Gast und führte mehrere lange und aussagekräftige Interviews mit dem Politiker (Großkopff 2011). Am eindrucksvollsten ist die über anderthalbstündige Fernsehsendung „Zeugen der Zeit", ein im Herbst 1979 in der Wohnung auf dem Bonner Heiderhof aufgenommenes Zeitzeugengespräch. Neben Günter Gaus' ZDF-Interview „Zur Person" von 1964 ist dieses *das* klassische Fernsehinterview mit Herbert Wehner. Der mit Wehner sehr vertraute Anwalt Wolfgang Vogel hat mir einmal am Telefon folgende Anekdote erzählt: Gefragt, wie es bei Journalisten um die Fairness bestellt sei, habe Wehner ihm geantwortet: „Was heißt hier ‚fairer Journalist'? Ich kenne nur drei faire Journalisten: Der eine ist der Kellermeier, der zweite ist der Kellermeier und der dritte ist der Kellermeier."

Zum Schluss dieses Abschnittes komme ich noch einmal auf die Bemerkung vom Anfang zurück: Auch diejenigen Journalisten, die Wehner nicht nahestanden, waren doch – und wenn auch nur teilweise – von dessen Persönlichkeit und Ausstrahlung fasziniert. Ein Beispiel dafür ist der schon ganz am Anfang zu Wort gekommene Ernst Dieter Lueg. Dieser schrieb zum Ausscheiden Herbert Wehners einen kurzen Beitrag für die Programmzeitschrift „Hörzu". Darin meinte er: „Nie hat er politische Abziehbilder produziert, nie unverbindliche Hochglanztexte geredet" – „Onkel Herbert wird uns fehlen" (HGWST[9]).

Lueg merkte in diesem kurzen Artikel noch an, Herbert Wehner selbst schreibe ja regelmäßig Artikel für Tageszeitungen, es „gab auch den ‚journalistischen' Kollegen Wehner". Das ist richtig, aber die Anführungsstriche hätte er ruhig weglassen können. Darum geht es im nächsten Abschnitt.

## 4 Journalist und Medienmacher

Wer politisch etwas erreichen will, muss öffentlich reden, öffentlich schreiben. Heute mögen Politikerinnen und Politiker sich ihre Reden, Artikel oder auch ganze Bücher von fleißigen Helfern schreiben lassen – das galt nicht für Herbert Wehner.

Schon ganz am Anfang seines politischen Lebenswegs stand die Publizistik. Als Anarchist, im Jahr 1926, produzierte Wehner die „Revolutionäre Tat". Unter dem Motto „Anarchie ist nicht Chaos, sondern Ordnung ohne Herrschaft" erschienen drei vierseitige Ausgaben, die meisten Artikel stammen aus der Feder des noch nicht 20-jährigen Herbert Wehner. Es folgte dann eine erste hauptberufliche Tätigkeit als Journa-

[9] HGWST-SD 44-004. Lueg, Ernst Dieter: "Herbert Wehner und Ernst Dieter Lueg, Interview-Kontrahenten seit 1969. Hier nimmt der ARD-Reporter Abschied vom scheidenden Politiker". In: Hörzu (mit Programm vom 9.-15.4.1983), S. 21.

list: Im Herbst 1926 ging Wehner nach Berlin, zog beim Ehepaar Mühsam ein und übernahm die Redaktion (das Redigieren) von Erich Mühsams Zeitschrift „Fanal“. Im Streit mit dem Dichter und Räterevolutionär, der dem jungen Talent nicht genügend Raum ließ, sich selbst schreibend zu entfalten, verließ Wehner im Frühjahr 1927 Berlin.

Er schloss sich in Dresden der Kommunistischen Partei an, verfasste Flugblätter und eine ganze Reihe von Artikeln, unter anderem für die sächsische KP-Zeitung „Arbeiterstimme“ – wahrscheinlich sind aber nur die wenigsten Artikel von ihm namentlich gekennzeichnet. 1933, als Technischer Sekretär des Politbüros in Berlin, ging Herbert Wehner in den Untergrund, in den Widerstand, ins Exil. Als er 1937 nach Moskau beordert wurde, weil eine Untersuchung gegen ihn eingeleitet wurde, begann für ihn eine weitgehende politische Zwangspause. Aus dieser Zeit sind den Stalinismus schuldgemäß preisende Artikel für Exilzeitschriften überliefert. Er suchte sich Beschäftigung und wandte sich wiederum den Medien zu. Für das Sekretariat der Kommunistischen Internationale schaffte er einige Rundfunkapparate an und erwirkte seine Ernennung zum „Leiter des Radio- und Kino-Sektors in der Abteilung Presse und Propaganda“. Er studierte ausländische, auch deutsche Presse und Rundfunksendungen. Neben den genannten Artikeln entstand daraus im Jahr 1940 eine 260-seitige, mit Statistiken gespickte Schrift über die wirtschaftliche Lage im von Deutschland beherrschten Teil Europas (Meyer 2006, S. 78f.).

Als Wehner 1941 als Illegaler nach Stockholm kam, ging seine Publikationstätigkeit weiter – allerdings schrieb er nun unter Pseudonym.[10] In seiner schwedischen Haftzeit von 1942 bis 1944 schrieb er zwar auch– aber im Ergebnis nur „für den Hausgebrauch“, wobei er sich dabei innerlich vom Kommunismus löste.

[10] Eine Bibliographie von Wehners „Frühwerk“ in Soell 1991, S. 589-601.

Als Herbert Wehner 1946 nach Deutschland zurückkehren konnte, ging er nach Hamburg, trat dort gleich der SPD bei und wurde Lektor und Schriftsteller beim Phönix-Verlag. Ab April 1947 war er dann auch hauptberuflich Journalist. Er wurde Außenpolitischer Redakteur der SPD-Lizenzzeitung „Hamburger Echo". Über zwei Jahre lang verfasste er in nahezu jeder Ausgabe des Blattes einen Leitartikel, unterhielt ein umfangreiches Korrespondentennetz in Europa und darüber hinaus, reiste er zu internationalen Gipfeln wie der Außenministerkonferenz von 1949 in Paris. Ein junger Redaktionskollege hielt die teils hektische Arbeit bei der Zeitung in einem an Goethe angelehnten Gedicht fest. Hier ein Auszug aus der Schlusspassage:

> „Wir aber sind fertig und ziehen uns an,
> der Nachtdienst zu Ende, unsere Pflicht ist getan.
> Wenn alles schon weg ist, nach Haus' sich beeilt,
> dann einer vom Nachtdienst im Redaktionsraum noch weilt,
> um 10 Uhr Herr Wehner auf seinem Stuhle noch klebt,
> doch in seinen Armen die Zeitung, das 'Echo', es lebt!" (HWA[11])

Die begrenzte Wirkungsmöglichkeit von parteinahen Lizenzzeitungen war Wehner in dieser Zeit schon bewusst. Im Trend und auch im Interesse des Publikums lagen überparteiliche Zeitungen wie es sie in der amerikanischen Zone schon gab. Daher bemühte sich Herbert Wehner um eine berufliche Veränderung. Schon im Herbst 1947 bewarb er sich mit Stilproben um eine Stelle bei der Wochenzeitung „Die Zeit" (HWA[12]). Eine Antwort ist in den Akten bisher nicht aufgetaucht.

Auf der gleichen Linie lag ein Medienprojekt, das Herbert Wehner im Jahr 1948 mit großem Aufwand und sehr ernsthaft betrieb: Gemeinsam mit seinem Parteifreund Hellmut Kalbitzer plante er die Gründung

---

[11] HWA, Nr. 1/HWAA004016. St. (Steinbrecher): Des Erlkönigs "Echo" (undatiert, um 1948).

[12] HWA, Nr. 1/HWAA001120. Herbert Wehner an "Die Zeit" vom 13.11.1947.

einer parteiunabhängigen Wochen- oder Tageszeitung. Herbert Wehner war als Chefredakteur vorgesehen, und auf echtem Zeitungspapier produzierten sie die Nullnummer des „Hamburger Kurier". Die Entscheidung über die Vergabe der Lizenz hatte die britische Besatzungsmacht dem sozialdemokratischen Bürgermeister Max Brauer überlassen. Dieser jedoch entschied sich für den Sohn eines alten Freundes aus Altona: Axel Springer, der sich um diese Zeit noch als „heimatloser Linker" (Kalbitzer 1987, S. 114) bezeichnete. So entstand das „Hamburger Abendblatt", und von da aus nahm ein ganz anderes Medienimperium seinen Ausgang als das von Herbert Wehner angestrebte (Meyer 2006, S. 133ff.).

Wehner aber kandidierte 1949 für den Bundestag und blieb über 33 Jahre Abgeordneter in Bonn. In den ersten Jahren schrieb er weiter für das „Hamburger Echo", welches ihn stolz als „unser HW-Korrespondent in Bonn" firmieren ließ. In den 1950er Jahren schrieb Wehner viele große Artikel für das Parteiorgan „Vorwärts". Als Berufsbezeichnung im Amtlichen Handbuch des Deutschen Bundestages stand bei Herbert Wehner bis ganz zuletzt stets „Redakteur".

Journalistische Tätigkeit hing für Herbert Wehner nun eng zusammen mit seinen politischen Aufgaben. Da war zum Beispiel das – von ihm selbst so genannte – „Harburgern", seine ab 1966 regelmäßigen Kolumnen für die in seinem Wahlkreis erscheinenden „Harburger Anzeigen und Nachrichten". Er wurde Mitherausgeber der Parteizeitung „Vorwärts" und auch des SPD-Theorieorgans „Die Neue Gesellschaft". Nach dem Tod seines Freundes Leo Bauer 1972 sah Wehner es als seine Verpflichtung an, dort die Verantwortung und schließlich die Chefredaktion zu übernehmen. Das tat er in großer Bescheidenheit. „Übrigens: Das Impressum der ‚Neuen Gesellschaft' hat sich wesentlich verändert", hieß es im ersten Heft unter seiner Ägide, die im Oktober 1973 begann (Neue Gesellschaft 20, S. 738). In Wehners Zeit schrieben namhafte Autorinnen und Autoren für die Zeitschrift und sorgten dafür, dass sie auf der Höhe der gesellschaftlichen und innerparteilichen Diskussionen blieb. Das für ihn mit erheblichen Strapazen verbundene Amt bekleidete er bis Januar 1982, als Peter Glotz ihm als neuer Chefredakteur folgte.

Mit seiner Wahl zum Stellvertretenden Parteivorsitzenden auf dem Stuttgarter Parteitag von 1958 ist eine entscheidende Veränderung in Herbert Wehners eigenem politischen Lebenslauf und in der Geschichte der SPD verbunden. Es begann eine tiefgreifende Modernisierung der Partei, und damit auch der Instrumente ihrer Öffentlichkeits- und Medienarbeit. Diesen Prozess ermöglichte Herbert Wehner, und er trieb ihn von verantwortlicher Stelle aus voran.

Zu Wehners Zeit gab es nur zwei stellvertretende Parteivorsitzende, und das Amt war ungleich wichtiger für die Partei als für seinen Inhaber. Denn einen hauptamtlichen Generalsekretär oder Bundesgeschäftsführer gab es noch nicht. Herbert Wehner übernahm 1958 unter anderem die Verantwortlichkeit für die Parteiorganisation sowie für die Pressearbeit. Bis 1968, als er diese Aufgabe aufgrund seiner Überlastung als Minister abgab, konnte er damit effektiv die Öffentlichkeitsarbeit der SPD leiten (Meyer 2006, S. 214ff., 339).

Mit dem Godesberger Programm von 1959 war für die SPD der Anspruch verbunden, die klassenpolitische Enge als „Arbeiterpartei" zu verlassen. Herbert Wehner definierte „Volkspartei" im Jahr 1972 als „die politische Partei, die ihre Herkunft nicht verleugnet und sich bewußt bleibt, daß ihre Stärke in der Beharrlichkeit ihres Eintretens für die Gleichheit der sozialen Chancen aller Mitbürgerinnen und Mitbürger besteht, deren gleiche Rechte als Staatsbürger sie in jahrzehntelangem Ringen durchgesetzt hat." (Wehner 1973, S. 5). Dafür war die Voraussetzung, Anschluss an breite Schichten der Bevölkerung zu finden, die Basis für sozialdemokratische Politik zu verbreitern.

Eine professionelle Öffentlichkeitsarbeit gehörte daher zu den zentralen Anliegen Wehners, und er stärkte im Jahrzehnt der Anbahnung des Machtwechsels (1958 bis 1966/69) allen denjenigen den Rücken, die in der Lage waren, die Modernisierung der SPD auf allen Ebenen voranzutreiben. Personell gehörte dazu der unverbraucht und dynamisch wirkende Willy Brandt als attraktiver Kanzlerkandidat. Inhaltlich gehörten dazu unter dem Motto „Geh mit der Zeit, geh mit der SPD!" zahlreiche Konferenzen, gar Kongresse im ganzen Land, die neue Themen und breitere Zielgruppen erschließen sollten. Organisatorisch gehörten dazu eine professionelle Pressearbeit des Parteivorstands sowie die Nutzung der modernsten Methoden der Meinungsforschung.

Dieses Feld hatte die SPD in den 1950er Jahren noch weitgehend der politischen Konkurrenz von der CDU überlassen, jetzt öffnete Wehner die Flure der Parteizentrale. Ihm ging es darum, die SPD mehrheitsfähig zu machen, und daher etablierte er die Meinungsforschung in der Partei (Kruke 2012, S. 223). Er unterstützte eine Gruppe von jungen Wissenschaftlern, genannt wurden sie die „Heinzelmännchen" aufgrund ihrer für das politische Bonn damals ungewöhnlichen Bekleidung mit Kapuzenmänteln (Steinwede/Scholz 2019, S. 26). Bei Wehners hießen sie „Kapuzenmänner". Es war das „ifas"-, später „infas"-Institut, das Institut für angewandte Sozialforschung mit den beiden jungen, in den USA geschulten Fulbright-Stipendiaten Wolfgang Hartenstein und Klaus Liepelt an der Spitze.[13]

Für die Bundestagswahlkämpfe versicherte Wehner sich der Expertise dieses modernsten der deutschen Meinungsforschungsinstitute. Für 1961 empfahl Liepelt der SPD, Willy Brandt als „neuen jüngeren Typ Weltpolitiker" herauszustellen. Er sollte also gegenüber dem alten Kanzler Adenauer als frisch und unverbraucht erscheinen (HWA[14]).

[13] Siehe hierzu auch das Kapitel von Klaus Liepelt in diesem Band, d. Hrsg.

[14] HWA, Nr. 1/HWAA000729. Klaus Liepelt: Ausarbeitung des infas-Instituts für die Zentrale Wahlkampfleitung, 5.11.1960.

Dies gelang, die SPD legte kräftig zu, verfehlte jedoch die Regierungsmehrheit. Beim nächsten Wahlkampf, 1965, sah die Lage anders aus. Mit Ludwig Erhard war der legendäre Garant des Wirtschaftswunders Bundeskanzler geworden. Bei einer Zuspitzung auf den Zweikampf Brandt-Erhard könne die SPD nur verlieren, waren die Meinungsforscher überzeugt. Sie gewannen – gegen Brandts Skepsis – die Unterstützung Herbert Wehners, der nicht zuletzt auf den Rat der infas-Leute hin einen thematisch breiten Wahlkampf führen, die Parteiorganisation an der Basis ausbauen wollte und die Auseinandersetzung um Personen vor allem auf die Kandidaten in den einzelnen Wahlkreisen verlagerte (Steinwede/Scholz 2019, S. 26f.). Damit ließ sich zwar die Wahl nicht gewinnen, aber die SPD legte zu. Sie rückte ein Stück näher an die 40-Prozent-Marke heran. Das war ein Grundstein für die Regierungsübernahme und die großen Erfolge in den 1970er Jahren.

## 5 Schluss: Medien und Macht, Bilder und Wirklichkeiten

Herbert Wehner, das war nach außen hin der knurrige Alte, der Pfeife rauchende, grantige, sein Gegenüber wie den politischen Gegner im Parlament abkanzelnde, schlagfertige, jähzornige Debattenredner. Das war sein Image, und das ist es im Wesentlichen bis heute.

Image und Identität sind aber zwei verschiedene Dinge, und das trifft sicher auf Wehner zu. Er hatte zwar eine harte Schale, aber auch seine weichen, zutiefst menschlichen Seiten. Und der gerade Journalisten durchaus einmal anschnauzende und abkanzelnde Mann war in Wirklichkeit selber Journalist. Der in der ersten Hälfte des zwanzigsten Jahrhunderts geprägte Politiker war in der zweiten Hälfte des zwanzigsten Jahrhunderts einer der wirkungsvollsten Modernisierer. Der „Wählerschreck" („Der Spiegel" zum 70. Geburtstag Wehners auf seiner Titelseite) war in Wirklichkeit der Architekt der größten SPD-Wahlerfolge. Ein Medienmensch.

Wehner war widersprüchlich, ein Modernisierer mit Ecken und Kanten. Er kam aus den Tiefen der Arbeiterinnen- und Arbeiterbewegung, er kam aus dem Osten und ging in den Westen, er war in seiner Jugend radikal, links – und in reifen Jahren integrierte er die Sozialdemokratie weit in die Mitte der Gesellschaft hinein.

Was der Politik heute fehlt, sind weniger die modernen Methoden der Öffentlichkeitsarbeit, der Publikums- und Medienanalyse. Wenn sich alle politischen Richtungen gleichermaßen der modernsten Methoden der Medialisierung bedienen, so hebt sich das gegenseitig auf. Natürlich bedeutet das gleichzeitig: Wer hier nicht schnell genug am Drücker ist, verliert an Terrain.

Aber im Netz und in den Kommunikations- und Werbemitteln up to date zu sein, reicht nicht mehr. Die Volksparteien haben an Boden verloren, weil sie auch infolge all der Modernisierung immer glatter, immer konturloser geworden sind. Am Ende können Werbe- und andere Agenturen auch nur das präsentieren, was wirklich da ist. Stimmen „innere Werte“ und äußeres Bild nicht miteinander überein, kann das zwar eine Zeit lang überbrückt werden, am Ende wird die Täuschung sich aber rächen, sie fliegt auf.

Wahrscheinlich nur ein einziges Mal in seinem Leben ist Herbert Wehner in einer Unterhaltungssendung des Fernsehens aufgetreten. Es war ein Karnevalssonntag, der 20. Februar 1977, im „Kölner Treff“ des Westdeutschen Rundfunks. In einem sonst ganz launigen Interview mit Dieter Thoma wurde es dann zwischendurch doch ernst, als Wehner sagte:

> „Wir sind jetzt in einer Republik, in der eigentlich mehr als nur diejenigen, die zu einer Partei gehören, wissen, wenn sie es auch nicht immer entsprechend tun, daß die Demokratie auf dem Prinzip der Gegenseitigkeit und der Ehrlichkeit beruht, und daß alle,

> bei allen Gegensätzen, auch Ehrlichkeit in der Auseinandersetzung der Gegensätze, sich entsprechend verhalten sollten. Nicht, um sich gegenseitig zu lobhudeln oder Puderzucker in bestimmte Körperteile zu blasen, sondern damit die Menschen sehen, worum gestritten wird. Sonst ginge das kaputt." (Thoma 1977, S. 370)

Herbert Wehner ist sehr mit seiner Zeit, dem 20. Jahrhundert, verbunden. Daher steht die politische und mediale Öffentlichkeit des 21. Jahrhunderts auch nicht vor der Aufgabe, ihn zu kopieren. Aber er steht für etwas: Politische Arbeit hat nicht zum obersten Ziel persönliche Karrieren und Erfolge bei Wahlen, sondern Macht ist Mittel zum Zweck, und der ist die Gestaltung einer menschlichen Gesellschaft.

Inwiefern sie dazu beiträgt, ist der Maßstab an Politik – für alle Beteiligten, die in der Politik Aktiven selbst ebenso wie für die Bevölkerung und diejenigen, welche in besonderem Maße die Verantwortung haben, zwischen beiden zu vermitteln: die Medien.

## 6 Nachbemerkung

Ludwig Hilmer ist der Rektor, der mich zwar nicht berufen, mir aber den Beamteneid abgenommen hat. Von Anfang an hatte ich das Gefühl, in ihm einen mitmenschlichen, einen ansprechbaren, einen nahbaren Gesprächspartner gefunden zu haben – eine gemeinsame Grundlage zur Zusammenarbeit eben.

Für eine Festschrift zum 60. Geburtstag dieses Historikers und Medienwissenschaftlers war es für mich von Anfang an logisch, dass ich einen Beitrag zu „Herbert Wehner und die Medien" abliefere. Zumal der letzte größere Beitrag über Wehner in den Medien – eine sehenswerte ZDF-Produktion aus der Reihe „Rivalen der Geschichte" – das Verhältnis Wehners zu einem Politiker aus Bayern, aus den Reihen der CSU beleuchtet, Franz Josef Strauß. Die Beziehung dieser beiden größten

Parlamentsredner in der Geschichte der alten Bundesrepublik war nun bekanntermaßen eher gespannt.

Was Wehner betrifft waren mindestens ebenso wichtig positive Beziehungen, auch zu Politikern aus dem christsozialen Bereich. In erster Linie zu nennen ist hier Karl Theodor Freiherr von und zu Guttenberg (1921–1972). Anfang der sechziger Jahre lernten Wehner und der CSU-Baron einander näher kennen und schätzen. Ihr an eine Freundschaft grenzendes Vertrauensverhältnis war eine der wichtigen Grundlagen für die Bildung der ersten Großen Koalition.

Seinen ersten Besuch bei Wehners hat Guttenberg in seinen bezeichnenderweise mit „Fußnoten“ betitelten Memoiren geschildert: „Eine kleine, einfache Wohnung, ein einfaches Essen und eine Unterhaltung, als säßen wir jede Woche zusammen“. Am Ende stellte Guttenberg fest: „Mit diesem Mann bin ich in entscheidenden Fragen einig.“ (Guttenberg 1971, S. 76)

So möge es nicht nur gewesen sein. Ad multos annos!

## Literatur

### Quellen, Zeitgenössisches, Memoiren

Bahr, Egon (1996): Zu meiner Zeit. München: Blessing

Bahr, Egon (2013): "Das musst du erzählen". Erinnerungen an Willy Brandt. Berlin: Propyläen

Bölling, Klaus (1963): Die zweite Republik. 15 Jahre Politik in Deutschland, Köln/Berlin: Kiepenheuer & Witsch

Gaus, Günter (1966): Staatserhaltende Opposition oder Hat die SPD kapituliert? Gespräche mit Herbert Wehner. Reinbek bei Hamburg: Rororo

Gaus, Günter (2004): Widersprüche. Erinnerungen eines linken Konservativen, Berlin: Propyläen

Guttenberg, Karl Theodor zu (1971): Fußnoten. Stuttgart: Seewald

Herbert Wehner vs Herr Lüg Lueg. Youtube-Video (https://www.youtube.com/watch?v=DwH1inbYWJI, abgerufen am 9.9.2019)

HGWST: Archiv der Herbert-und-Greta-Wehner-Stiftung, Dresden

HWA: Herbert-Wehner-Archiv im Archiv der sozialen Demokratie, Bonn

Kalbitzer, Hellmut (1987): Widerstehen oder Mitmachen. Eigen-sinnige Ansichten und sehr persönliche Erinnerungen. Hamburg: Die neue Gesellschaft

Die Neue Gesellschaft. Bonn: Verlag Neue Gesellschaft 1954ff.

Rovan, Joseph (2000): Erinnerungen eines Franzosen, der einmal Deutscher war. München Wien: Hanser

Steinwede, Jacob; Scholz, Joachim (2019): Zwischen Wissenschaft und Politik in 60 Jahren. Ein Gespräch mit Wolfgang Hartenstein, Klaus Liepelt und Menno Smid. In: Lagemaß Nr. 8, 2019, S. 24-42

Thoma, Dieter (1977): Herbert Wehner im „Kölner Treff" (Gesendet im Westdeutschen Fernsehen, III. Programm, am 20.2.1977). In: Gerhard Jahn (Hg.): Herbert Wehner: Zeugnis. Persönliche Notizen 1929-1942. 2. Aufl. Lizenzausgabe für die DDR Halle-Leipzig: mdv 1990, S. 368-375

Wehner, Herbert (1973): Der Sieg verpflichtet. In: Intern. Informationsdienst der Sozialdemokratischen Partei Deutschlands. Beilage zu „intern" Nr. 1/1973 vom 24.1.1973 (intern-dokumente nr. 1), S. 1-6.

## Literatur

Beier, Gerhard (1993): Zur Aufklärung über den Lebensweg Herbert Wehners in: Kronberger Bogendruck 3 (1/1993)

Binder, David (1975): The Other German. Willy Brandt's Life & Times. Washington, D.C.: The New Republik Book Company

Großkopff, Rudolf (2011): Die Macht des Vertrauens. Herbert Wehner und Jürgen Kellermeier - die ungewöhnliche Beziehung zwischen einem Politiker und einem Journalisten. Hamburg: Ellert & Richter

Kruke, Anja (2012): Demoskopie in der Bundesrepublik Deutschland. Meinungsforschung, Parteien und Medien 1949-1990. 2. Aufl. Düsseldorf: Droste (Beiträge zur Geschichte des Parlamentarismus und der politischen Parteien, Bd. 149)

Meyer, Christoph (1997): Die deutschlandpolitische Doppelstrategie. Wilhelm Wolfgang Schütz und das Kuratorium Unteilbares Deutschland (1954-1972). Landsberg am Lech: Olzog

Meyer, Christoph (2004): Rezension (http://www.hgwst.de/rezension/, abgerufen am 18.9.2019)

Meyer, Christoph (2006): Herbert Wehner. Biographie. 4. Aufl. München: dtv

Meyer, Christoph (2013): Der Mythos vom Verrat. Wehners Ostpolitik und die Irrtümer von Egon Bahr, in: Deutschland Archiv Online, 19.12.2013, http://www.bpb.de/175147

Meyer, Christoph (2010): Niederlage und Neubeginn. Herbert Wehner und die SPD 1957. In: Gallus, Alexander; Müller, Werner (Hg.): Sonde 1957. Ein Jahr als symbolische Zäsur für Wandlungsprozesse im geteilten Deutschland. Berlin: Duncker & Humblodt (Schriftenreihe der Gesellschaft für Deutschlandforschung, Bd. 98), S. 139-159

Meyer, Christoph (2017): „Trotz alledem – Weiter arbeiten und nicht verzweifeln!" Herbert Wehners bitterer Kampf gegen die Nazis, S. 1-42 (http://www.hgwst.de/hgwst/wp-content/uploads/2017/07/2017-07-19-Trotz-alledem-Dokumentation.pdf, abgerufen am 18.9.2019)

Müller, Reinhard (2004): Herbert Wehner - Moskau 1937. Hamburg: HIS

Soell, Hartmut (1991): Der junge Wehner. Zwischen revolutionärem Mythos und praktischer Vernunft. Stuttgart: DVA.

# Vom Innovation Hub des FC Barcelona zu Udo Steinberg.

Gedankensplitter zum Stand von Digitalisierung und Innovation im System Fußball.

Bernd Oliver Schmidt
Hochschule Mittweida, Fakultät Medien
Campus M21, München

*Die Beiträge dieses Bandes haben weniger eine thematische als eine personelle Klammer: Ludwig Hilmer. Und dieser ist bekanntlich - inter alia - Historiker, Medienwissenschaftler, Hochschulmanager und Radiomacher. Seine pediludische Biographie, Experten wissen es ohnehin, ist kaum weniger beindruckend: In jungen Jahren Star-Torwart („Die Feder") beim SV Geiersthal, später Schriftführer und 1. Vorstand dortselbst. Aktiver bei den Freizeitkickern von Rot-Weiss Klettham und Jugendtrainer dieses Vereins, in letzterer Eigenschaft später auch bei der SpVgg Altenerding. Der nachfolgende Text widmet sich also, wie alle anderen auch, einem der Fachgebiete des Jubilars. – Die Herausgeber*

## Kurzfassung

Die Popularität des professionellen Fußballs scheint (kaum) Grenzen zu kennen. Im Gefolge steigt seine wirtschaftliche Bedeutung stetig. Fußballvereine werden zu erfolgreichen Unternehmen, die traditionelle und neue Geschäftsfelder strategisch erschließen. Die folgenden „Notizen" beschäftigen sich schlaglichtartig mit aktuellen Entwicklungen und richten ihren Fokus vor allem auf die Möglichkeiten bzw. Formen der digitalen Transformation sowie die Bedeutung von Innovation in unterschiedlichen Bereichen des Fußballs.

Dabei soll hier auf begrenztem Feld die Systemtheorie Luhmann'scher Prägung[1] insofern zugrunde gelegt werden, als sie hinsichtlich einer Strukturierung wie auch – in der Anwendung ihrer Begrifflichkeiten – in der inhaltlichen Vertiefung sehr gut geeignet erscheint, als Beobachter einen erhellenden Blick auf das *System Fußball* werfen zu können.[2]

## Fußball: Von der Faszination zum Geschäft – Formen des digitalen Marketings

Folgen wir der Theorie Luhmanns, so stellt das Fußballspiel bzw. dessen mediale Übertragung eine Form der *Unterhaltung* für den Rezipienten dar: „Auch ein Spiel ist eine Art von Realitätsverdopplung, bei der die als Spiel begriffene Realität aus der normalen Realität ausgegliedert wird." (Luhmann 2009: S. 47).

Aktuell zu konstatieren ist: Die Bundesliga ist seit Jahren Zuschauermagnet. Laut DFL-Report 2019 war sie in Bezug auf die Stadionbesucher in der Saison 2017/18 die zuschauerstärkste Fußballliga der Welt. 43.879 von den Clubs abgesetzte Tickets pro Begegnung bedeuteten den zweithöchsten Durchschnittswert aller Spielzeiten seit 1963/64 (vgl. DFL 2019: S. 52).[3]

---

1 Wir betrachten Fußball somit als ein soziales System (vgl. Baecker 2009: S. 59). Niklas Luhmann hat eine Reihe von Konzepten, die ursprünglich aus der empirischen Biologie stammen, zum festen Bestandteil seiner soziologischen Theorie gemacht. Tatsächlich wurden tragende Elemente wie der Begriff *Autopoiesis* (vgl. hierzu Kap. 6) und die damit verbundenen Vorstellungen ursprünglich vom chilenischen Biologen Humberto Maturana geprägt (vgl. Rodriguez/Torres 2007).

2 Im Verlauf des Beitrags greifen wir insbesondere auf die Begriffe *Autopoiesis, operative Geschlossenheit* und *Selbstreferenz* zurück. Wir verwenden zudem Begriffe wie *strukturelle Kopplung, selektiver Code* und *Überraschung*, die wir innerhalb des hier vorgegebenen Umfangs jedoch nicht näher diskutieren können (vgl. Baraldi/Corsi/Esposito 2019).

3 Die Motive, warum der Fan bzw. Betrachter den Weg ins Fußballstadion findet, werden wissenschaftlich erfasst durch Skalen wie die The Motivation Scale for Sport Consumption (vgl. Trail; James 2001). Beyer hat diese erweitert und durch spezifische Motive der medialen Rezeption ergänzt (vgl. Beyer 2006).

| Saison | Borussia Dormund | FC Bayern München | FC Schalke 04 | RasenBallsport Leipzig |
|---|---|---|---|---|
| 2011/2012 | 80.552 | 69.000 | 61.218 | 7.396 |
| 2012/2013 | 80.558 | 71.000 | 61.171 | 7.557 |
| 2013/2014 | 80.361 | 71.008 | 61.551 | 16.735 |
| 2014/2015 | 80.475 | 72.911 | 61.517 | 25.026 |
| 2015/2016 | 81.226 | 75.006 | 61.377 | 29.441 |
| 2016/2017 | 79.721 | 75.000 | 60.762 | 41.478 |
| 2017/2018 | 79.496 | 75.000 | 61.331 | 39.397 |
| 2018/2019 | 80.841 | 75.000 | 61.069 | 38.380 |

Abb.1 Zuschauerzahlen ausgewählter Vereine der Bundesliga von der Saison 2011/12–2018/19
(eigene Darstellung, Datenquelle: Transfermarkt.de)

Geschäftsjahr für Geschäftsjahr vermeldet die Deutsche Fußball Liga (DFL) neue Umsatzrekorde. Stärkster Treiber dieser Entwicklung ist die Bundesliga, die mit 3,81 Mrd. Euro den 14. Umsatzrekord hintereinander aufgestellt und innerhalb von sieben Jahren ihre Erlöse verdoppelt hat (vgl. DFL 2019: S. 8). Mehr als 55.000 Menschen waren in der Saison 2017/18 direkt oder indirekt rund um die Bundesliga und 2. Bundesliga beschäftigt (vgl. ebd.: S. 21).

*„Längst ist der Fußballverein nicht nur ein Sportverein, er ist ein Wirtschaftsunternehmen. Gerade wenn man sich ansieht, was die Vereine in den Sozialen oder neuen Medien produzieren – zusammen mit den Sponsoren und auch mit den Spielern – ist das weit weg von der klassischen Clubstruktur, die wir noch kennen und die die Deutschen so verehren."* (Steuer 2019)[4]

Doch nicht nur in Deutschland besitzt der Fußball eine hohe wirtschaftliche Bedeutung. Der Umsatz des FC Bayern München betrug in der Saison 2017/18 629,2 Mio. Euro. Damit befand sich der deutsche Rekordmeister europaweit auf Platz vier im Ranking der umsatzstärksten Vereine. Branchenprimus war Real Madrid (750,9 Mio. Euro), gefolgt vom FC Barcelona (690,4 Mio. Euro) und Manchester United (666 Mio. Euro).

[4] Roman Steuer; das persönliche Interview führte der Autor am 17.10.2019.

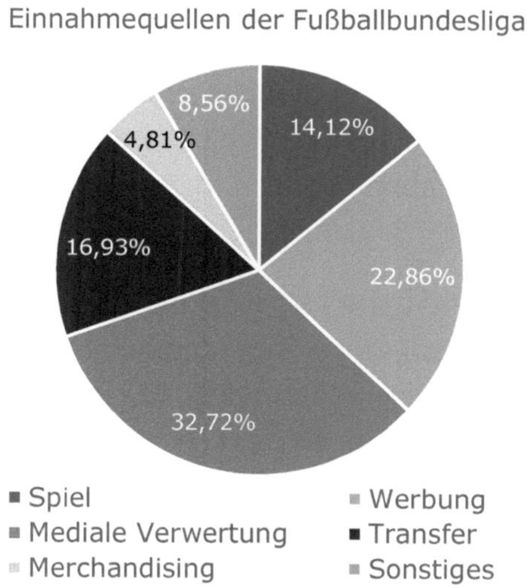


Abb. 2. Einnahmen der Deutschen Fußball Liga (DFL) (eigene Darstellung in Anlehnung an DFL 2019)

Für die Marketingabteilungen der Clubs lautet das Ziel: Den Fan zum Kunden machen. Sie nutzen hierbei extensiv wie intensiv die Möglichkeiten der digitalen Transformation, die es erlauben, mit den Fans immer, überall und unmittelbar zu kommunizieren; dem Fan dort zu begegnen, wo er sich im alltäglichen Leben befindet, und auf dessen Bedürfnisse spezifisch und direkt eingehen zu können. So bedienen die Vereine etwa gleichzeitig eine Vielzahl von nationalen wie internationalen Social-Media-Kanälen; das Merchandising ist als Onlinevertrieb organisiert; ein eigenes Club-TV stellt Content zur Verfügung, mobile Websites oder Vereins-Apps mit Push-Nachrichten halten den Fan permanent auf dem Laufenden.[5]

Besondere Bedeutung wird der digitalen Customer Journey zugewiesen, die die Customer Experience grundsätzlich verändert hat und gleichzeitig zu optimieren hilft. Wurde die klassische, linear ablaufende

[5] Vgl. zur Digitalisierung der Bundesligavereine die Studie von Kawohl; Kalkbrenner 2017.

Customer Journey chronologisch gesteuert, ist deren digitale Form aufgrund einer Vielzahl digitaler Kommunikationskanäle und -medien mit immer mehr intelligenten und mobilen Endgeräten sowie ständig wachsender Anzahl der Touchpoints nicht mehr linear, sondern multioptional, situationsabhängig und kundenindividuell (vgl. Brandao/Wolfram 2018: S. 97ff.).

Gerade die junge Zielgruppe fordert durch ihre hohe Digitalaffinität diese Änderung. Der Zielgruppe Generation Z wird für den zukünftigen Unternehmenserfolg eine entscheidende Rolle zugewiesen. Mit 4,52 Stunden pro Spieltag konsumiert keine andere Generation mehr Bundesligafußball als die 10- bis 22-Jährigen (vgl. DFL/WHU 2019: 5).

Selbstredend, dass wirtschaftlicher und sportlicher Erfolg – von wenigen Ausnahmen abgesehen – das Engagement der Vereine hinsichtlich der Digitalisierungsvielfalt der Customer Journey deutlich befördern (vgl. Kawohl/Kalkbrenner 2017: S. 19).

Die digitalen Möglichkeiten erlauben auch eine umfassende Begleitung des Fans an Spieltagen: Auf dem Weg zum und vom Stadion, im Stadion selbst und während des Spiels (Stichwort: *Smart Stadium*). Hier kann der Fan etwa unter Einsatz von *Augmented Reality* (*AR*) mit Zusatzinformationen versorgt werden. Vorbestellungen und Lieferungen zum Platz sind via App möglich; auf diesem Weg erhält er auch Informationen zu Stadionzugängen, Parkhinweisen oder Catering-Ständen.

Die Möglichkeiten der digitalen Kommunikation bieten dem Fan zeitlich wie auch inhaltlich beinahe unbegrenzte Möglichkeiten, mit dem Lieblingsverein in Kontakt zu treten: Der Fußball, so die Hypothese, hat im Zeitalter digitaler Medien den Alltag (die „normale Realität") der Fans fest im Griff.[6]

---

[6] Ist der Fußball somit fest in der Alltagsorganisation des Fans verankert, kann nicht länger von einer „Verdoppelung der Realität" ausgegangen werden, wie sie Luhmann für das Spiel generell unterstellt: Fußball ist im Lebensalltag des Fans Teil der „normalen Realität" (vgl. Luhmann 2009: S. 67).

## Strukturelle Kopplung: Fußball und Wirtschaft (Sponsoren)

Was mit Franz Beckenbauer und seiner Werbung für Erdinger Weißbier Anfang der 2000er begann,[7] setzt sich über die heutigen Social-Media-Kanäle fort: Cristiano Ronaldo, Lionel Messi und andere erfolgreiche (Spieler-)Marken werden von Sponsoren angefragt, um für deren Produkte zu werben. Das bisherige Marketinggeflecht zwischen Verein und Sponsor wird zunehmend in Frage gestellt, denn die Kräfteverhältnisse scheinen sich zu verschieben, wenn die Vereine weniger Follower haben als ihre Spieler.[8] Wird der Spieler zur Konkurrenz für den Verein? Auswege werden inzwischen diskutiert, wie die Situation für alle Beteiligten profitabel gelöst werden kann (vgl. Sponsors 2018).

## Strukturelle Kopplung: Fußball und Medien

Durch die Vermarktung der nationalen Medienrechte verbucht die DFL von der Saison 2017/2018 bis zur Saison 2020/2021 durchschnittlich Einnahmen von 1,16 Mrd. Euro pro Spielzeit, wobei 204 Millionen Euro auf das Free-TV und die übrigen 956 Millionen auf das Pay-TV entfallen (vgl. manager magazin 2019).

DFL und Ligaverband hatten dem Bundekartellamt im Jahr 2016 eine Liste von Verpflichtungszusagen übermittelt. Diese enthält vor allem das sogenannte „Alleinerwerbsverbot" („no single buyer" rule). Das

---

[7] Der damalige Aufsichtsratschef des FC Bayern, Franz Beckenbauer, scherte damals aus – obwohl sein Klub für die Brauerei Paulaner warb, unterschieb er einen Vertrag mit der Konkurrenz Erdinger Weißbier (vgl. Steudel 2003).

[8] Auf Instagram hat der FC Barcelona 79 Millionen Follower, sein Spieler Lionel Messi mit 134 Millionen fast doppelt so viele. Cristiano Ronaldo hat mit 187 Millionen Abonnenten mehr als fünfmal so viel wie sein Verein, Juventus Turin. Neymar kommt auf 127 Millionen Follower, sein Klub Paris Saint-Germain lediglich auf 25,4 Millionen. (Stand 29.10.2019; eigene Recherche Instagram)

heißt, dass es in Zukunft nicht möglich sein wird, dass ein einziger Bieter die Rechte für die Live-Übertragung aller Bundesligaspiele erwerben kann. Wie sich die Beziehung zwischen dem Rechtenehmer Sky und der DFL momentan darstellt, erläutert Roman Steuer, der von 2015 bis 2019 als Executive Vice President für den Gesamtbereich Sport bei Sky Deutschland zuständig war:[9]

*„Sky hat momentan rund 5,2 Millionen Abonnenten, das haben andere Anbieter in diesem Umfang nicht. Ich glaube, dass die DFL daher immer an einem solch starken Partner an ihrer Seite interessiert sein muss. Fußball ist unter den aktuellen Bedingungen ein kostenintensives Geschäft. Zu den Hunderten von Millionen an Rechtekosten fallen zusätzlich Produktionskosten an, die momentan vertraglich prozentual festgelegt sind. Jeder Lizenznehmer zahlt eine Pauschale für die Produktion, um ein fertiges Spielsignal zu erhalten. Und alles, was dann noch um die Übertragung herum gebaut wird, um das Produkt zu veredeln, sind On-Top-Kosten. Das heißt, das Produkt kostet deutlich mehr als die Übertragungsrechte, wenn auch die Rechtekosten den größten Anteil ausmachen."*

2020 wird die DFL die Bundesliga-Medienrechte für den nächsten Vierjahreszyklus neu vergeben. Ob diese Ausschreibung eine erneute Steigerung der Übertragungsrechte erzielen kann, ist fraglich. Auch in den aktuell abgeschlossenen nationalen Medienverträgen anderer europäischer Fußballligen wurden – wenn überhaupt - nur sehr geringe Wachstumszahlen erzielt. Die englische Premier League (2019/20–2021/22) musste sogar einen Rückgang von zehn Prozent verzeichnen, erlöst aber immer noch 1,72 Mrd. Euro pro Jahr (vgl. manager magazin 2019).

[9] Roman Steuer; das persönliche Interview führte der Autor am 17.10.2019.

## Welche Faktoren führen im Fußballspiel zum Erfolg?[10]

Spielerberater, Fußballlehrer und ehemaliger Leiter des FC Bayern Nachwuchses Hermann Hummels kommentiert hierzu:[11]

*„Was sind die Erfolgsfaktoren im Fußball? Oberstes Ziel ist der Sieg. Der Weg dorthin war in der letzten Zeit bestimmt durch möglichst viel Ballbesitz. Der spanische Fußball hatte damit lange Zeit Erfolg. Dieser Ansatz ist zunächst einmal eine defensive Taktik. Darüber hinaus ist der Ballbesitz, wenn er in der Offensive eine sehr hohe Qualität besitzt, der perfekte Ansatz, um Erfolg als Fußballmannschaft zu haben. Daher braucht der Ballbesitz eine hohe Qualität und nicht nur Quantität. Wichtig ist daher: In welchen Zonen habe ich als Mannschaft Ballbesitz? Die deutsche Nationalmannschaft war bei der WM in Russland mit Ballbesitzfußball, der sich aber in Zonen abspielte, in denen der Gegner nicht unter Druck geriet, letztendlich nicht erfolgreich. Am Ende hängt der Erfolg als Fußballmannschaft von den individuellen Qualitäten der Spieler ab, das war immer so und wird in Zukunft auch nicht anders sein. Dabei werden Spieler wie Lionel Messi, Kilian Mbappé, Cristiano Ronaldo, Robert Lewandowski oder Gerd Müller nie ihre Bedeutung verlieren."*

Frage: *„Sie stellen das Individuum heraus. Wie beurteilen Sie die Rolle der unterschiedlichen Spielsysteme für ein erfolgreiches Spiel?"*

*Hummels: „Wir messen dem System aus meiner Sicht heute zu große Bedeutung bei. Wir überhöhen das System und glauben, Systeme und Trainer entscheiden das Spiel. Das ist aus meiner Sicht ein Irrtum. Spieler und ihr jeweiliges Können waren, sind und bleiben das Wichtigste im Fußball. Wir bewerten bereits Jugendspieler danach, wie viele Systeme sie umsetzen können oder wie sie ins Spielsystem passen. Wir sollten aber wieder den*

---

[10] In einer systemischen Betrachtung bzw. Analyse des Fußballspiels wird die Unterscheidung Ballbesitz/kein Ballbesitz (als selektiver Code) im Zusammenhang des Ballbesitzwechsels und den damit entstehenden möglichen und nicht möglichen Spielzügen als Organisationsprinzip des Spiels betrachtet (vgl. Baecker 2009: S. 56f.).

[11] Hermann Hummels; das Interview führte der Autor telefonisch am 26.10.2019.

*Spieler als Individuum in den Mittelpunkt stellen. Was für Eigenschaften besitzt er? Warum wertschätzen wir ihn? Der Spieler hilft Mannschaften erfolgreich zu sein. Neben Lionel Messi und Cristiano Ronaldo fallen mir da auch Defensivspezialisten wie Sergio Ramos oder N'Golo Kanté ein. Wir müssen in der Beurteilung des Erfolges wieder dahin kommen, dass solche Spieler den Unterschied ausmachen und nicht ein vom Trainer vorgenommener Systemwechsel in der 37. Minute. Von daher müssen wir in Zukunft diese Individualität in der Jugendausbildung als oberste und wichtigste Zielsetzung haben. Qualität im Fußball lässt sich nur durch Individualität erreichen, sie ist ein belastbarer Indikator für ein erfolgreiches Spiel. Der Trainer ist gefordert, diese individuellen Qualitäten der Spieler zu einer Teamfähigkeit zusammenzuführen."*

In strategischen Spielsystemen werden Positionen und Rollen von Spielern, Laufwege, Spielsituationen usw. definiert. Grundlage liefern heutzutage die Spielanalysten der Vereine, die entsprechende Daten über das eigene Team wie auch den jeweiligen Gegner zusammentragen. Die Spieler (die Systeme) verfügen über diese Informationen (die Zustände). Gemäß den Aussagen von Hummels ist es die individuelle Klasse des Spielers, die (spielentscheidende) Perturbationen (für das gegnerische System) – oder: das Moment der Überraschung – kreiert.[12]

---

[12] Für Luhmann bestehen soziale System, und dazu sind Organisationen zu zählen, nicht aus Individuen und Gruppen, sondern aus Kommunikation. Doch gelingt es Luhmann etwa in seinen Ausführungen zur interpersonalen Kommunikation nicht, die Akteure vollständig aus dem „sozialen System Kommunikation" herauszuhalten (vgl. Beck 2017: S. 55f.). Genauso gelingt es nicht, das Individuum und seine spezifischen Fähigkeiten aus dem System Fußball im umfassenden Sinn auszuklammern.

## Innovationen – Clubs auf neuen Wegen

„Geld schießt (tatsächlich!) Tore" (CIES 2015).[13] Welche Wege schlagen die Vereine ein, um die wirtschaftlichen Grundlagen für den sportlichen Erfolg zu schaffen? Branchengrößen wie der FC Barcelona oder der FC Bayern München geben hier den Takt vor.

Der FC Bayern München hat mit der Medien-Tochter FCB Digital & Media Lab im Mai 2018 eine neue Gesellschaft gegründet: Der Geschäftsführer Stefan Mennerich beschreibt Hintergründe und Ausrichtungen folgendermaßen:

*„Wir [der FC Bayern München, Anm. des Autors] haben die GmbH gegründet, weil [...] wir die [...] internen Ressourcen, [...] das Know-how bündeln wollten, um nochmal schlagkräftiger vor allem für die FC Bayern München AG, für den eigenen Verein, zu werden. Das andere ist, dass wir glauben, dass man mit dieser Tochterfirma auch externes Geschäft machen kann. Dass wir das, was wir ohnehin gebaut haben – unsere Infrastruktur, unsere Hardware-Infrastruktur unsere Hosting-Infrastruktur, unsere Software-Infrastruktur, das Know-how, das wir aufgebaut haben in Medienvermarktung, -aktivierung – Dritten anbieten können: Vereinen, Sponsoren [...], und da eben ein zusätzliches Geschäft machen können [...], um eine weitere Revenue-Quelle und ein weiteres Standbein für den FC Bayern aufzubauen."* (Mennerich 2019)

Zusammen mit seinen Partnern SAP und Telekom entwickelte der FC Bayern eine Backend-Infrastruktur speziell für Fußballvereine, darunter: CRM-System, Ticketing-System, Zugangskontroll-Systeme, Mitgliederverwaltung-Systeme, Abo-Login-Systeme für digitale Plattformen. Der FCB-Tochter installiert und hostet die Infrastruktur. Kunden des

[13] Die Analysten des „Football Observatory" am Internationalen Zentrum für Sportstudien (CIES) im Schweizer Neuchâtel haben hierbei die Transferausgaben sowie die Resultate der Vereine in den europäischen „big-five-league-clubs" miteinander korreliert.

Unternehmens waren bereits im März 2019: Der FC Basel, Austria Wien und Dynamo Dresden (vgl. ebd.).

Der FC Barcelona gründete 2017 das Barça Innovation Hub (BIHUB), das dem Motto des Vereins – *Més que un club* („Mehr als ein Verein) Rechnung trägt. Im Zentrum des katalanischen Hubs stehen Forschung und Wissenstransfer auf sieben definierten Feldern: Team Sports, Sports Performance, Sports Analysis and Technology, Health and Well-Being, Fan Engagement and Big Data, Smart Venues and Social Innovation (vgl. BIHUB 2019). Das BIHUB arbeitete im März 2019 an 70 Forschungsprojekten, realisierte acht Projekte in Kooperation mit Startups, hatte inzwischen acht einschlägige Kongresse organisiert, und mehr als 10.000 Studenten nahmen an seinen Hochschulprogrammen Teil (vgl. FC Barcelona 2019).

Frage des Autors an Javier Sobrino, Director of Strategic Planning and Innovation des BIHUB: *"Mr. Sobrino, what is the idea behind the Barça Innovation Hub? What are your goals?"*[14]

Sobrino: *"We are convinced that innovation is one of the key drivers of sports industry. So Barça is pursuing three goals by implementing the hub: First, we want to be at the cutting edge of knowledge in different fields, because for us it is absolutely important to be competitive, both, from an athletic and also from the technical team managing perspective. Goal number two is to contribute to our brand, to the club positioning of Barça. We want to occupy space in the leadership of innovation in the sports industry. Third goal: We are a member's club. We don't have shareholders. We have to bring capital, and therefore we have to think about new revenue streams."*

[14] Javier Sobrino; das Interview führte der Autor (Telefon) am 03.10.2019.

Eine Betrachtung der Aktivitäten der beiden Vereine innerhalb der Luhmann'schen Kategorien zeigt eine geradezu rasante, dabei strategische Ausdifferenzierung des Fußballs als Wirtschaftssystem. Die Tätigkeit der FCB-Tochter erschließt als Dienstleister für Organisationen und Unternehmen im Sport neue Geschäftsfelder; das Innovation Hub des FC Barcelona verzahnt Sport, Industrie, Wissenschaft und Öffentlichkeit, indem es sich im Zentrum positioniert und als Treiber von umfassender Innovation im Sport fungiert. Dabei kann das System Fußball als *autopoietisch* („*autos*" griech. „selbst" und „*poiein*" griech. = „schaffen", „bauen") begriffen werden.[15] Die Ausdifferenzierungen der Vereine sind als (selbstreferentielle) Operationen zu begreifen, die auf den Kern des Fußballs verweisen: Auf die Leistungsoptimierung im Spiel und dadurch den sportlichen Erfolg, wie es Javier Sobrino auf den Punkt bringt: „*For us it's absolutely important to be competitive*". Eine aktuell diskutierte europäische Superliga sollte die Ausdifferenzierung weiter vorantreiben.

Innovation gepaart mit Individualität besitzt beim FC Barcelona als tragende Säule gewissermaßen Tradition. Gegründet wurde der katalanische Club 1899 von einer Gruppe um den Schweizer Hans (oder Joán) Gamper. Mitbegründer war auch Otto Meier, der im Jahr 1901 einen gewissen Udo Steinberg (1877-1919), einen Absolventen des Technikums Mittweida, in den Verein holte. Als Spieler des Vereins schoss Steinberg in neun Jahren 60 Tore, zwei davon im ersten Clásico (am 13. Mai 1902) gegen Real Madrid, den die Katalanen mit 3:1 gewannen. Von 1902 bis 1916 war Steinberg Mannschaftstrainer der *Blaugrana*

[15] Autopoietische Systeme zeichnen sich durch ihre operative Geschlossenheit aus. Während Maturana und Varela die operative Geschlossenheit eines autopoietischen Systems am Beispiel der Funktion des menschlichen Nervensystems darlegen (vgl. Maturana/Varela 2012: S. 179ff.), bezeichnet Luhmann damit generell *selbstreferentielle Systeme*, somit den Sachverhalt, dass Operationen, die zur Produktion neuer Elemente in einem System führen, von früheren Operationen desselben Systems abhängig und gleichzeitig die Voraussetzung folgender Operationen sind (vgl. Baraldi/Corsi/Esposito 2019: S. 29).

und leitete gleichzeitig die neu errichtete Fußballschule – den Vorgänger der heute so berühmten *La Masia*. Als Unternehmer führte er ein Ingenieurbüro in Barcelona, das spanienweit die damaligen „Nuevas Industrias" mit kompletten technischen Ausstattungen versorgte (vgl. Stascheit/Pernt/Blechschmidt-Vogel/Martínez Gámez 2016: S. 61). Seine ingenieurstechnischen Kenntnisse brachte er auch in seine Sportprojekte ein, so beim Bau und der Gestaltung von Sportplätzen (vgl. ebd.: S. 60f.).

## Literatur


Baecker, Dirk: Der Ballbesitz. In: Simon, Fritz B.: Vor dem Spiel ist nach dem Spiel. Systemische Aspekte des Fußballs. S. 54-65, Heidelberg: Carl Auer Verlag, 2009

Baraldi, Claudio; Corsi, Giancarlo; Esposito, Elena: Glossar zu Niklas Luhmanns Theorie sozialer Systeme. Frankfurt a.M.: Suhrkamp, 2011

Beck, Klaus: Kommunikationswissenschaft. München und Konstanz: UVK Verlagsgesellschaft, 2017

Beyer, Thomas: Determinanten der Sportrezeption – Erklärungsmodell und kausalanalytische Validierung am Beispiel der Fußballbundesliga. Wiesbaden: Deutscher Universitätsverlag/GWV Fachverlage, 2006

Brandao, Tanja; Kruse; Wolfram, Gerd: Digital Connection. Die bessere Customer Journey mit smarten Technologien - Strategie und Praxisbeispiele. Wiesbaden: Springer Gabler, 2018

CIES Football Observatory Monthly Report. Neuchâtel: Issue no. 3, March 2015

Kawohl, Julian; Kalkbrenner, Marcus: Digitalisierung der Customer Journey in der Fußballbundesliga. Eine Analyse der Erstligavereine. Berlin: Hochschule für Technik und Wirtschaft Berlin (htw), 2017

Luhmann, Niklas: Die Realität der Massenmedien. Wiesbaden: VS Verlag für Sozialwissenschaften, 2009

Maturana, Humberto; Varela Francisco: Der Baum der Erkenntnis. Die biologischen Wurzeln menschlichen Erkennens. Frankfurt a. M.: Fischer Taschenbuch, 2009

Rodríguez, Mansilla, Darío; Torres, Nafarrate, Javier: „Autopoiesis, die Einheit einer Differenz: Luhmann und Maturana“. In: Birle, Peter; Schmidt-Welle, Friedhelm (Hrsg.): Wechselseitige Perzeptionen: Deutschland – Lateinamerika im 20. Jahrhundert. Frankfurt a. M.: Vervuert, S. 79–108.

Stascheit, Marion; Karoline Pernt; Sabine Blechschmidt-Vogel; Eva Martínez Gámez; Hochschularchiv Mittweida herausgebendes Organ. Zum Leben und Wirken von Udo Steinberg. Mittweida: Biografische Dokumentation des Hochschularchives, 2016

Trail, Galen; James, Jeffrey: The Motivation Scale for Sport Consumption: Assessment of the Scale's Psychometric Properties. Journal of Sport Beha-vior. 24. 108-127, 2001

Onlinequellen:

BIHUB – BARÇA INNOVATION HUB: https://barcainnovationhub.com/acerca-de/; Stand 12.11.2019

Deloitte Spors Business Group: Bullseye. Football Money League. 2019, https://www2.deloitte.com/content/dam/Deloitte/uk/Documents/sports-business-group/deloitte-uk-deloitte-football-money-league-2019.pdf; Stand 12.11.2019

DFL: Wirtschaftsreport 2019. Die ökonomische Situation im Lizenzfußball. O.O., PDF-Datei; https://www.dfl.de/de/aktuelles/dfl-wirtschaftsreport-2019-rekordumsatz-und-weitere-bestmarken-bestaetigen-positive-wirtschaftliche-entwicklung-des-deutschen-profifussballs/, Stand 12.11.2019

DFL/WHU: CSM Research Report. Zukunftsstudie Bundesliga-Konsum. 2019, PDF-Datei; Stand 12.11.2019.

FC Barcelona: On second anniversary, Barça Innovation Hub now consolidated as leading plataform of sporting knowledge. 31.03.2019; https://www.fcbarcelona.com/en/news/1149833/on-second-anniversary-barca-innovation-hub-now-consolidated-as-leading-plataform-of-sporting-knowledge, Stand: 12.11.2019

manager magazin, 2019: DFL vergibt TV-Rechte neu. Bundesliga-Rechte-Startschuss für den Milliarden-Pitch. https://www.manager-magazin.de/unternehmen/artikel/fussball-bundesliga-medienrechte-werden-2020-neu-vergenem-a-1251471.html; 13.02.2019; Stand: 12.11.2019

Mennerich (FC Bayern): Die Pläne der FCB-Medientochter. SPOBIS 2019; https://www.youtube.com/watch?v=nn42TFvN5uE; Stand 12.11.2019

Sponsors: Social Media: Bundesliga: Konkurrenz im eigenen Haus. 20https://www.sponsors.de/news/sport/bundesliga-konkurrenz-im-eigenen-haus; 01.06.2018; Stand 12.11.2019

Steudel, Alexander: Beim FC Bayern gärt es: Beckenbauer trinkt fremd. Die Welt, 28.05.2003; https://www.welt.de/print-welt/article237381/Beim-FC-Bayern-gaert-es-Beckenbauer-trinkt-fremd.html; Stand 12.11.2019

Interviews führte der Autor mit den folgenden Experten (Die Interviewten haben der Veröffentlichung im jeweiligen Wortlaut zugestimmt):

Roman Steuer, ehemaliger Executive Vice Präsident für den Gesamtbereich Sport bei Sky Deutschland (persönliches Gespräch in München, 17.10.2019)

Hermann Hummels, Spielerberater, Fußballlehrer und ehemaliger Leiter des FC Bayern Nachwuchses, (Telefoninterview, 26.10.2019)

Javier Sobrino, Director of Strategic Planning and Innovation des BIHUB, (Telefoninterview, 03.10.2019)

# KlioDynamik: Die Muse bittet zum Tanz.

## Ortsnah, zeitnah, hautnah – und kapriziös.

Klaus Liepelt
Hochschule Mittweida, Fakultät Medien

*Klio war im alten Griechenland die Muse der Geschichtsschreibung. Die Assoziation an sie liegt denkbar nahe: Zum einen ist unser Jubilar als studierter Historiker ja einer ihrer Jünger, zum anderen geht der folgende Beitrag zeitlich sehr weit zurück – zwar nicht bis in die Antike aber immerhin bis zu den Anfängen Hilmer'schen Wirkens in Mittweida.*

*Die Herausgeber.*

Wenn er mit seinen Altersgenossen dereinst in jene Jahre käme, in denen man über Ruhestand nachzudenken beginnt, möge sein emsiger älterer Gastgeber doch bitte keine Gelegenheit versäumen, ihr Wirken über den Tag hinaus angemessen zu würdigen und freundlich darüber zu berichten. Dies wünschte sich Ludwig Hilmer nach einer runden Esswerkstatt, in der wir vor einigen Jahren gemeinsam auf zwei volle Jahrzehnte meines in Mittweida eingebrachten zweiten Berufslebens zurückgeblickt hatten. Ihm war wohl die vollmundige Erklärung im Ohr, meine lange Zeit in Mittelsachsen hätte nicht dem Deponieren von Altersweisheit gegolten, sondern eher dem Versuch zu einem wissenschaftlich fundierten Umgang mit socialen Turbulenzen. Einer fächerübergreifenden „Relationale Publikumsforschung" hätte ich mit auf den Weg helfen wollen. Nun sei das eine oder andere empirische Projekt noch marktnah in Gang zu setzen.

## Kliologen unterwegs: Vom lernenden Leben mit der Muse Klio

Mittweidas Spiritus Rector wächst jetzt seinerseits in die Festschriften-Generation hinein. Da ziemt es sich, auf seine Erwartung zurückzukommen und einem im Umgang mit Verstrickungen, deren Bewegungen, Transformationen und Auflösungen, in Theorie und Praxis gleichermaßen bewanderten Historiker-Kollegen zu einer persönlichen Zeitreise einzuladen, zu der er seine Generationskohorte nebst jüngeren Mitstreitern gern mitbringen mag. Wir besuchen markante Gelegenheiten, die den Reisebegleiter mit Mittweida verbunden haben, und untersuchen einige Gegebenheiten, die ihn dort festhalten. Wir wandern von soliden Anfängen durch unbekanntes Gelände und über Stolpersteine hinweg zum Bauzaun eines Observatoriums von orts-, zeit- und hautnaher Kliometrie, wo Wissenschaft sich weiterbewegt, und wo Klio noch aus der Reihe tanzt. Schließlich hat der Verfasser, in seinen frühen Jahren, ähnlich wie der verehrte jüngere Zeitreise-Gast, bei Mediävisten, Zeitgeschichtlern und Staatsrechtslehrern den akribischen Umgang mit alten Urkunden und Inschriften, wie auch mit aktuellen Dokumenten trainiert.

## Kliologie. Der erste Eindruck

Unser gemeinsamer biografischer Steckbrief ist weniger die exakte Mathematik als vielmehr die Beschäftigung mit dem Ungewöhnlichen, dem besonderen Fall und seinen Begleitumständen. Unter uns Historikern nennt man diesen Teil der Humanwissenschaften auch schon mal **„Kliologie“**. Schließlich war es die Muse Klio, bei der wir zu unterschiedlichen Zeiten, aber zu allererst, das Beobachten und Berichten gelernt, den gewissen Blick entwickelt haben zu unterscheiden zwischen dem, was wir schätzen und dem, was uns stört. Natürlich gingen wir auch bei Adam Ries zur Schule, aber der Frau Klio verdanken wir unsere Fähigkeit, Relevantes auf den Punkt zu bringen, einen Einzelkomplex in den ihm angemessenen Rahmen zu stellen, lange bevor die Statistik ihre Variablen zum Vermessen anbietet. Das Erzählen von Geschichten ist ihr wie unser spezielles Geschäft. Auch haben wir mit ihr stets gern getanzt. So gab es allen Anlass, unserer Muse über Kapriolen und Kapricen hinweg bis heute treu zu bleiben.

## Klioskopie. Die zweite Betrachtung

Nach diesen ersten Erfahrungen hatte jeder von uns vielfach Gelegenheit, an der Muse noch andere ihm bisher unbekannte Seiten zu entdecken. So hatte das Fulbright-Programm dem Verfasser für 1953/54 einen US-Studienaufenthalt zu einer „zweiten Betrachtung" der Welt durch die Linsen der empirischen Sozialforschung ermöglicht. Das erforderte eine zusätzliche Ausbildung und einen systematischen Umgang mit den besonderen Denkwegen der MINT-Disziplinen. Aber auch in diesem neu erlernten Beobachtungsfeld der Öffentlichen Meinung, das sich aus heutiger Sicht wohl auch als **„Klioskopie"** beschreiben lässt, blieb der Zugang zum Außergewöhnlichen weiter gefordert, zumal mit der wachsenden Zahl von Mitspielern die Zugangswege unübersichtlicher wurden. Der Muse Dienste waren dabei mehr denn je gefragt. Denn Klioskopen berauschen sich nicht an Daten, schon gar nicht an deren normalen Verteilungen. Sie begleiten ungewöhnliche sociale Begebenheiten, möglichst von Anfang an, und nah dran. Vor allem dann, wenn eine Sache sich auswächst, will man wissen, was vor sich geht, und wer dabei was erstrebt.[1] Dafür hält man sogar schon mal die Uhren an.

[1] Als US-Klassiker solcher Pragmatik, der mit seinen systematischen Fragestellungen die empirische Forschung um die Politik entscheidend geprägt hat, gilt noch immer Harold D. Lasswell, (1936): POLITICS: Who Gets What, When, How. Glencoe, Il: Free Press.

Auf Liepelt, den jüngsten der Institutsgründer, war Mitte der 1990er Jahre, als er 65 wurde, eine besondere Herausforderung zugekommen. Von einem versierten „Gatekeeper" darauf eingestimmt, sollte er zu einem von Ludwig Hilmers Wegbegleitern auf einer langen, zeitweise auch zeitversetzt und parallel verlaufenden Wanderung durch unbekanntes Gelände in einer neu sich entfaltenden Kommunikationslandschaft werden. Dabei lernte man, aufregende Ereignisse nicht einfach aufregend zu finden, sondern in Kontexte einzubetten, die sie veränderbar machen. Ungeplant war, dass Zeitgenossen die sich noch gar nicht kannten, bei diversen, eher zufällig zustande gekommenen weitgehend analogen, aber gar nicht identischen klioskopischen Unterwegs-Aktivitäten, sich immer wieder mal auf einer anderen Aussichtsplattform begegnen, um von dort zu einer abermals komplexeren digitalen Welt weiterzureisen.

Daraus wurde ein jahrzehntelanges berufliches Dauerthema, nachdem Wolfgang Hartenstein, Klaus Liepelt und Günter Schubert, drei junge Kollegen mit ähnlichen Lebensläufen, im Herbst 1959 gemeinsam den Mut hatten, ein „Institut für angewandte Sozialwissenschaft" zu gründen, das später unter dem Namen „infas" bekannt wurde, und das vielen Klienten maßgeschneidert zu aktuellen Positionsbestimmungen, Risikoabschätzungen und Entwicklungsperspektiven verholfen hat. Allerdings hatte infas auch seinerseits einige besondere klioskopische Sprünge durchzustehen.[2]

---

[2] Unlängst gaben die beiden überlebenden infas-Gründer, gleichsam als Zeitzeugen für die Anfänge, den heutigen Protagonisten, Mitarbeitern und Kunden des Unternehmens durch ein Interview Gelegenheit, über die wechselvolle Geschichte einer feindlichen Übernahme und deren Rückabwicklung hinweg, sich bei einer ins Haus stehenden 60-Jahre-Feier auf eine neu erblühte infas-Tradition einzustimmen. Dort wurden auch einige Eckdaten zu Erlebnissen präsentiert, die jene Bindungen gefördert haben, die der Autor des vorliegenden Beitrags an den Standort Mittweida entwickelt hat, den er vor der Wiedervereinigung noch gar nicht gekannt hatte: „Zwischen Wissenschaft und Politik in 60 Jahren. Ein Gespräch mit Wolfgang Hartenstein, Klaus Liepelt und Menno Smid" in: Infas, Lagemaß, Ausgabe 08/08.2019: S. 24-40. Bonn.

## Bei Radio Hundert, 6 in Berlin: Neue Musik mit Otto Altendorfer

Unsere Abenteuerreise beginnt vor einem Vierteljahrhundert in Berlin, bei einem privaten Hörfunksender. Dort hatten die Medienleute Ulrich Schamoni und Georg Gafron kurz vor dem Fall der Mauer sich mit einer ersten Lizenz auf den Weg gemacht, die Ätherwellen der geteilten Stadt frisch durchzumischen. Zu dem poppigen Namen „Hundert Komma Sechs" hatten sie sich, ihrer besonderen Tonalität nicht fremd, auch konträre Entwicklungshelfer ausgesucht:

Einerseits gab es eine Partizipation an einer auf laufende Telefonumfragen gestützten Begleitforschung zur Radionutzung, die das für seine Kooperation mit den öffentlich-rechtlichen Sendern bekannte infas-Institut damals in Berlin-Brandenburg anbot. In diesem Fall war mit dem Trend-Monitoring zur Radio-Resonanz auch ein Beratungsprogramm mit Klaus Liepelt verbunden. Zum anderen hatten sich die Hundert,6-Macher mit Otto Altendorfer, zuvor Abteilungsleiter für Medienpolitik in der Bonner CDU-Zentrale, einen hoffnungsvollen Nachwuchsmanager ins Haus geholt.

Der Manager und der Berater trafen sich erstmals Mitte 1993. Sie waren beide vom Fach. So kooperierten sie und verstanden sich gut. Bei den Empfehlungen zur praktischen Umsetzung der Messwerte gab es kaum Dissens. Rasch zunehmende Hörerquoten animierten die Radiomacher mit ihren Beratern über innovative Ausweitungen der Erhebungsformate, Umsetzungsstile und Beschleunigungstechniken nachzudenken. So formierte sich um Hundert,6 ein Expertenkreis, zu dem neben Wissenschaftlern und Werbe-Experten auch Medien-Fachleute aus einigen ostdeutschen Institutionen vor den Toren Berlins gestoßen waren, die die damals noch laufenden Umbrüche der Rundfunklandschaft nicht allein durchleben mochten.

Nicht zuletzt nutzte man das Knowhow von Dr. Jürgen Bortz, Statistik-Professor an der TU Berlin. Dieser hatte für einige Hörfunk-Unternehmen „Rohdaten", unreflektierte Befragungsergebnisse aus mehreren Tranchen der sogenannten AGMA-Erhebungen inspiziert, die von den beteiligten großen Instituten Jahr für Jahr bundesweit einzeln durchgeführt wurden, um am Ende über ein gemeinsames, als „Redressment" bezeichnetes Gewichtungsverfahren, zu einem einheitlichen Jahres-Datensatz verbunden zu werden. Das Kunstprodukt diente den auftraggebenden Veranstaltern und Agenturen zur kommerziellen Bewertung ihrer Werbeleistungen. Die von den Statistik-Gutachtern präsentierten Befunde zeigten dramatische Qualitätsmängel. Es entstand eine breite Kontroverse. Sie endete, mangels praktikabler Alternativen, unveröffentlicht im Branchengezwitscher.

Das ungewohnte Engagement einiger Privatfunkveranstalter stieß auch bei einem Forscher-Team auf Interesse, das sich seinerzeit in Potsdam um die Einrichtung eines gemeinnützigen Zentrums für kommunikationswissenschaftliche Forschungs- und Anwendungstechniken (Verein „Pan Medium e.V."), bemühte, dem sich auch dieser Autor mit 65 Jahren nach Auslaufen seiner Bindungen an die infas GmbH verschrieben hatte. Dort hatten sich praktizierende Wahlforscher eine Zeitlang mit den Trendanalysen zur öffentlichen Meinung auseinandergesetzt, deren Befragungsträger, mit denen der in Kritik geratenen AGMA-Medienforschung teilweise identisch waren. Auch auf dem Feld der politischen Umfragen waren begründete Zweifel an der Qualität der Erhebungen und an der Kompetenz einiger Institute laut geworden. Den Anstoß dafür hatte das Superwahljahr 1994 gegeben, in dem in acht Monaten vor der Bundestagswahl am 16. Oktober immerhin 17 andere Wahlen unterschiedlichen regionalen und sächlichen Gewichts die bundesweite Politiklandschaft vorgeprägt und mitparzelliert hatten, ohne dass dies einem einzigen der politischen Trendforscher als relevant aufgefallen wäre.

Auch war es über diesen zeitnahen Vorgang hinaus zu minutiöser Kritik am Vorgehen einiger großer Institute gekommen. Dabei ging es weniger um die Kurz-Barometer vor den Wahlen, die mal mehr und mal weniger mit dem Endergebnis übereinstimmten, aber für die Forschung weniger relevant sind als mittelfristige Trendanalysen, mit denen sich Handlungsspielräume öffnen können. Kritisiert wurden intransparente Erhebungsmethoden und „invasive" Korrekturverfahren, durch die Umfragequellen nicht aufeinander abgestimmt, sondern geradezu bis zur Wertlosigkeit kamoufliert wurden.[3] In diesem Fall war ein Vorstoß betroffener Demoskopen gescheitert, durch Einflussnahme auf die Herausgeber eines wissenschaftlichen Sammelbandes den Fehlerdiskurs von sich abzuwenden. So suchte man die Sache auszusitzen – bis dann mit der Bundestagswahl 2005 das nächste Methoden-Desaster diesmal über die ganze Branche kam. Der von allen Instituten vorhergesagte Rundum-Machtwechsel blieb aus, es kam die Große Koalition, und die Eignung der politischen Umfrageforschung für Wahlanalysen geriet damit dauerhaft in Zweifel.

Mit seiner persönlichen und fachlichen Diversifizierung war das damalige Berliner Ensemble der kritischen Forscher offenbar stark und breit genug aufgestellt, um gemeinsam auch Störversuchen von widerstreitenden Interessenten widerstehen zu können, denen es nicht gefiel, dass mit der gesamtdeutschen Wende auch dieser oder jener Forschungs-Erbhof durchleuchtet, mit neuen Fragestellungen konfrontiert, und vielleicht sogar anders geordnet wurde. Die naive Überschätzung jener fragilen Instrumente, mit denen einige der bekannten demoskopischen Institute seinerzeit ihr Handwerk verrichteten, wie auch die Nonchalance, mit der ihre Vertreter, als Fragen dazu auf den Tisch kamen, ihrer Klientel die erbetene Aufklärung versagten, wurde von

[3] Zu den Anfängen dieser Kontroverse, zu Hintergründen und vorgeschlagenen Lösungswegen siehe Feist, Ursula, Klaus Liepelt: Demokratie nach Quoten? Zur kommunikationsstrategischen Instrumentalisierung der Wählerforschung im Wahljahr 1994, in: Max Kaase, Hans Dieter Klingemann (Hrsg.): Wahlen und Wähler. Analysen aus Anlass der Bundestagswahl 1994. Opladen 1995: S. 625ff.

den beteiligten Experten und Anwendern als starke Zumutung empfunden. Der Vorwurf von „unzulässigen Interventionen" in Erhebungsdaten galt nun gleichermaßen für die großen aufwändigen Publikumsbefragungen zur Media-Analyse wie für die politische Meinungsforschung vor Wahlen. Natürlich war das keine vorsätzliche Verschwörung manipulativer Kräfte. Aber wie es immer wieder einmal zu einer branchenweiten Kumulation von Unvernunft kommen kann, haben wir erst später mit Theorien zur socialen Verfasstheit von Märkten herausgefunden.

Nicht lange nach unserem gemeinsamen, aufsehenerregenden Berliner Debüt verabschiedete sich Otto Altendorfer für alle unerwartet im Frühjahr 1995 bei Radio Hundert,6 auf eine medienwissenschaftliche Professur an die Hochschule Mittweida, verbunden mit dem Ziel, dort ein interdisziplinäres, praxisorientiertes Ausbildungsprogramm in Gang zu setzen. Bald darauf wurde er auch Präsident der Sächsischen Landesmedienanstalt (SLM).

Nach der intensiven und weithin erfolgreichen Zusammenarbeit wollten die Beteiligten nicht einfach wieder auseinandergehen. Um seine sächsischen Vorhaben schnell voranzubringen, warb Altendorfer auch in dem Berlin-Brandenburger Kreis um Dozenten für Medienforschung und Statistik. Er hatte dafür ein einleuchtendes Argument: Die Beteiligung seiner eingespielten Berliner Gesprächspartner beim Einrichten der ersten Lehr- und Forschungsvorhaben könne in dem von ihm und anderen innovationsfreundlichen Medienleuten neu zu gestaltenden Hochschul-Umfeld allen Beteiligten helfen, ihre an den Praktiken der Branche geübte Kritik in einer breiter werdenden wissenschaftlichen Partnerschaft aktiv umzusetzen. So kam es kurzfristig zu einigen Schnuppervorlesungen, zu denen Bortz und der Verfasser nach Mittweida pendelten. Dort kam bald noch ein weiteres erhebliches Argument ins Spiel: der frisch berufene Hochschullehrer Ludwig Hilmer.

## Otto Altendorfer & Ludwig Hilmer: Mittweidas starke Doppelspitze

Die beiden Protagonisten, die an der Hochschule Mittweida in der Mitte der 1990er Jahre sich anschickten, ein gemeinsames Medienwesen zu entwickeln, trafen dort zunächst auf geteilte Zustimmung, aber rundum auf Respekt, oder sie wussten zumindest, diesen sich rasch zu verschaffen. In Erscheinung und Temperament konnten sie unterschiedlicher nicht sein, aber sie verfolgten vehement und solidarisch gleiche Ziele. Um die kleine Hochschulstadt, einen weder wachsenden noch blühenden Industriestandort an Deutschlands neuer Peripherie, für junge Leute attraktiv zu machen, brauchte man nicht nur gute politische Verbindungen zur Elbresidenz und Professorenstellen. Ungewöhnliche Ideen waren gefragt, die dem neuen Regenten des Freistaats ins Modernisierungskonzept passten. Hierfür wurden Talente gesucht, die sich nicht nur als Ratgeber, sondern auch als tätige Taktgeber bewähren würden.

Die Lösung hatte sich im benachbarten weiß-blauen Freistaat angebahnt: Zwei jungen Publizistikexperten, die, in Regensburg promoviert, danach in dafür prädestinierten Einrichtungen mediale Entwicklungshilfe gelernt hatten, und die durch persönliches Demokratie-Engagement auch politisch gut vernetzt waren, fiel die Herausforderung zu, ein seit Öffnung der Grenzen als redundant geltendes und zuweilen als „Wanzenschmiede" denunziertes Technikum, jedenfalls teilweise, in eine Lehr- und Lernwerkstatt für angehende Jetztzeit-Kommunikatoren zu wandeln. Die beiden kannten sich schon länger, man könnte meinen, sie wären von Kind an auf derselben Schule gewesen. Sie teilten miteinander jenen bairischen Dialekt, den sie auch in der Kommunikation mit anderen weiter pflegten. Gleichwohl waren sie mit urbanen Umgangsformen vertraut, mit dem Berliner Biss ebenso wie mit dem Wiener Schmäh. Auf Anhieb konnte man sich mit ihnen verständigen, oder auch nicht. Wenn sie das wollten, nahmen sie noch jeden für sich ein, ob der oder die das wollte oder nicht. Am Ende aber verliefen auch gefährdete Beziehungen meist versöhnlich: Konflikte, die der eine zuweilen schürte, moderierte der andere gekonnt hinweg.

Niemand wird den beiden Mutigen gesagt haben, dass an den durch Biedenkopfs Entstasifizierung frei gewordenen mittelsächsischen Arbeitsplätzen und Ressourcen ein Himmelfahrtskommando auf Entfaltung wartete, gleich für wen. Das dürften sie bald selbst erkannt haben. So richteten sie sich persönlich wohl auch auf dauerhaftes Fernpendeln ein. Ihre auf Medientechnik und Medienentwicklung orientierten Lehr- und Lernangebote, zunächst Teil des Fachbereichs Elektrotechnik/Elektronik, statteten sie für die Bildungsbeflissenen mit freizügigen Zugangswegen zu Ausbildungsinstrumenten wie Kamera und Mikrofon aus. Auch symbolisch kam man dem Durst der jungen Leute nach Selbermachen, eigenständigem Lernen und Alleinfeiern weit entgegen. Frühzeitig wurden Bachelor- und Master-Studiengänge nach dem Bologna-Modell eingeführt, und für ungewöhnliche Medienfächer, die durch private Bildungsakademien anderswo ins Leben gerufen wurden, leisteten sie zuweilen Geburtshilfe und entwickelten damit Mittweida mit dessen praxisnahem Ruf zu einer bevorzugten staatlichen Prüfungsstätte. So war das plurale „Mittweidaer Modell" der Medienausbildung bald in aller Munde, und in den ersten Jahren, noch bevor diese modernen Ausbildungspläne bundesweit Schule gemacht hatten, kamen auch viele westdeutsche Studenten nach Mittelsachsen. Die Studierendenzahlen an dem abgelegenen Standort wuchsen rasch. Die weiß-blauen Protagonisten, die Mittweida in kurzer Zeit zu schier magnetischen Kräften verholfen hatten, konnten bald auch qualifizierte Kollegen hinzugewinnen und die eine marktnahe Ausbildung dauerhaft absichernden Forschungsmittel einwerben.

„AD & LH" (Altendorfer und Ludwig Hilmer) waren ein starkes Team, das seine Bestrebungen deutlich zu machen verstand. Das war in dem nicht von allen freudig mitgetragenen Hochschul-Wendeklima auch notwendig. Für ihre Position boten sie stets gute Argumente, und wo man sich diese mal nicht zu eigen machte, waren sie gemeinsam bereit, das zu tolerieren. Schließlich waren sie, jeder auch für sich, hochkompetent. Man traute ihnen eine Menge zu - auch, dass eines Tages die Leitung der ganzen Hochschule in ihren Händen liegen könnte. So durfte man davon ausgehen, dass sie für die „Narrenfreiheiten" anderer Kompetenzträger ihres Umfelds, gleich welch diskrepanter Einsicht, Kurz- oder Weltsicht, am Ende auch Raum schaffen würden.

So etwa dachte ich in der ersten Zeit, als ich den einen der beiden schon ein wenig kannte, und als die Medienfächer noch Teil der Elektrotechnik waren. Das war wohl nicht ganz falsch. Schließlich habe auch ich mich von den beiden auf ein Teil-Berufsleben als Mittweida-Pendler einstimmen lassen. Allerdings nahm ich seinerzeit an, mein Engagement würde die Millenniumsscheide nicht lange überdauern, und über Anschubhandlungen hinaus würde eh nicht genug Zeit bleiben für die vage Idee einer „socialen Strömungslehre", zu der mich einige Träger von Mittweidas traditioneller MINT-Kultur animieren wollten. Nicht im Traum wäre mir eingefallen, ich könnte, in einer Art Mittweidaer Modell für mich selbst, hier so etwas wie ein Zweitstudium absolvieren, oder Hilmer gar noch als Rektor erleben. Und jenseits aller Gedanken lag die Vorstellung, Otto Altendorfers Gesundheit würde von der meinen um ein paar Jahre überdauert.

Nach den ersten Probeläufen, von einigen vertrauten Mitstreitern flankiert[4], übernahm ich im April 1997 in Mittweida eine Honorarprofessur für empirische Medien- und Sozialforschung. Sie war unbefristet, aber keine Sinekure. Materielle Anreize bestanden nicht. Ein Honorar gab es nur, wenn es zuvor für konkrete Dienste in Forschung und Lehre eingeworben wurde. Zudem war der abgelegene Hochschulstandort kein begehrtes Reiseziel. Es brauchte wohl ein Faible für das Handwerk

[4] Die Mittweida-Pendler der ersten Stunde für die Publikumsforschung waren Ursula Feist, Peter Fischer, Dr. Fritz Krauß, Isabell Wiese, sowie wechselnde Mitarbeiter des Statistikers Prof. Dr.Jürgen Bortz, TU Berlin.

der empirischen Außer-Haus-Forschung. Nicht zuletzt auch sollte man Mitteldeutschland besonders zugetan sein, was bei einem Abiturienten aus Sachsen-Anhalt, der schon 1949 seinen eigenen Bitterfelder Ausweg gefunden hatte, tatsächlich noch immer der Fall ist.

## Ortsnah. Kleinteilige Forschung nach Mittweidaer Modell

Die angehenden Medientechniker Mittweidas sollten von Anfang an die Chance haben, sich im makellosen Umgang mit den Methoden der Publikumsforschung zu üben und Erlerntes gleich vor der Haustür anzuwenden. Bei der Ausgestaltung ihres Studienprogramms sollten dem Mittweidaer Modell entsprechend die Studenten weitgehend selbst zum Zug kommen.

AD & LH war es gelungen, den damaligen Rektor Reinhard Schmidt dafür zu gewinnen, ein die Haushalte sachsenweit repräsentierendes Panel zur Beobachtung der panmedialen Informationsgewohnheiten, das bei der Sächsischen Landesmedienanstalt (SLM) im Gespräch war, zunächst im Raum Mittweida zu erproben. Befragungen sollten später durch Einschaltmessungen mit Apparaturen zur kombinierten Erfassung von Radio- und Fernsehnutzung ergänzt werden. Diesen heimischen Vorab-Versuch nannten wir EMMI (Elektronische Medienanalyse Mittweida).

Parallel dazu hatte uns die SLM durch eine mehrjährige Förderung ermöglicht, ein speziell auf den Flickenteppich der Verbreitungsgebiete von sächsischem Lokalfunk zugeschnittenes Programm der Medienforschung aufzubauen: einerseits dem Aufbau der großen Publikumsbefragungen vergleichbar, zugleich aber ortsnah, um den kleinen und mittelständischen Veranstaltern als Orientierungshilfe für die eigene Programmplanung zu dienen und so adäquate Positionen auf den

Streuplänen der großen Media-Agenturen zu sichern.[5] So brachten wir zur Definition heimatnaher Kommunikation unsere besonderen Schnittmuster für kleinteilige Objekte, überschaubare Räume und lokale Sendekanäle ein. Bei den kleinteiligen Publikumsbelegen, die in den nach der Wende als aufblühend empfundenen heimatnahen Kulturlandschaften zur Sicherung der privaten lokalen Medienkanäle dringend gebraucht wurden, hatten wir wegen der dafür besonderen Präzisionsanforderungen gehofft, vom Osten her ließen sich die Qualitätsmaßstäbe rundum verbessern.

Zur Belebung der Lokalmedien entstanden im ersten Millenniums-Jahrzehnt an der neuen Medienfakultät aber beachtliche und viel beachtete Unterlagen. Bereits zu dieser frühen Zeit, als das Mobiltelefon vom Smartphone noch lange nicht abgelöst war, ließen die regionalen Studien schon erkennen, dass mit der zunehmenden Ausbreitung digitaler Techniken, nicht nur in Sachsen, ein sich selbst beschleunigender Prozess in Gang gekommen war, der mit dem Generationenwechsel die traditionelle, auf der Antinomie zwischen Arbeit und Kapital basierende gesellschaftliche Scheidelinie durch eine gänzlich andere überlagern würde: Kompetenz.

Mit dieser Zielstellung blieben die hiesigen Medienforscher wohl allein. Zur Belebung der Lokalmedien entstanden im ersten Millenniums-Jahrzehnt an der neuen Medienfakultät aber beachtliche und viel beachtete Unterlagen.

---

[5] Siehe: Hans-Jörg Stiehler, Klaus Liepelt, unter Mitarbeit von Judith Bug, Fritz Krauß: „Medienforschung in Sachsen. Ein Gutachten im Auftrag der Sächsischen Landesanstalt für privaten Rundfunk und Neue Medien". in Rüdiger Steinmetz (Hrsg.), Media Studien, Heft 6, 1999: Leipziger Universitätsverlag.
Im Rahmen der Mittweidaer Publikumsforschung legten Otto Altendorfer, Ludwig Hilmer und Klaus Liepelt der SLM zwischen 2002 und 2006 jährliche Berichte zur Nutzung der Lokalmedien in Sachsen vor. Auch entstand ein interner Erfahrungskatalog zum EMMI-Projekt. Schließlich wurden, unterstützt auch durch Lothar Ottos „Cyberstube", Prototypen von Gerätschaften zur automatischen Erfassung der Nutzung von Hörfunk- und Fernsehangeboten entwickelt.

Das Ziel, mit konkreten empirischen Anwendungen den Studierenden die Grundkenntnisse zur seinerzeit praktizierten Publikumsforschung nahezubringen und ihnen das Lernen am konkreten Objekt weithin selbst zu überlassen, funktionierte gut, wo es um Entwicklung und Betreuung neuer Erhebungsinstrumente und die Auswertung von deren Daten ging. Auch der begleitende Unterricht warb zielführend. Aber Defizite in Methodenlehre, die viele Medienstudenten mitbrachten, und die sich auch während der Studienzeit nicht voll ausgleichen ließen, sowie eine verbreitete Abneigung gegen die Durchführung von Interviews, bei denen es neben Geduld bei der Gewinnung von Gesprächspartnern, wie auch auf die strikte Einhaltung von Auswahl-, Ansprech- und Abfrageregeln ankommt, waren weder durch Geld und gute Worte, noch durch lockende Kompensationsangebote zu überwinden.

So war es ein kleiner Kreis von Dozenten und Studierenden, die sich den auf private Haushalte gestützten Erhebungsprojekten schließlich dauerhaft gewidmet und deren Qualität auch über Semesterferien und wechselnde Betreiberkreise hinweg gesichert haben.[6] Diese Gruppe war sehr bald auf die stabilisierende Infrastruktur des kom-

[6] Die in Mittweida erarbeiteten kleinräumigen Medienanalysen dienten zahlreichen Fachkonferenzen als Hilfsmittel zum qualifizierten Umgang mit ortsnaher medialer Kommunikation und deren nachhaltiger Absicherung. Dies sind zwei markante Beispiele: Altendorfer, Otto, Klaus Liepelt, Marita Schmidt: MDR-Sachenspiegel 2006. Zu Resonanz und Akzeptanz eines regionalen Fernsehmagazins. Mittweida Research Division, 2006; sowie Liepelt, Klaus: Lokal 2.0 - Ortsnahe Kommunikation im Umbruch. Digitalisierung des Rundfunkempfangs in Sachsen und Chancen für lokale Internet-Plattformen. Schriftenreihe der SLM, Band 22, Berlin, 2011. Bereits zu dieser frühen Zeit, alsdas Mobiltelefon vom Smartphone noch lange nicht abgelöst war, konnte man schon erkennen, dass mit der zunehmenden Ausbreitung digitaler Techniken, nicht nur in Sachsen, ein sich selbst beschleunigender Prozess in Gang gekommen war, der die traditionelle, auf der Antinomie zwischen Arbeit und Kapital basierende gesellschaftliche Scheidelinie durch eine gänzlich andere überlagerte: Kompetenz oder Inkompetenz im Umgang mit den Denkmodellen und Instrumenten der „nächsten Gesellschaft" (Dirk Baecker).

merziellen Erhebungsinstituts Kontur 21, Leipzig angewiesen. Immerhin konnte einer der Betreiber, Markus Schubert, schließlich als Methodenlehrer für Mittweida gewonnen werden.

Beim laufenden Umgang mit der Umfragen- und Geräte-gestützten Publikumsforschung stellte sich heraus, dass die auf Telefonkontakt bauenden Forschungsmethoden von der Bevölkerung zunehmend abgelehnt wurden. In den ersten Jahren nach der Jahrtausendwende gingen die Quoten, zu denen in den Haushalten Probanden für Befragungen ansprechbar waren, dramatisch zurück. Auslöser für steigende Ablehnungsraten war die missbräuchliche Nutzung von privaten Telefonnummern für Werbezwecke. Auch ließ der Siegeszug des Mobiltelefons Haushalte mit Festnetzanschluss zunehmend unerreichbar werden. Die vom Markt für eine repräsentative Stichprobe geforderte und bezahlte Ausschöpfung von 75 Prozent konnte niemand mehr liefern, auch nicht mit dafür eigens entwickelten „Überbrückungsinstrumenten". Wer ehrlich war, berichtete schon um 2005 über nur noch 25 Prozent und weiter sinkende Ausschöpfungsquoten. Das Telefoninterview war also keine verlässliche Quelle mehr für Repräsentanz. Die Alternative dazu, der Hausbesuch, hätte den Auftraggeber, der auf Qualität bestand, ein Mehrfaches der Preise gekostet, die er gewohnt war.

Nachdem der Königsweg der empirischen Medienforschung mit seiner ohnehin biederen Informationsquelle „Persönliches Telefoninterview" sich weithin als Sackgasse erwiesen hatte, gab es wenig Grund, diesen Zugang länger zu pflegen, auch nicht über Anpassungen oder für Reparaturen. Aber noch immer arbeite ich mit einigen der studentischen Initiatoren von Mittweidas früherer, auf kleinräumige Telefonumfragen gestützter Medienforschung in der sich fortentwickelnden Publikumsforschung gerne zusammen, insbesondere mit Markus Denk, Rika Fleck, Helmut Hammer und Haiko Lietz.

## Zeitnah. Interaktion verdrängt Person

Noch wichtiger war: Für Analyse, Planung und Prognose von Kommunikationsprozessen gab es in der Neuen Welt längst ein alternatives Instrumentarium, das sich zum professionellen Umgang mit den Komponenten von miteinander verflochtenen sozialen Gebilden besser zu eignen schien als Personenbefragungen, die sich auf die subjektive Wahrnehmung von isoliert ausgewählten Kontaktpersonen stützen und die, wenn sie ausgewertet vorliegen, bereits historische Dokumente sind, also nicht mehr traktierbar sind. Im Mittelpunkt der neuen Verflechtungsanalyse geht es indessen nicht mehr um Berichte aus Angaben isolierter Personen, sondern um die Interaktionen zwischen Akteuren, die sich über immer wieder erneuerte Netzstrukturen vollziehen. Und diese Beobachtungen liefern ihre Daten nahezu in Echtzeit. Die veränderten methodischen Rahmenbedingungen machten den Sprung von persönlichen Interviews zu zeitnahen Messwegen der Relationalen Publikumsforschung geradezu zwingend.

Die Neigung, die rückschauende Analyse einzelner Variablen und deren kunstvolle Interpretation in eine zeitnahe Beobachtung sozialer Prozesse zu überführen, bei denen die Person nicht mehr im Mittelpunkt steht, teilten wir mit einigen unserer auf MINT-Fächer spezialisierten Hochschul-Kollegen. Auch hatte die Fakultät Medien mit der Akkreditierung ihres Master-Studiengangs dem neuen Studienfach „Sociale Netzwerke“ mit seinen alternativen Informationsquellen eine Bresche geschlagen – das war Anlass für die Beteiligten, das neue Feld theoretisch, methodisch und in der Anwendung zu bestellen. So entstand auch fächerübergreifend die „Mittweida CommuniCy für Netzwerke und Komplexität.

Uns beschäftigte zunächst die seinerzeit aktuelle US-Literatur über autonome Netzwerke, die quasi von selbst zustande kommen (Barabási: „Linked“), die Bedeutung lockerer Beziehungen (Granovetter: „Strength of Weak Ties“), die kleinen Welten, die über kurze Wege für

Jedermann bis zur Spitze erschließbar sind (Watts: „Six Degrees"). Dies sind Produkte jener lautlosen Revolution, die Harrison C. White („Identity and Control") in den 1980er Jahren mit dem Harvard-Programm „Social Relations" in Gang gebracht hatte, ein Selbstläufer, der Theorie und Praxis der Sozialwissenschaften in der Neuen Welt weithin verändern sollte. Um die empirische Messung von socialen Verflechtungen ist es 2001, nach der Attacke der „Terror-Seilschaften" auf die Twin Towers dann auch weltweit sehr laut geworden. Dennoch kam die neue Methodenlehre, trotz vergleichbar bahnbrechender Pionierarbeiten des Physikers Hermann Haken einerseits und des Soziologen Niklas Luhmann andererseits, in der deutschsprachigen empirischen Praxis erst mit viel Zeitverzug ins Rampenlicht.

Ein bundesweiter Paradigmenwechsel zur empirischen Netzwerkforschung wurde schließlich durch einen Kreis von Nachwuchs-Soziologen um Christian Stegbauer und Roger Häußling mit einer 2007 in Frankfurt organisierten Konferenz bewirkt. Dazu gab es mehrere beachtliche Papiere und Poster aus Mittweida, nachdem die dortigen Master-Studenten schon über einige Jahre hinweg Gelegenheit gehabt hatten, sich mit der „rauflustigen Unordnung, die wir Sociale Systeme nennen" (White), vertraut zu machen.[7]

Parallel zu den Frankfurter Aktivitäten der Mittweidaer Netzwerkgemeinde war es auch gelungen, bei der Deutschen Welle Unterstützung zum Aufbau von wissenschaftlichen Auslandskontakten zu gewinnen.[8]

[7] Der Paradigmenwechsel zum Denken und Forschen in Relationen hatte in Mittweida 2003 begonnen, nachdem Haiko Lietz, einer der ersten in Mittweida diplomierten Medientechniker, ein Masterstudium an Parlamentsnetzwerken anstrebte und damit für den neuen Studiengang Resonanz schaffte. Dies löste mehrere Folgeaktivi-täten aus: Teilnehmer publizierten erste Ergebnisse, beteiligten sich durch eigene Beiträge an den Fachkonferenzen der Internationalen Netzwerkforscher (INSNA), fanden nachhaltige Unterstützung in Forschung und Lehre durch Dr. Lothar Krempel vom Kölner Max-Planck-Institut für Gesellschaftsforschung, und mobilisierten wissenschaftliche Kontakte beim Complex Systems Study Center der Michigan-Universität Ann Arbor.

[8] In Frankfurt hatten Haiko Lietz, MA und Markus Schubert, MA, sowie die Master-Studierenden Peggy Hampe, Isabel Hatzel, Jana Höhnisch, Reimar Polach, Sylvana Schnerch,

Für 2007, 2008 und 2009 war es möglich, in Mittweida eine jeweils vierwöchige internationale Sommerschule zu organisieren, die auch importiertes Knowhow Dritter, vor allem aus USA, über Kurse in Theorie und Methodenlehre an Masterstudierende weitergeben sollte. Insbesonder Jana Diesner (Pittsburgh) und William Rand (Ann Arbor) hatten einigen der an der Frankfurter Konferenz Beteiligten methodischen Rückhalt für ihre Masterstudien und Poster gegeben.[9] Nachdem Haiko Lietz mit Förderung der Fulbright-Kommission im Studienjahr 2006/07 bei Harrison C. White und Duncan Watts an der Columbia-Universität ein Masterstudium in Soziologie abgeschlossen hatte und sich bei Lothar Krempel auf die Promotion vorbereitete, konnte auch er zum transatlantischen Theorie- und Methoden-Transfer wesentlich beitragen.

## Hautnah. Signale aus dem socialen Wurzelwerk

Auf der INSNA-Konferenz von 2013 in Hamburg präsentierten Klaus Liepelt und Christian Schulz gemeinsam eine Wandzeitung „On Liquid

---

Frank Simon, und Patric Ueschner eigene Referate mit Analysen vornehmlich aus einer die Legislaturperioden 1998, 2002 und 2005 repräsentierenden Datenbank zu den von den Parlamentariern pflichtgemäß erteilten Auskünften über ihre Mitgliedschaften und Geschäftsverbindungen vorgelegt - teilweise über eine von Mittweidas „Forschungsgruppe transparentes Parlament“ zusammengeführte Wandzeitung: „Hohes Haus: Von oben. Von unten. Seitwärts.“ Einige dieser Arbeiten erschienen auch in dem nach der Tagung publizierten Sammelband: Christian Stegbauer (Hrsg.): Netzwerkanalyse und Netzwerktheorie. Ein neues Paradigma in den Sozialwissenschaften (2008), Wiesbaden: VS-Verlag für Sozialwissenschaften. Dort auch der Beitrag von Klaus Liepelt, KorRelationen: Empirische Sozialforschung zwischen Königsweg und Kleiner Welt: S. 21-47.

[9] Die angebotenen Module vermittelten Grundkenntnisse im Recherchieren, Relationaler Marktforschung und Komplexitätsanalyse. Als Gastdozenten für eine oder mehrere Tranchen konnten von außen gewonnen werden: Erik Bettermann (Bonn), Marcel Czerny (Mittweida), Jana Diesner (Pittsburgh), Adelheid Feilcke-Tiemann (Bonn), Lothar Krempel (Köln), Wolfgang Neurath (Wien), Jürgen Pfeffer (Wien), Heinz Pianka (Berlin), William Rand (Ann Arbor), Markus Schubert (Leipzig). Interne Beiträge steuerten bei: Jan-Peter Domschke, Klaus Liepelt, Haiko Lietz, Christian Schulz, Gerhard Thiem, Peter Tittmann, Andreas Wrobel-Leipold.

Publics in Grassroots City", die am Beispiel Mobilität den relationalen Ansatz von Harrison C. White als ein Marktmodell für auf kleinteilige Komponenten sich stützende empirische Publikumsbeobachtung erschließen sollte. Damit wurden die bislang über die beiden Dimensionen „Ort" und „Zeit" feingliedrig definierten Analyse-Segmente nun um eine dritte Dimension ergänzt, die den in den socialen Biotopen jeweils verfolgten „Zweck" einer kleinteiligen Mobilitätsbewegung hautnah markiert.[10]

## White Applied: Zwischen Netzwerkanalyse und Komplexitätslehre

Bei der Beschäftigung mit Whites grundsätzlichen Arbeiten zu kleinen Identitäten und überschaubaren Märkten entstand die Forderung, in von konkurrierenden Angeboten markierten, für die Akteure überschaubaren Marktsystemen die einzelnen Transaktionen der beobachteten Netzwerke, die durch eine spezifische Raum-, Zeit- und Zielbestimmung zwischen wenigstens zwei Knoten und einer Kante definiert sind, im Einzelnen nachvollziehbar und im Rechner mit beliebigen anderen Komponenten wechselnd kombinierbar oder auch disaggregierbar zu machen.[11] Damit sollten durch eine kleinteilige Beobachtungssystematik kritische Komponenten frühzeitig erkennbar und, wenn

[10] Klaus Liepelt, Christian Schulz: On Liquid Publics in Grassroots City. Relational Components in the Formation of Regional Mobility:. Poster, Presented at Sunbelrt XXXIII, INSNA Social Network Conference, Hamburg, Germany, May 24, 2013. Die Autoren verdanken ihrer verstorbenen Mitarbeiterin Sylvana Schnerch wichtige Zuarbeit.

[11] Siehe Harrison C. White (2002): Markets from Networks: Socioeconomic Models of Production. Und: (1992) Identity and Control: A Structural Theory of Social Action. Jeweils: Princeton, NJ, Princeton University Press. Whites Modell der relationalen Forschung machte es auch der Publikumsforschung möglich, "die über Generationen hinweg unreflektiert gepflegte Anleihe beim Seelen-Konstrukt der christlichen Theologie zu beenden und „Person" als das zu nehmen, was sie ist" – und was sie empirisch beobachtbar macht. White behandelt die Person wie eine Variable, als „spezifische Ausprägung von mehreren Merkmalen social verfasster Akteure", die an der ständigen Bildung und Umbildung von Publika in unterschiedlichen Rollen, an verschiedenen Orten,

überhaupt, schon auf jener kleinen Ebene proaktiv steuerbar werden, auf der sie gerade entstehen – und lange bevor sie sich zu einem unlösbaren Knäuel verdichten.

Das hier in Mittweida am konkreten Beispiel Nahverkehr konzipierte Modell („White Applied") sollte sich, einmal ausgereift, natürlich auch zur Übertragung auf die Beobachtung anderer social verfasste kleinteilige Marktprozesse eignen – wie etwa Medien, Kommunikation, Wahlen, Risikomanagement. Das Thema hat uns Publikumsforscher in der Entwicklungsphase, zunächst mit Christian Schulz, später mit Kristan Schneider, über einen längeren Zeitraum hinweg intensiv beschäftigt, nicht nur, weil es interessant, sondern auch, weil es mit hohen akademischen Anforderungen verbunden war. Die Operationalisierung dieser Ansätze erforderte zahlreiche Experimente. Es stellte sich heraus, dass zu einer erfolgreichen Umsetzung der White-Theorien die eher statistischen Werkzeuge der Netzwerkanalyse allein nicht ausreichen. Modelle aus dem Bereich komplexer Dynamik erwiesen sich als zwingende Ergänzung.

Das führt uns zu jenen White-Schülern, die die sociale Komplexitätslehre in Rückbezug zu den im Santa Fé Institute gepflegten Lebenswissenschaften fortentwickeln. Bei unseren weiteren Schritten dorthin waren die Erfahrungen unverzichtbar, die wir in unserer hausnahen „Flowbile" genannten Nahverkehrsforschung machen konnten. Schließlich hatten sich nicht nur Kollegen, sondern auch Verkehrsunternehmen ebenso wie Rathäuser im Umfeld der Hochschule für die

---

zu bestimmten Zeiten, mit ausgewählten Hilfsmitteln und in wechselnden Gruppierungen mehr oder weniger klare Ziele verfolgen. Die Umstände, unter denen „Personenschaft überhaupt zugelassen ist, tatsächlich auftritt, oder draußen vor bleibt, sollten immer wieder von neuem geprüft werden". Entsprechend sind auch die Defizite des menschlichen Erinnerungsvermögens, durch die eine adäquate Weitervermittlung wesentlicher für die Beobachtung von Publikumsbewegungen relevanter Informationen beeinträchtigt wird, in die traditionelle Quellen relativierenden Überlegungen einzubeziehen. Jedenfalls kann weder die Person noch ihr mächtiger Kopf, einzeln oder in Addition, die einzige Datenquelle sein, die über eine sociale Dynamik Auskunft gibt.

wissenschaftliche Exploration, der durch Veränderungen im Verkehrsangebot ausgelösten Publikumsbewegungen interessiert. Es kam hinzu, dass in Mittweida mit der City-Bahn gerade ein zusätzliches Nahverkehrsangebot entstand, durch das die Hochschulstadt mit Halbstundentakt ins „Chemnitzer Modell" angebunden und damit Teil eines urbanen Nahverkehrsnetzes wurde.

Da lag es nahe, Publikumsnetzwerke zum Mittelpunkt von auf das Smartphone gestützten automatisierten Erhebung zu machen, und auf dieser Grundlage über eine nachhaltige orts-, zeit- und hautnahe Dauerbeobachtung der lokalen Mobiliät nachzudenken. Eine empirische Begleitforschung mit dieser methodischen Innovation lag geradezu in der Luft. So kam es zu einem Drittmittelprojekt „Flowbile", an dem die Verkehrsbetreiber in der Region Chemnitz und in Leipzig mit der Hochschule über vier Jahre hinweg in Forschung, Lehre und Anwendung intensiv zusammenarbeiteten und über einen Beirat unter Vorsitz der Kanzlerin Sylvia Bäßler ihre Erfahrungen austauschten.[12]

Die Arbeiten am Flowbile-Projekt wären ohne das Engagement und die hohen Drittmittel-Beiträge der Verkehrsunternehmen nicht zustande gekommen. Aber auch die sächlichen und persönlichen Beiträge von Mitarbeitern der Hochschule haben zum Entstehen einer technischen und methodischen Forschungs-Infrastruktur wesentlich beigetragen. Michael Hösel hat in erheblichem Umfang Ressourcen der Fakultät Medien mobilisiert, und Andreas Wrobel-Leipold hat über das Master-Programm gezielte Lehraufgaben ermöglicht. Wilfried Schubert und Mark Ritter haben Informatik-Aktivität der Spielemacher-Ausbildung geöffnet. Thomas Köhler hat die Kooperation des Medienzentrums

[12] Das Projekt Flowbile, seine Struktur, sein Verlauf, und die Ergebnisse wurden in einem ausführlichen Abschlussbericht zum 30. April 2018 dokumentiert: Hochschule Mittweida, FLOWBILE. Kleinteilige Publikumsforschung im sächsischen Personennahverkehr: Flowbile-Unterwegsforschung. Bearbeiter: Marcel Czerny, Markus Denk, Heike Höhne, Gabriel Kind, Sebastian Leuoth, Klaus Liepelt, Markus Schubert. Mittweida 2018.

der TU Dresden eingebracht. So konnte sich das Vorhaben über die an der Erfüllung der vertraglichen Verpflichtungen beteiligten Bearbeiter hinaus auch auf die Zusammenarbeit mit aktiven Studierenden stützen, denen die Projektentwicklung Gelegenheit für eigene Abschlussarbeiten bot. Und schließlich konnte auch, über die Verkehrsforschung mehrfach angestoßen, eine Nachwuchsforscher-Förderung realisiert werden, in der künstliche Intelligenz und praktische Vernunft zur Sicherung kleinteiliger Unterwegsforschung zusammenfanden.

Entscheidend für das Gelingen aber war eine Arbeitsgruppe von sieben hochmotivierten Kollegen, die sich in einer kritischen Phase zusammengefunden haben, um mit starkem persönlichen Einsatz arbeitsteilig und rechtzeitig zur Sanierung des gefährdeten Vorhabens beizutragen, was „Flowbile" den Übergang in eine professionelle Phase ermöglicht hat. Mit einer gezielten Erweiterung des netzwerkanalytischen Ansatzes um Algorithmen der dynamischen Komplexitätsanalyse hat Dr. Sebastian Leuoth, heute Informatik-Professor an der Hochschule Hof, das Vorhaben zukunftsfähig gemacht. Er hat uns gezeigt, wo wir zu kurz gesprungen waren, was es nachzuarbeiten gab, und wie wir in die Position kommen würden, die Relationale Publikumsforschung in Mittweida nachhaltig abzusichern.

Das durch die Beiträge engagierter Experten entstandene Wissen erlaubte es der Hochschule, zahlreiche offene Enden zu inspizieren, die sich auf einer veränderten Plattform zusammenführen lassen. Einige dieser Enden sind von Beteiligten bereits vor einiger Zeit dokumentiert.[13] Die einzelnen Komponenten sollen jetzt für alle transparent zusammengeführt und für die heißen Sprünge genutzt werden, die die Muse Klio uns in der nächsten Runde vielleicht gemeinsam ermöglichen kann.

---

[13] Klaus Liepelt, Thomas Köhler, Kristan Schneider, Dirk Labudde, Rika Fleck, Markus Denk: Dynamic Communities. Harnessing Relational Research on Floating Publics. Manuskript in Bearbeitung.

# Autoren

## Delia Cristina Bălaș

Die Professorin für Kommunikationswissenschaft forscht zu Theorien der Kommunikationswissenschaft, Mediennutzung, Medienwirkung und Werbekommunikation an der Babeş-Bolyai Universität in Cluj-Napoca (Klausenburg, Rumänien). Dort studierte sie Philosophie, bevor sie den Master European Studies an der Europa-Universität-Viadrina, Frankfurt (Oder), absolvierte und mit Auszeichnung im Bereich Medien und Kommunikationswissenschaft promovierte

## Stefan Busse

Der Professor für Psychologie ist seit 2015 wissenschaftlicher Direktor des Instituts für Kompetenz, Kommunikation und Sprachen (IKKS) der Hochschule Mittweida. Er ist Mitherausgeber zahlreicher wissenschaftlicher Buchreihen und Mitglied im Editorial Board diverser wissenschaftlicher Journale im Kontext arbeitsweltlicher Beratung. Nach seiner Tätigkeit als wissenschaftlicher Assistent an der Sektion Psychologie der Universität Leipzig gehört er seit 1995 der Fakultät Soziale Arbeit der Hochschule Mittweida an und war von 2003 bis 2009 ihr Dekan.

## Rika Fleck

Die akademische Produktionsleiterin Fernsehen an der Fakultät Medien ist Absolventin des ersten Medientechnik-Matrikels der Hochschule Mittweida. Bevor sie an ihre Alma Mater zurückkehrte, arbeitete sie nach ihrem Diplom-Abschluss 1999 als freie Journalistin unter anderem für den MDR, RBB und NDR. Sie absolvierte später in Mittweida berufsbegleitend den Masterstudiengang Industrial Mangement und widmet sich aktuell neben ihrer Lehre der Forschung zu interaktiven Lehr-/Lernfilmen und innovativen Lehrmethoden.

**Marco Gerlach**

Der Professor für Digitales Fertigungs- und Qualitätsmonitoring lehrt und forscht an der Fakultät Ingenieurwissenschaften der Hochschule Mittweida u.a. in den Bereichen Messtechnik und Qualitätssicherung. Gerlach studierte Maschinenbau an der Technischen Universität Chemnitz und promovierte dort.

**Leif Goldhahn**

Der Professor für Produktionsinformatik an der Fakultät Ingenieurwissenschaften der Hochschule Mittweidastudierte nach einer Ausbildung zum Werkzeugmacher Maschinenbau und promovierte an der Technischen Universität Chemnitz. Beruflich tätig war er in Forschung und Industrie in den Bereichen Konstruktion, Arbeitsplanung und Prozessgestaltung. Im Jahr 2001 wurde er als Professor berufen. Seine Forschungsgebiete sind Arbeitsplanung, Rationalisierung von Fertigungsprozessen/Arbeitsorganisation sowie Ergonomie/Wissensmanagement.

**Peter Gottschalk**

Der Honorarprofessor für Film und Fernsehen an der Hochschule Mittweida arbeitet seit 1984 beim Fernsehen. Nach Stationen als Redakteur, Autor und Producer für ZDF, Deutschen Fernsehfunk, Bayerischen Rundfunk und ORB (Heute RBB) ist Gottschalk seit 1996 leitender Redakteur in den Unités Documentaire und Connaissance bei ARTE G.E.I.E in Straßburg. Er studierte evangelische Theologie, Religionswissenschaften, Psychologie, Philosophie, Geschichte und Publizistik, arbeitete als wissenschaftlicher Assistent an der Universität Bayreuth und als Pfarrer in der Gemeinde Weidenberg im Fichtelgebirge.

**Helmut Hammer**

Der Pressesprecher der Hochschule Mittweida ist Absolvent des ersten Mittweidaer Medientechnik-Jahrgangs mit Abschluss 1998. Zuvor studierte er in Erlangen und Marburg Evangelische Theologie. Seit 1996 arbeitete er in verschiedenen Forschungsprojekten und als Lehrbeauftragter für Empirische Medienforschung an der Hochschule Mittweida. Dort war er als Leiter Hochschulmedien und Studienberater beteiligt an der Weiterentwicklung der Medienstudiengänge.

**Klaus Holetschek**

Der Bürgerbeauftragte der Bayerischen Staatsregierung legt einen Schwerpunkt seiner Tätigkeit auf die Frage, wie Kommunikation und Beteiligung im öffentlichen Raum ausgestaltet und gelebt werden sollen. Bevor er 1998 Mitglied des Bundestags wurde, war er Referent für journalistische Nachwuchsförderung und Medienpolitik der Hanns-Seidel-Stiftung. Sein Studium der Rechtswissenschaften absolvierte der zugelassene Anwalt an der Universität Augsburg.

**Falk Kunadt**

Der promovierte Wirtschaftswissenschaftler beschäftigt sich schwerpunktmäßig mit strategischem Management und strategischer Kommunikation. Nach beruflichen Stationen beim Fraunhofer IMW und der Europäischen Kommission arbeitet er als Senior Strategy Analyst im Think Tank des Deutschen Zentrums für Luft- und Raumfahrt in Köln. Zu seinen Forschungsschwerpunkten gehören unter anderem Corporate Foresight, Innovationsmanagement, Organisationsmanagement sowie die Region Mittel- und Osteuropa. Er ist Lehrbeauftragter an der Hochschule Mittweida.

**Ramona Kusche**

Die Professorin für Global Communication und Wissenschaftsmanagement in der digitalen Transformation ist Studiendekanin des innovativen Studiengangs „Global Communication in Business Culture". Sie studierte Interkulturelle Wirtschaftskommunikation, Erwachsenenbildung und Psychologie an der Friedrich-Schiller-Universität Jena und promovierte dort berufsbegleitend, bevor sie ins Rektorat der Hochschule Mittweida wechselte.

**Dirk Labudde**

Der Professor für Informatik und digitale Forensik an Fakultät Angewandte Computer- und Biowissenschaften der Hochschule Mittweida ist Mitautor von acht Fachbüchern und mehr als 135 Publikationen im Bereich der Bioinformatik und der Forensik. Er ist ein bundesweit anerkannter und gefragter forensischer Experte für Polizei und Staatsanwaltschaften. Für seine Lehrtätigkeit an der Hochschule Mittweida erhielt er mehrere Preise, unter anderem den Lehrpreis der Hochschule und den sächsischen Lehrpreis. Er gründete 2014 Deutschlands ersten Bachelorstudiengang in Allgemeiner und Digitaler Forensik und ist seit Anfang 2017 Teil des Fraunhofer Instituts für Sicherheit und Informationstechnologie (SIT).

**Klaus Liepelt**

Der Mittweidaer Honorarprofessor für Empirische Medien- und Sozialforschung überzeugte nach seinem Studium in den USA die SPD von der angewandten Sozialforschung. Er gründete 1959 gemeinsam mit Wolfgang Hartenstein und Günter Schubert das infas Institut für angewandte Sozialwissenschaft, das von 1965 bis 1996 für die ARD Analysen und Hochrechnungen zu Bundestags-, Landtags-, und Kommunalwahlen in der Bundesrepublik Deutschland erstellte. Infas führte gemeinsam mit dem Institut für Demoskopie Allensbach auch die erste deutsche Fernsehforschung zur Ermittlung der Einschaltquoten durch.

### Jörg Matthes

Der Professor für Maschinenelemente ist Dekan der Fakultät Ingenieurwissenschaften der Hochschule Mittweida. Nach seiner Berufsausbildung zum Maschinenbauer mit Abitur studierte er an der Technischen Universität Chemnitz, wo er sich als wissenschaftlicher Mitarbeiter der Forschung im Bereich Getriebetechnik widmete und 2002 promovierte. Vor seinem Ruf nach Mittweida arbeitete Matthes als Oberingenieur an der Chemnitzer Professur Mechatronische Antriebstechnik sowie als Berechnungsingenieur in der Industrie.

### Christoph Meyer

Der Professor für Bildung und Kultur in der Sozialen Arbeit an der Hochschule Mittweida studierte Geschichte, Politik und Germanistik in Köln und promovierte in Mittlerer und Neuerer Geschichte mit einer Arbeit über Wilhelm Wolfgang Schütz und das Kuratorium Unteilbares Deutschland. Er war Referatsleiter in der Friedrich-Ebert-Stiftung und hauptamtlicher Pädagogischer Leiter und Geschäftsführer des Herbert-Wehner-Bildungswerk e.V. in Dresden. Im Juni 2006 erschien seine Biografie über Herbert Wehner, die erste Gesamtbiographie über den Politiker, für deren Entstehung er unter anderem auf die Witwe Wehners als Gesprächspartnerin zurückgreifen konnte.

### Meda Mucundorfeanu

Die Lektorin und Dozentin lehrt und forscht an der Babeş-Bolyai Universität in Cluj-Napoca (Klausenburg, Rumänien) in der deutschsprachigen Studienrichtung für Kommunikation, Öffentlichkeitsarbeit (PR) und Werbung. Seit 2009 nimmt sie Lehraufträge an der Fakultät Medien der Hochschule Mittweida wahr. Ihre Forschungsschwerpunkte sind Pressegeschichte, Medienwirkungen, politische Kommunikation, Soziale Medien, Branding und Werbesprache. Im Jahr 2015 wurde sie auf Vorschlag ihrer Studierenden mit dem nationalen Preis für außerordentliche Lehrleistungen „Professor Bologna" ausgezeichnet.

**Marc Ritter**

Der Professor für Medieninformatik an der Fakultät Angewandte Computer- und Biowissenschaften der Hochschule Mittweida beschäftigt sich mit der Entwicklung von Software für digitale Medien, der Erforschung von immersiven und interaktiven digitalen Lernsimulationen und der Umsetzung interdisziplinärer Anwendungskonzepte in der erweiterten und virtuellen Realität. Bevor er in Mittweida berufen wurde, studierte Ritter Informatik an der Technischen Universität Chemnitz, promovierte dort 2014 und besetzte bis August 2016 die von vier regional ansässigen Unternehmen gestiftete Juniorprofessur Media Computing.

**Bernd Oliver Schmidt**

Der in Salzburg promovierte Kommunikationswissenschaftler ist Honorarprofessor für Sportmarketing und empirische Kommunikationsforschung an der Hochschule Mittweida. Erlehrt am Campus M21 in München Sportmarketing mit dem Schwerpunkt Fußballbusiness und an der Hochschule Mittweida im Masterstudiengang Media and Communication Studies die Fächer Medienwirkungsforschung und Strategisches Eventmanagement. Er engagiert sich als Vorstand eines gemeinnützigen Vereines in München im Bildungsbereich für die Förderung von Kindern und Jugendlichen mit Migrationshintergrund.

**Jens Schulz**

Der Akademische Assistent am Institut für Wissenstransfer und digitale Transformation der Hochschule Mittweida (IWD) lehrt aktuell in den Gebieten Wissensmanagement und Regional Studies. Seine Forschungsschwerpunkte sind Digitalisierte Bildungsräume und Wissensregionen sowie Future Skills. Er studierte Geografie mit Schwerpunkt Wirtschafts- und Sozialgeografie an der Technischen Universität Dresden und promovierte dort an der Professur für Bildungstechnologie zum Thema Hochschulentwicklung und E-Learning.

**Peter Spranger**

Peter Spranger studierte Germanistik und politische Wissenschaften in Regensburg und war ab 1987 Studioleiter von Radio Regen (später: unser Radio). Seit 2005 arbeitete er als freier Journalist und Redakteur u.a. beim Straubinger Tagblatt in Viechtach, von 2011 bis 2018 war er wissenschaftlicher Mitarbeiter im Bürgerbüro des Bayerischen Landwirtschaftsministers Helmut Brunner und ist seit dessen Ausscheiden aus dem Landtag Redakteur bei der Passauer Neuen Presse, Lokalredaktion Viechtach. Spranger ist ein Landsmann und früher Weggefährte des Jubilars.

**Gerhard Thiem**

Der emeritierte Professor für Elektrotechnik widmet sich seit Mitte der 2000er Jahre dem E-Learning an der Hochschule Mittweida. Parallel zu seiner Tätigkeit als Prorektor Forschung übernahm er als wissenschaftlicher Direktor die Leitung des Instituts für Technologie- und Wissenstransfer (ITWM). Aktuell ist er Direktor des Instituts für Wissenstransfer und Digitale Transformation der Hochschule Mittweida (IWD).

**Volker Tolkmitt**

Der Professor für Allgemeine Betriebswirtschaftslehre ist Prorektor Bildung der Hochschule Mittweida. Seit 1996 lehrt er Volkswirtschaftslehre, Bankbetriebslehre, Finanzcontrolling, Risikomanagement, Jahresabschlussanalyse und Finanzmanagement an verschiedenen Hochschulen in Berlin und Sachsen sowie in Fachseminaren und Vortragsveranstaltungen für Unternehmen und Manager. Sein Forschungsschwerpunkt liegt im Risiko- und Finanzmanagement.

**René Ufer**

Bevor der Professor für Digitale Produktentwicklung an die Fakultät Ingenieurwissenschaften der Hochschule Mittweida berufen wurde, beriet er für Siemens PLM bei der CK ASCAD GmbH kleine mittelständische und große Unternehmen zum Thema Product-Lifecycle-Management. Dieses Thema ist bis heute Kern seiner Forschungs- und Lehrtätigkeit. Ufer studierte an der Technischen Universität Chemnitz Biomedizinische Technik und promovierte an der Professur für Virtuelle Fertigungstechnik, bevor er über mehrere Jahre verschiedene Leitungspositionen bei einem Automobilzulieferer bekleidete.

**Heinrich Wiedemann**

Der Honorarprofessor für Medienpsychologie und Medienpädagogik an der Hochschule Mittweida ist Gründer, geschäftsführender Gesellschafter und Akademischer Leiter des Campus M21 in München und Nürnberg. Er studierte Pädagogik, Psychologie und politische Wissenschaften mit Schwerpunkt Medien in Eichstätt und München.

**Andreas Wrobel-Leipold**

Der Professor für Medienmanagement an der Fakultät Medien der Hochschule Mittweida widmet sich unter anderem der publizistischen Medienforschung und den Mediensystemen des Auslands. Er ist Studiendekan des Masterprogramms Media and Communication Studies und leitet die Vertiefung Political Campaigning.